Karow · Digitale Schriften

Peter Karow

Digitale Schriften

Darstellung und Formate

Geleitwort von Hermann Zapf

Mit 230 Abbildungen

Springer-Verlag
Berlin Heidelberg New York
London Paris Tokyo
Hong Kong Barcelona
Budapest

Peter Karow

URW Unternehmensberatung
Harksheider Straße 102
2000 Hamburg 65

CR-Klassifikation (1992): I.7.2, J.7

ISBN-13:978-3-540-54917-8   e-ISBN-13:978-3-642-84678-6
DOI: 10.1007/978-3-642-84678-6

Die Deutsche Bibliothek — CIP-Einheitsaufnahme
Karow, Peter: Digitale Schriften: Darstellung und Formate/Peter Karow —
Berlin; Heidelberg; New York; London; Paris; Tokyo; Hong Kong; Barcelona;
Budapest: Springer, 1992
ISBN-13:978-3-540-54917-8

Satz: URW Unternehmensberatung, Hamburg
Umschlaggestaltung: Konzept & Design, Ilvesheim
33/3140-5 4 3 2 1 0   Gedruckt auf säurefreiem Papier

Zusammenfassung

M it dieser Dokumentation sollen hauptsächlich alle diejenigen angesprochen werden, die neue, Schriftzeichen darstellende Maschinen entwickeln wollen.

Man kann drei Gerätegruppen - Sichtgeräte, Setzmaschinen, NC-Maschinen - unterscheiden, für die digitale Schriftzeichen benötigt werden. Die Schriftentwicklung ist bisher zu sehr auf die jeweilige Konstruktion der Maschine eingegangen.

Die Digitalisierung von Schriften sollte in zwei Schritten erfolgen: zuerst die Herstellung einer Datenbasis durch Handdigitalisierung und anschließend die automatische Erzeugung von Maschinenformaten durch Soft-Scanning, erreicht durch Rechenprogramme auf Computern.

Die digitalen Formate für Schriften lassen sich systematisch ordnen, ebenso die Kodierungstechniken. Die verschiedenen Formate werden in diesem Buch untersucht, ihre Eigenschaften diskutiert und die Herstellungsaufwände angegeben.

In den Anhängen findet der Leser weitere Informationen, hauptsächlich auch über die mit dem IKARUS-Programm eingeführten, digitalen Formate für die Schriftspeicherung.

Wir haben dieses Buch mit der Latino gesetzt, die Hermann Zapf aus der Melior für URW weiterentwickelt hat. Der Satz ist sowohl auf einer Linotronic 300 als auch einer Agfa 9400 unter Verwendung von PostScript entstanden.

Vorwort

Unter dem Titel »Digitale Speicherung von Schriften« ist dieses Buch 1986 im URW Verlag erschienen. Es ist 1987 ins Englische, 1989 ins Japanische und 1991 ins Französische übersetzt worden. Hier liegt eine verbesserte, der schnellen Entwicklung angepaßte zweite deutsche Auflage vor. Es sollen die anderen drei Sprachen folgen. Wir haben insbesondere mit dem Kapitel über Industriestandards der Tatsache Rechnung getragen, daß Desktop Publishing und graphisch orientierte Betriebssysteme bei Computeranwendungen heute dem Benutzer mehr an Schrift anbieten als je zuvor. Schrift hat eine »Demokratisierung« erfahren und kann inzwischen von jedem Benutzer in beliebigen Mengen zu vertretbaren Preisen bezogen werden.

Ich bin Herrn Gerhard Rossbach vom Springer-Verlag dankbar für die Aufmunterung zur Neuauflage. Besonders möchte ich mich bei Jochen Lau für seine Kritik und Mitarbeit bedanken. Er hat im wesentlichen die zweite Auflage zustandegebracht. Er hat nämlich nicht nur neue Kapitel geschrieben, sondern auch die anderen korrigiert.

Hamburg, Januar 1992

Peter Karow

Geleitwort

Dieses Buch wendet sich gleichermaßen an die Techniker der Elektronik wie auch an die Schriftanwender in den verschiedensten Bereichen. Es ist mehr als nur ein Instruktionsbuch; denn es berührt eine Reihe neuer Gebiete der digitalen Aufbereitung von Schriftzeichen.

In der Vergangenheit wurden Buchstaben für eine Sichtgerätewiedergabe sehr oft von Ingenieuren entwickelt. Neben den von dem jeweiligen Stand der Technik her bestimmten Einschränkungen für eine gute Form war manchmal mehr die Freude an dem Experiment ausschlaggebend, Schriftzeichen mit den elektronischen Mitteln zu produzieren. Eine gute ästhetische Durcharbeitung der Buchstaben war dabei sekundär.

Viele digital hergestellte Schriftzeichen sind gegenwärtig nur sehr mühsam lesbar, manche ignorieren alle Grundregeln guter Lesbarkeit. Wir wollen nicht vergessen, daß Lesbarkeit keineswegs ein altmodischer Begriff ist. Unsere Augen und Lesegewohnheiten - einmal von OCR-Informationen abgesehen - haben sich in all den vergangenen Jahrhunderten nicht verändert.

Lesbarkeit ist kein altmodischer Begriff.

Man betrachte etwas genauer die Schriftzeichen im Bildschirmtext (Btx) oder bei Fernsehsendungen. Die Wortbilder mit teilweise ungewöhnlichen Schriftzeichen sind in der kurzen Zeit der Darstellung auf dem Bildschirm kaum vom Betrachter einwandfrei erfaßbar, von älteren Menschen ganz zu schweigen. Meist stehen die Buchstaben viel zu eng, die Wortbilder verschmelzen ineinander und werden für den Leser eine zusätzliche Erschwernis. Sind in einer Groteskschrift r und n zu eng gestellt, werden sie als m gelesen; aus einem c und l mit zu geringem Buchstabenabstand wird ein d usw.

Aus einer modischen Laune der Werbung entstand das enge Setzen, das meist zu enge Aneinanderreihen der Buchstaben zu Wortbildern. Jede Verringerung des Buchstabenabstandes in *Texten* führt aber zwangsweise zu einer Reduzierung der Lesbarkeit. Und wir sollten nie vergessen, daß das rasche Erfassen von Wortbildern die ureigenste Aufgabe jeglicher Schriftzeichenwiedergabe ist.

Die Lesbarkeit könnte bei vielen Sichtgerätewiedergaben wesentlich erhöht werden, wenn die Zeilen etwas breiter laufen würden und die Buchstabenabstände wieder zu einer normalen Konstante zurückkämen.

Im früheren Bleisatz gab es die Möglichkeit nicht, Buchstaben enger zu stellen. Erst die mannigfaltigen Freiheiten des Photosatzes brachten die Verringerung der Buchstabenabstände, die zur Unsitte entartete.

Schrift ist die sichtbare Wiedergabe des gesprochenen Wortes. Ihre Aufgabe ist in erster Linie, daß ein Text ohne Mühe, ohne Umwege und ohne den Lesefluß hemmende unnötige Verzierungen dem Leser übermittelt wird.

Die Buchstaben haben keine Selbstzweckfunktion, sie sind auch kein Mittel zur Selbstdarstellung. Ihre wichtigste Aufgabe ist die klare Unterscheidung der einzelnen Zeichen. Das bezieht sich nicht nur auf Buchstaben. Bei der Bedeutung der Ziffern in der modernen Industriegesellschaft muß insbesondere auf die leichte Verwechslung der Ziffern 3, 6 und 9 mit der Ziffer 8 hingewiesen werden. In Telefonbüchern - wenn noch dazu zu schwarz gedruckt - kann es in diesen sehr kleinen Schriftgrößen sehr rasch zu Schwierigkeiten in der Unterscheidung der einzelnen Zahlen kommen. Hier ist bereits eines der wichtigsten Kriterien für neue Schriftzeichen angesprochen: klar unterscheidbare und zudem unmißverständliche Formen. Aber all das, was den Lesevorgang erschwert, verzögert oder durch allzu ungewöhnliche Formen beeinträchtigt, muß vermieden werden. All diese Faktoren sind bei den Schriftzeichen von Anfang an zu berücksichtigen. Die Zeichnung der Buchstabenformen sollte aber auch ästhetischen Belangen standhalten können. Jedes exzentrische Schriftzeichen innerhalb eines Wortbildes stört den Lesefluß, das rasche Erfassen eines Textes.

Dieses Instruktionsbuch von URW soll in die vielfältigen Probleme der Schriftgestaltung und der digitalen Schriftaufbereitung einführen. Nicht alles ist bei Schriftzeichen rational und logisch. Viele rein optische Faktoren sind zu berücksichtigen. Sie sind das Ergebnis einer langen Entwicklung in der Geschichte der Schriftzeichen, aufgebaut aus Erfahrung und fundiertem Wissen, was man nicht ignorieren sollte.

Es gilt nicht in erster Linie, künstlerisch besonders anspruchsvolle Alphabete zu entwerfen wie in der Vergangenheit. Die Aufgaben und die Entwicklungen neuer Alphabete, die in diesem Buch angesprochen werden, verlangen eine optimale Nutzung der heute zur Verfügung stehenden technischen Möglichkeiten und ebenso für kommende, sich bereits abzeichnende Schriftzeichenwiedergaben.

Nicht das Kopieren alter Alphabete, einer Garamond Antiqua des 16. Jahrhunderts oder einer Bodoni-Schrift aus dem 18. Jahrhundert, ist die Aufgabe der Gegenwart. Wir leben in einer von Technik und Elektronik bestimmten Zeit. Aus unserem heutigen Denken heraus sollten wir versuchen, unsere Aufgaben zu lösen.

Aus unserem heutigen Denken heraus sollten wir unsere Aufgaben lösen.

Viele Alphabete früher Drucktypen aus den ersten Jahrhunderten nach Johannes Gutenberg waren für den Druck auf einer hölzernen Handpresse und auf vorgefeuchtetem Papier bestimmt. Die technischen Möglichkeiten des Schriftgusses - mit all seinen Einschränkungen - bestimmten damals auch die Formen der Buchstaben.

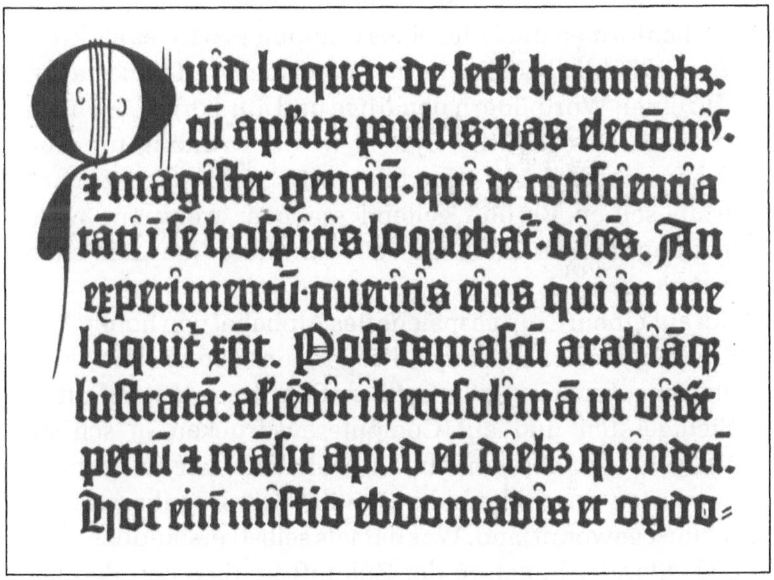
Quid loquar de secli hominib3·
tū apsus paulus:vas eleccōis·
⁊ magister gēciū·qui de consciētia
tāti i se hospitis loquebat·dicēs. An
experimētū queritis eius qui in me
loquit xpc. Post damascū arabiāq3
lustratā:ascēdit ihrosolimā ut videt
petrū ⁊ māsit apud eū dieb3 quindeci.
Hoc eni misterio ebdomadis et ogdo=

Abb. 1 Text aus der Gutenberg-Bibel

Aus der unendlichen Kombinationsfülle der heutigen Elektronik sollten wir zeitgemäße Schriftzeichen entwickeln ohne historisierendes Beiwerk. Klare Formen, ohne daß sie kalt und maschinell aussehen und beim Betrachter ganz unbewußt eine Abneigung gegen das Lesen eines längeren Textes hervorrufen.

Zudem stehen wir am Anfang einer neuen Entwicklung in der digitalen Anwendung von Schriftzeichen. Waren wir bisher zufrieden, wenn die Schriftzeilen auf dem Sichtgerät einigermaßen lesbar waren, geht die Entwicklung dahin, aus gespeicherten Grundalphabeten unzählige Varianten herzustellen.

Typographie war bisher nur zweidimensional. Zukünftige Möglichkeiten werden uns von den Buchstaben dreidimensionale Effekte und Ansichten in perspektivischer Verzerrung aufzeigen.

Die Erfahrung von URW auf dem Gebiet der Schriftzeichenherstellung innerhalb des IKARUS-Systems umfaßt mehr als 20 Jahre. Zum ersten Mal wurde mit dem IKARUS-System von Peter Karow eine neuartige Methode entwickelt, Schriftzeichen von höchsten ästhetischen Ansprüchen mathematisch in ein Programm einzuordnen. Mit den mannigfaltigen Möglichkeiten der Modifikation und des Interpolierens wurden ungewöhnliche Wege für ganze Schriftfamilien ausgearbeitet. Diese Ergebnisse kommen dem Anwender von heute zugute.

Aus dem bislang meist mathematischen Umsetzen der Buchstabenformen mit Hilfe eines Computers wird es als kreativer Prozeß bald möglich sein, mehr und mehr mit Buchstaben und einzelnen Wortbildern neuartige und attraktive Lösungen zu erzeugen. Das IKARUS-System war der Anfang für eine neue Dimension in der Wiedergabe von Schriftzeichen. Es wird weiterhin seinen Einfluß geltend machen, wenn für neue Anwendungsgebiete ästhetisch einwandfreie Schriftzeichen verlangt werden.

Ein auf einem Chip gespeichertes Alphabet von hoher digitaler Genauigkeit und Formqualität wird uns dann helfen, viele der jetzigen, oftmals recht primitiven Schriftzeichen auf unseren Sichtgeräten und auf Computerausdrucken in schöne Schriftzeichen zu verwandeln, in Alphabete, wie wir sie seit Jahrhunderten durch die hohe Qualität der Gutenbergischen Druckkunst gewohnt sind. Was damals selbstverständlich war, sollte als Standard auch in der Zukunft im digitalen Bereich möglich werden.

Darmstadt, Januar 1992

Hermann Zapf

Inhaltsverzeichnis

Anhänge

Kapitel 1

Einführung

Mit der Erfindung elektronisch gesteuerter Maschinen für die Textdarstellung und -ausgabe ist es zur digitalen Speicherung von Schriften gekommen. Man kann diese Maschinen von der Anwendung her in drei Gruppen teilen:

- Sichtgeräte (VDT, Graphic VDT, TV)
- Setzmaschinen (CRT, Laser, Mikrofilm, Matrix)
- NC-Maschinen (Zeichnen, Schneiden, Fräsen, Gravieren)

Die Sichtgeräte dienen der meist flüchtigen Aufzeichnung von Texten auf Fernsehröhren. In der Regel hat diese rein elektronische Aufzeichnung für eine temporäre und kostengünstige Darstellung die Entwicklung schlechter Buchstabenqualität bewirkt, was die Lesbarkeit anbelangt. Ein schlechter Dienst an den Menschen!

Setzmaschinen erzeugen Texte auf Film, Druckplatten oder Papier, die dauerhaft dargestellt und oft erst später gelesen werden sollen. Die Darstellung der Buchstaben hat in der Regel eine gute Qualität, wenn man von den Schnelldruckern in der Datenverarbeitung absieht.

NC-Maschinen werden eingesetzt zum Zeichnen auf Papier, zum Schneiden von Folien, zum Schneiden, Fräsen oder Gravieren von Holz, Metall oder Plastik. In diesem Bereich gibt es auf der einen Seite sehr schlechte Qualität (zum Beispiel bei den Buchstaben aus den Schriftgeneratoren von Plottern), was unverzeihlich ist, und auf der anderen Seite sehr gute Qualität (z.B. auf Flachbettzeichenmaschinen beim Schneiden von Folien für die Beschriftung in der Außenwerbung). Bei diesen Anwendungen von digital gespeicherten Schriften haben wir folgendes entdeckt:

- Die Entwicklungen in den drei Gruppen laufen unabhängig nebeneinander her. Man weiß nichts voneinander.
- Die Setzmaschinenhersteller waren bestrebt, eine gute Qualität zu erreichen.

Es gibt drei Typen von »schreibenden« Maschinen:
VDT = video display terminal
CRT = cathod ray tube
NC = numeric controlled

Schneiden, Fräsen, Gravieren

- Niemand hat sich bis heute um eine Integration der Bemühungen gekümmert, Schriften mit den verschiedenen elektronisch gesteuerten Geräten in bezug auf gute Lesbarkeit und Qualität in der Wiedergabe darzustellen.

Weiter muß man erkennen, daß Entwickler unter Schrift meist nur die lateinischen, arabischen oder chinesischen Zeichen für die Wortwiedergabe verstehen. Dabei geht es doch um sehr viel mehr, nämlich um die Wiedergabe von ganzen Botschaften (Anzeigen, Schildern, Etiketten, Büchern, Zeitungen, Journalen, Tabellen, Plänen, Berechnungen, Zeichnungen). Daher benötigt man neben den Schriftzeichen noch Darstellungen für Logos, Signets, Vignetten, Rahmen oder Strichgraphiken bzw. Elemente zur Erzeugung von Strichgraphiken.

Eine Schrift bzw. ein Font besteht nicht nur aus dem Alphabet.

Fazit: Wir verstehen in dieser Untersuchung unter Schrift alle Zeichen, die für die ganze Botschaft im Rahmen der elektronischen Kommunikation auf dem Sichtgerät, auf Papier oder sonstigem Material notwendig sind!

Zurück zur Betrachtung der Geräte.

Es ist eine Tatsache, daß deren Entwickler in der Regel Ingenieure sind, die unter Zeitdruck die nächste Verbesserung ihrer Maschinen erreichen sollen, um sie billiger, schneller oder stabiler zu machen.

Kaum jemand macht sich dabei Gedanken über eine bessere Wiedergabe von Schriften. Dabei läge dies auf der Hand; denn alle diese Geräte verwenden Schrift für die Kommunikation mit dem Menschen. Es scheint, daß die Ingenieure von ihrer eigenen Handschrift ausgehen und dabei gelernt haben, daß schon diese allgemein zur Kommunikation mit dem Schreibbüro oder im privaten Bereich ausreichend ist; denn bisher hat es immer noch jemanden gegeben, der die Handschriften entziffern konnte. Also meinen sie wohl, daß »Computerschriften« keiner weiteren Pflege oder Verschönerung bedürfen.

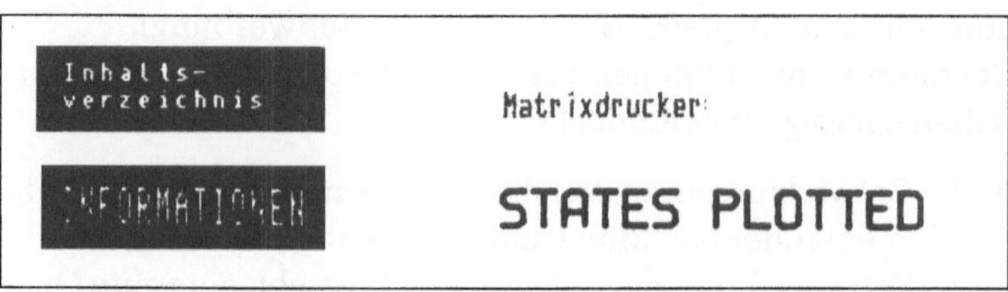

Abb. 2
Beispiele schlechter Qualität

Als Folge davon werden Buchstaben als notwendiges Übel angesehen und mit einem Minimum an zeitlichem und finanziellem Aufwand für die digitale Speicherung vorbereitet.

Zwei Begebenheiten verdeutlichen diese Haltung. Einer der Erfinder der Lichtsetzgeräte hat zur Schrift sinngemäß folgendes zu sagen gehabt: »Wir haben nun das Lichtsetzgerät fertig entwickelt, außerdem gibt es ja Scanner im Lieferprogramm. Also bekommen unsere Kunden Setzgeräte mit einem Scanner und können sich dann wohl Schriften selbst herstellen.« Dies ist aber in zwanzig Jahren bei den Anwendern so gut wie nicht eingetreten.

Ähnlich hat erst kürzlich einer der Entwickler von alphanumerischen Sichtgeräten mit Proportionalschrift reagiert. Er habe etwa zwei Jahre für die Entwicklung von Hard- und Software gebraucht und etwa drei Stunden davon für die darzustellende Proportionalschrift. Wörtlich hinzusetzend: »Die Schrift war überhaupt kein Problem.« Man konnte es ihrer Qualität ansehen. Übrigens, man bemerke, daß es für diesen Entwickler nur »die Schrift« gibt. Er unterteilt offensichtlich schon in zwei Schriftarten: Handschrift und Computerschrift.

Möge es in Zukunft den Herstellern von schreibenden Geräten mehr um die Qualität und die Vielfalt in der Wiedergabe gehen!

Bei der weiteren Betrachtung der drei wichtigsten Anwendungen von Schrift in Verbindung mit Computern und elektronischer Steuerung fällt dem Beobachter auf, daß alle Geräte die folgenden Eigenschaften haben:

Es gibt mehr als die Handschrift und die Computerschrift.

- Schriften sind immer so gespeichert, daß ihr digitales Format möglichst direkt in die Steuerung gewandelt werden kann,
- Schriften können in der Regel nicht von einem Anwendungssystem (Host-Computer) in die schreibenden Geräte geladen werden.

Letzteres ist meist nur dann lösbar, wenn man alle Komponenten einer Anwendung von dem gleichen Hersteller kauft.

Diese beiden Eigenschaften haben jedoch nachteilige Folgen gehabt. Im Rahmen einer bestimmten Maschine hat eine Schrift ein bestimmtes digitales Maschinenformat, mithin ein bestimmtes Erscheinungsbild. Alle Entwicklungen zeigen, daß sich die Herstellung digitaler Formate immer im Rahmen genau dieser einen Maschine bewegt hat, die aktuell auf den Markt gebracht werden sollte. Niemand hat dabei weiter geblickt als bis zur Fertigstellung dieser einen Maschine, und niemand hat dabei bedacht, daß der heutigen Produktion in jedem dynamischen Unternehmen morgen die Entwicklung der nächsten Maschine folgt. Also sind Schriften jeweils in dem engen Rahmen eines Maschinenformates entwickelt, digitalisiert, korrigiert und gelagert worden. Dies ist eine teure Angelegenheit! Jede weitere andere Maschine erfordert dann erneut die Prozedur der Digitalisierung, Korrektur und Lagerung, denn in der Regel ist ein Maschinenformat nicht in ein anderes Maschinenformat umwandelbar, es sei denn, daß für gleiche Schriftgrößen gleiche Rasterungen verwendet werden können.

Darin liegt auch der Grund für eine eigentlich nachteilige Eigenschaft von schreibenden Maschinen. Eine spezielle Maschine hat ihr spezielles Maschinenformat, das in der Regel nur vom Hersteller selbst gut gehandhabt werden kann. Wenn ein Anwender Maschinen eines anderen Herstellers einsetzen möchte, muß er auch einen Schriftwechsel in Kauf nehmen, *Schriftwechsel und* also einen Wechsel des Schriftformates und der spezifischen *Schriftformat* Schriftdarstellung, wenn nicht sogar der Schriftart.

Diesen Nachteilen können wir aber durch folgendes Vorgehen begegnen: Die Digitalisierung von Schriften erfolgt losgelöst von speziellen Maschinen. Diese Digitalisierung muß dann so universell sein, daß sie für jede beliebige Anwendungsart transformiert werden kann. Anders ausgedrückt: Alle Maschinenformate werden aus einem Mutterformat per Computer berechnet.

Die Maschinenformate werden normiert und allen Entwicklern irgendwo in der Welt zugänglich gemacht. Darüber würden sich die Hersteller sehr freuen, denn Schrift wäre nun für sie wirklich kein Problem mehr. Aber ebenso würden sich die Anwender sehr freuen; denn sie könnten die schreibenden Maschinen wechseln, ohne sich an die neuen Schriftarten in der neuen Maschine gewöhnen zu müssen.

Um zu zeigen, wie dieses Ziel erreicht werden kann, werden die verschiedenen Geräteklassen, einige erwähnenswerte Maschinenformate und Kodierungstechniken und schließlich die Anforderungen, die das Setzen von Text an die Schrift-Datenformate stellt, näher beschrieben und untersucht.

Danach werden die Eigenschaften von digitalen Formaten für Schriften näher beleuchtet und Forderungen an diese Formate entwickelt.

Weitgehend ist heute durch die im nächsten Kapitel beschriebenen Industriestandards die Ablösung der Schriften von den schreibenden Maschinen erreicht. Es gibt zwar mehr als einen Standard, nämlich PostScript, Intellifont, TrueType und F3-Unix, aber immerhin deren Unabhängigkeit von Hersteller und Technik.

Im letzten Kapitel schließlich werden die Erkenntnisse daraus vorgelegt und Anregungen für das zukünftige Vorgehen bei der Herstellung von Schriftdaten aufgestellt.

Stets sollte der Leser die Qualität der Schriftwiedergabe kritisch betrachten, die durch die digitale Speicherung keineswegs vernachlässigt zu werden braucht.

Kapitel 2

Begriffe für die Buchstaben

Zunächst wollen wir uns auf ihre herkömmliche Darstellung beziehen, bei der die Buchstaben normalerweise schwarz auf weißem Papier gedruckt, also noch physikalisch vorhanden sind und nicht digital irgendwo auf elektronischen oder magnetischen Speichern liegen, für uns direkt nicht mehr sichtbar, sondern abstrakt. Wir beschäftigen uns mit den Bezeichnungen, die in der Welt der Schriftgestalter und Schrifthersteller gebraucht werden.

Die Schriften werden in zwei große Gruppen unterteilt:

- die Text-, Werksatz- oder Brotschriften;
- die Akzidenz-, Display- oder Auszeichnungsschriften.

Die ersteren werden für Texte in Zeitungen oder Büchern verwendet, die anderen für Titel, Überschriften und in der Werbung. Eine vereinfachte Klassifizierung - den Anregungen der ATYPI (Association TYPographique Internationale) folgend - kann man wie folgt vornehmen (siehe auch Anhang A):

Es gibt Text- und Displayschriften.

Typ	Schriftart
Antiqua (engl. roman)	Optima Baskerville **Bodoni** Garamond Palatino Times
Grotesk (engl. sans serif)	Futura Helvetica
Fraktur (engl. black letter, gothic)	Walbaum Fraktur
Schreibschrift (engl. script)	Ariston
Zierschrift (engl. fancy)	GoudyFancy

Abb. 3

Jede Schrift hat ihren besonderen Charakter und Stil. Es gibt heute wahrscheinlich mehr als 10.000 verschiedene lateinische Schriften.

Viele Schriften bestehen aus verschiedenen Alphabeten (den sogenannten Garnituren). Man nennt diese Garnituren einer Schrift auch Schriftfamilie. Häufig besteht eine solche Familie aus vier geradestehenden und vier kursiven Schriftschnitten (Auszeichnungsalphabeten, Versionen, Fettegraden).

Nach diesem Schema stellt die ITC (International Typeface Corporation in New York) jährlich vier Familien vor. Das sind 32 Versionen oder Schnitte. Die ITC ist eine der aktivsten Firmen der Welt in der Entwicklung neuer Schriften.

Der Kursivwinkel (die Schrägstellung nach rechts) beträgt meist 12 Grad oder 12,5 Grad, selten 15 Grad. Die Fettebezeichnungen heißen:

leicht	(light)
normal	(medium)
halbfett	(demi)
fett	(bold)

Richtige
Schnittbezeichnung

Richtig ist ein Mitglied einer Schriftfamilie erst bezeichnet, wenn man z.B. sagt: »Optima halbfett kursiv«. In früheren Jahren sind im Bleisatz die Schriftgrößen individuell hergestellt und zugerichtet worden. Es besteht kein Grund, diese besonderen Formen nicht auch im Zeitalter der digitalen Schriften beizubehalten: Wir wollen daher das Konzept verfolgen, wonach aus einem Schnitt für die verschiedenen Größen 6p, 8p, 9p, 10p, 12p, 16p, 18p, 24p und 36p besondere Versionen hergestellt werden, das sogenannte »optical scaling«.

Für die einzelnen Buchstaben gibt es zunächst Bezeichnungen, die uns geläufig sind. Das sind die Buchstaben »A« bis »Z«, die Ziffern, dazu Interpunktionen oder Satzzeichen, d.h. Komma, Punkt, Fragezeichen usw. Es gibt die Umlaute wie ä, ö, ü, œ und ø. Die Punkte auf den Umlauten heißen Akzente. Es gibt weitere Akzente, z.B. ´ und ˆ für große und kleine Buchstaben. Es gibt Währungszeichen wie £ und $. Übrigens, die großen Buchstaben heißen Kapitalbuchstaben, Majuskeln, Kapitalien, Großbuchstaben oder Versalien. Die kleinen Buchstaben heißen Kleinbuchstaben, Minuskeln oder Gemeine. Wenn die Großbuchstaben so klein wie die Minuskeln dargestellt werden, dann heißen sie Kapitälchen.

Das ist jedoch noch nicht alles. Schriftkundige haben noch mehr Möglichkeiten: Es gibt die Zeichen zum »Hochsetzen« und die für das »Tiefsetzen«, z.B. ^{0} oder $_0$. Die oben stehenden heißen Indizes, Superiors oder Exponenten, die unten stehenden Indizes oder Inferiors. Mit beiden zusammen kann man auch Brüche bilden, z.B. ¼ oder $\frac{1}{4}$.

Die meisten europäischen Sprachen benötigen Akzente, um richtig wiedergegeben zu werden. Dies ist wichtig. Nur die englische Sprache braucht keine Akzente. Die Akzente und Sonderzeichen bilden eine relativ große Schar:

Deutsche:	ÄÖÜäöüß
Französische:	ÀàÂâÇçÉéÈèÊêËëÎîÏïÔôÙùÛûÜüÆæŒœ
Spanische:	ÁáÉéÍíÑñÓóÚúÜü
Schwedische:	ÅåÄäÉéÖö
Polnische:	ĄąĆćĘęŁłŃńÓóŚśŻżŹź
Tschechische:	ÁáČčĎd'ÉéĚěÍíŇňÓóŘřŠšŤt'ÚúŮůÝýŽž

Beispiele für die Akzente an lateinischen Buchstaben

Im Anhang B befindet sich eine Übersicht über die Buchstaben einer lateinischen Schrift mit ihren Bezeichnungen. Im Anhang C zeigen wir eine Zusammenstellung der Akzente für lateinische Buchstaben. Nicht vollständig und akribisch genau, aber der Übersicht wegen, wollen wir noch ein paar weitere Begriffe lernen. Es gibt die Zeichen für den Formelsatz in der Mathematik, z.B. die Wurzel $\sqrt{}$ oder das Integral $\int$. Die Mathematik kommt mit den lateinischen Indizes nicht aus, es gehören z.B. auch griechische Buchstaben und Frakturbuchstaben zum mathematischen Satz.

Die Schriftfamilie AMS-Euler, eine Schrift für mathematischen Satz, die Hermann Zapf im Metafontsystem (siehe auch Kapitel 5.2.) zusammen mit Donald Knuth für die American Mathematical Society und für die Stanford University entwickelt hat, umfaßt etwa 900 Zeichen.

Manchmal 900 Zeichen pro Schrift

Weitere spezielle Satzelemente:

Die Zeitungen fordern, daß verschiedenartigste Linienelemente zur Herstellung von Rahmen vorhanden sind. Die Anzeigengestaltung braucht Zier- und Schmuckelemente. Hier entfernen wir uns schon von den eigentlichen Schriftzeichen. Ferner werden Spezialschriften (z.B. sog. Pi-Fonts) benötigt, die aus Schmuckelementen bestehen oder aus Ornamenten und Sonderzeichen aufgebaut sind und die als Blickfang dienen sollen. Im Anhang D zeigen wir als Beispiel die Serie »Dingbats« der ITC, entworfen von Hermann Zapf.

Die Schmuckelemente heißen auch Vignetten oder Zierstücke, dagegen kann eine mehr bildliche Darstellung z.B. eines Baumes als Strichgraphik bezeichnet werden. Buchstaben kann man auch grau oder gemustert darstellen. Man »hinterlegt« ihnen - genauer, ihrer Randlinie - Grautöne oder Raster aus Schraffuren oder Punkten.

Ehe es jetzt uninteressant für die Techniker wird, an die sich diese Abhandlung über digitale Formate hauptsächlich richtet, wenden wir uns dem einzelnen Buchstaben und seinen Wortbildungen zu.

Schriftzeichen wurden in der Antike in Stein gemeißelt oder in Ton gedrückt (z.B. die Keilschrift der Sumerer). Schriftzeichen wurden geritzt, mit Federn geschrieben und in der westlichen Welt ab der Mitte des 15. Jahrhunderts auch in gedruckter Form dargestellt (Gutenberg in Mainz). Sie besitzen deshalb alle eine Strichstärke, das ist z.B. die Breite des Grundstriches vom »I«. Oben und unten hat dieses versale I sogenannte Serifen. Das »D« hat einen geraden und runden Grundstrich, man sagt auch: einen geraden und einen runden Balken, letzterer kann auch als Rundung bezeichnet werden.

Der Kleinbuchstabe »n« hat keine Ober- oder Unterlänge, das »h« dagegen hat eine Oberlänge, und das »p« hat eine Unterlänge. Die weißen Innenräume bei den Kleinbuchstaben »o« oder »n« werden auch als Punzen bezeichnet. Das »n« hat oben einen weißen Einzug, wo der zweite zunächst runde Strich aus dem ersten geraden Strich herauskommt.

Der O-Überhang sollte 1,5% der Versalhöhe betragen.

Das »O« ist oben etwa 1,5% größer als das »H«, deswegen hat es einen oberen Überhang. Unten ragt es genauso über die Grundlinie (= Schriftlinie) hinaus, hat dort den unteren Überhang. Rundungen müssen größer gemacht werden, um optisch »auf gleicher Höhe« stehend zu wirken.

Das »H« besitzt zwei vertikale und einen horizontalen Grundstrich. Die Striche werden beim Lesen dann als etwa gleich dick empfunden, wenn die horizontalen etwa 85% der Balkenstärke der vertikalen Grundstriche haben, bezogen auf eine Groteskschrift.

Keine Angst, hier entsteht kein Lehrbuch über Schriftgestaltung. Aber ein paar grundsätzliche Dinge müssen einfach den Technikern und Programmierern auf dem Gebiet der Setzmaschinen und Buchstaben vertraut sein. Es gibt Literatur darüber (siehe Anhang X).

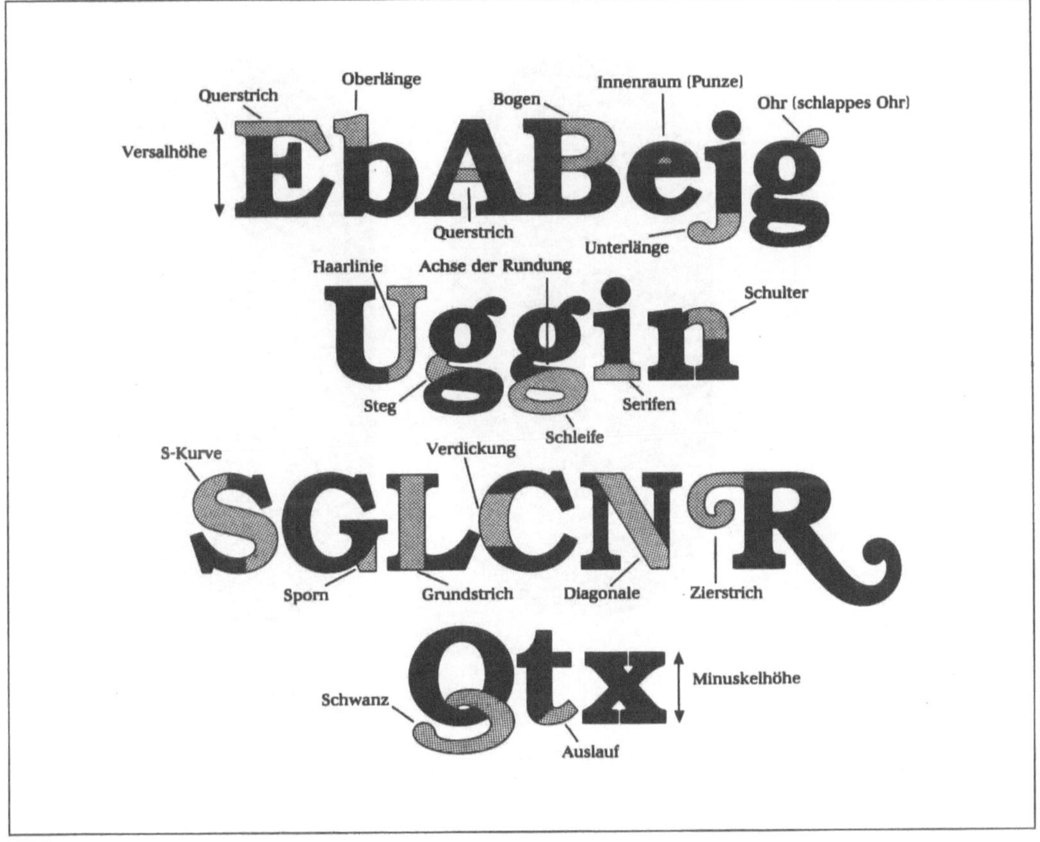

Die Übergänge von Geraden zu Kurven beim »m« zum Beispiel werden als tangential bezeichnet. Optisch gut wirken die Übergänge, wenn man an die Gerade eine Klotoide ansetzt. Sie ist eine Art Spirale, die mit der Krümmung Null beginnt und im weiteren Verlauf die Krümmung vergrößert. Als Klotoiden sind z.B. die Verläufe von Autobahn-Abzweigungen ausgebildet, wo man, aus der Geraden kommend, durch nicht abrupte Steuerung in eine Kurve abbiegen will. Der Einschlag des Lenkers ist ein Maß für die Krümmung der Fahrlinie. Für die optische Wirkung von tangentialen Übergängen bei Buchstaben gilt dasselbe. Jene sollten wie Klotoiden verlaufen. Man merkt das, wenn man einem hochstehenden Rechteck oben und unten zwei Halbkreise aufsetzt. Man erzeugt das Aussehen eines Knochens und nicht eines abgerundeten Balkens.

*Abb. 4
Fachausdrücke für
Buchstabenteile*

*Übergang von
Geraden in Kurven
wie bei Autobahnen*

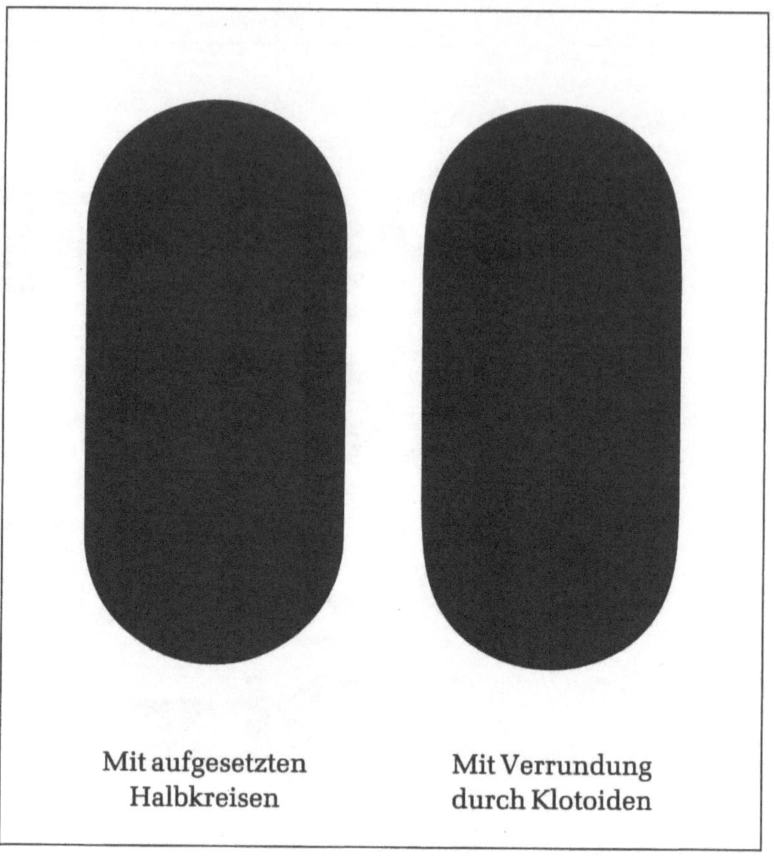

Abb. 5

Die oben erwähnten optischen Wirkungen scheinen mir mit den optischen Täuschungen verwandt zu sein. Es ist bekannt, daß beim Erfassen oder Vergleichen von Formen oder Figuren gesetzmäßig Wahrnehmungsfehler auftreten.

In Form von Übungsaufgaben wollen wir den Leser nun mit Grundtatsachen vertraut machen.

1. Welches der Rechtecke
   wirkt optisch
   wie ein Quadrat?

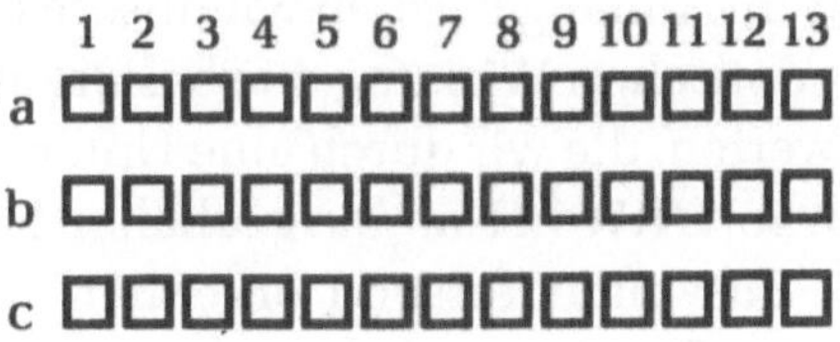

   1 2 3 4 5 6 7 8 9 10 11 12 13
   a
   b
   c

2. Welche der Ellipsen
   wirkt optisch
   wie ein Kreis?

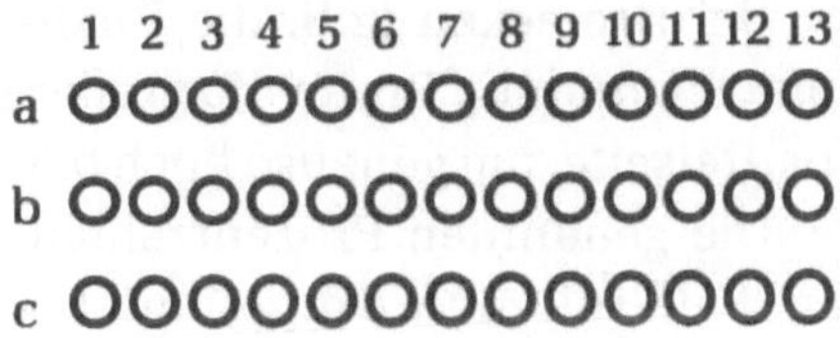

   1 2 3 4 5 6 7 8 9 10 11 12 13
   a
   b
   c

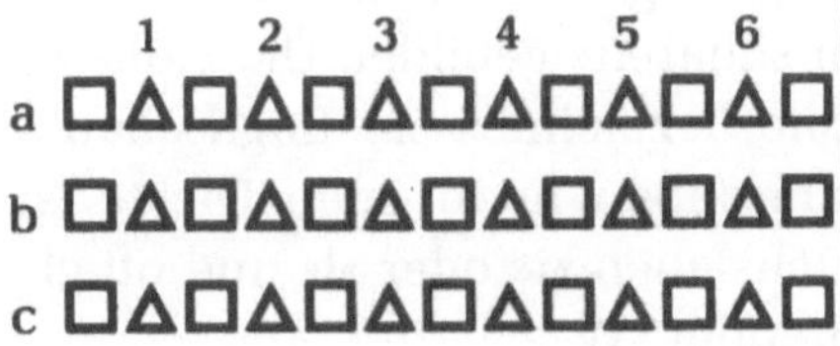

*Bitte, treffen Sie
Ihre Wahl und
kreuzen Sie an.
Im Anhang E
geben wir das
Ergebnis unserer
kleinen statistischen
Untersuchung
wieder.*

3. Welcher Kreis
   wirkt so hoch
   wie ein Quadrat?

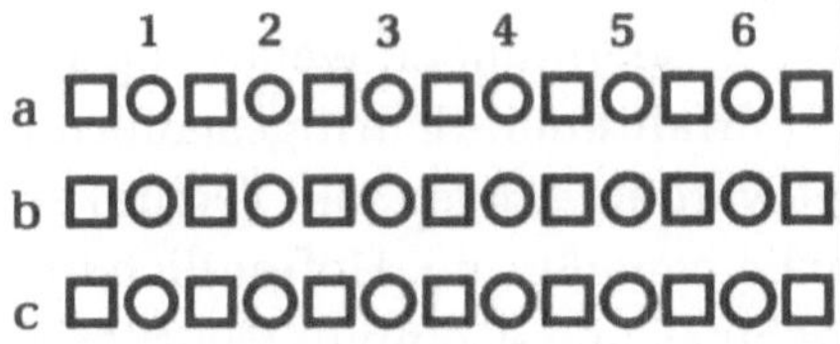

   1 2 3 4 5 6
   a
   b
   c

4. Welches Dreieck
   wirkt so breit
   wie die Quadrate?

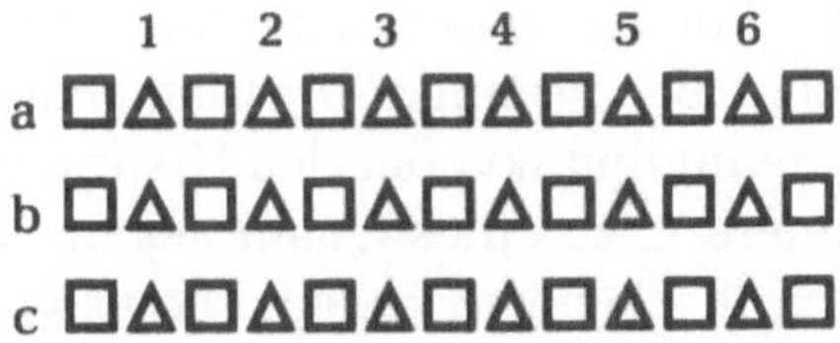

   1 2 3 4 5 6
   a
   b
   c

5. Welches Dreieck
   wirkt so hoch
   wie die Quadrate?

   1 2 3 4 5 6
   a
   b
   c

Abb. 6

13

Im Anhang E geben wir unsere Erklärungen und Angaben zur optischen Wirkung. Sie basieren auf den statistischen Mittelwerten, die wir durch eine Untersuchung an 130 Testpersonen bei URW in Hamburg erhalten haben.

Quadrat 1% höher als breit

Zusammenfassend erkennen wir, daß ein Quadrat erst wie ein Quadrat wirkt, wenn es um 1% höher als breit ist, ebenso gilt dies für Kreise. Weiter wirken Kreise (Rundungen) erst dann so groß wie Quadrate, wenn ihre Durchmesser 3% größer als die Quadrat-Seiten (gerade Versalbuchstaben) sind.

Spitzen übertreiben

Bei Dreiecken (z.B. die Buchstaben A und V) sollte die Höhe 3% und die Breite 5% größer sein als die entsprechende Quadratseite, um genauso hoch bzw. so breit zu wirken.

Die genannten Prozentzahlen sind Mittelwerte. Auf keinen Fall soll nun vorgeschrieben werden, wie man eine optisch befriedigende Wirkung erzeugt. Wir wollen lediglich Anhaltspunkte geben. Eine bestimmte Schrift hat, wie kann es anders sein, individuell ihre Wirkung und ihre »Übertreibungen«.

Diese und noch weitere optische Wirkungen können nur von erfahrenen Schriftgestaltern gut und richtig berücksichtigt werden. Mögen alle Techniker sich in Zukunft dieser Tatsache bewußt sein. Hoffentlich macht dann keiner von ihnen nochmal eine »Computerschrift« in drei Stunden.

Nun zurück zu den Fachwörtern um den Buchstaben herum. Wir übernehmen dabei Begriffe, die zum Teil aus der Zeit des Bleisatzes stammen.

Ein digital gespeicherter Buchstabe hat einen mathematischen Bezugspunkt. Die Mathematik nennt das einen Koordinatennullpunkt oder den Ursprung. Dieser Punkt ist die linke untere Ecke eines Quadrates, in dem alle Buchstaben einer Schrift plaziert werden. Dieses Quadrat für die Buchstaben nennt man Geviert, im Englischen »em square« oder »em«.

Die Seitenlänge soll gleich der größten Buchstabenbreite sein, die im Alphabet vorkommt. Oft ist der Buchstabe »m« der breiteste gewesen, und so hat sich wahrscheinlich der Begriff »m squared« gebildet. Die Höhe des Gevierts wird als Kegelhöhe bezeichnet, im Englischen »bodysize«. Die Breite der Buchstaben nennt man Dickte, sie ist relativ klein für die Buchstaben »i« oder »l« und oft gleich der Kegelhöhe für das »m« oder »W«.

In die Kegelhöhe müssen auch Akzente, Oberlängen und Unterlängen hineinpassen. Gebräuchlich ist hierbei z.B. auch folgende Einteilung:

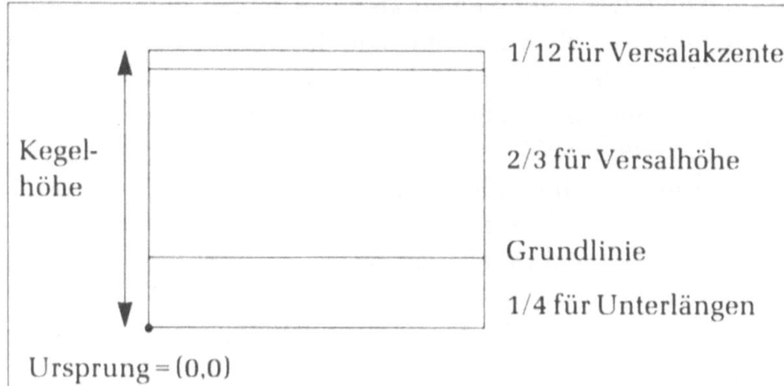

*Abb. 7
Einteilung des
Gevierts*

Später schlagen wir im Abschnitt 9.2. eine neue Wahl des Gevierts vor, nicht um unsere Freunde zu ärgern, sondern um ihnen die Zukunft leichter zu gestalten.

Die Buchstaben selbst nehmen selten die ganze Breite ihrer Dickte ein, sie haben eine (weiße) Vorbreite und eine (weiße) Nachbreite (im Englischen: left side bearing, right side bearing).

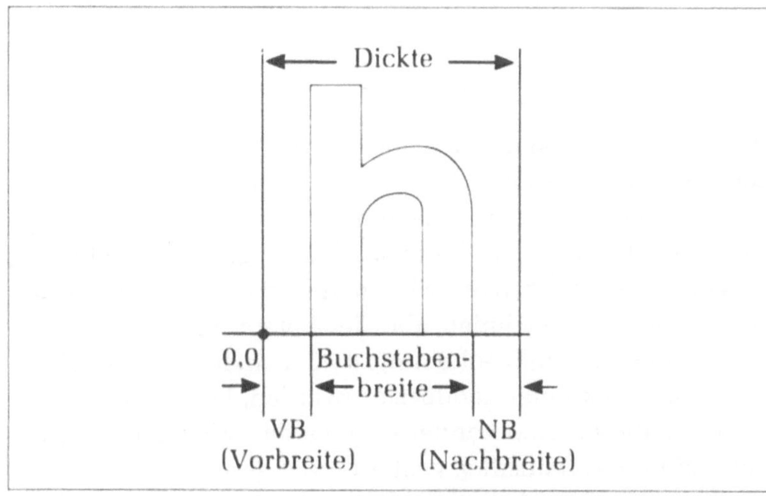

*Abb. 8
Die Dickte ergibt
sich aus Breite,
Vor- und Nachbreite.*

Vor- und Nachbreiten sollen einem Buchstaben erlauben, optisch ausgeglichen neben jedem anderen Mitglied seiner Schrift stehen zu dürfen. In der Praxis ist dies ein Kompromiß, denn der Zwischenraum zum nächsten Buchstaben ist abhängig von der Form des gerade gesetzten Zeichens und der Form seines Nachfolgers. Man betrachte z.B. das A und die beiden möglichen Nachfolger B und T.

Der Bleisatz ergibt folgendes Bild für AB und AT. In »AT« könnte man das T auch enger an das A setzen; denn das A ist unten und das T oben am breitesten. Im Bleisatz war dies nicht so einfach möglich, da das Metall dazwischen entfernt werden mußte. »Unterschneiden« heißt diese Tätigkeit (englisch: kerning). Erst dieses »AT« wirkt optisch ausgeglichen wie »AB«.

Zusammenhängende Buchstabenkombinationen wie ff, fi, fl, ffi, ffl heißen Ligaturen. Sie werden als einzelnes Zeichen aufgefaßt. Fast nicht mehr wiederzuerkennen sind die Ligaturen ss - ß (ſs) und et - & (et).

Parallel zur Grundlinie laufen Hilfslinien, wie im nachfolgenden Diagramm gezeigt:

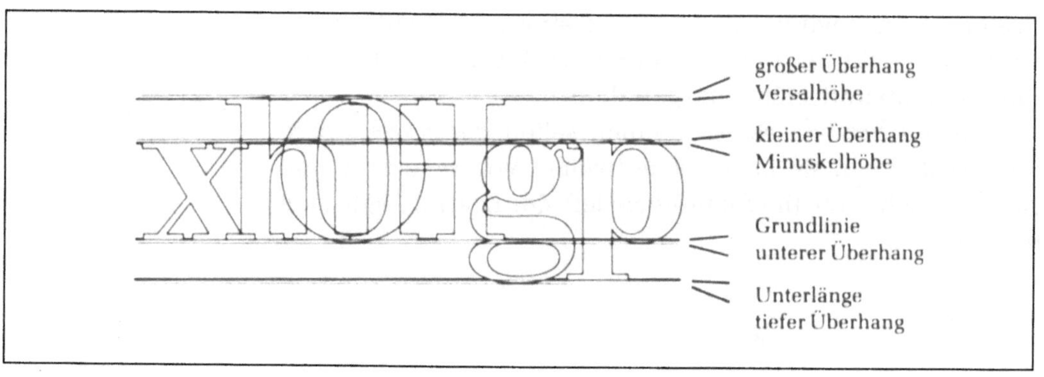

Abb. 9
Alle Schriftlinien
auf einem Blick

Die dicken Linien sind gewichtiger als die dünnen. Die relative Lage der dünnen zu ihren dicken Linien schwankt von Schrift zu Schrift. Es gibt keine exakten Richtwerte, weil ihre Lage vom Schriftentwurf bestimmt wird. Die digitale Speicherung für grobe Auflösungen erfordert manchmal eine stark gestufte Festlegung der Hilfslinien, die dem ursprünglichen Schriftoriginal und seinem Erscheinungsbild nicht förderlich ist.

Schriftmodifikation

Schriften können modifiziert werden, können kursiv gestellt, expandiert oder kondensiert werden. Sie können konturiert, antiquiert (künstlich gealtert) oder gerundet werden, sie können die Minuskelhöhe gegen die Versalhöhe ändern, schattiert und mit ihren Nachbarn im Wort verschmolzen und insgesamt zu neuen Figuren werden.

Sie können durch einfache geometrische Operationen vergrößert, verkleinert, gedreht oder verzerrt werden. Für den Techniker ist es sicherlich kein Problem, sich diese Trans-

formationen vorzustellen. Allerdings gibt es eine Reihe von
Geräten, die nichts von alledem vermögen, man betrachte nur
die diesbezüglich starren Sichtgeräte.

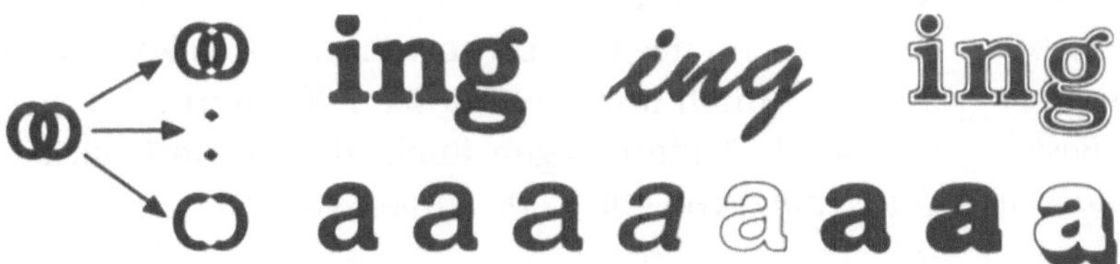

Apropos, die Sichtgeräte heute setzen »MONOSPACED« oder
»DICKTENGLEICH«, d.h. alle Buchstaben haben die gleiche
Dickte (Buchstabenbreite). (Buchstabenbreite). Man sagt auch
»nicht proportional« dazu. Die Setzmaschinen setzen proportional mit Dickten, was schon sehr viel vorteilhafter ist. Noch
besser wirkt der Satz, wenn man nicht nur die Buchstaben mit
der Nachbreite an die Vorbreite des Nachfolgers fügt, sondern
auch den Zwischenraum zwischen je zwei Buchstaben individuell vom Buchstabenpaar abhängig machen kann, was man -
wie gesagt - unterschneiden nennt, z.B. statt:

Abb. 10
Beispiele für
Modifikationen von
Buchstaben

Television

traditionell

Television

unterschneiden

Schließlich gibt es noch ein paar spezielle Begriffe, die aus der
Digitalisierung von Schriften stammen. Alle Geräte schreiben
mit einer bestimmten Linienauflösung, die man entweder in
lines per inch oder Linien pro mm angibt. Dies bedeutet, daß
die schwarzen Flächen der Buchstaben durch die Geräte (z.B.
Setzmaschinen) dadurch hergestellt werden, daß schwarze
Linien bestimmter Breite Linie an Linie aufgezeichnet werden.

    Eine weitere Einschränkung durch die Digitaltechnik hat
man auch in der Linie selbst, denn nur in bestimmten Takten

Abb. 11
Unterschneiden
verbessert den
traditionellen Satz.

kann der Schreibstrahl elektronisch ein- oder ausgeschaltet werden. Dadurch bestehen die weißen oder schwarzen Teile einer Linie aus einer Anzahl von Takten (Punkten). Es entsteht durch Linien und Punkte eine horizontale und vertikale Rasterung der Buchstaben. Wir sprechen von einem 400×400-Raster, wenn das Geviert sowohl in X- als auch in Y-Richtung mit 400 Linien und 400 Punkten (Takten) pro Linie geschrieben wird. Andere sagen auch: das Geviert wird mit einem Gitter(netz) von 400×400 aufgerastert.

Abb. 12

Soft-Scanning von Buchstaben mit schwarzen Rasterpunkten

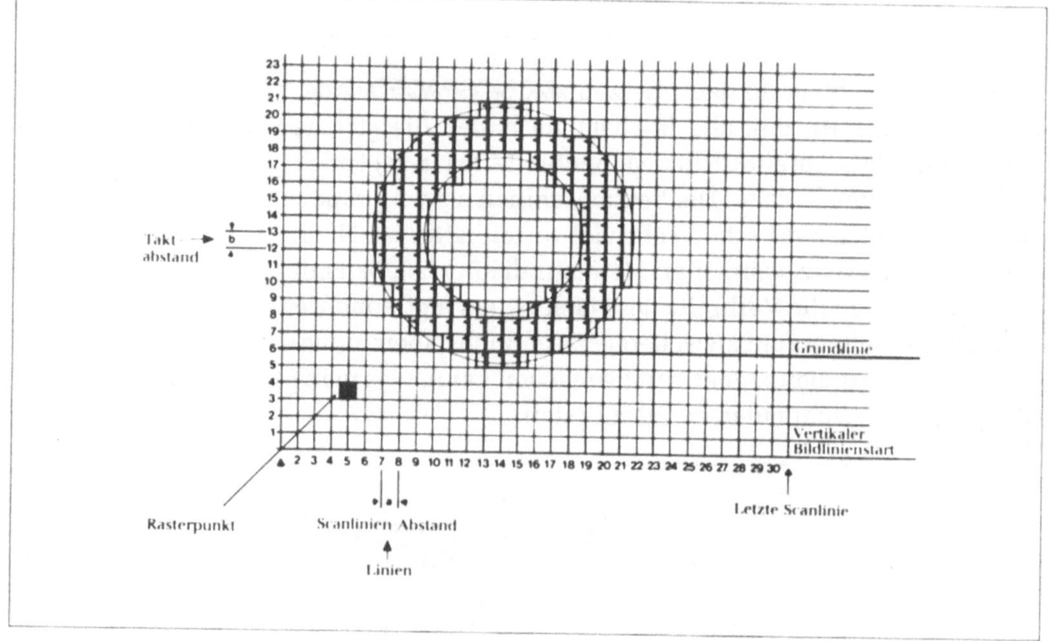

Wir meinen, daß die Angaben, auf das Geviert bezogen, die beste Vorstellung von der digitalen Auflösung der Schrift geben. Ein Punkt = 1p ist die Maßeinheit für die Schriftgröße. Früher betrugen nach Didot 62 2/3 Punkte = 23,566 mm. Hauptsächlich in Europa arbeitet man heute mit dem neuen Didot-Punkt und den Maßen 1p = 0,375 mm. In Amerika verwendet man den sogenannten pica point mit den Maßen 1pt = 0,351 mm. Auf einen Zoll (genauer 1 inch = 25,4 mm) kommen etwa 72pt (genauer: 72,27 pt).

Didot

1p = 0,375 mm

1pt = 0,351 mm

Pica

Die Gesetzgeber wünschen sich eine neue Vermaßung der Großbuchstabenhöhe (H-Höhe) in mm und nicht eine Angabe der Kegelhöhe in Punkten. Zur Zeit geben die Setzmaschinenhersteller beide Maße an; denn die druckende Welt ist konservativ, sie bleibt teilweise noch bei den alten Einheiten.

Texte in Zeitungen werden meistens in 9p ≅ 3,4 mm Kegelhöhe
= 2,25 mm Versalhöhe bzw. in 10pt gesetzt.
Schreibmaschinen haben oft 9,5p ≅ 3,6 mm Kegelhöhe ≅ 2,4
mm Versalhöhe, andere 10pt = 3,51 mm Kegelhöhe.
Nehmen wir nun das 9p-Geviert als die Normalgröße an; dann
bedeuten:

Schreibdichten in		Raster für das
l/mm	l/inch	9p-Geviert
7	180	24 × 24
9,4	240	32 × 32
11,8	300	39 × 39
15,7	400	54 × 54
32	813	108 × 108
64	1626	216 × 216
96	2438	324 × 324

Wir stellen ein 9p-Didot-Geviert neben ein 9-pt-Pica-Geviert in
achtfacher Vergrößerung. Man erkennt den etwa 7%igen
Unterschied in der Kegelhöhe, aber eine fast gleiche H-Höhe.   *Didot = Pica +7%*
Das Pica-Geviert läßt bei den meisten Firmen weniger Raum
für Unterlängen.

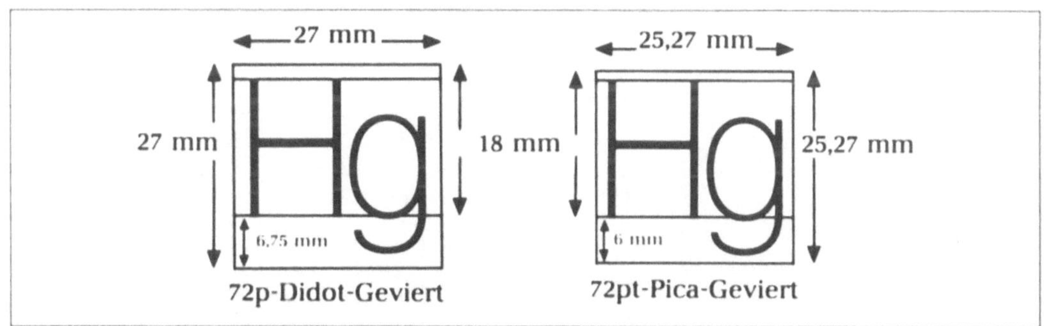

Es gibt eine einfache Umrechnungsmethode von Didotpunk-
ten (neuen typographischen Punkten) zu mm:
    Das Verhältnis von Versalhöhe zu Kegelhöhe ist 2 : 3.
    Weiter ist 1p × 2/3 = 0,375 × 2/3 = 0,25 mm. Also erhält
man die Versalhöhe in mm, indem man die Punktangaben der
Kegelhöhe durch 4 teilt.

Abb. 13
*Die Versalhöhen sind
in Didot- und Pica-
Geviert gleich groß.*

4p Kegelhöhe = 1 mm Versalhöhe

X mm *VH* = 4*X* p

Rasterungen im Bereich 50 × 50 und kleiner bezeichnet man als

low

&

high resolution

- niedrige Auflösung oder
- low resolution,

Rasterungen im Bereich 100 × 100 und mehr bezeichnet man als

- feine Auflösung oder
- high resolution.

Jeder Schriftfachmann könnte zu diesem Kapitel noch sehr viel mehr ergänzen und stärker ins Detail gehen. Wir hören aber hier mit den traditionellen Begriffen auf in der Hoffnung, noch keine Langeweile erzeugt zu haben.

Im Anhang F findet man eine kleine Liste der deutschen, englischen und französischen Wortbildungen für und um die Schrift herum.

Kapitel 3

Darstellung von Buchstaben

Eigentlich wollen wir über digitale Formate sprechen, aber es ist zunächst unumgänglich, einen Blick auf die Geräte zu werfen, die Schriftzeichen darstellen können. Wir wollen drei Gruppen bilden: die Sichtgeräte, die Setzmaschinen und die NC-Maschinen.

Allen Maschinen ist folgender Ablauf beim Schreiben eines Buchstabens gemeinsam: Zunächst ist das Zeichen irgendwo in der Maschine oder dem System elektronisch oder magnetisch digital gespeichert. Alle Zeichen haben eine Adresse, so daß die elektronische Ansteuerung jede gewünschte Figur aus beliebiger Reihenfolge finden kann.

Als erstes wird das Zeichen gelesen, d.h. die digitale Information wandert in einen temporären, schneller zugreifbaren Speicher. Dann bereitet die Rechnerelektronik die Bilddaten digital so auf, daß entweder vertikale oder horizontale schwarze Linienstücke entstehen. Eine solche digitale Linie besteht dann zum Beispiel aus einer abwechselnden Folge von Nullen und Einsen, den Bits (siehe Skizze).

Wie entsteht die digitale Steuerung?

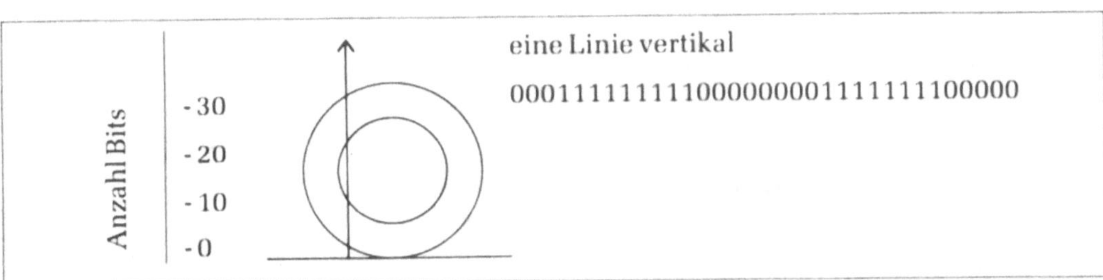

Aus dieser Folge läßt sich das elektronische Signal zur Ansteuerung des Schreibmechanismus erzeugen, nämlich für folgende Bit-Scheibe.

Abb. 14
Schwarze Scheiben werden gerastert und durch Bits gespeichert.

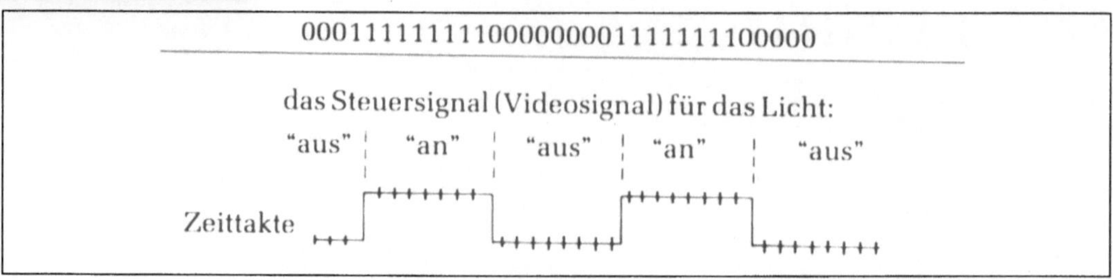

Abb. 15
Bits werden in Takte
gleicher zeitlicher
Länge gewandelt.

Der jeweilige Schreibstrahl einer Maschine hat eine bestimmte Ausdehnung. Daraus ergeben sich Linienbreite und Linienabstand.

Die NC-Maschinen, ebenso ein Teil der graphischen Sichtgeräte, bereiten ihre Steuersignale anders auf. Diese Maschinen können ihr Schreibgerät von Punkt zu Punkt gleichzeitig sowohl horizontal als auch vertikal bewegen. Sie erzeugen aus der digitalen Speicherung parallel zwei Steuersignale, eines für die Bewegung in X-Richtung, das andere für die gleichzeitige Bewegung in Y-Richtung. Die Signale selbst enthalten von Punkt zu Punkt die Anzahl der Feinstschritte, die zusammen die Weglänge in X- oder Y-Richtung für eine kurze gerade Bewegung geben. In diesem Zusammenhang nennt man kurze Geraden Vektoren.

Plotter- bzw.
Oszillographen-
steuerung

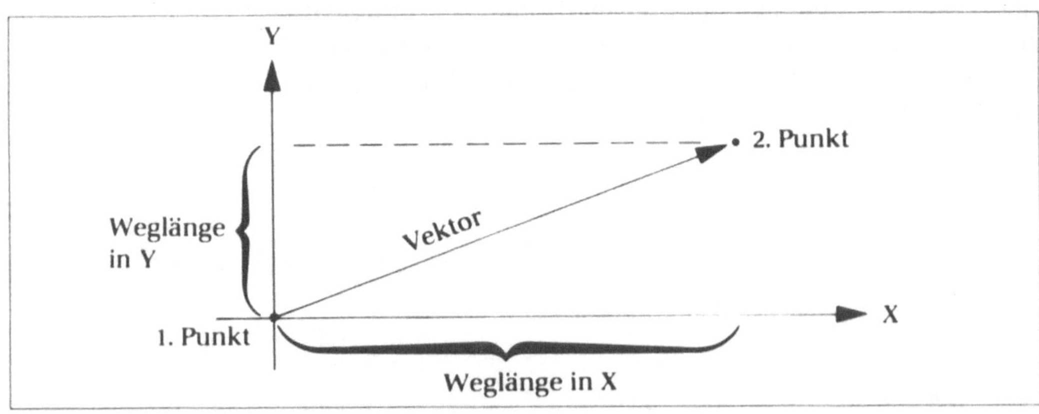

Abb. 16
NC-Maschinen und
Oszillographen
führen Bewegungen
gleichzeitig in X-
und Y-Richtung aus.

Sichtgeräte und die Setzmaschinen hingegen erzeugen zeitlich nacheinander die Bewegung senkrecht bzw. horizontal zu der Linienrichtung, indem sie Linie an Linie setzen.

Alle drei Maschinengruppen können eine Fläche beschreiben, indem sie Signale für die X- und für die Y-Richtung erzeugen. Uns interessiert hier mehr, was die Geräte schreiben und wie das Resultat aussieht. Deshalb kürzen wir großzügig die Funktionsweise der Elektronik in jeder Maschine wie folgt ab:

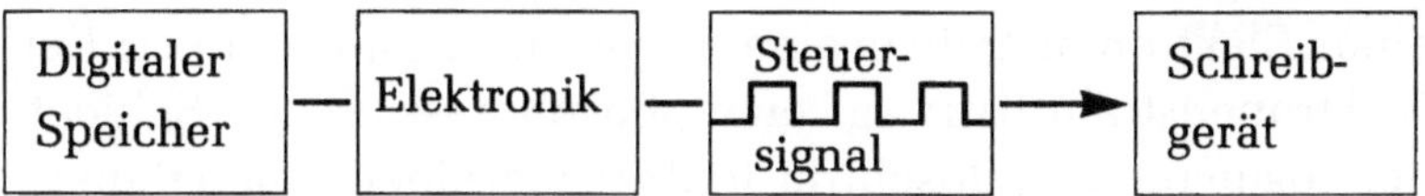

Wir haben eine einfache Darstellung gefunden, die zeigt, wie Steuersignale und Lichtquelle in einem Laser-Setzgerät zusammenwirken (siehe unten).

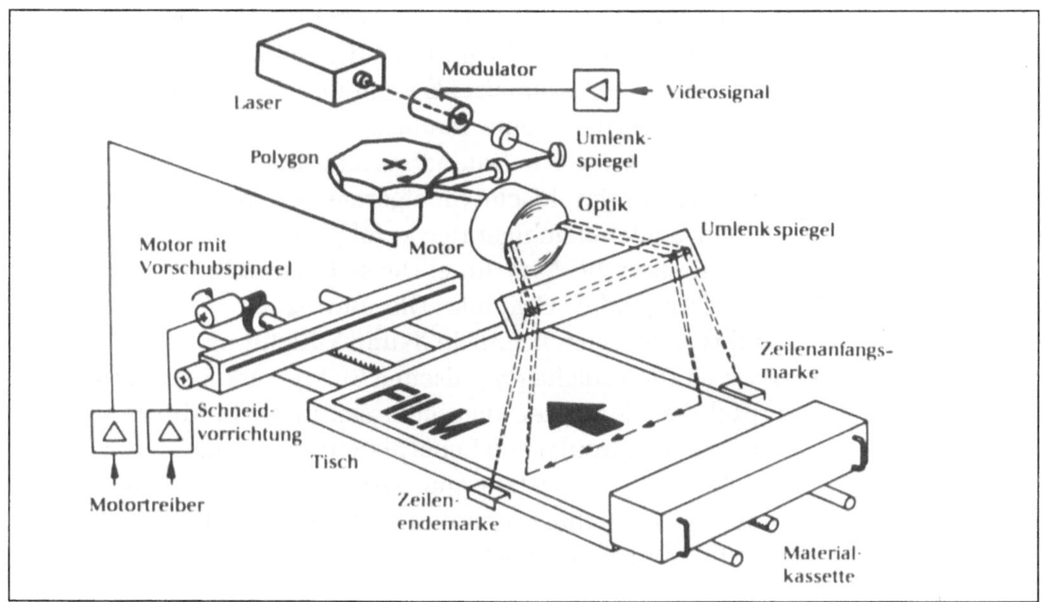

Abb. 17
Digisetsteuerung
als Beispiel

3.1 Sichtgeräte

In Sichtgeräten werden die Steuersignale dazu verwendet, einen Elektronenstrahl in einer Fernsehröhre abzulenken. Der Elektronenstrahl trifft auf eine phosphoreszierende Schicht, den sogenannten Bildschirm, und erzeugt einen hellen Punkt.

Raster VDT versus Direct VDT

Man kann grob zwei verschiedene Sichtgerätetypen (VDT, Video Display Terminals) unterscheiden: Rastersichtgeräte (Raster Scan VDT), die den normalen Fernsehgeräten sehr nahe stehen, und Speichersichtgeräte, die den Oszillographen ähneln. Im Englischen hat man für letztere den Begriff DVDT (Direct VDT). In ersteren wird Zeile um Zeile elektronisch hergestellt und auf dem Bildschirm dargestellt. Sie sind seit 1970 zumeist als Rechnerkonsole entwickelt worden und werden heute hauptsächlich als alphanumerische Datensichtgeräte zur Datenerfassung und -kontrolle verwendet sowie als graphische Sichtgeräte der zweiten Generation. In den Speichersichtgeräten erfolgt der Bildaufbau etwa so wie auf einer NC-Maschine. Die sichtbaren Linien bilden die Zeichnung oder Graphik. Die Bewegung des Elektronenstrahls erfolgt gleichzeitig in X- und Y-Richtung. Schon Anfang 1960 wurden solche graphischen Sichtgeräte - sogar mit Lichtgriffel - an Computer angeschlossen und z.B. für die Herstellung von elektronischen Leiterplatten eingesetzt.

Erst ab 1970 setzte eine wirklich breitere Verwendung von Speichersichtgeräten und ab 1975 ein vielfältiger Einsatz von alphanumerischen Sichtgeräten ein.

Sichtgeräte der ersten Generation

Bei diesen Sichtgeräten wird der Schreibstrahl von links nach rechts zeilenweise abgelenkt. Nebeneinanderliegende Zeilenpunkte werden zu einer Linie verbunden, deren Länge der Anzahl der Punkte entspricht, die zum Anschalten des Elektronenstrahls geführt haben. Relativ kleine Punktmatrizen, z.B. 8×10, werden zur digitalen Darstellung von Buchstaben verwendet.

Raster VDT

Die nachstehenden Darstellungen sind wie folgt angelegt: Die erste Aufnahme zeigt immer die ganze Erscheinung des graphischen Sichtgeräts, der gesetzten Seite oder der Zeichnung (je nach Gerätegruppe). Das hat unterschiedliche Verkleinerungen ergeben.

Daneben zeigen wir als Vergrößerung 5 : 1 vier Quadratzentimeter der Originalfläche, auf der Buchstaben dargestellt sind.

Wir zeigen zunächst das Aussehen von Buchstaben auf einem üblichen Sichtgerät. Die Auflösung beträgt etwa 2 Linien/mm bzw. 50 Linien/inch.

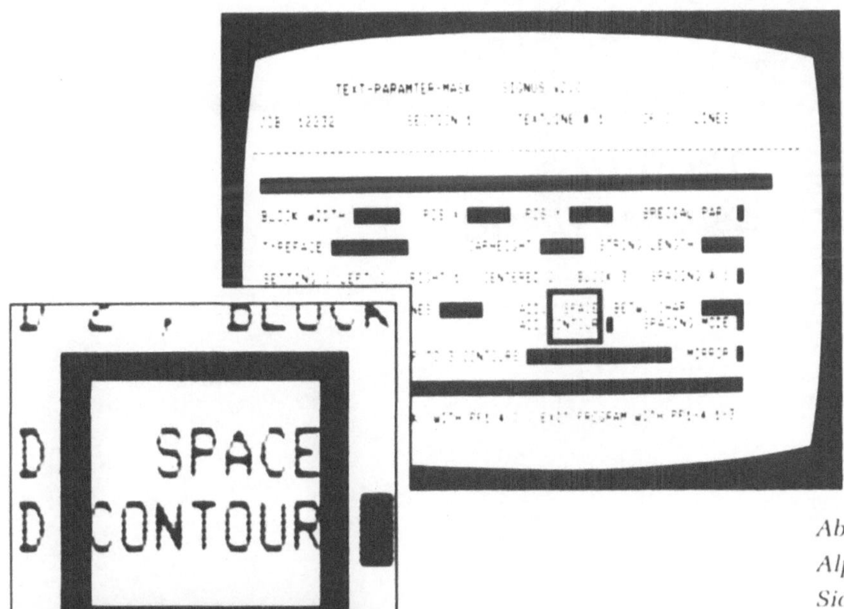

*Abb. 18
Alphanumerisches
Sichtgerät mit
Schwarzweiß-
darstellung von
Schrift*

Sichtgeräte der zweiten Generation

Graudarstellung

Ziemlich neu sind Sichtgeräte, die im Prinzip genauso wie die alphanumerischen Rastersichtgeräte der ersten Generation arbeiten, nur daß sie pro Buchstaben 16 × 16 Halbbytes speichern, mehr Zeilen verwenden und nicht mehr unbedingt dicktengleich schreiben. Alle Verbesserungen zusammen erfordern eine 16fach schnellere Elektronik. Die Auflösung beträgt etwa 4 Linien/mm bzw. 100 Linien/inch.

*Abb. 19
Alphanumerisches
Sichtgerät mit
Graudarstellung von
Schrift*

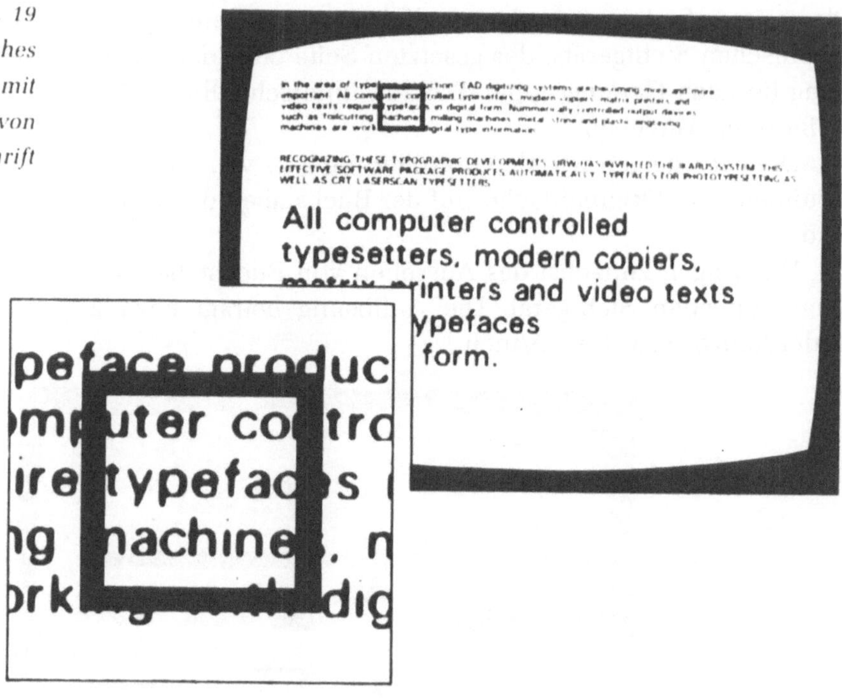

Graphische Sichtgeräte der ersten Generation

Graphische Sichtgeräte der ersten Generation - die Speichersichtgeräte - enthalten sehr schnelle Liniengeneratoren für die
X- und Y-Steuerung des Elektronenstrahls. Die darzustellen-
den Informationen werden graphisch in Form von Vektoren
gespeichert. Vektoren verbinden jeweils zwei Eckpunkte. Die
Auflösung beträgt bis zu 10 Linien/mm bzw. 250 Linien/inch,
aber die Dicke des Elektronenstrahls entspricht allerdings nur
4 Linien/mm bzw. 100 Linien/inch.

Direct VDT

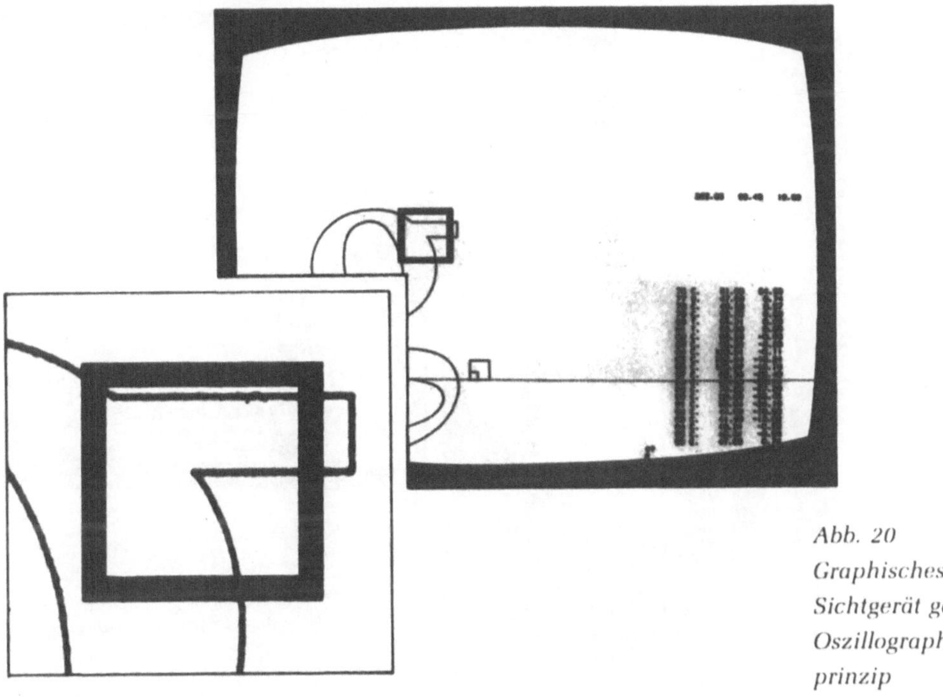

*Abb. 20
Graphisches
Sichtgerät gemäß
Oszillographen-
prinzip*

Graphische Sichtgeräte der zweiten Generation

Raster Graphik

Eine andere Klasse von graphischen Sichtgeräten - die Raster-sichtgeräte - liest ihr ganzes Bild (z.B. 600 Zeilen mit je 800 Bildpunkten) aus einer entsprechenden Bitmap von 800×600 Bits heraus. Diese Sichtgeräte setzen sich gegenüber den Speichersichtgeräten immer mehr durch. Sie zeigen zwar eine schlechtere Darstellung der Linien, haben aber keine Probleme, Flächen schwarz oder weiß zu füllen. Die Auflösung beträgt bis zu 4 Linien/mm bzw. 100 Linien/inch.

*Abb. 21
Graphisches
Sichtgerät mit
Schwarzweiß-
darstellung*

Graphische Sichtgeräte der zweiten Generation mit Grautondarstellung

Relativ neu sind Rastersichtgeräte, die nicht nur schwarze und weiße Bildpunkte, sondern auch dazwischenliegende Grautöne darstellen können. Das Bild wird aus einer Viertelbyte-, Halbbyte- oder Bytemap ausgelesen mit entsprechend vier (Viertelbyte), 16 (Halbbyte) oder 256 (Byte) Grautönen. Sie zeigen eine gute Darstellung von Linien. Die Auflösung beträgt bis zu 4 Linien/mm bzw. 100 Linien/inch.

Graphik mit Grauton

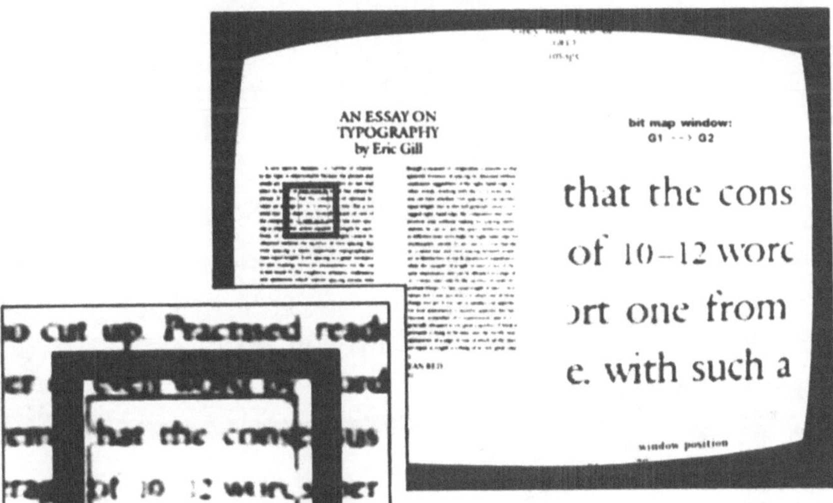

Abb. 22
Graphisches
Sichtgerät mit
Graudarstellung

29

Fernsehen

Die Darstellung von Schrift im normalen Fernsehen hat im wesentlichen zwei Quellen. Entweder wird sie durch eine Fernsehkamera von Vorlagen direkt abgenommen:

*Analoge
Darstellung*

*Abb. 23
Fernsehdarstellung
von Schrift, die mit
einer Kamera von
einer Tafel
aufgenommen
worden ist.*

oder sie wird durch Schriftgeneratoren erzeugt und in das normale Fernsehsignal eingeblendet. Die Auflösung ist üblicherweise etwa 2 Linien/mm bzw. 50 Linien/inch.

Digitale Darstellung

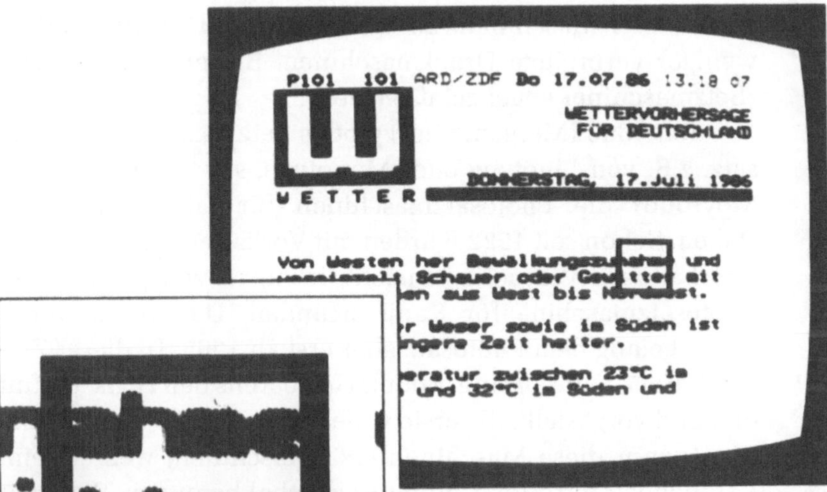

Abb. 24
Fernsehdarstellung
von Videotext

3.2 Setzmaschinen

Zur Gruppe der Setzmaschinen zählen wir Matrixdrucker, elektrostatische Drucker, Laserdrucker, Mikroverfilmungsgeräte, CRT-Maschinen, Laserbelichter und diverse andere, weniger verbreitete Druckmaschinen. Bisher ist der Begriff »Setzmaschine« enger gefaßt gewesen.

Seit 1896 (Mergenthaler) gibt es Setzmaschinen für Bleisatz, z.B. von Linotype oder Monotype, seit 1949 (Higonnet, Moyroud) die Photosatzmaschinen für lateinische Buchstaben. Schon seit 1922 wurden mit Vorläufern in verschiedenen Ländern Versuche gemacht, in Japan wurde 1923 eine Photosatzmaschine für Kanji erfunden. Der breite Durchbruch gelang dem Photosatz aber erst ab 1965. In dieser Zeit, 1964/1965, hatte Dr.-Ing. Rudolf Hell bereits den Digiset erfunden und vorgestellt, die erste vollelektronische Setzmaschine. Man nennt diese Maschinen CRT-Maschinen, weil sie eine Kathodenstrahlröhre (Cathod Ray Tube) benutzen. Seit 1975 haben sich CRT-Maschinen im Markt durchgesetzt und den Bleisatz endgültig abgelöst.

Dr.-Ing. Rudolf Hell ist der Erfinder der elektronischen Setzmaschine.

Zwischen 1974 und 1978 sind die ersten Laserbelichter (Linocomp und Lasercomp) entstanden und vorgestellt worden, und erst seit 1985 kann man beobachten, daß die Laserbelichter die Photosatz- und CRT-Maschinen ablösen.

Alle diese Maschinen sind im allgemeinen Sprachgebrauch mit dem Begriff »Setzmaschine« gemeint. Wir wollen jedoch auch die anderen Geräte wie Matrixdrucker, elektrostatische Drucker, Laserdrucker und Mikroverfilmungsgeräte unter diesem Begriff zusammenfassen.

Matrixdrucker gibt es seit 1970, verbreitet als billiger Ersatz für die sogenannten Schnelldrucker (basierend auf aus Metall geformten Drucktypen) zum Drucken von Listen im Rahmen der elektronischen Datenverarbeitung.

Seit dieser Zeit etwa werden vermehrt elektrostatische Drucker im Bereich des CAD (Computer Aided Design) zum Erzeugen von Zeichnungen mit Text eingesetzt. Diese Drucker konkurrieren zum Teil mit Plottern und Zeichenmaschinen.

Laserdrucker sind von XEROX seit 1980 erfolgreich vertrieben worden. Sie haben erst im Jahre 1984 den eigentlichen Start ihrer großen Verbreitung erfahren. Zusammen mit den sogenannten PCs (Personal Computer) werden sie die Büro-Schreibmaschinen von morgen bilden.

Die Mikroverfilmungsgeräte stellen eine besondere Art von Setzmaschinen dar. Sie erzeugen Filme, die man mit Vergrößerungsgeräten betrachten kann. Bei steigender Leistung der Computer und Datennetze ist abzusehen, daß diese Geräte nicht mehr lange im Gebrauch sein werden.

Zusammenfassend beurteilen wir nur die Zukunftschancen von hochauflösenden Matrixdruckern (24 bis 36 Nadeln für die Schreibzeilenhöhe), Laserdruckern und Laserbelichtern als gut.

Lasertechnik hat Zukunft.

Matrixdrucker

Bei Matrixdruckern - früher auch Nadeldrucker genannt - werden durch Steuersignale beliebig Nadeln aus einer Reihe von 9 bis zu 48 Nadeln senkrecht zur Schreibrichtung angeschlagen. Die Nadelköpfe drücken wie bei der Schreibmaschine die Druckfarbe aus einem Farbband auf das Papier. Das Geviert wird aus 7×9 Punkten bis hin zu 72×48 Punkten bei heutigen Geräten gebildet. Gesetzt wird oft noch dicktengleich. Die Auflösung ist etwa 2 bis 14 Linien/mm bzw. 50 bis 360 Linien/inch.

Immer noch dicktengleich?

Bei der Herstellung dieses Buches habe ich die Texte zunächst nur in Form von Listen, die durch Matrixdrucker ausgegeben worden sind, zur Verfügung gehabt. Dabei habe ich viele Fehler übersehen, was ich erst beim Korrekturlesen der Satzfahnen bemerkt habe.

Abb. 25
Ein Teil der Nadeldrucker gibt Schrift miserabel wieder.

Elektrostatische Drucker

Die elektrostatischen Drucker nennt man auch elektrostatische Plotter. Die Steuersignale werden dazu verwendet, parallel zur Schreibrichtung Elemente einer Zeile für das Schreiben elektrostatisch zu laden, um Farbpartikel anzuziehen. Diese Farbpartikel werden dann vom Papier abgenommen und schwärzen es. Typisch ist eine Auflösung von 8 Linien/mm bzw. 200 Linien/inch, neuerdings sogar 16 Linien/mm bzw. 400 Linien/inch.

200 lpi

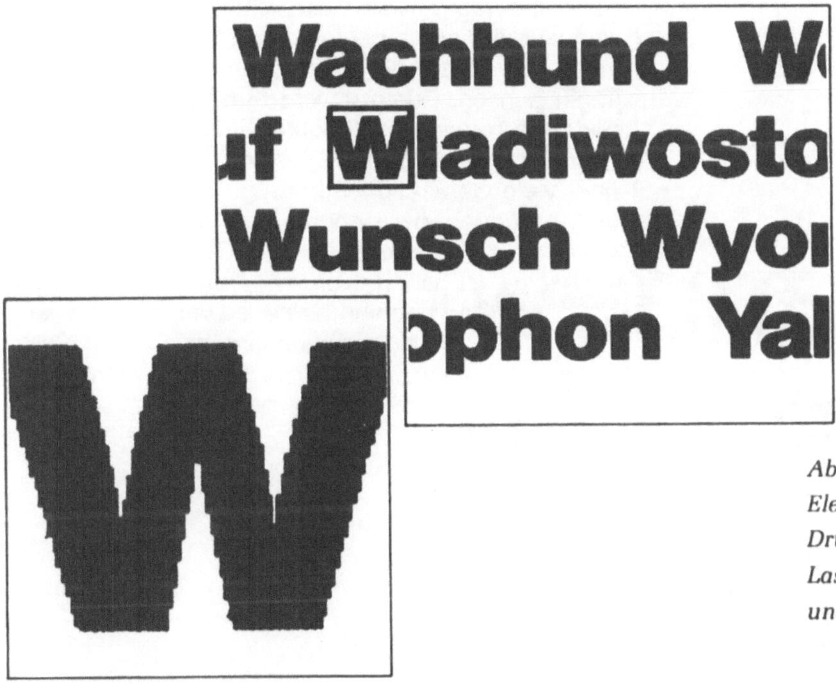

Abb. 26
Elektrostatisches
Drucken scheint der
Lasertechnik
unterlegen zu sein.

Laserdrucker

Die Laserdrucker arbeiten im Prinzip ähnlich wie elektrostatische Drucker. Man verwendet an- und abstellbares, gut fokussiertes Licht und Lichtablenkung zur elektrostatischen Entladung von Farbpartikeln, die mit Hochspannung aufgeladen sind. Allgemein liegen die Auflösungen zwischen 12 und 24 Linien/mm bzw. 300 und 600 Linien/inch in X- als auch Y-Richtung.

*300 bis
600 lpi*

*Abb. 27
Typische
Schreibwiedergabe
auf einem
Laserdrucker*

Mikroverfilmungsgeräte

In den Mikroverfilmungsgeräten werden die Steuersignale wie in Zeichenmaschinen generiert. Ein sehr gut fokussierter Lichtstrahl schreibt in Form von kleinen Geraden den Text auf. Die Auflösung beträgt indirekt bis zu 300 Linien/mm bzw. 7500 Linien/inch nach der photographischen Verkleinerung.

7500 lpi!

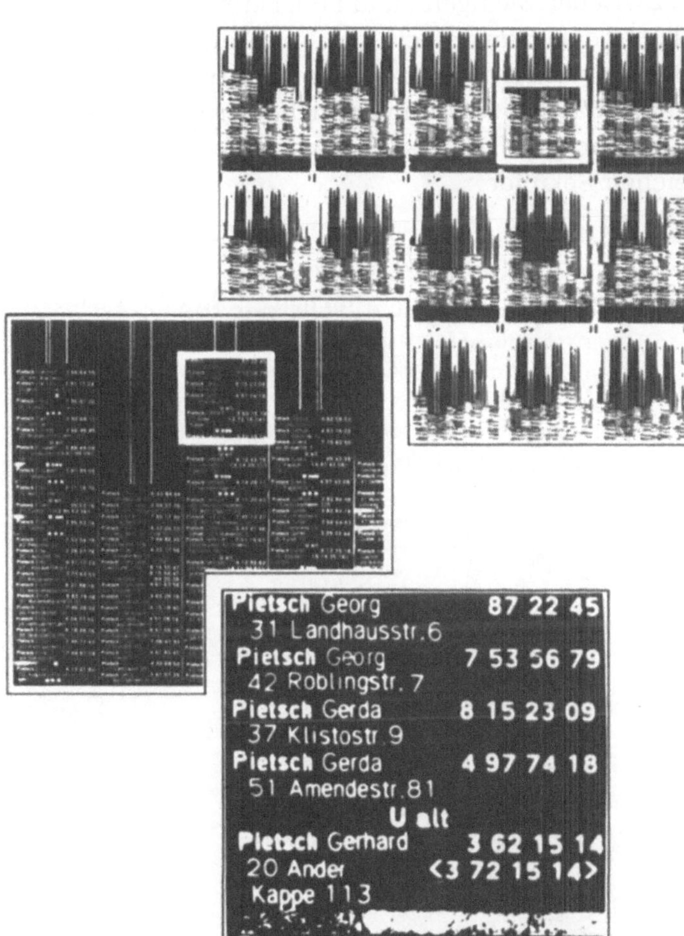

Abb. 28
Mikroverfilmungs-
geräte haben eine
phantastische Auf-
lösung, wir mußten
zweimal vergrößern

CRT-Maschinen

CRT-Maschinen sind vollelektronische Lichtsetzgeräte, die eine Fernsehröhre (Cathod Ray Tube - CRT) verwenden. Im Gegensatz zum normalen Fernsehen oder den Sichtgeräten ist der Elektronenstrahl in diesen Geräten sehr gut fokussiert. Das Licht auf dem Bildschirm wird zur Belichtung von Filmen verwendet. Zwischen Sichtgerät und Film befindet sich eine Linsenoptik. Auf dem Film erreicht man eine Auflösung zwischen 25 bis 100 Linien/mm in beiden Richtungen (vertikal und horizontal) bzw. 625 bis 2500 Linien/inch. Die Wiedergabe der Schrift ist sehr gut. Die Setzgeschwindigkeit beträgt bis zu 2000 Zeichen/Sekunde.

1200 lpi

*Abb. 29
Satzbeispiel einer
CRT-Maschine*

Laserbelichter

In den Laserbelichtern wird Laserlicht direkt zur Belichtung von Filmen verwendet. Die Steuersignale bewegen einen Lichtpunkt (oder mehrere) über den Film und schalten ihn dabei an oder aus. Auflösung und Setzgeschwindigkeit sind mit CRT-Maschinen vergleichbar, meist sogar überlegen. Mit dem Laserbelichter gibt es zum ersten Mal eine Maschine, die Buchstaben beliebig drehen kann. Die anderen Maschinen können dies theoretisch auch, nur: realisiert worden ist die Drehung unseres Wissens erst in einem Laserbelichter. Die Auflösung beträgt typischerweise 50 bis 100 Linien/mm bzw. 1250 bis 2500 Linien/inch.

2400 lpi

Abb. 30
Der Digiset LS 210
ist der beste je
gebaute Laserfilm-
recorder!

Andere Setzmaschinen

Setzmaschinen mit anderen Funktionsprinzipien sind z.B. Inkjet-Drucker, Thermotransfer-Drucker oder Laserverdampfer für die direkte Druckplattenbelichtung.

Wir wollen an dieser Stelle jedoch nur einen Querschnitt von der Art und Weise zeigen, wie Buchstaben aus digitaler Speicherung heraus dargestellt werden, und daher nicht auf alle Varianten von Setzmaschinen im Detail eingehen.

Wann Outline-Code?

Es wird sich zeigen, daß alle Maschinen ihre besondere Art der digitalen Kodierung erfordern. Entsprechend der benötigten Auflösung sind bestimmte Kodierungstechniken zu bevorzugen: für Sichtgeräte oder Matrixdrucker die Bitmap, für Auflösungen um 20 Linien/mm am besten die Lauflängenkodierung (Scanline-Code), für sehr hohe Auflösungen eine Konturbeschreibung (Outline-Code). Dies ergibt sich aus der Notwendigkeit, in jedem Fall den Speicherbedarf für Schriften in einer Maschine so klein wie möglich zu halten.

3.3 NC-Maschinen

Wir haben als Gruppennamen für die im folgenden dargestellten Maschinen den Begriff »NC-Maschine« gewählt, richtiger wäre gewesen: »NC-gesteuerte Maschinen« zu sagen oder »numerisch gesteuerte Maschinen«. Im Prinzip sind sie für uns untereinander sehr ähnlich, sie bewegen einen »Schreibstift« in der X- und Y-Richtung gleichzeitig, und man unterscheidet sie nach diesem Schreibinstrument:

Schreibstift	– Zeichenmaschine oder Plotter
Messer	– Folienschneidemaschine
Fräser	– Fräsmaschine
Gravierfräser	– Graviermaschine
Flamme	– Brennschneidemaschine
Laserstrahl	– Laserschneidemaschine oder Lasergraviermaschine
Wasserstrahl	– Strahlschneidemaschine
Sandstrahl	– Steingraviermaschine

Die Vielfalt der NC-Maschinen ist beeindruckend.

Die Steuersignale erfordern alle die gleiche Behandlung, ähnlich wie beim Speichersichtgerät oder Mikroverfilmungsgerät. Allerdings braucht man bei NC-Maschinen meist recht starke Motoren zur Realisierung der X- und Y-Bewegung.

Die gleiche Art der Steuersignale bedeutet aber auch, daß die digitale Speicherung von Schriften für alle diese Maschinen gleich ist.

Zeichenmaschinen können also auch schreiben, allerdings äußerst langsam, verglichen mit den Laserbelichtern. Eine »Setzgeschwindigkeit« von 1 Buchstabe pro Sekunde kann durchaus auftreten. Die Schreibinstrumente können heutzutage mit einer Geschwindigkeit von 1 cm/Sekunde bis 1 m/Sekunde bewegt werden.

Anfang der fünfziger Jahre hatte sich in den USA die numerische Steuerung für Werkzeugmaschinen entwickelt. Die Anfänge der großen Flachbettzeichenmaschine in den Jahren 1950 bis 1960 gehen auf Konrad Zuse und die Firma ARISTO zurück. Während Zuse die X- und Y-Achsenantriebe mit Schrittmotoren streng digital entwickelte, wurden bei ARISTO Gleichstrommotoren digital-analog eingesetzt. 1959 wurde dann der erste »ARISTO-Koordinatograph mit numerischer Stetigbahnsteuerung« vorgestellt.

*Abb. 31
Aristomat mit
Stetigbahnsteuerung
1959*

*1/100 mm bedeutet
2540 lpi!*

Daraus haben sich die heutigen Flachbettzeichenmaschinen mit üblichen Arbeitsflächen von 1 bis 2 qm entwickelt.

Diese Maschinen arbeiten mit einer hohen Zeichengenauigkeit von 1/100 mm und sind daher teuer. Preiswerter sind kleine Maschinen, sogenannte Plotter. Sie haben eine Arbeitsfläche, die dem A3-Format entspricht, und eine Zeichengenauigkeit von 1/10 mm.

Im folgenden werden drei verschiedene NC-Maschinen vorgestellt.

Plotter

Die kleineren Zeichenmaschinen werden, wie gesagt, meist als Plotter bezeichnet. Sie haben eine Auflösung von etwa 0,1 mm bis 0,025 mm bzw. von 0,004 inch bis 0,001 inch, was 10 bis 40 Linien/mm bzw. 250 bis 1000 Linien/inch entspricht.

250 lpi

*Abb. 32
Plotter eignen sich
sehr gut zur
Überprüfung
graphischer Daten.*

Zeichenmaschinen

Die größeren Flachbettzeichenmaschinen haben ihren Namen »Zeichenmaschine« verdient. Sie haben eine Auflösung von 0,025 mm bis 0,005 mm bzw. 0,001 inch bis 0,0002 inch, entsprechend 40 bis 200 Linien/mm bzw. 1000 bis 5000 Linien/inch. Sie sind keine Plotter!

5000 lpi

*Abb. 33
Zeichenmaschinen
liefern Endprodukte,
nämlich
Zeichnungen
für die Ablage.*

Folienschneidemaschinen

Mit den meisten Flachbettzeichenmaschinen kann man auch Folien schneiden. Wir zeigen hier einen schönen großen Buchstaben, um die Präzision zu verdeutlichen, die gerade beim Schneiden erreicht wird.

Diese Maschinen werden mit dem SIGNUS-System in der Schilderherstellung eingesetzt.

*Abb. 34
Die Auflösung der Folienschneidemaschinen beträgt 2540 lpi, und das bei Buchstaben bis zu zwei Meter Größe!*

Kapitel 4

Anforderungen des Satzes

E s leuchtet ein, daß die verschiedenartigen Maschinen und die verschiedenartigen Elektronikbaugruppen in den Geräten eine unterschiedliche Kodierung zur Folge haben. Jedesmal muß dabei für eine bestimmte Maschine eine digitale Speicherung so erfolgen, daß die Schriften möglichst wenig Platz einnehmen und möglichst schnell gelesen und verarbeitet werden können. Dies erreicht man durch eine an die jeweilige Elektronik optimal angepaßte Schriftkodierung.

Die Anforderungen der Maschinen an das digitale Format von Schriften beschränken sich also im wesentlichen auf die Kodierung. Durch die Darstellung von Texten, dem sogenannten Satz, kommen jedoch weitere Forderungen hinzu.

4.1 Schriftaufbau

Zunächst müssen die gespeicherten Informationen zu den einzelnen Buchstaben auffindbar sein. Die Buchstaben bekommen deshalb Adressen, die in einem Buchstabenadreßbuch stehen.

Dann müssen die Vorbreiten, Nachbreiten und Dickten der Schriften getrennt von den graphischen Informationen gelesen werden können. Dazu werden die Dickten in eigenen, datenmäßig abgesetzten Bereichen als Dicktentabellen gespeichert. Die Akzente machen ein wenig mehr Probleme, wenn man sie als fliegende Akzente behandelt, die nur in Form von Markierungsstellen an den Buchstaben stehen und erst beim Setzen an diese markierte Position gelangen. Zum Teil wird mit Hilfe einer Satzregel aus e und ` ein è hergestellt oder aber mit Hilfe von Markierungen an e und an ` der Satz (`-Marke auf e-Marke) des è gesteuert. Wir plädieren für Festakzente, d.h. Extra-Buchstaben für è, é, ê, ñ, å, ë, ó usw., denn die akzen-

Fliegende Akzente
oder
Festakzente

Ligaturen
und
Zierbuchstaben

tuierten Buchstaben sind selbständige Zeichen und sollten von Schriftgestaltern im Rahmen der Schriftherstellung überprüft werden.

Wichtig sind noch die Ligaturen - wie bereits in Kapitel 2 erwähnt. Sie wurden entworfen, um das Aussehen bestimmter Buchstabenkombinationen zu verbessern.

Ferner kann es sogenannte Zierbuchstaben geben (im Englischen Swash-Characters), so zum Beispiel das normale »e« für den Satz am Anfang und in der Mitte von Wörtern, für den Satz am Ende eines Wortes jedoch ein »e« mit verlängertem, verzierendem Schwung am Abstrich.

Diese drei Beispiele - Akzente, Ligaturen, Zierbuchstaben - erzeugen Probleme bei der Texteingabe (z.B. auf einer Sichtgerätetastatur für den englischen Sprachraum), wo zunächst nur die normalen, einzelnen Zeichen getastet werden können. Nachgeschaltete Software findet dann die neuen Adressen für Festakzent-Buchstaben, Ligaturen oder Zierbuchstaben. Es gibt nicht viele Texterfassungssysteme, die dies schon heute leisten.

Wir erkennen jetzt, wodurch eine umfangreiche Belegung der Schriften (siehe auch Anhang B) zustandekommt.
Es kann erforderlich sein, besondere Zahlenwerte zu speichern, z.B.

* für das Hochsetzen und
* für das Tiefsetzen.

Weiter gehören sogenannte Unterschneidungs- und Berührungstabellen zu einer Schrift. Wir haben schon erklärt, was Unterschneidung (Kerning) bedeutet (siehe Kapitel 2).

Bei vielen Herstellern von Maschinen und Schriften läßt das Unterschneiden noch auf sich warten. Von einigen Firmen - noch lange nicht von allen - werden sogenannte Ästhetik-Tabellen hergestellt, um für einige wichtige Buchstabenpaare Korrekturwerte zur Verfügung zu haben. Wir zeigen eine Liste der Buchstabenpaare, für die z.B. Firma Berthold Unterschneidungswerte liefern kann. In der Regel sind dies negative Zahlen, die den durch die traditionelle Spationierung mit Nachbreite und Vorbreite gegebenen Buchstabenabstand korrigieren (verringern).

```
AT AY AV AW Ay  Av  Aw  A   FA  F.  F,  TO TA  Ta  Te
To Ti Tr Tu Ty Tw  Ts  Tc  T.  T,  T:  T;  T-  LT  LY
LV LW Ly L̓  PA  P.  P,  VA  Va  Ve Vo  Vi  Vr  Vu  Vy
V. V, V: V; V-  RT  RV  RW  RY  f'  WA Wa We  Wo  Wi
Wr Wu Wy W. W,  W-  YA  Ya  Ye  Yo Yi  Yp  Yq  Yu  Yv
Y. Y, Y: Y; Y-  r'  r.  r,  r-  y.  y,  v.  v,  w.  w,
's
```

Bei URW wird nach einem ganz anderen Konzept vorgegan-
gen: Der Abstand zwischen je zwei Buchstaben ist grundsätzlich eine individuelle Größe! Also hat bei URW die Unterschneidungstabelle für zum Beispiel 100 Zeichen die Länge
$100 \times 100 = 10.000$ Worte, für 250 Zeichen die Länge 250×250
$= 62.500$ Worte. Ästhetiktabellen bilden also eine Untermenge
der großen Unterschneidungstabellen von URW. Für jede
Schriftversion wird eine besondere Tabelle erstellt.
Neben den Unterschneidungswerten gibt es - ganz analog aufgebaut - die Berührungstabellen, um Buchstabenpaare noch
enger werden und sich berühren zu lassen. Mit Hilfe von
Schutzzonen wird jedoch darauf geachtet, daß sich z.B.
»HIH«, in Helvetica gesetzt, nicht berühren.

*Long Kerning
Tabellen*

*Abb. 35
Vergleich des
traditionellen,
unterschnittenen
und berührenden
Satzes*

Die Überdeckungstabellen bringen die Buchstabenpaare so
eng zusammen, daß sie ineinanderdringen (sexy spacing). Wir

nennen es Verschmelzen (blending), wenn das Schwarz der Buchstaben ineinanderläuft und Überdecken (covering), wenn man durch dünne weiße Ränder noch kennzeichnet, welcher Buchstabe den anderen überdeckt.

*Abb. 36
Satz kann sogar
verschmelzend oder
überdeckend sein.*

Im Alltag braucht man die Berührungswerte nur, um für den sogenannten »großen Headline-Satz« (ab 1 cm Versalhöhe bei normaler Leseentfernung) Korrekturen für die Unterschneidungswerte zu berechnen. Es wird dabei nach folgender Regel verfahren:

Je größer die Buchstaben, desto enger an die Berührung heran.

Bei URW werden seit 1983 sowohl die traditionelle Zurichtung (Dickten) als auch die Unterschneidungs-, die Berührungs- und die Überdeckungstabellen nach einem recht komplizierten, im Laufe von drei Jahren entwickelten Algorithmus automatisch berechnet. Die berechneten Ergebnisse werden durch Satzbeispiele überprüft und - wo nötig - von Hand verbessert.

Im Anhang S beschreiben wir unsere Datenstruktur einer Zurichtung und in den Anhängen T, U und V den Aufbau der Dickten-, Unterschneidungs-, Berührungs- und Überdeckungstabellen.

4.2 Formsatz

Unter Formsatz verstehen wir das Setzen auf nicht horizontal gerade verlaufenden Linien, also den Satz auf Schrägen, Kreisen, Wellen und anderen beliebig verformten Linien. Die nachfolgende Abbildung zeigt Beispiele für diesen Formsatz:

Unter Formsatz versteht man aber auch den mathematischen Formelsatz, den Tabellensatz, den Satz graphischer Elemente wie Linien, Rahmen, Vignetten oder überhaupt den Satz von Anzeigen. Und auch dabei kommen wiederum Beschriftungen längs dieser Elemente vor.

Abb. 37
Satz auf beliebige Linien, Tabellen, Formeln

Weitere Informationen müssen für den Formsatz zugänglich sein:

- Kegelhöhe der Urdaten,

- Versalhöhe,

- Minuskelhöhe,

- Strichstärke der Schrift (Maße für die Fette),

- optimaler Größenbereich für den Satz,

- Laufweiten (normal, unterschneidend, berührend, überdeckend).

Ferner muß bei allen Kodierungen bekannt sein, welcher Innenrand in welchem Außenrand liegt, zum Beispiel für das Konturieren:

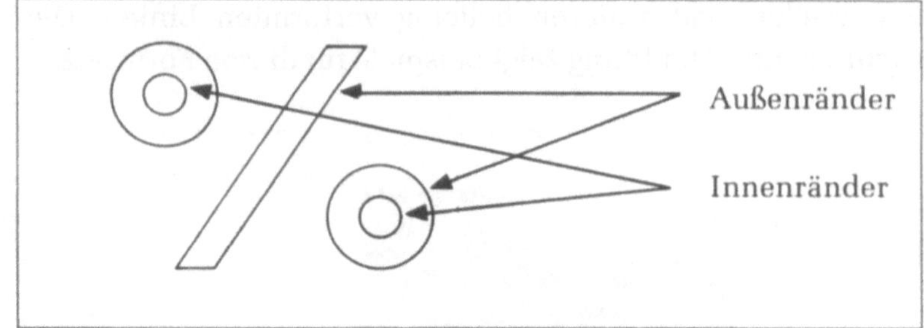

Abb. 38
Die Konturen der
Buchstaben haben
Hierarchie.

Soll die Kontur beispielsweise außerhalb des Buchstabens verlaufen, dann liegt sie außerhalb der Außenränder und innerhalb der Innenränder.

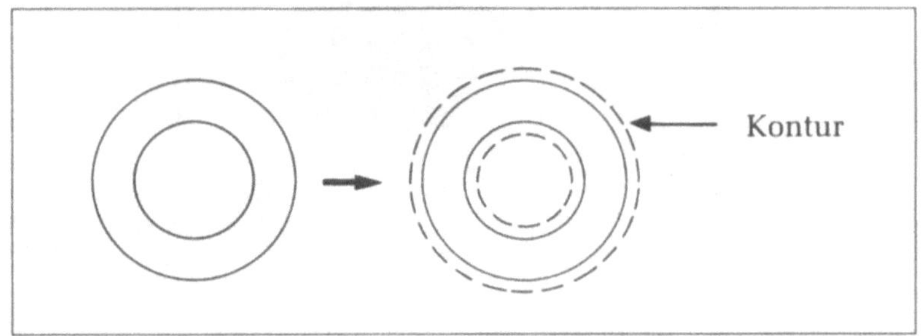

Abb. 39
Die Konturierung
erzeugt neue
Konturen
außen und innen.

Betrachtet man nun kompliziertere als lateinische Buchstaben, z.B. japanische Schriftzeichen, Signets oder Logos, stellt man bald fest, daß innerhalb von Innenrändern wieder sogenannte Außenränder liegen können und darin wiederum Innenränder usw.

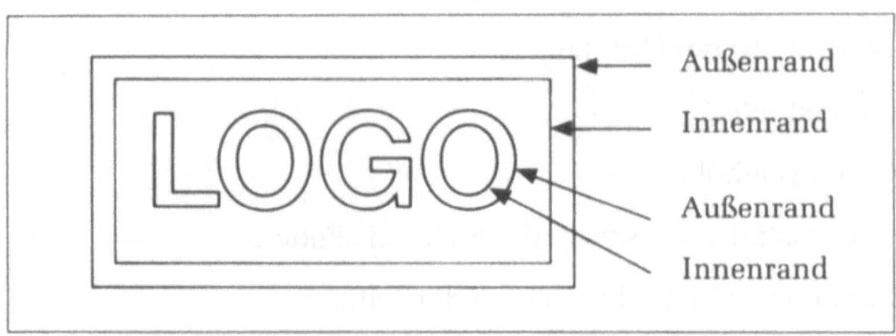

Abb. 40
In Logotypen
entstehen viele
hierarchisch
angeordnete
Konturen.

Der Formsatz stellt schließlich eine weitere Forderung an das digitale Format. Es muß verzerrbar sein, d.h. es muß sich bestimmten, aber im Prinzip beliebigen äußeren Formen anpassen können. Beim Satz auf dem Kreis z.B. können die horizontalen Striche mit dem Radius des Satzkreises gekrümmt werden.

Abb. 41
Formung und
Anpaßung
der Buchstaben

4.3 Hierarchischer Formataufbau

Wir haben uns für folgende Strukturierung entschieden:

Schriften

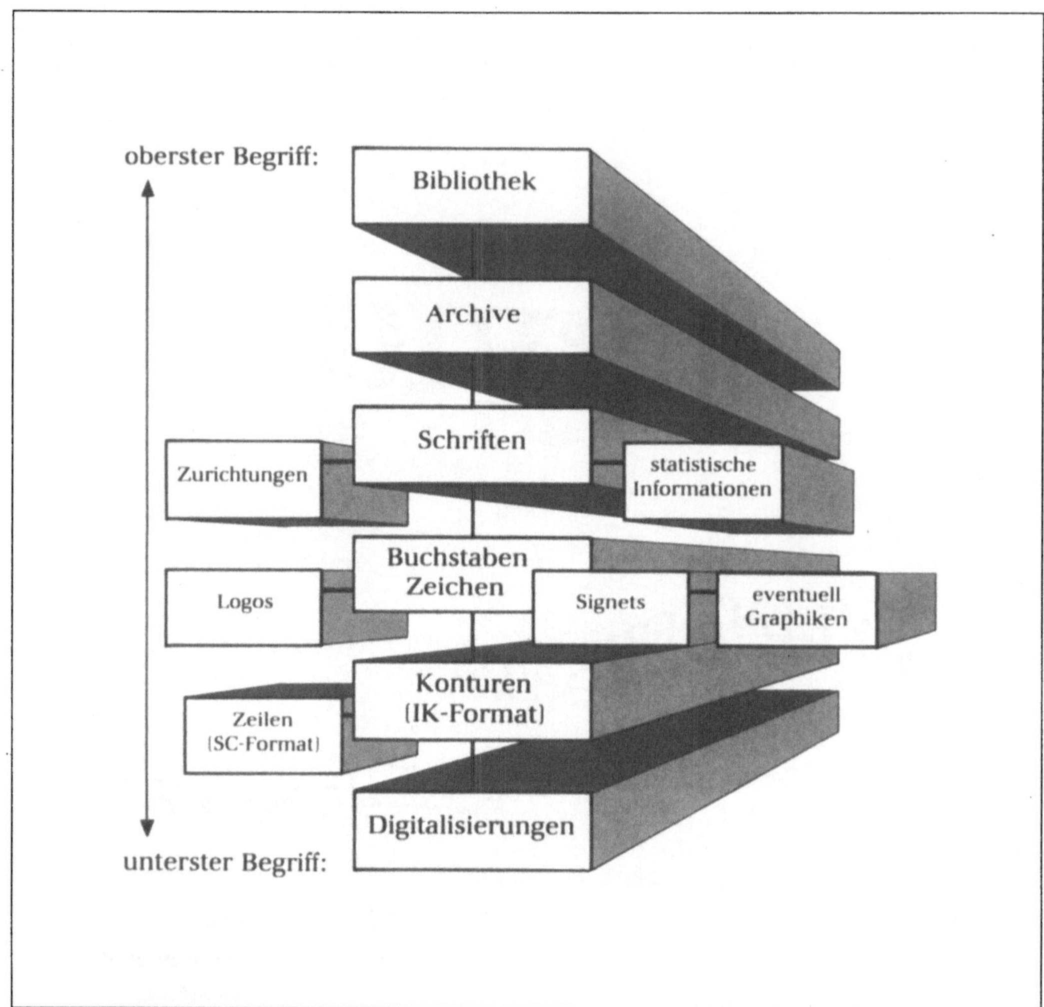

*Abb. 42
Ohne Hierarchie
können Schriften
nicht gespeichert
werden.*

Graphiken

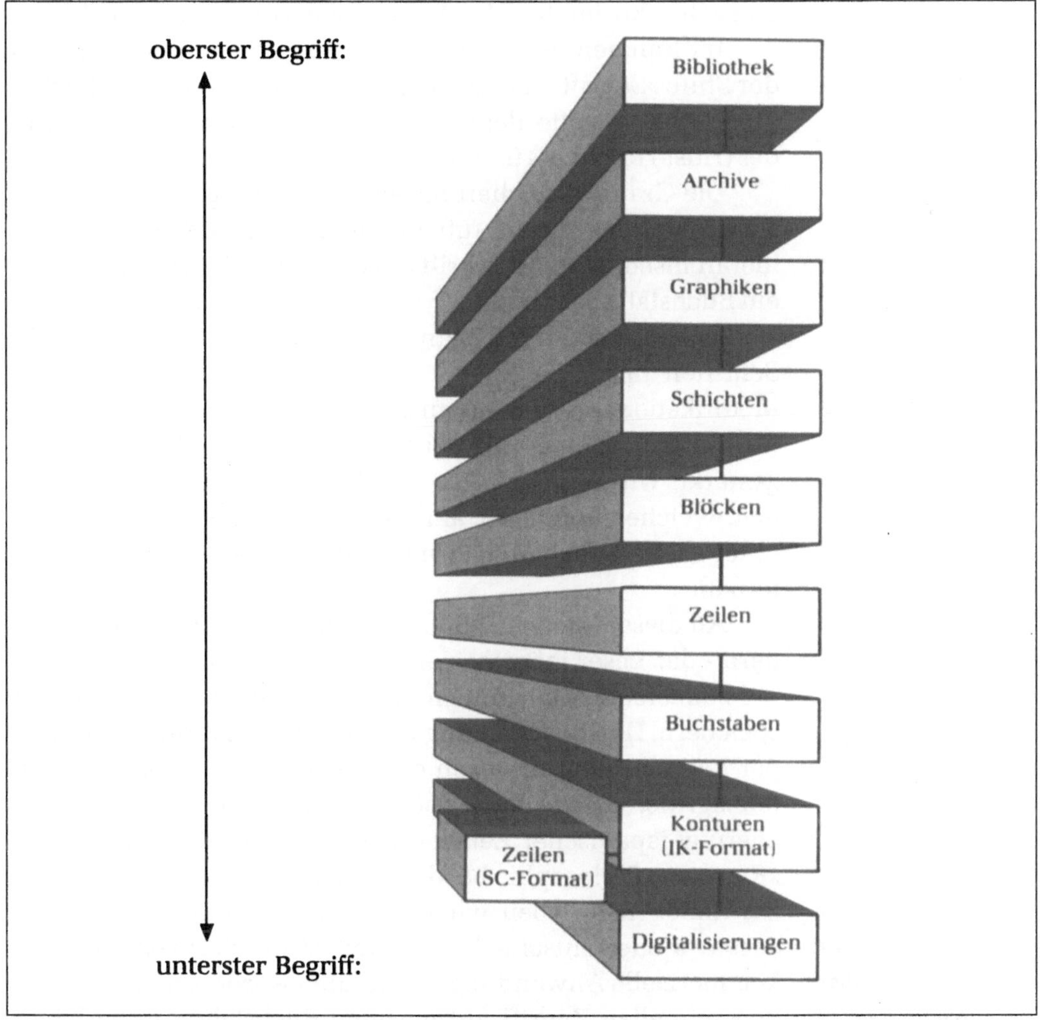

Diese Datenstruktur erleichtert die Manipulation der zugehörigen Daten. Zum Beispiel können die Funktionen Copy, Delete, Insert oder Replace so gestaltet werden, daß sie auf Hierarchieebenen angewendet werden, also isoliert auf Elemente einer Hierarchiestufe wirken.

Abb. 43
Die Hierarchie in Graphiken und Texten erleichtert die Manipulation der Daten.

Wir zeigen im Anhang G eine genaue Beschreibung des Schriftaufbaus und haben mit dem IG-Format den Aufbau einer Graphik im IKARUS-System realisiert (Lit. IG, URW).

Im Rahmen der Schriftspeicherung braucht man nur ab der Stufe »Schrift« für eine eigene Struktur zu sorgen, die darüberliegende sollte dem jeweiligen Dateiverwaltungssystem des (Host-) Rechners überlassen werden.

Die Graphikspeicherung verlangt einen gegenüber Buchstaben umfangreichen Aufbau. Im übrigen wird eine Graphik hierarchisch wie eine Schrift oder bei einfachen Gebilden wie ein Buchstabe betrachtet.

Nach unseren Erfahrungen werden die Funktionen für Schriften und Graphiken - wie zum Beispiel die IKARUS-Modifikationen - zu langsam ausgeführt, wenn man die Daten für die Buchstaben und Graphiken nicht strukturiert. Wohlgemerkt: wir benutzen für diese Strukturierung das IG-Format, welches uns dafür am meisten geeignet erscheint und unter allen verfügbaren Formaten das kürzeste ist (siehe Kapitel 6.3).

An dieser Stelle möchten wir einmal aus der Schule plaudern - der Leser möge es verzeihen. Vor zwölf Jahren haben wir zum ersten Mal vor dem Problem gestanden, Schriften zu speichern. Die Entscheidung wurde schnell getroffen, nämlich per Random-Zugriff wegen des gewünschten schnellen Plattenzugriffs! Sechs Jahre später mußten wir uns der Speicherung japanischer Zeichen zuwenden. Wir waren mit der »Random«-Philosophie bei den damaligen 5- bis 10MB-Platten *Random-Zugriff* am Ende. Also haben wir uns für ISAM (index **s**equentiell *auf Schrift* **a**ccess **m**ode) entschieden. Leider ist der ISAM-Zugriff für *über* kommerzielle Anwendungen erfunden worden, nicht aber für *Magnetplatte?* den schnellen Zugriff auf einzelne Buchstaben in variabler Länge.

Der Zugriff auf Buchstaben bedeutet aber vornehmlich, daß man sich jeweils eine Schrift in den Arbeitsspeicher (RAM) lädt und dann viele Buchstaben aus dieser einen Schrift verarbeitet, statt daß man sich einzelne Buchstaben vieler verschiedener Schriften einzeln von der Platte holt. Diesem Zusammenhang von Buchstaben und Schriften werden normale ISAM-Dateiverwaltungssysteme nicht gerecht. Sie sind auf das Aufsuchen des individuellen Elements abgestellt. Unser Element ist - und das mußten wir lernen - die Schrift, die große Graphik, die Rahmen- oder Liniensammlung, nicht aber jede einzelne Figur wie der Buchstabe einer Schrift, der Teil einer Graphik, ein bestimmter Rahmen, eine bestimmte Linie.

Unserem jetzigen, überarbeiteten Speicherkonzept kommt die Entwicklung der Halbleiterspeicher und der Sprung zu 32-Bit-Rechnern auf der Prozeßebene sehr entgegen. Endlich können wir unsere kritische Masse, nämlich 20 KB bis 100 KB für eine lateinische Schrift, ohne die 64 KB Adressenbarriere als ganzes in den Arbeitsspeicher laden: Eine Schrift wird geladen, sobald nur nach einem Buchstaben dieser Schrift gefragt wird. Wir legen dann um die IK- oder IG-Strukturen der Schriften oder Graphiken Schalen, die den Einzelzugriff auf die gewünschte Hierarchiestufe wie Format, Kontur usw. gestatten.

Heute ist Speicherplatz kein Problem.

Wir empfehlen dieses Verfahren allen, die auf dem Gebiet Schrift und Graphik arbeiten.

Formate

J e besser die elektronischen Mittel in der Vergangenheit· wurden, umso mehr Aufwand konnte man in die digitale Information der Schriftdaten stecken. Einerseits erfordert die kompaktere Darstellung der Daten eine höher entwickelte Steuerelektronik, andererseits erfordern höhere Satzansprüche mehr Elektronik und Speicherkapazität für Schriftinformation.

Zunächst sind daher die einfach zu behandelnden Bitmaps oder Lauflängen gespeichert worden, später sogenannte Outline-Kodierungen: zuerst die Vektorformate, dann komplexere Formate.

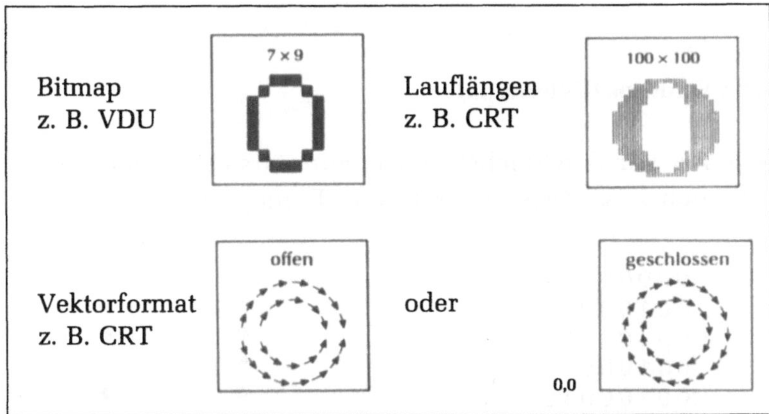

Abb. 44
Zuerst werden Bitmaps, später Lauflängen und wiederum später Vektorlinien gespeichert.

Inzwischen gibt es eine sehr große Anzahl von Maschinen mit digitalen Schriften und deshalb eine gleich große Anzahl digitaler Formate für Schriften. Diese Vielfalt verlangt nach einer Systematisierung unter Berücksichtigung folgender Merkmale:

- Typ   Bitmap
  Bytemap (Halbton)
  Lauflängen
  Vektoren

Kurvenlinien
Elementzerlegung
Metafont
- Koordinaten   absolut
  inkremental
- Kodierung   einfach
  komplex

Die zwei letzten Merkmale - Koordinaten, Kodierung - bedeuten keine prinzipielle Unterscheidung der Formate. Zum einen können immer absolut gegebene Koordinaten inkremental umgerechnet werden und umgekehrt, kann zum anderen jede komplexe Kodierung in ihre einfache Ausgangsform zurückgerechnet werden und natürlich auch umgekehrt. Im Kapitel 5.3. kommen wir hierauf zurück. Zunächst betrachten wir den Typ und entwickeln daraus einen Überblick über die Formate.

5.1 Überblick über Formattypen

5.1.1 Bitmaps (Bytemaps)

Nehmen wir den Buchstaben H zur Darstellung auf einem alphanumerischen Sichtgerät. Seine Bitmap hat z.B. die Form:

```
00000000
00100010
00100010
00100010
00100010    8 × 10 Bit
00111110
00100010
00100010
00100010
00100010
```

10 Bytes/char.

Es bietet sich an, die 80 Bits in 10 Bytes zu speichern und die Bitmap horizontal von links nach rechts Zeile um Zeile von oben nach unten auszulesen. Dabei ist es unerheblich, ob man den Nullen die Bedeutung weiß und den Einsen die Bedeutung schwarz gibt oder die Umkehrung (video reverse) wählt.

Das Format für eine Schrift, die dicktengleich auf einem alphanumerischen Sichtgerät (erste Generation) gesetzt werden soll, ist deshalb denkbar einfach:

Alle 10 Bytes beginnt ein neues Zeichen. Läßt das Gerät nur 128 Zeichen zu, braucht man 1280 Bytes Speicher, und die Adresse für die Bildinformation ergibt sich im Prinzip aus der »ASCII-Wertigkeit mal zehn«.

Für die neueren Sichtgeräte (zweite Generation) und für Fernsehuntertitel braucht man statt der Bitmaps sogenannte Bytemaps. Abhängig von der Anzahl der Graustufen am Rand zwischen Schwarz und Weiß kann es Viertelbytes (4 Stufen), Halbbytes (16 Stufen) und Bytes (256 Stufen) geben.

Graubuchstaben

Zur Umformung einer Bitmap in eine Halbbytemap werden zum Beispiel 4 × 4 Bit zusammengefaßt, ausgezählt und gespeichert. Eine Einschränkung gibt es dabei: Die Bitanzahl 15 und 16 liefern das Halbbyte mit dem höchsten Wert 15 (siehe auch nachstehende Bilder). Die Umformung von Halbbytes zurück in ihre zugrunde gelegten Bits ist nicht möglich (siehe Lit. Warnock).

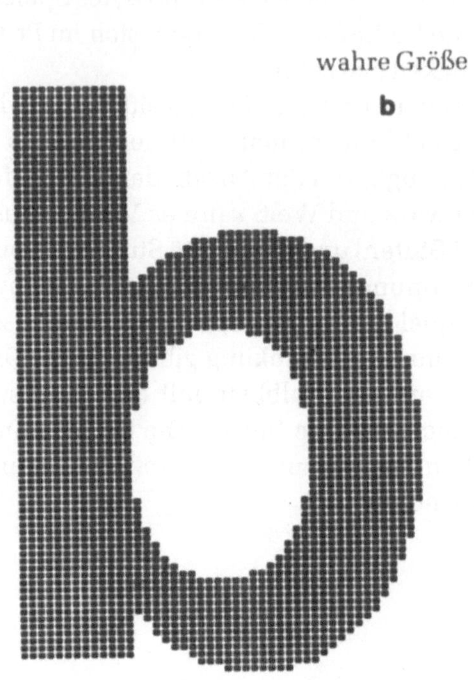

Abb. 45
Bitmap des
Kleinbuchstaben b
bei einem Raster
100 × 120 für das
Geviert

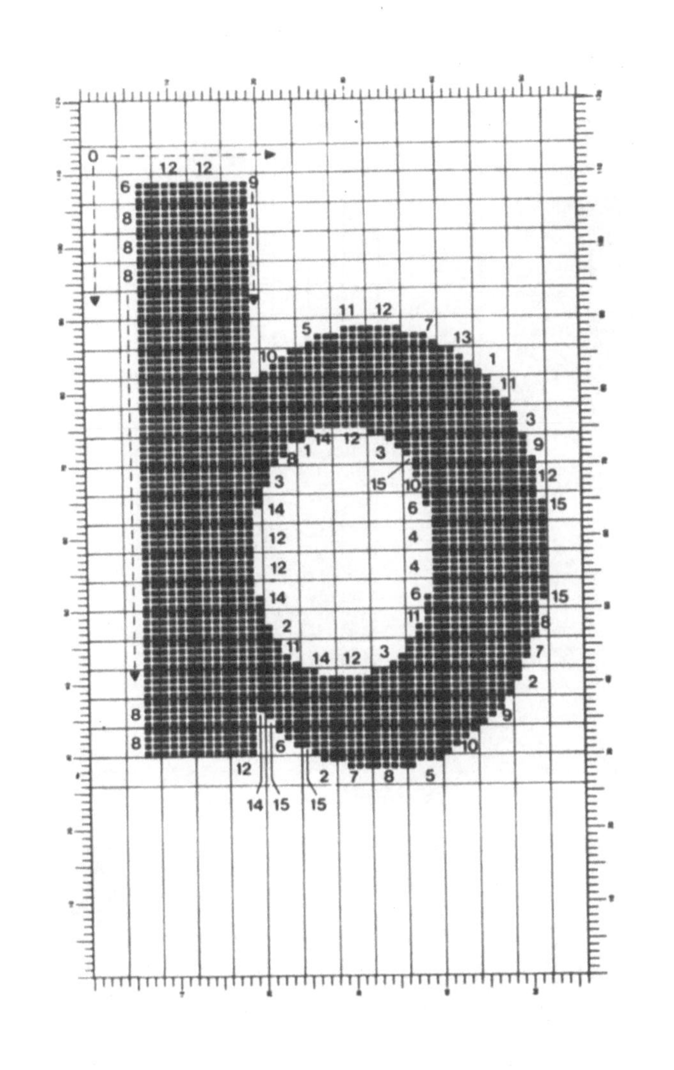

Abb. 46
Vorbereitung und
Berechnung einer
Bytemap bei einem
Raster von
25×30 für das
Geviert

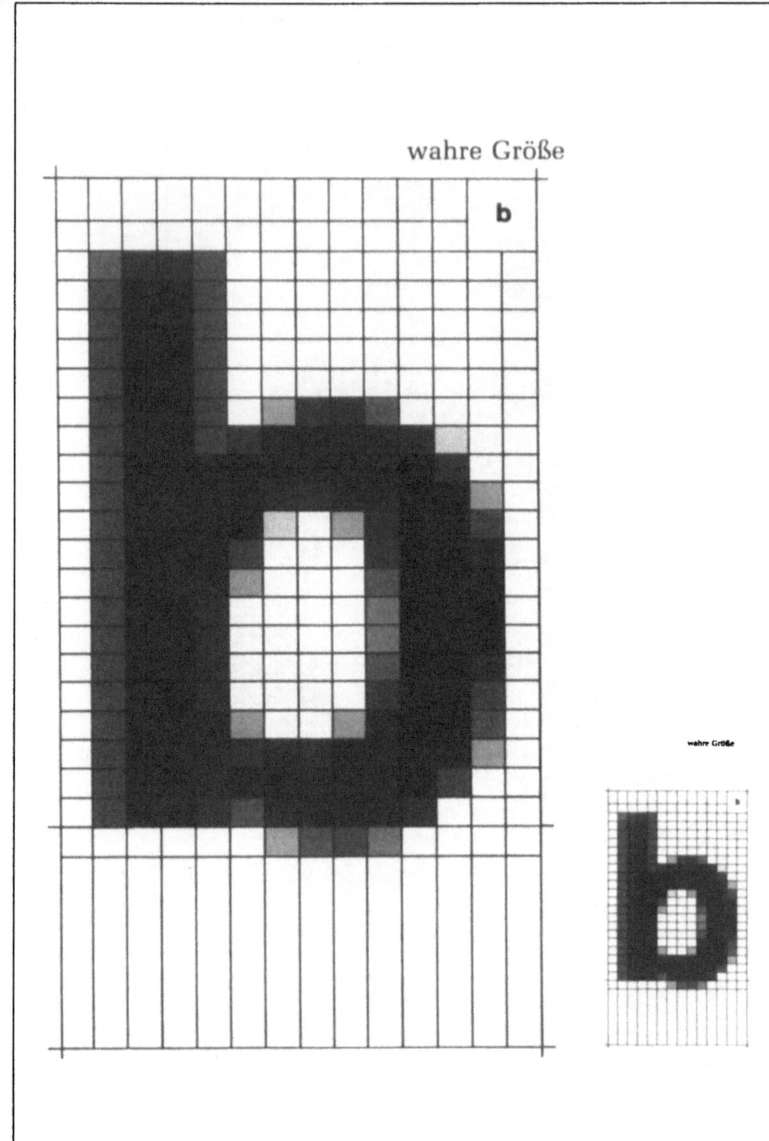

Abb. 47
Bytemap des
Kleinbuchstaben b
bei einem Raster
25 × 30 für das
Geviert

5.1.2 Lauflängen

Bitmaps und Lauflängenkodierung unterscheiden sich im Grunde nur wenig. Werden die Bitmaps immer größer, wird die Frage allmählich interessant, ob man jeweils die aufeinanderfolgenden Nullen bzw. Einsen einer Zeile zusammenfaßt, d.h. auszählt und ihre Anzahl als Lauflänge (run length) kodiert. Bei der Darstellung von Buchstaben durch entweder horizontale oder vertikale Linien (Zeilen bzw. Spalten) wechseln Schwarz und Weiß ab. Bei der Lauflängenkodierung nimmt man an, daß die Linie außerhalb des Buchstabens startet, und man kann die erste Lauflänge deshalb immer mit der Farbe Weiß belegen. Dann wechseln Schwarz und Weiß an den sogenannten Übergängen (transitions) ab, und man braucht keine besondere Farbkodierung für Weiß oder Schwarz.

Im Mittel haben die lateinischen Buchstaben 3,5 Übergänge in einer schwarzen Breite, die etwa 47% der Breite des Gevierts entspricht. Also braucht man für einen Raster von 32 × 32 Bit etwa 32 × 0,47 × 3,5 ≅ 53 Bytes pro Buchstaben zuzüglich 14 + 6 = 20 Bytes für die Organisation und Handhabung der Bildlinien in Lauflängen eines Buchstabens (Verwaltungsdaten), also insgesamt 73 Bytes. Hingegen benötigt die Bitmaptechnik 14 × 4 = 56 Bytes (14 = mittlere Dickte bei 32 × 32) ohne Verwaltungsdaten. Man sieht, daß bereits ab dem oben angegebenen Feinheitsgrad Lauflängen einen kürzeren Kode als Bitmaps liefern.

Im Mittel sind die Buchstaben halb so breit wie das Geviert.

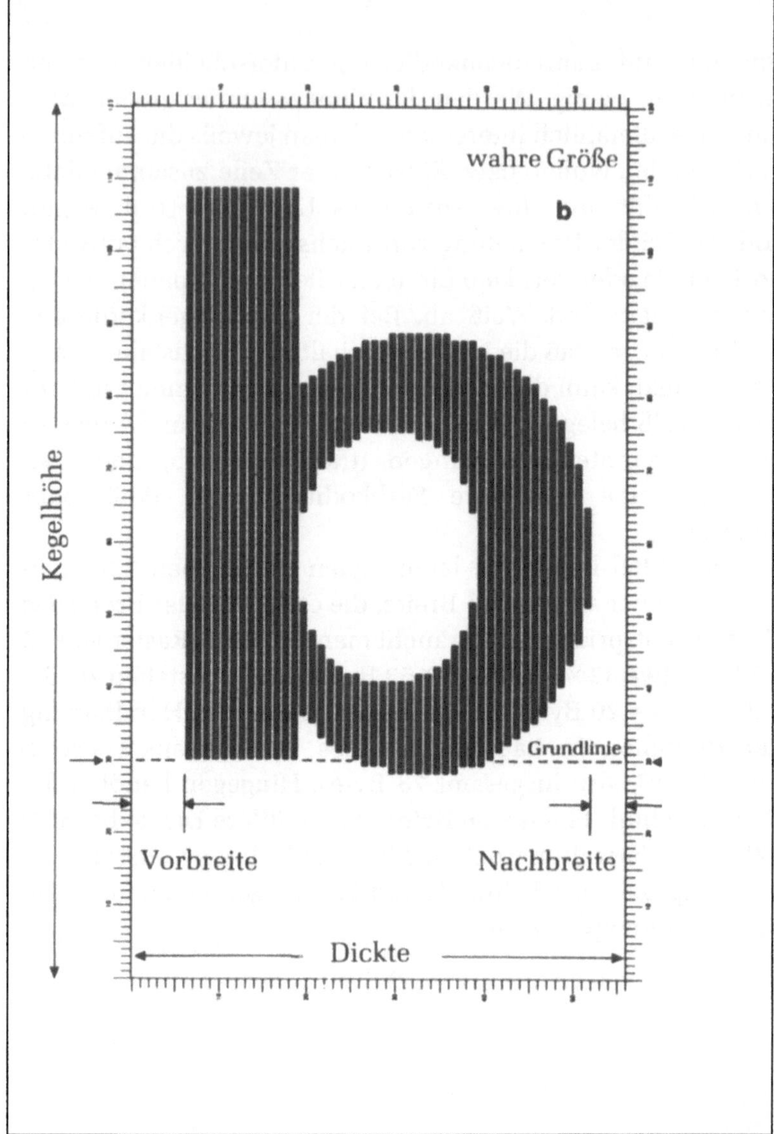

Abb. 48
Lauflängenkode des
Kleinbuchstaben b
bei einem Raster
100×120 für das
Geviert

5.1.3 Offene Vektorlinien

Die Übergänge zu benachbarten Linien stehen in erster Näherung in einer linearen Beziehung zueinander. Betrachten wir dazu das Helvetica-»H«:

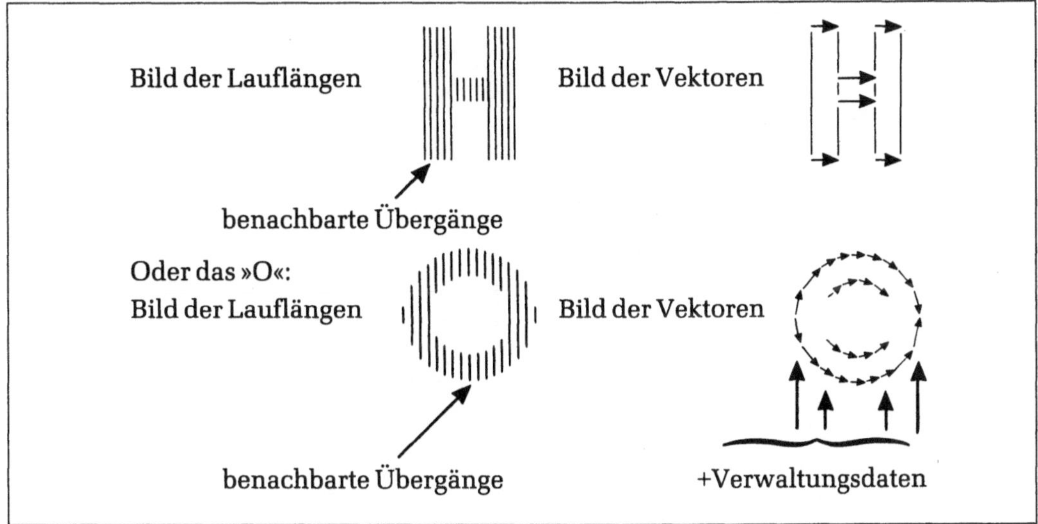

Wir können sehen, daß diese Vektorbilder aus weniger geraden Linien aufgebaut sind als die entsprechenden Lauflängen, also braucht man auch weniger Beschreibungsdaten.

Zur Beschreibung eines Vektors sind im wesentlichen der Startpunkt mit 2 Koordinaten und der Endpunkt mit 2 Koordinaten anzugeben. Sehr oft ist der Endpunkt des Vorgängers gleichzeitig Startpunkt des Nachfolgers. Dann kann man pro Vektor mit der Angabe des Endpunktes auskommen. Die Vektorbeschreibung erfordert relativ mehr Aufwand für die »Verwaltung« als eine Lauflängenbeschreibung, das bedeutet sowohl Beschreibungsdaten für Start oder Ende von Linienpaaren wie auch mehr Aufwand in der Elektronik zur Erzeugung der Steuersignale.

Man verwendet auch Vektoren, um Buchstaben für Speichersichtgeräte (graphische Sichtgeräte der ersten Generation), Mikroverfilmungsgeräte und Plotter zu erzeugen. Haben bisher die Vektoren den Rand der schwarzen Flächen gebildet, stellen hier die Vektoren die Mitte der Grundstriche dar.

Abb. 49
Übergang von
Lauflängen- zur
Vektordarstellung

Vektoren
sparen
Speicherplatz.

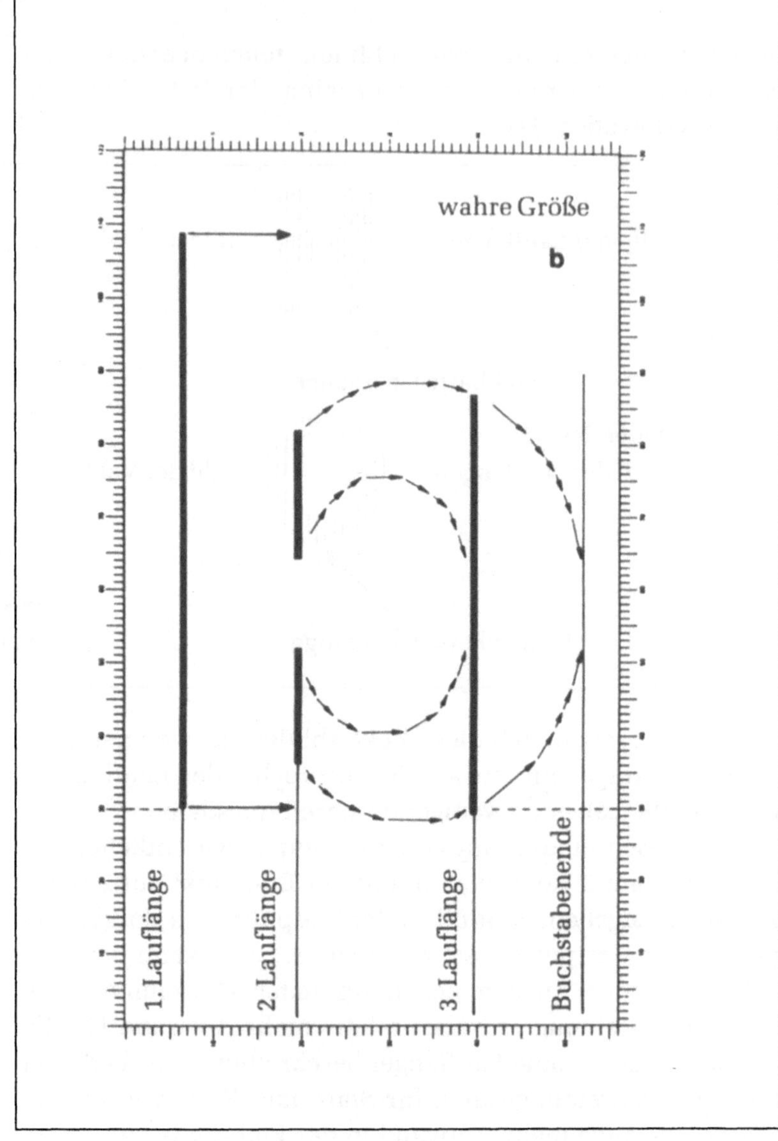

Abb. 50
Offenes
Vektorformat des
Kleinbuchstaben b
bei einem Raster
100 × 120 für das
Geviert

5.1.4 Geschlossene Vektorlinien

Wenn erst die Daten als offenes Vektorformat gespeichert sind, wird es nur mit erheblichem elektronischen Aufwand möglich sein, sie drehbar zu halten. Bisher hat dies kein Hersteller mit offenem Vektorformat realisiert.

Für geschlossene Vektorformate ist dies leicht zu erreichen, denn beim geschlossenen Vektorformat laufen die Vektoren auf den Startpunkt zurück. Ein »O« besteht z.B. aus zwei geschlossenen Linienzügen, mathematischen Polygonzügen:

Abb. 51
Schematische
Darstellung eines
Buchstabens durch
geschlossene
Vektorlinien

Dabei ist es ohne Bedeutung, wo die Startpunkte auf den Linienzügen liegen; also sind Buchstaben, die im geschlossenen Vektorformat gespeichert sind und bearbeitet werden können, elektronisch leicht drehbar oder beliebig verformbar, denn diese Transformationen brauchen nur die Eigenschaft »geschlossen« zu erhalten; irgendwelche »Öffnungen«, die verdreht oder verlegt sind, gibt es nicht.

Für geschlossene Vektorformate ist 1982 bei URW im Rahmen von Simulationsrechnungen ermittelt worden, daß der minimale Speicherbedarf für Schriften bei einer Kodierung liegt, die 4 Bit für die X-Komponente und 4 Bit für die Y-Komponente von Vektoren aufwendet. Die 3-Bit-Kodierung und 5-Bit-Kodierung liegen klar abgeschlagen vom Minimum entfernt. Wir halten dies für einen seltsamen und glücklichen Zufall, wo doch 8 Bit (2 × 4 Bit für einen Vektor) in Rechnern eine besondere Rolle spielen. Bei URW wird dabei ein besonderer Kode für den Vorzeichenwechsel in X- bzw. Y-Richtung verwendet, außerdem ein spezieller Kode für sehr lange Geraden.

Für Vektorformate
ist eine
4-Bit-Kodierung
optimal.

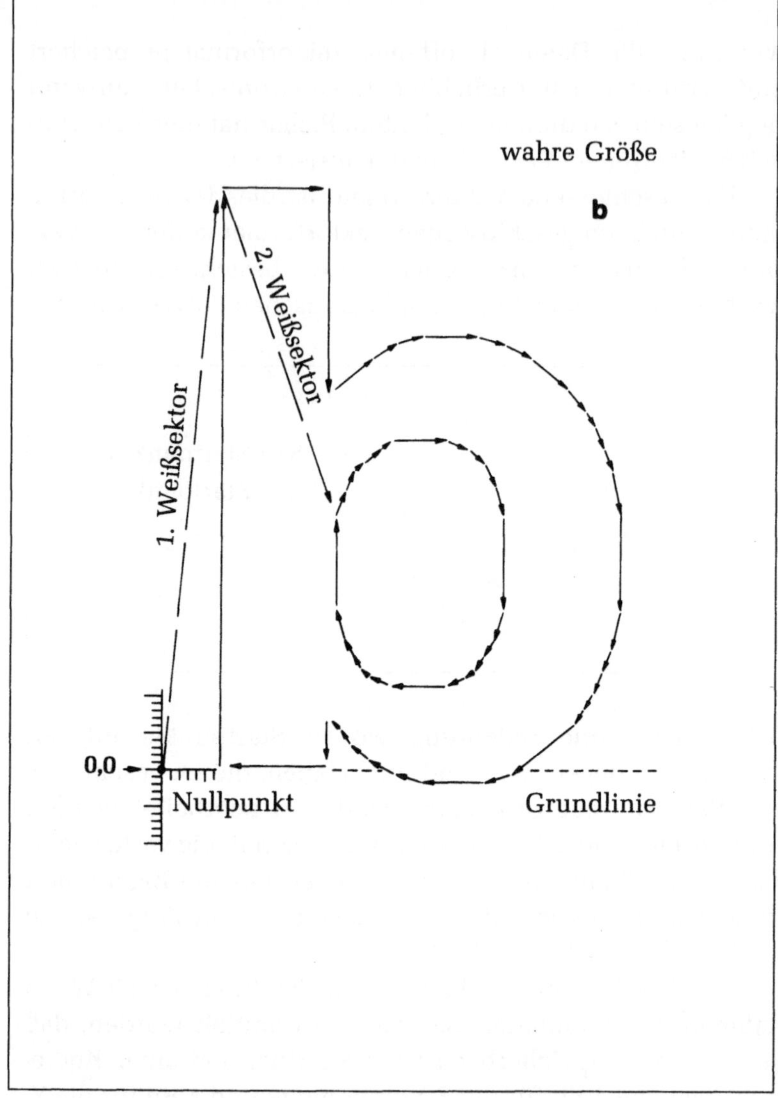

Abb. 52
VE-Format des
Kleinbuchstaben b
bei einem Raster
100 × 120
für das Geviert
(jedes gröbere Raster
ist errechenbar)

Andererseits verwundern die 4 Bit nicht, denn mit 4 Bit kann man Vektorlängen zwischen 1 und 13 kodieren (14 und 15 entfallen für die Sonderkodierung). Das Betrachten von Bitmaps für unterschiedliche Raster im Bereich 100 × 100 und 400 × 400 zeigt, daß unabhängig vom Feinheitsgrad des Rasters an Rundungen fast keine Vektorkomponenten vorkommen, die länger als 13 sind. Abgesehen von langen Geraden, die eine relativ längere Sonderkodierung bekommen, machen Rundungen mehr als 90% des insgesamt benötigten Kodes aus!

Kurven machen 90% der Buchstabendaten aus.

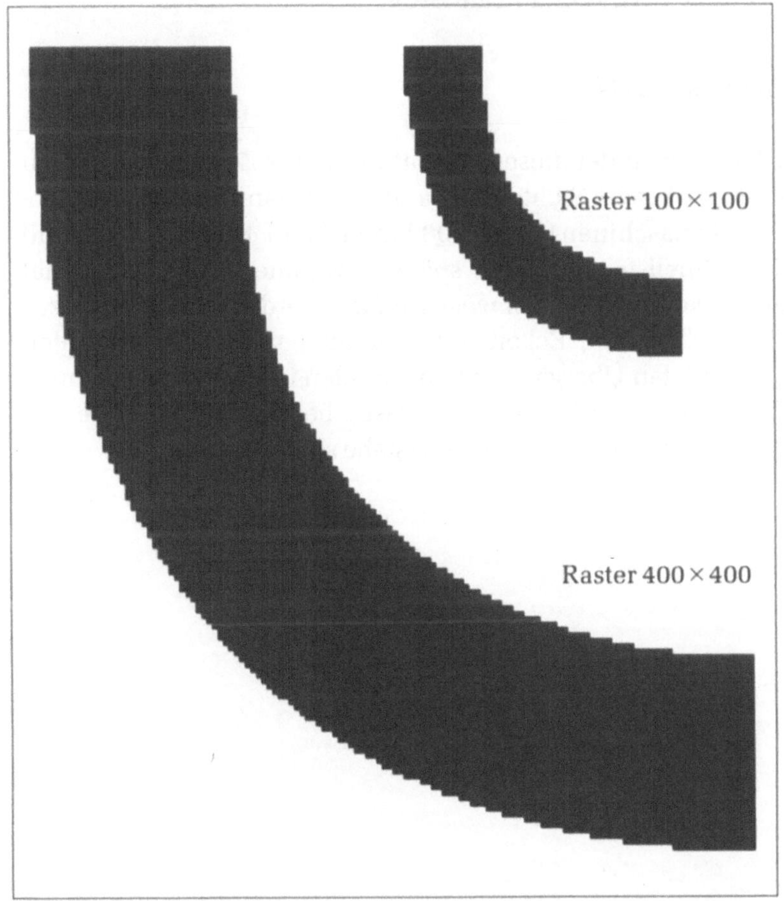

Abb. 53

5.1.5 Kurvenlinien

Wir haben uns ein bißchen schwer getan, einen Begriff zu finden, unter dem wir alle nichtlinearen Umrißbeschreibungen (Outlines) zusammenfassen können. Unter Kurvenlinien verstehen wir eine Beschreibung aus Elementen wie

Mathematik hilft bei der Kodierung von Kurvenlinien.

- Geraden und Kreise (Bitstream, URW),
- Bézier-Funktionen (Adobe),
- Spiralen (Purdy, AM, Itek) oder
- Splines (XEROX und andere).

Geraden/Kreise

URW verwendet dieses Format direkt für Zeichenmaschinen und graphische Sichtgeräte, andere Firmen für hochauflösende Setzmaschinen (60 bis 100 Linien/mm). Es kann direkt und am schnellsten aus dem später erwähnten IKARUS-Format entwickelt werden. Im wesentlichen werden die Geraden zur Verbindung von Ecken untereinander und zu sogenannten tangentialen Übergängen von Geraden in Kurven genommen. Die Kurven werden mit Teilkreisen beschrieben, die alle tangential ineinander übergehen (siehe später in 6.3.).

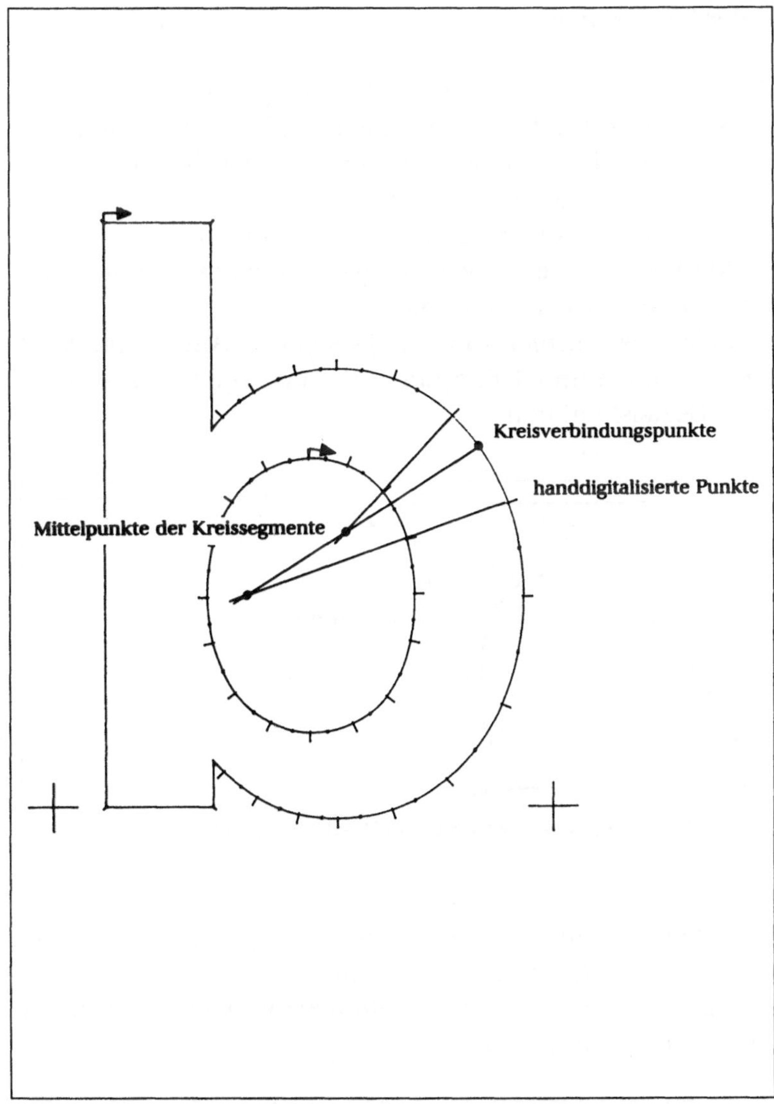

Abb. 54
DI-Format des
Kleinbuchstaben b
bei einem Raster
15.000 × 15.000 für
das Geviert,
die Kombination von
IKARUS- und
DI-Format ist
Bitstreamformat
(jedes gröbere Raster
ist errechenbar).

Bézier-Funktionen

Die Leser sind vermutlich im großen und ganzen mit Geraden und Kreisen vertraut, wohl aber nicht mit Bézier-Funktionen. Die Bézier-Funktion verläuft zwischen vorgegebenen Digitalisierungen, die selbst jedoch nicht erreicht werden, ausgenommen der Anfangs- und Endpunkt (Ankerpunkte).

Kubische Splines werden durch 4 Hilfspunkte definiert.

Mathematisch ist sie wie die später erwähnte Spline-Funktion ein Polynom dritten Grades.

Seien als Beispiel 4 Punkte gegeben, 1 Anfangspunkt, 2 Kontrollpunkte und 1 Endpunkt. Daraus ergibt sich nachfolgende Bézier-Funktion:

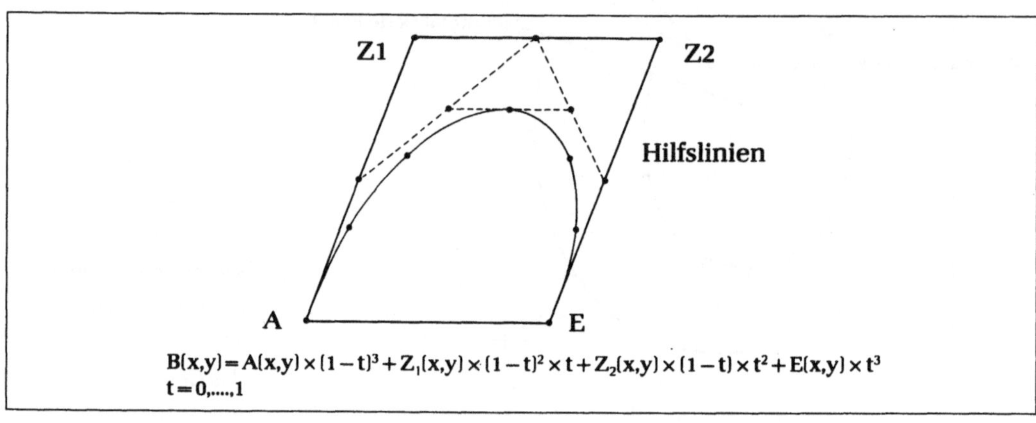

$$B(x,y) = A(x,y) \times (1-t)^3 + Z_1(x,y) \times (1-t)^2 \times t + Z_2(x,y) \times (1-t) \times t^2 + E(x,y) \times t^3$$
$$t = 0,\dots,1$$

*Abb. 55
Die Bézier-Funktion benötigt 2 Anker- und 2 Kontrollpunkte*

Wir haben hier dünn einige Hilfslinien eingezeichnet, um die Lage der Bézier-Linie zu veranschaulichen.

Im folgenden zeigen wir weitere Figuren, um das Wirken der Bézier-Funktion darzustellen.

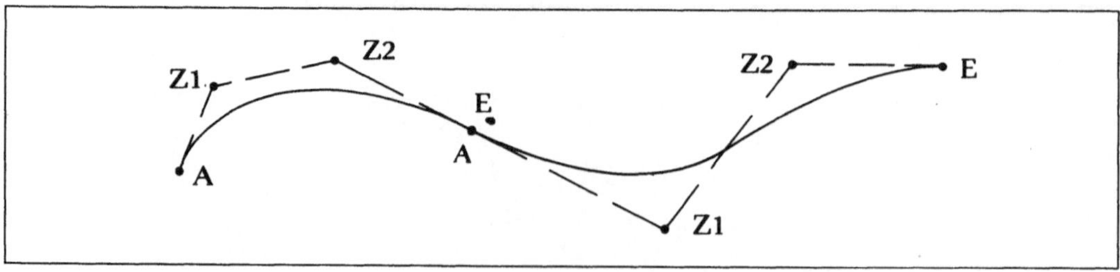

*Abb. 56
Alternative Bézier-Darstellung von Wendepunkten*

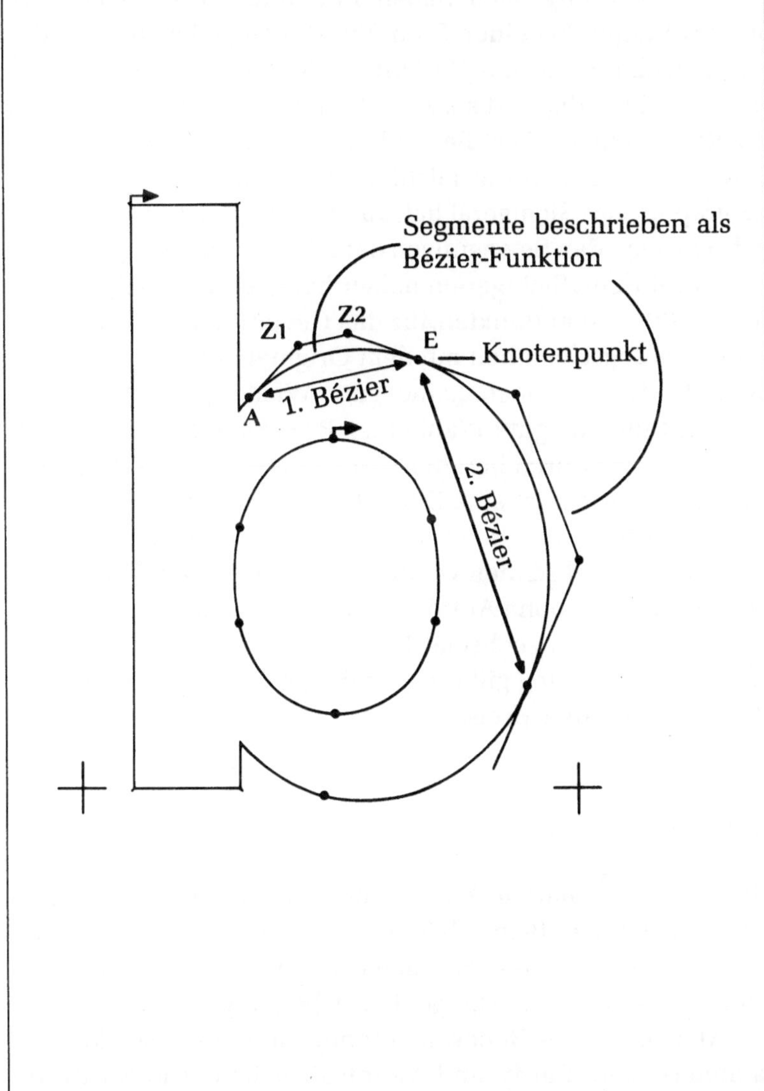

Abb. 57
PostScript-Format
des Kleinbuchstaben
b bei einem Raster
15.000 × 15.000 für
das Geviert
(jedes gröbere Raster
ist errechenbar)

Unserer Meinung nach haben nur automatisch generierte Bézier-Stützpunkte einen Sinn. Für das Digitalisieren mit der Hand erscheint uns das Verfahren nicht geeignet, da es weitaus zeitaufwendiger ist als zum Beispiel das Digitalisieren des IKARUS-Formats. Die Bézier-Punkte liegen außerhalb der Kontur und können nur leicht gefunden werden, wenn man ein graphisches Sichtgerät hat, auf dem die Bézier-Funktionen selbst prompt den Bewegungen der Bézier-Punkte folgen.

Graphische Sichtgeräte haben heute eine Auflösung von etwa 1000 × 1000 Punkten für das Geviert, man erzeugt also eine Deckungsgleichheit mit dem Original auf ein 1/1000 des Gevierts. Das ist noch keine gute Wiedergabe. Außerdem erscheint uns die gute Wahl eines Bézier-Punktes zu zeitaufwendig, da sie durch herantastendes Verschieben erfolgt. Als Maschinenformat ist eine Darstellung mit Bézier-Funktionen hingegen brauchbar, denn ihre Auflösung in Bildpunkte läßt sich hinreichend schnell während des Setzens ausführen. Sie ist allerdings für hohe Auflösungen (ab 200 × 200 Punkten für das Geviert) etwa sechsmal langsamer als die von Geraden und Kreisen. Analog gilt dies für die Spline-Funktion im Vergleich mit Geraden/Kreisen.

Spiralen

Man hat spiralenartige Kurvenlineale früher als »french curves« bezeichnet. Beim Zeichnen von Buchstaben werden sowohl »french curves« als auch Geraden und Kreise verwendet und durch Schaben tangentiale Übergänge erzeugt.

Man kann die Buchstabenränder aus Spiralstücken zusammensetzen. Purdy und McIntosh haben eine Hardware entwickelt, die »on the fly« das zugehörige Purdy-Format in Bildpunkte wandeln kann. Leider ist das Digitalisieren - also die Datenaufnahme - zu zeitaufwendig und geschieht mit der geringen Auflösung von 1/1000 des Gevierts. Man braucht 15 Minuten im Mittel pro lateinischem Buchstaben, um die Einpassung der Teilspiralen interaktiv am Bildschirm zu steuern. Dagegen dauert die Herstellung des IKARUS-Formats im Mittel pro Buchstabe nur 2,6 Minuten Markierungszeit und 2,6 Minuten reine Digitalisierungszeit. Wir halten das Purdy-Format als Datenbasis daher für weniger geeignet. Es ist nicht leicht editierbar und kann nicht leicht verformt werden.

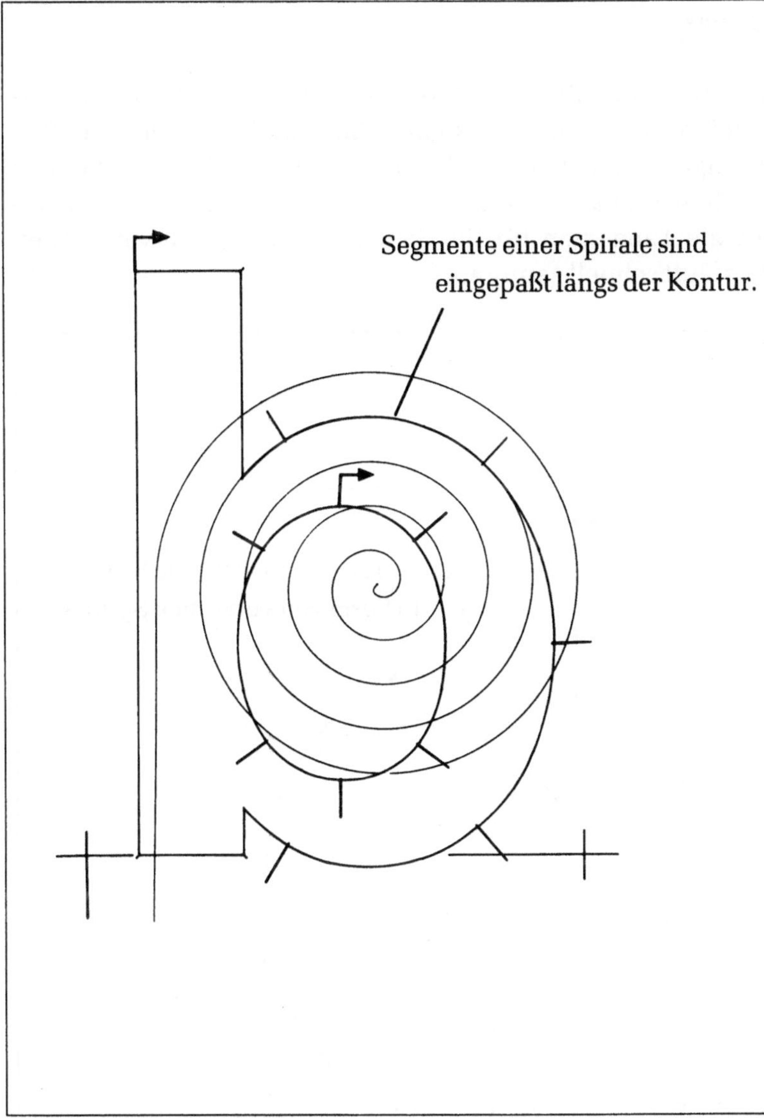

Abb. 58
Purdy-Format des
Kleinbuchstaben b
bei einem Raster
4000 × 4000
für das Geviert
(jedes gröbere Raster
ist errechenbar)

Splines

Die Spline-Funktion zur Darstellung von Buchstaben zu verwenden, ist ein durchaus guter Ansatz. Wir haben ihn 1972 verfolgt, aber teilweise wieder fallenlassen. Das soll heißen: Wir haben aus der Spline-Interpolation der IKARUS-Punkte nur die Tangenten für die digitalisierten Punkte verwendet. Dies läuft schnell genug ab.

Spline-Interpolation?

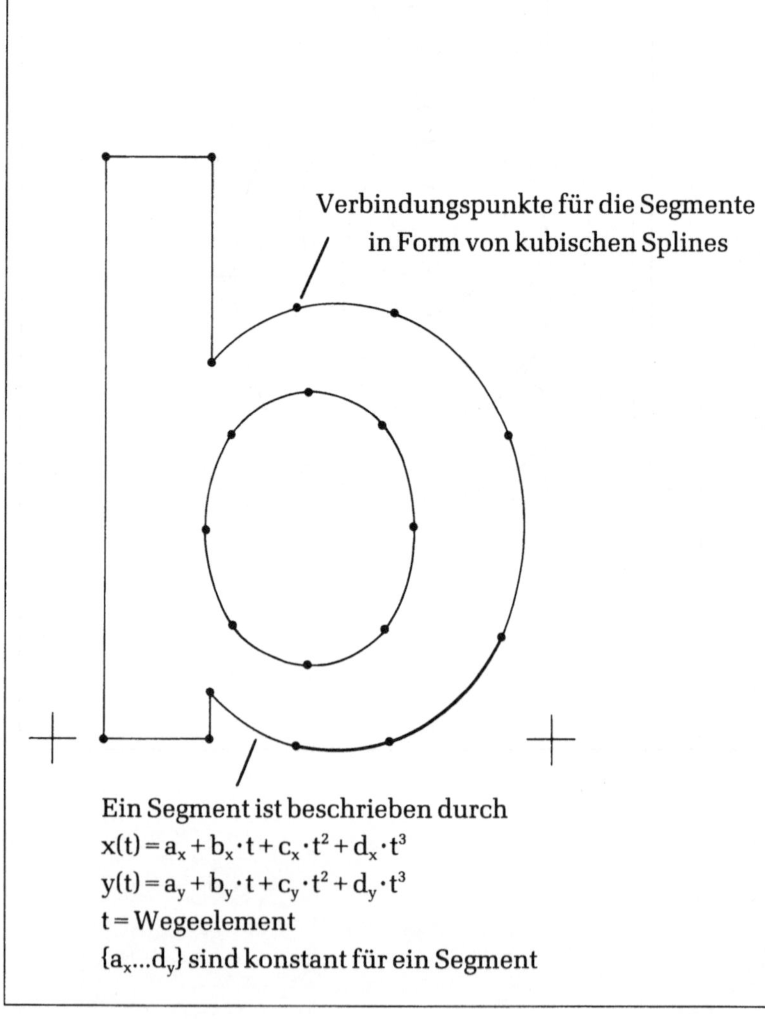

$$x(t) = a_x + b_x \cdot t + c_x \cdot t^2 + d_x \cdot t^3$$
$$y(t) = a_y + b_y \cdot t + c_y \cdot t^2 + d_y \cdot t^3$$
$$\{a_x \ldots d_y\} \text{ sind konstant für ein Segment}$$

*Abb. 59
Spline-Format des
Kleinbuchstaben b
bei einem Raster
15.000 × 15.000 für
das Geviert; die
Verbindungspunkte
liegen auf einem
Raster 1000 × 1000
für das Geviert
(jedes gröbere Raster
ist errechenbar).*

Wir zeigen zur näheren Erläuterung ein Beispiel von bei XEROX verwendeten Spline-Darstellungen für Buchstaben (Lit. Stone). Es ist zu erkennen, daß sich eine automatische Digitalisierung als Ausgangspunkt eignet; denn per Hand und Auge können die Knoten (knots) schwer und nur zeitaufwendig gefunden werden. Das Format hat Nachteile: Es ist nicht durch Versetzen der Knoten editierbar und damit auch nicht verformbar. Es folgt dem Original nicht genauer als es der Abtastgenauigkeit entspricht (also mit etwa 1/1000 der Länge des Gevierts).

Auto-tracing?

Abb. 60
Abgetastetes
Original

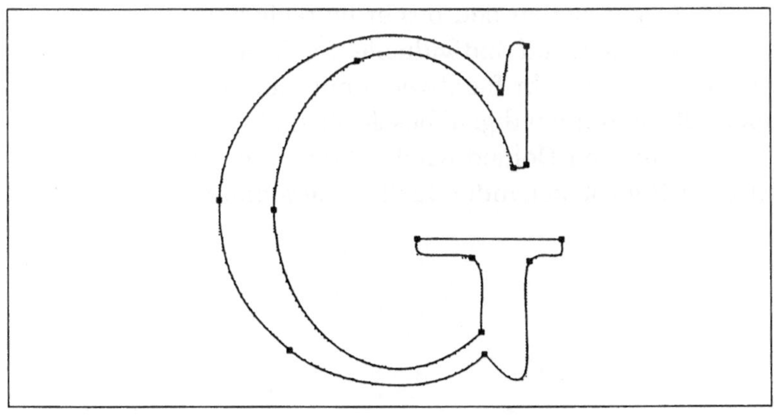

Abb. 61
Resultat aus
Splinefit

5.2 Andere Konzepte

An der Stanford University ist eine kurze Geschichte über die bisherigen Konzepte zur Herstellung von digitalen Schriften geschrieben worden (Lit. Ruggles). Ein Konzept wird dort daran gemessen, was es auf dem Feld der künstlichen Erzeugung von neuen Buchstaben leisten kann bzw. daran, wie kompliziert der jeweilige Erfinder gedacht hat.

Wir wollen nicht übersehen, daß das Kriterien zur Beurteilung sein können, dürfen aber auch nicht daran vorbeisehen, daß das wesentliche Kriterium außer acht gelassen wurde. Es gibt schon sehr viele Schriften für alle denkbaren Zwecke. Es geht daher hauptsächlich darum, diese Schriften in digitale Formate zu bringen. Also sind heute die wichtigsten Kriterien:

- Geschwindigkeit der Datenaufnahme,
- Qualität der Speicherung (Genauigkeit, Wandelbarkeit in Maschinenformate).

Nicht die neuen Schriften machen Arbeit, sondern die Umsetzung der existierenden Schriftenvielfalt.

Erst in zweiter Linie kann es um die Generierung neuer Schrifttypen mit Computerunterstützung gehen. Dabei bezweifeln wir, daß Entwerfer mit einem Computer schneller sind als jetzt, wenn sie konventionell arbeiten.

Mindestens zwei Konzepte sind besonders erwähnenswert:

Im Gegensatz zu den bisher betrachteten Formaten, die keine Rücksicht auf individuelle Buchstaben nehmen und ganz global eine Schrift entweder mit Bildpunkten, Bildlinien oder mit Randlinien digital beschreiben, haben sowohl Philip Coueignoux und Donald Knuth Formate geschaffen, die für einzelne Buchstaben individuelle Programme erfordern.

Philip Coueignoux hat die Buchstaben in Elemente zerlegt und dazu Soft- und Hardware gebaut, welche die Buchstaben aus diesen Elementen zusammensetzen. Die exakte Schriftwiedergabe - betrachtet man einen größeren Querschnitt von Schriften - läßt Wünsche offen. Die Vorteile des Coueignoux-Formats liegen in dem geringen Speicherbedarf.

Abb. 62
Lateinische Schriften lassen sich in nur wenige Elemente zerlegen.

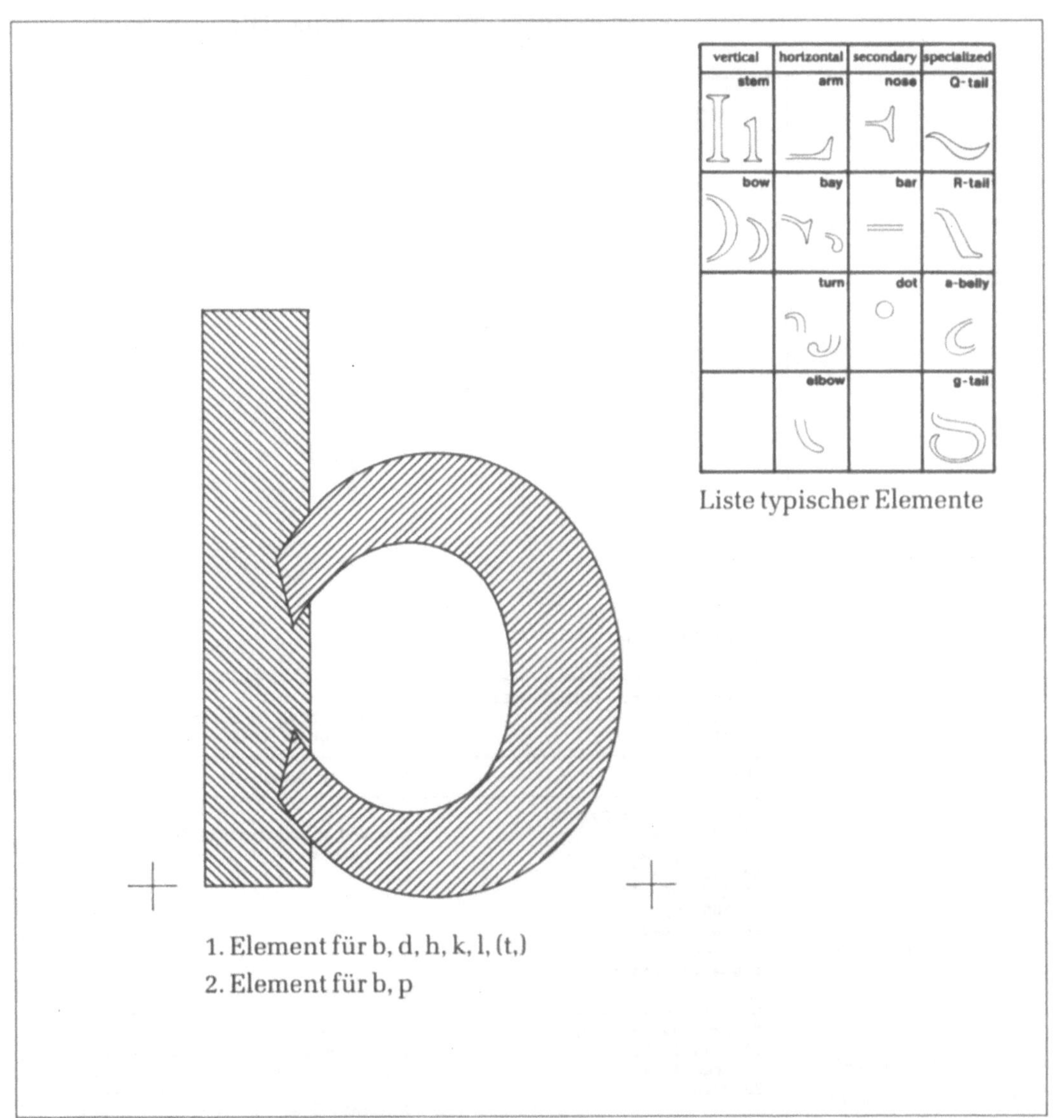

Liste typischer Elemente

1. Element für b, d, h, k, l, (t,)
2. Element für b, p

Das Coueignoux-Format enthält die Elemente einer Schrift und Programme für deren Verknüpfung zu den einzelnen Buchstaben (jedes gröbere Raster ist errechenbar).

Donald Knuth hat das Metafont-Konzept geschaffen. Es ist sehr gut geeignet, eine Metafont-Schrift zu variieren. Die Modifikationsmöglichkeiten sind schier unendlich. Allerdings ist das Metafont zur exakten und kostengünstigen Wiedergabe existierender Schriften wenig geeignet. Außerdem muß man für jeden Buchstaben individuell ein relativ umfangreiches Programm schreiben. Seit 1983 ist man dabei, zusätzlich auch Handdigitalisierungen als Beschreibungsdaten zuzulassen.

*Metafont
ist für
Schriftproduktion
zu langsam.*

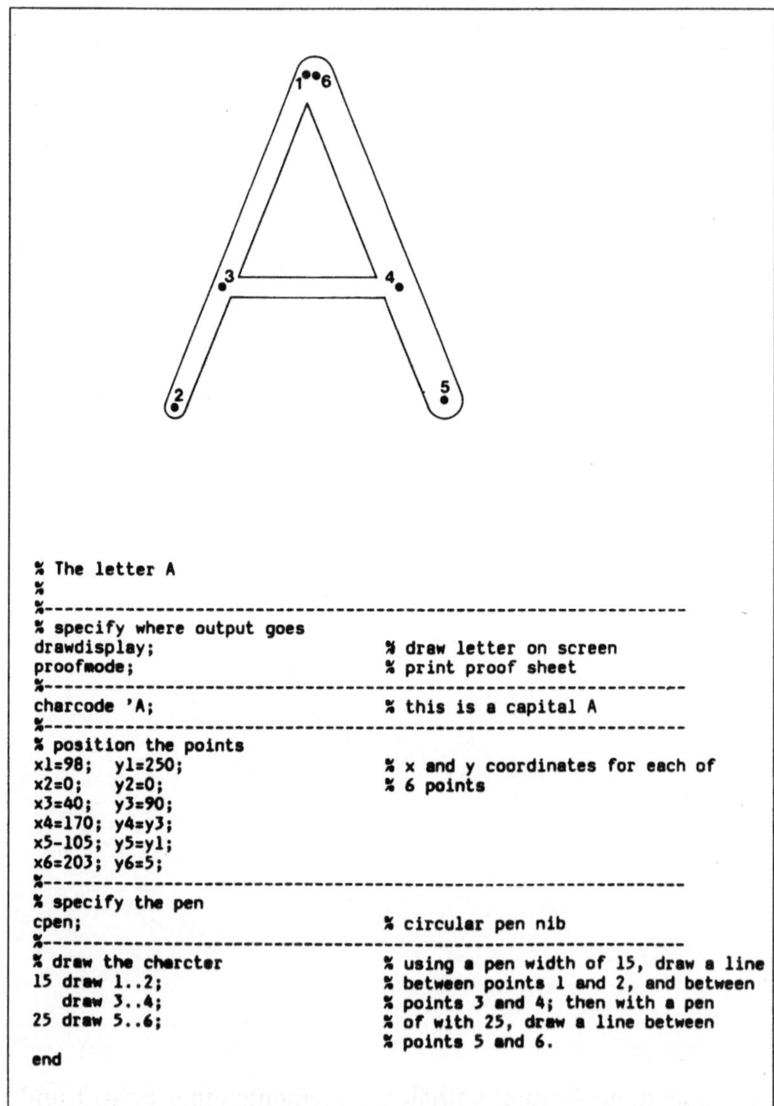


```
% The letter A
%
%-------------------------------------------------------------
% specify where output goes
drawdisplay;                        % draw letter on screen
proofmode;                          % print proof sheet
%-------------------------------------------------------------
charcode 'A;                        % this is a capital A
%-------------------------------------------------------------
% position the points
x1=98;   y1=250;                    % x and y coordinates for each of
x2=0;    y2=0;                      % 6 points
x3=40;   y3=90;
x4=170;  y4=y3;
x5-105;  y5=y1;
x6=203;  y6=5;
%-------------------------------------------------------------
% specify the pen
cpen;                               % circular pen nib
%-------------------------------------------------------------
% draw the charcter                 % using a pen width of 15, draw a line
15 draw 1..2;                       % between points 1 and 2, and between
   draw 3..4;                       % points 3 and 4; then with a pen
25 draw 5..6;                       % of with 25, draw a line between
                                    % points 5 and 6.
end
```

*Abb. 63
Das
Metafont-Programm
für den
Großbuchstaben A;
alle
Rasterauflösungen
sind programmierbar
(jedes gröbere Raster
ist errechenbar).*

5.3 Besondere Kodierungstechniken

In den letzten achtzehn Jahren sind besondere Kodierungstechniken entstanden, die im folgenden beschrieben werden.

Bitmaps

Für Bitmaps kann man das »block encoding« anwenden (Lit.
Knudson). Zum Beispiel braucht man für 4 × 4 Bits nicht notwendig 16-Bit-Informationen, weil viele der 2^{16} Kombinations-
möglichkeiten gar nicht im Rahmen des Schwarzweißbildes
von Buchstaben vorkommen können.

    Es gibt mit Sicherheit die Elemente:

Block encoding

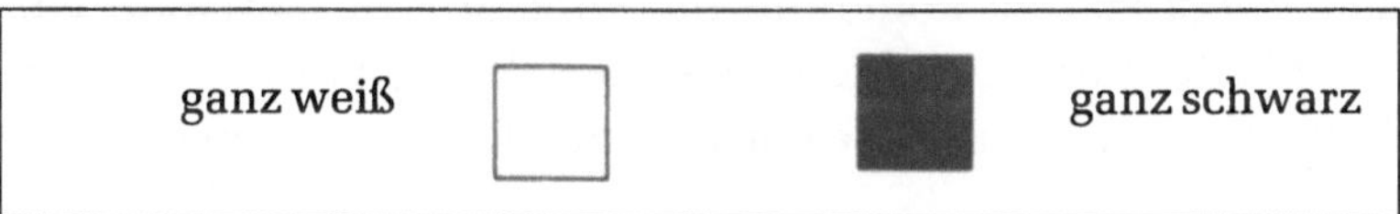

Dann die Elementgruppen:

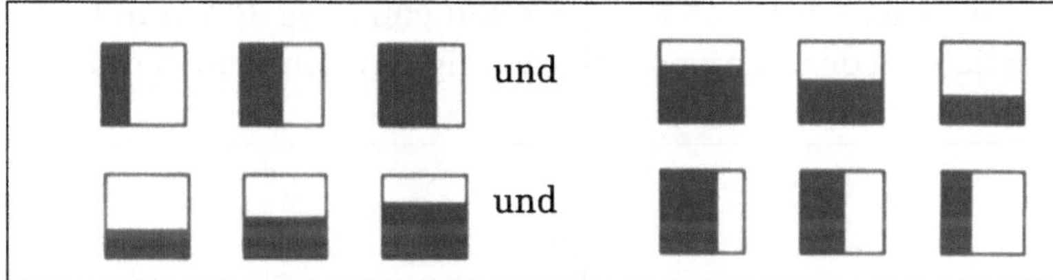

Wenn man über die Strichstärke genug weiß, kann man vielleicht dünne Balken wie:

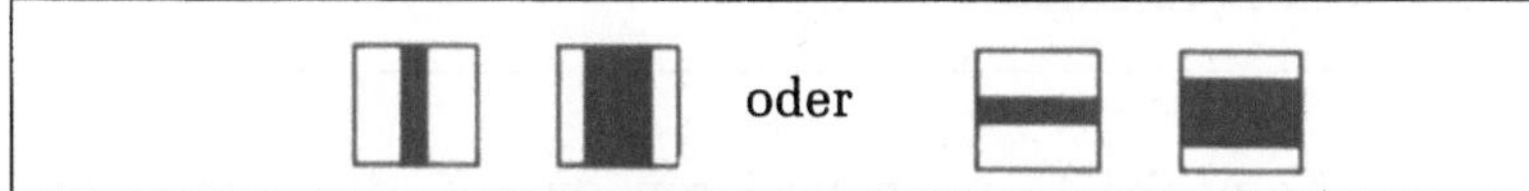

ausschließen.

·Ähnliches gilt für die Diagonalen, die vielleicht nur in folgenden Ausprägungen vorkommen:

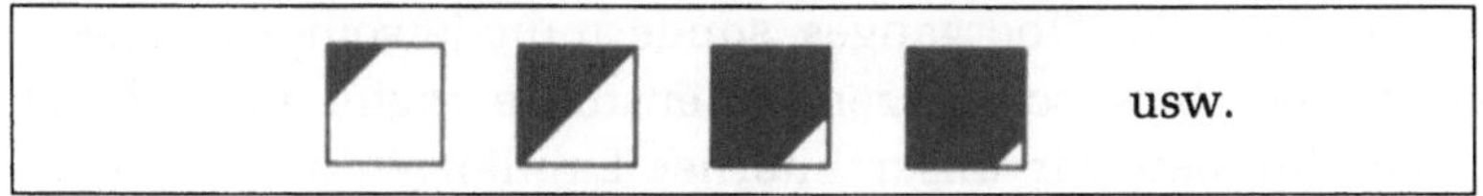

Man ahnt, daß die Wiedergabe von Buchstaben recht gut zu bewerkstelligen ist, wenn nur $2^8 = 256$ Möglichkeiten zugelassen werden, also eine Reduktion des benötigten Speichers um den Faktor 2. Im Anhang Q beschreiben wir unser internes Bitmap-Format (BI-Format).

Bytemaps

In Halbtonbildern gibt es selten - im Gegensatz zum Text - krasse Schwarzweißübergänge. Sehr kompakte Darstellungen von Halbtonbildern in der Nachrichtentechnik nutzen dies aus und verwenden im Mittel 2 Bit pro Graupixel (= normalerweise 8 bit), um die relative Farbtonänderung eines Bildpunktes zum Vorgänger zu kodieren. Im Anhang R beschreiben wir unser Halbtonformat (Grayscale-Format = GS-Format). Es entsteht aus einer Bitmap, die vorher erzeugt worden sein muß.

Lauflängen

Im Mittel komprimieren Lauflängen eine Bitmap auf ein Zehntel.

Wir haben verschiedene Lauflängenkodierungen betrachtet. In der Regel wird eine Kompression von etwa 30% durch die Möglichkeit der »Linienwiederholung« erreicht. Für das »I« :

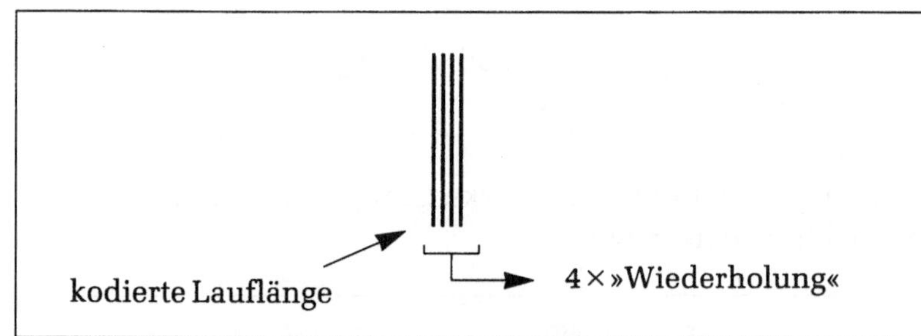

Weitere Komprimierungen basieren darauf, daß zuerst die größte vorkommende Lauflänge im Buchstaben oder in der Schrift bei vorgegebenen Rastern gesucht wird. Daraus kann dann das n-Bit-Byte berechnet werden, womit die größte Lauflänge, aber auch alle kleineren Lauflängen inkremental kodiert werden können. Inkremental heißt, daß man nicht absolut die Lage des Überganges, sondern die jeweiligen Längen der weißen bzw. schwarzen Linienstücke angibt. Im Anhang O beschreiben wir unser internes Lauflängenformat (Scanlineformat = SC-Format).

Vektorformate

Es gibt offene Vektorformate, die in Einerschritten von Randpunkt zu Randpunkt laufen. Den Kode nennt man Nibble-Kode. Es gibt zwei Möglichkeiten, die wirtschaftlich sind:

a) 1-Bit-Nibbles   0   geradeaus in X-Richtung →

                   1   geradeaus und Sprung senkrecht ↗

Nibbles

und

2-Bit-Ketten

Dazu muß man übergeordnet kodieren, in welchem Quadranten man sich gerade befindet, zum Beispiel bei der Beschreibung eines Kreises. Für bestimmte Quadranten kann die »1« nur die Bedeutung »nach oben«, für andere die Bedeutung »nach unten« haben.

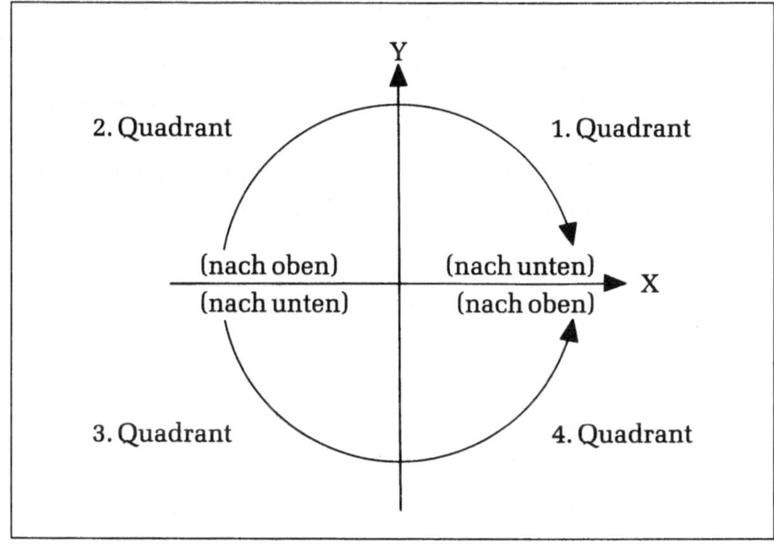

b) 2-Bit-Nibbles   0 ≙ Nord

                    1 ≙ West

                    2 ≙ Süd

                    3 ≙ Ost

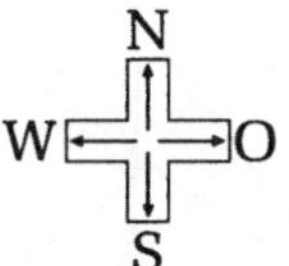

Mit dieser Kodierung kann man z.B. vollständig Kreise oder Spiralen beschreiben. Man erzeugt sehr kompakte Kodierungen, die erlauben, auf Teilstücke durch Adressierung (Angaben für von/ bis) zugreifen zu können.

     Im Anhang N beschreiben wir unser internes Vektor-Format (VE-Format).

Komplexe Outlines und Lauflängen

Wir erwarten in Zukunft eine Vielzahl von Maschinen, die komplexe Outlines direkt verarbeiten können. Einige existieren schon heute.

Kreise mit Sehnenhöhe statt Radius beschreiben.

Analog zum Vektorformat kann man die Geraden wie gehabt und die Kreise inkremental kodieren. Für einen Teilkreis gibt man jeweils den Endpunkt mit einem Vektor an und zusätzlich die Sehnenhöhe. Letzteres hat den Vorteil, daß man dem Problem der Kodierung großer Radien ausweicht und mit 3 Bytes pro Teilkreis auskommen kann. Allerdings bedeutet die Angabe der Sehnenhöhe mehr Rechenaufwand für die Generierung der Kreisinformation bei der Darstellung. Im Anhang L geben wir die Beschreibung unseres VC-Formates wieder.

Unseres Wissens gibt es keine Setzmaschine, bei der Lauflängen und Outline so verknüpft worden sind, daß die Lauflängen zum groben, aber schnellen Füllen der Schwarzflächen, eine oder zwei feine, genaue Outlines hingegen zum Glätten der Flächenumrisse verwendet werden.

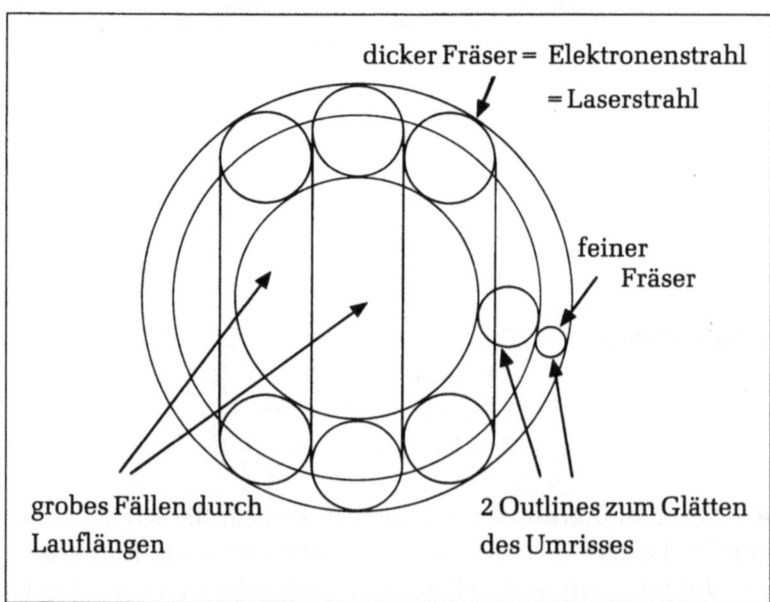

Diese Technik wird jedoch in Zukunft bei Graviermaschinen und Lasergraviermaschinen angewendet werden.

Allgemeine Bemerkungen

Die Kosten für die Datenspeicherung und für die Elektronik
selbst werden auch in Zukunft immer weiter sinken. Unserer
Meinung nach hat dies für die Herstellung von digitalen
Schriftformaten folgende Konsequenzen:

Digitale Schriften liegen im Aufwärtstrend.

- Man muß nicht mehr wie bisher alle Anstrengungen auf die
  Kodierung und Kompression verwenden.

- Man kann die digitale Speicherung von feinen Rastern den-
  jenigen von gröberen Rastern vorziehen.

- Man kann komplexe Kurvenlinien leichter und schneller
  verarbeiten und wird deshalb diese Darstellungen speichern.

- Man kann zusätzlich Informationen für den Satz speichern
  und verarbeiten, z.B. Unterschneidungs- und Berührungstabellen.

- Man kann mehr Schriften pro System als bisher zur Verfügung stellen.

- Man kann mehr Buchstaben pro Alphabet als bisher zur
  Verfügung stellen.

5.4 Liste einiger Hersteller von Schriften

In der nachfolgenden Tabelle benutzen wir die einheitlichen
Bezeichnungen »Vektorformat« bei Maschinen verschiedener
Hersteller. Dies heißt aber nicht, daß diese Maschinen auch
die gleiche Kodierung für den gleichen digitalen Typ benutzen, denn Vektoren lassen sich - wie wir gesehen haben - in
»nibbles«, offen, geschlossen, inkremental, absolut und in normalen oder gedrehten bzw. gespiegelten Koordinatensyste-
men kodieren. Dazu lassen sich die unterschiedlichsten Kom-
pressionstechniken (Vektorwiederholung, Vorzeichenwechsel etc.) anwenden. Das Feld der Kodierung läßt viele Möglichkeiten zu, so daß unseres Wissens tatsächlich nirgendwo
bei den Herstellern zwei gleiche Kodierungsarten vorkommen. Eigentlich schade!

Firma	Land	Maschine/Produkt	benutztes System	Art der Datenbasis	Art des Maschinen-formates
Adobe	USA	Software	eigenes	handdigitalisiert	Kurvenlinien, Bitmaps, PostScript T1
AGFA Compugraphic	Belgien/USA	Laserdrucker div. Setzmaschinen	eigenes/IKARUS Intellifont	handdigitalisiert	Bitmaps, Kurven-linien, Vektorformate
Alphatype	USA	CRT-Maschinen	eigenes	Scandaten	offenes Vektorformat
ARISTO	Deutschland	Zeichen-maschinen	–	–	Kurvenlinien
Artronics	USA	Bildmontage	–	–	Halbton, IKARUS-Daten
Asahi	Japan	Zeitungen	IKARUS	handdigitalisiert Scandaten	Kurvenlinien
Autologic	USA	CRT-Maschinen	eigenes/IKARUS	Scandaten/ handdigitalisiert	Kurven, Nibbles
BBC	UK	Fernsehen	eigenes/IKARUS	IKARUS-Daten	Halbton
Berthold	Deutschland	diverse Setzmaschinen	IKARUS	handdigitalisiert	Kurvenlinien, Vektorlinien
Bigelow & Holmes	USA	Schriften	IKARUS	handdigitalisiert	alle Formate
Bitstream	USA	Schriften	LIP	handdigitalisiert	Bitstream-Format
Brother	Japan	Laserdrucker	IKARUS	Scandaten	Kurvenlinien
CGK	Deutschland	Laserbelichter	eigenes/IKARUS	handdigitalisiert	–
Crosfield	UK	Seitenmontage	–	–	–
Dainippon Printing	Japan	Satz	IKARUS	Scandaten handdigitalisiert	Kurvenlinien
Dainippon Screen	Japan	Seitenmontage	IKARUS	–	–
Fujitsu	Japan	Laserdrucker	IKARUS	Scandaten handdigitalisiert	Kurvenlinien
Gerber	USA	Folien-beschriftung	eigenes	handdigitalisiert	Vektorformat
Hewlett Packard	USA	Laserdrucker	–	handdigitalisiert	Bitmaps

Firma	Land	Maschine/Produkt	benutztes System	Art der Datenbasis	Art des Maschinen-formates
Honeywell Bull	Frankreich	Laserdrucker	eigenes	–	Bitmaps
HTS	USA	Satzsystem	–	–	–
IBM	USA	Laserdrucker	eigenes/IKARUS	Scandaten handdigitalisiert	Bitmaps Kurvenlinien
III	USA	CRT-Maschinen	eigenes/IKARUS	Scandaten/ handdigitalisiert	Lauflängen, Vektorlinien
Imagen	USA	Laserdrucker	eigenes	Scandaten	Bitmaps
ITC	USA	Schriften	–	handdigitalisiert	analog/ IKARUS-Daten
Itek	USA	CRT-Maschinen	eigenes	Scandaten/edit	Vektorformat
Iwata	Japan	Schriften	IKARUS	Scandaten handdigitalisiert	Kurvenlinien
Letraset	UK	Abreibe-buchstaben	IKARUS	handdigitalisiert	analog
Letterphot	Deutschland	Photosatz-maschinen	analog	–	analog
Linotype-Hell	Deutschland	Setzmaschinen Seitenmontage	eigenes/IKARUS Scriptus Filmrecorder	Scandaten/ handdigitalisiert	Vektorformate, Lauflängen, Kurvenlinien Halbton
Mainichi	Japan	Zeitungen	IKARUS	handdigitalisiert Scandaten	Kurvenlinien
Mannesmann-Scangraphic	Deutschland	CRT-Maschinen	eigenes/IKARUS	Scandaten	Lauflängen
Monotype	UK	Setzmaschinen	eigenes/IKARUS	Scandaten handdigitalisiert	Lauflängen Kurvenlinien
Morisawa	Japan	Setzmaschinen	eigenes/IKARUS	Scandaten	Lauflängen, Vektorformate
Moskau I	UdSSR	–	IKARUS	handdigitalisiert	–
Moskau II	UdSSR	–	IKARUS	handdigitalisiert	–
Motoya	Japan	Schriften	eigenes	Scandaten	Vektorformate
NEC	Japan	diverse Drucker	eigenes/IKARUS	handdigitalisiert Scandaten	Bitmaps
Nikkan Sport Newspaper	Japan	Zeitungen	IKARUS	handdigitalisiert Scandaten	Bitmaps
OCE	Niederlande	Laserdrucker	eigenes	Bitmaps	Bitmaps

Firma	Land	Maschine/ Produkt	benutztes System	Art der Datenbasis	Art des Maschinen- formates
OEL	Japan	Setzmaschinen	eigenes/IKARUS	Scandaten/ handdigitalisiert	Kurvenlinien, Lauflängen
Olympia	Deutschland	Laserdrucker	eigenes/IKARUS	Bitmaps	Bitmaps
Philips	Niederlande	Laserdrucker	eigenes	Bitmaps	Bitmaps
PMT	Japan	CRT-Maschinen	IKARUS	handdigitalisiert	Vektorformat
Purup	Dänemark	Laser setzmaschine	eigenes	handdigitalisiert	IKARUS-Daten, Vektordaten
QMS	USA	Laserdrucker	eigenes	Bitmaps	Bitmaps
Quantel	UK	Bildmontage	eigenes	handdigitalisiert	IKARUS-Daten, Halbton
Qume	USA	Laserdrucker	IKARUS	Bitmaps	Bitmaps
Ryobi	Japan	Setzmaschinen	eigenes/IKARUS	handdigitalisiert Scandaten	Kurvenlinien
Scitex	Israel	Seitenmontage	eigenes	handdigitalisiert	Bitstream- Format
Sha-ken	Japan	Setzmaschinen	eigenes/IKARUS	Scandaten/ handdigitalisiert	Vektordaten
Sharp	Japan	Laserdrucker	eigenes/IKARUS	Scandaten	Vektorformate
SIL (Shanghai- Ikarus LTD)	China	Kanji	IKARUS	handdigitalisiert	alle Formate
Siemens	Deutschland	Laserdrucker	eigenes/IKARUS	handdigitalisiert	IKARUS-Daten
Signus Ltd.	UK	Schriften	IKARUS	handdigitalisiert	alle Formate
Tegra-Varityper	USA	CRT-Maschinen	Purdy/IKARUS	Scandaten	Purdy-Format
Tektronix	USA	Sichtgeräte	–	–	Vektordaten
Toppan	Japan	Satz	IKARUS	handdigitalisiert	Kurvenlinien
Toray	Japan	Laserdrucker	IKARUS	handdigitalisiert Scandaten	
Typebank	Japan	Schriften	eigenes/IKARUS	handdigitalisiert	alle Formate
URW	Deutschland	Schriften	IKARUS	handdigitalisiert	alle Formate
Versatec	USA	elektrostatische Drucker	–	–	Vektordaten, Bitmaps
Visual Graphics	USA	Photosatz- maschinen	analog	–	analog
Wild	Schweiz	Zeichenmaschinen	–	–	Kurvenlinien
XEROX	USA	Laserdrucker	eigenes	Scandaten/ handdigitalisiert	Bitmaps

Kapitel 6

Das URW-Konzept

K ern des IKARUS-Konzeptes ist es, Handdigitalisierungen zu speichern, aus denen man alle Maschinenformate berechnen kann. Dieses Konzept - Speichern der Handdigitalisierungen - wird heute von den großen Setzmaschinen-Herstellern angewendet.

6.1 IKARUS

Die meisten bisherigen digitalen Formate haben alle den Zweck, einem bestimmten Maschinentyp zur Darstellung von Buchstaben zu dienen. Je schneller und leistungsfähiger die Mikroelektronik dieser Maschinen wird, umso komplexer dürfen die Formate sein.

Doch solange man nur auf die Maschinen schaut, macht man den Fehler, nicht auf die digitale Form selbst zu achten.

Die eigentliche digitale Form ist die Handdigitalisierung. Sie läßt sich sehr genau und schnell ausführen, in etwa 2,6 Minuten pro Buchstabe und etwa auf ein 1/100 mm genau bei einer Versalhöhe von 10 cm. Dies bedeutet zudem eine Aufrasterung des Gevierts mit 15.000 × 15.000 Pixel. Sie läßt sich nicht nur von sehr guten Schwarzweißvorlagen herstellen, sondern auch von Bleistiftskizzen oder unsauberen Kopien, denn das menschliche Sehhirn kann beim Digitalisieren das Glätten der unsauberen Originallinie vornehmen und so das entsprechende Lokalisieren der Digitalisierungen steuern. Im Anhang X sind die Regeln für das Markieren und für das Digitalisieren von Buchstaben aufgeschrieben.

IKARUS speichert das Geviert mit 15.000 × 15.000 Einheiten!

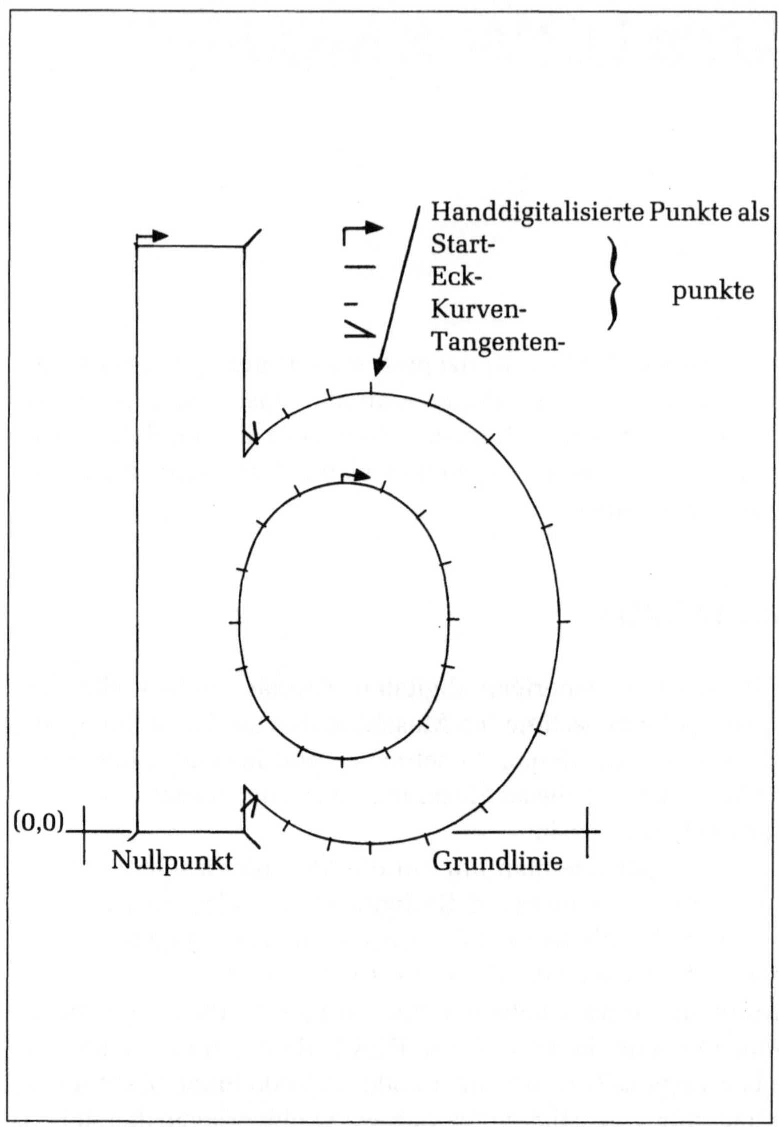

*Abb. 64
IKARUS-Format des
Kleinbuchstaben b
in einem Raster von
15.000 × 15.000
für das Geviert
(jedes gröbere Raster
ist errechenbar).*

Mit diesen Digitalisierungen legt man den Verlauf der Buchstabenränder fest. Deshalb sind diese Digitalisierungen selbst die wichtige, unvergängliche digitale Information, sie bildet die Datenbasis (die Beschreibung des dazugehörenden IK-Formates steht im Anhang H). Es muß nur sichergestellt werden, daß aus diesen Handdigitalisierungen alle vorkommenden digitalen Formate abgeleitet werden können. Bis heute hat es dabei keine Probleme gegeben: Aus den Handdigitalisierungen konnten wir bisher alles ausrechnen.

Auch Bitstream hat dieses Konzept übernommen. Dort speichert man ebenfalls die Handdigitalisierung. Als Bitstream-Format ist eine Kombination zwischen der Handdigitalisierung und der komplexen Outline-Beschreibung mit Geraden und Kreisen geschaffen worden.

6.2 Formathierarchie bei URW

Bei URW gibt es interne Formate, die in einer gewissen Hierarchie zueinander stehen. Diese Formate haben zweibuchstabige Abkürzungen und sind wie folgt hierarchisch geordnet:

URW-Formate sind offen.

IK-Format	(IKARUS, Handdigitalisierungen, Anhang H);
BE-Format *	(Bézier-Kurven, Anhang I);
CN-Format *	(Conic-Kurven, allg. Kegelschnitte, Anhang I);
QQ-Format *	(Quadratic-Splines, Anhang I);
II-Format	(IKARUS mit Instruktionen, Anhang J);
DI-Format	(Display, Kreise/Geraden, Anhang K);
VC-Format	(Vector-Circle, Anhang L;
BS-Format	(Bézier mit Instruktionen, Anhang M);
VE-Format	(Vektoren, Anhang N);
SC-Format	(Scanlines, Lauflängen, Anhang O);
SN-Format	(Scanline, Nibble, Anhang P);
BI-Format	(Bitmap, Anhang Q);
GS-Format	(Grayscale, Bytemap, Anhang R).

Wir erläutern in den Anhängen Formate, die zum Teil nicht sehr kompakt aufgeschrieben sind. Damit wird den jeweiligen Empfängern von Daten die Möglichkeit gegeben, sich eine eigene Komprimierung und Schutzkodierung entsprechend der eigenen Elektronik aus den transferierten Daten herzustellen.

Andererseits haben wir aus unseren nicht komprimierten Formaten bisher noch alle vorkommenden digitalen Maschinenformate berechnen können, z.B. aus dem internen VE-Format das spezielle Vektorformat des Kunden. In der Regel sind für eine Umsetzung (Programmierung des Postprozessors) zwischen einem Tag und sechs Wochen Arbeit aufzuwenden (im Mittel: zwei Wochen).

* Formate ohne Instruktionen (d. h. ohne Hints)

Auf eine tiefere Hierarchiestufe kann man durch programmierte Konversionen eindeutig kommen. Bei URW existieren solche Programme für die Wandlung:

IK	→ DI	Programm DI
IK	→ VC	Programm VC
IK	→ VE	Programm VE
DI	→ SC	Programm SC
SC	→ BI	Programm BI
BI	→ GS	Programm GS

Nach oben kommt man allerdings nicht eindeutig. Im Prinzip ist dies auch nicht notwendig, wenn man immer auf Handdigitalisierungen zurückgreifen kann. Einige Firmen haben jedoch mehr als 100 Mannjahre Arbeit für die Herstellung einer digitalen Schriftbibliothek auf der Basis von Scandaten aufgewendet. Sie stehen heute vor dem Problem, daraus eine Datenbasis schaffen zu müssen, die auch die Wünsche an ihre zukünftigen Maschinen abdeckt. Wir haben dazu folgende Problemlösung anzubieten:

LINUS

Auto-tracing

LINUS ist eine Maschine zur Aufnahme von Schwarzweißbildern. Im wesentlichen besteht LINUS neben der Hardware zur Bildaufnahme, Bildspeicherung und -verarbeitung aus einer Software zur Konvertierung von Scandaten in Digitalisierdaten, die der Handdigitalisierung gleichen sollen und ihr an Qualität kaum nachstehen. Wir zeigen nachstehend beispielsweise eine Hand- und eine automatische Digitalisierung.

*Abb. 65 (rechts)
mit der Hand
digitalisiert*

*(ganz rechts)
mit Programmen
automatisch
digitalisiert*

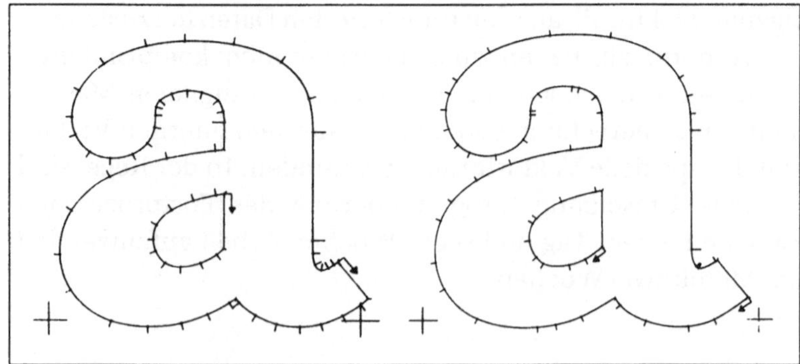

Bei URW hat diese Rückwärtskonversion (VE–IK) die größten Anstrengungen gekostet (zeitlich von 1979 bis 1984). Andere Rückkonversionen z.B. sind bedeutend einfacher zu programmieren gewesen:

$$DI \rightarrow IK \quad \text{geht eindeutig,}$$
$$SC \rightarrow VE \quad \text{geht eindeutig,}$$
$$BI \rightarrow SC \quad \text{geht eindeutig,}$$
$$GS \rightarrow BI \quad \text{geht nicht, ist aber auch nicht erforderlich.}$$

Es gehört zur Hierarchie und zur URW-Philosophie, daß das IK-Format digital eine Präzision hat, die für Setzmaschinen eigentlich gar nicht erforderlich ist. Die Buchstaben sind im IK-Format in einem »Raster« von 15.000 × 15.000 für das Geviert gespeichert. Das hat den Vorteil, daß es bei der Herstellung von gröberen Rastern keine Interferenz zwischen dem Speicherraster und dem Zielraster gibt.

Die feinsten Raster für Setzmaschinen betragen 2500 × 2500 für das Geviert, im Mittel 400 × 400 für gute Setzmaschinen, und für alle anderen Maschinen sind sie noch gröber. Unser Speicherraster ist also meistens um das Zehnfache feiner, was gleichbedeutend damit ist, daß z.B. sowohl ein 400 × 400 Raster als auch ein 401 × 401 Raster mit gleicher Qualität errechnet werden können.

Schriften haben eine hohe Lebenserwartung, deshalb lohnt sich die Mühe einer hochgenauen Speicherung.

Die 400 Linien können auf etwa 1/40 Linienabstand genau im IKARUS-Raster gleich verteilt werden, ebenso die 401 mit einem etwas geringerem Abstand, nämlich:

bei 400 mit 15 000/400 = 37,5;
bei 401 mit 15 000/401 = 37,4

Daraus resultieren die Linienabstände:

37, 38, 37, 38, 37, 38, 37, 38, ...
und
37, 38, 37, 38, 37, 37, 38, 37, 38, ...,
gezählt in IKARUS-Feinrasterpunkten.

Das meinen wir, wenn wir sagen: Es gibt keine Interferenzen zwischen Speicher- und Zielraster. Anders sähe es aus, wenn der Speicherraster nur 800 × 800 für das Geviert betragen würde. Man könnte den 400 × 400 Raster ohne Probleme erhalten durch Herausgreifen jeder zweiten Linie. Die Linienabstände betragen überall 2, gezählt in Punkten des Speicherrasters. Den 401 × 401 Raster kann man aber nicht so einfach gewinnen; denn es gibt 398 mal einen Linienabstand von 2 und zweimal von 1, gezählt in Speicherrasterpunkten. Entweder streicht man aus den 800 Linien zwei Linien hintereinander heraus, oder man interpoliert ständig zwischen zwei Linien eine neue Linie gemäß ihrer wahren Lage zwischen diesen Linien. Beide Methoden führen zu Fehlern! Mit der sehr feinen Auflösung der IKARUS-Daten wird dies umgangen und das Problem fehlerfrei gelöst.

Neben der erwähnten Feinheit der Digitalisierdaten nach dem Motto: »Digitalisieren einmal für alle Zeiten« spielt es eine große Rolle, daß die Handdigitalisierungen selbst gespeichert werden. Nur so lassen sich leicht Manipulationen wie Bewegen eines einzelnen Punktes (Korrekturen) oder Berechnen einer Kugelprojektion (Satz auf Globus) an den Daten ausführen.

Alle IK-Punkte liegen »auf« der Kontur.

Die Art und Weise, wie man digitalisiert, haben wir in den Markierungsregeln zusammengefaßt (Anhang X). Diesen Manipulationen ist immer die Berechnung einer geschlossenen Kurve durch die als Stützpunkte aufzufassenden Handdigitalisierungen nachgeschaltet.

Bei der Wahl dieser Prozedur haben wir uns sehr lange bemüht, den technisch saubersten und elegantesten Weg zu finden. Wir halten es primär für sehr wichtig, die Kurvenberechnung so auszuführen, daß jeder mit der Hand digitalisierte Punkt auch von der berechneten Linie getroffen wird.

Es ist daher nach unserer Meinung abwegig, zum Beispiel die Bézier-Funktion zu verwenden. Sie trifft nicht die ursprünglichen Punkte.

Aus eben demselben Grunde haben wir auch keine Anpassungsrechnung (Kurvenfit) eingesetzt, nur die Kurveninterpolation ist in die Auswahl gekommen.

6.3 Die IK-Interpolation

Die Spline-Interpolation erschien uns zur Berechnung der Tangentenrichtungen in den digitalisierten Punkten als die beste Lösung. Wir haben die Tangentenberechnung auch mit Kreiseinpassungen, Polynomfits und anderen Rechenwegen vorgenommen, Vergleiche zur Spline-Interpolation angestellt und alle diese Alternativen verworfen.

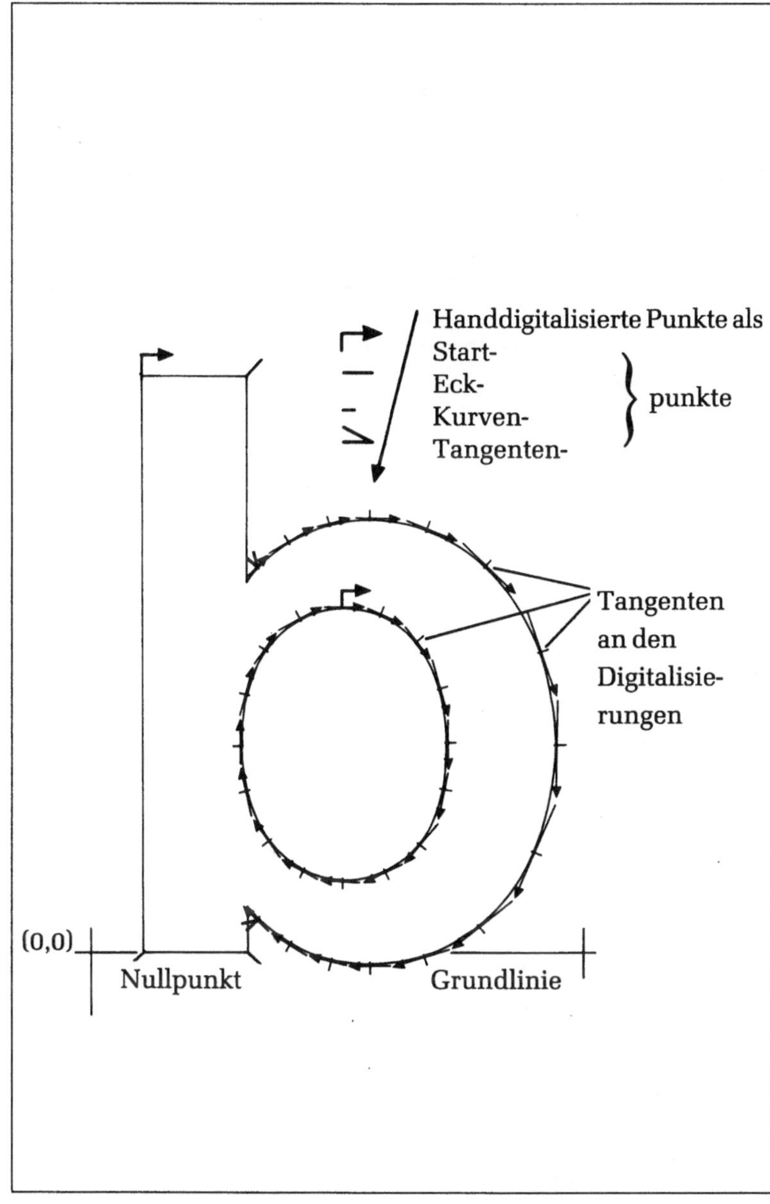

Abb. 66
IK-Format mit
eingezeichneten
Tangenten an den
IK-Punkten

Der nächste Schritt, nach erfolgter Tangentenberechnung, sieht zunächst unerwartet aus. Wir nehmen nicht die Spline-Funktionen zur Darstellung der geschlossenen Kurve, sondern bestimmen zwischen je zwei Digitalisierungspunkten je zwei Teilkreise so, daß der erste Teilkreis mit der ersten ermittelten Tangente im ersten Punkt anfängt, in der Mitte mit einer Richtung an dem Punkt aufhört, wo der zweite Teilkreis mit derselben Richtung beginnt und schließlich im zweiten digitali-

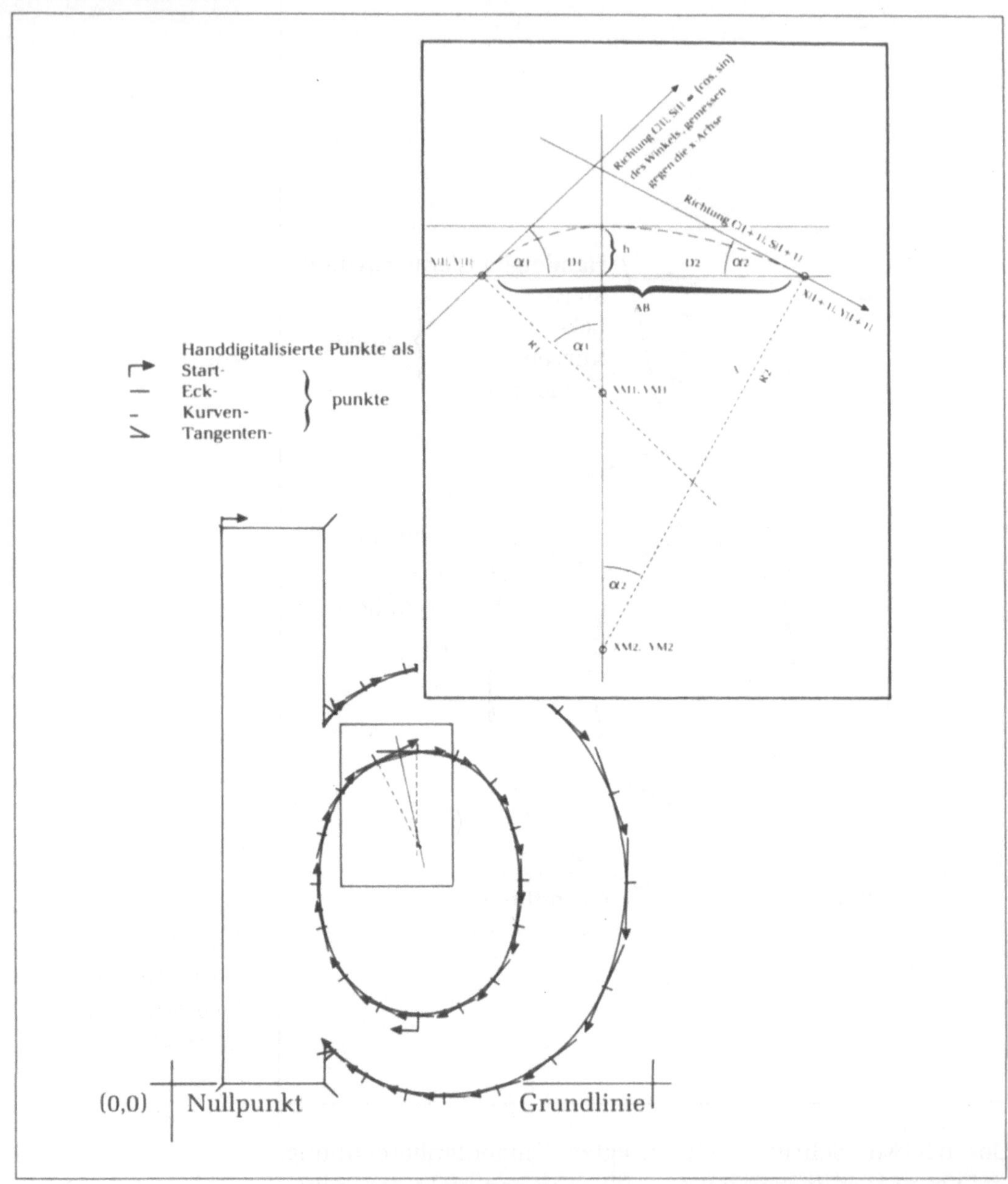

Abb. 67

Zwischen je 2 IK-Punkten können in Kurven je 2 Teilkreise ermittelt werden, die ineinander tangential übergehen.

sierten Punkt mit der zweiten ermittelten Tangente endet. Dadurch erzeugen wir in einer Kurve eine Kette von überall tangential ineinander übergehenden Teilkreisen. Dies hat den graphischen Vorteil, daß stückweise durch die gleiche Krümmung eine Beruhigung des Kurvenverlaufes eintritt. Darüberhinaus läßt sich für Geraden und Kreise sehr schnell ausrechnen, ob sich ein beliebiger Punkt auf ihnen befindet oder nicht, was bei einer ganzen Reihe von Kontrollrechnungen, z.B. Randabschaltungen, Buchstabenberührungen oder Überdeckungen, von Nutzen ist.

Außerdem entfallen unerwünschte Krümmungswechsel, die man bei der Verwendung von Spline-Funktionen nur durch Dämpfungsglieder vermeiden kann. Bei Dämpfungsgliedern aber hat man nicht ohne weiteres die Möglichkeit, die Outline-Beschreibung während des Setzens »on the fly« in Steuersignale für das Schreiben umzuwandeln. Geraden und Kreise hingegen stellen diesbezüglich kein Problem dar. Es gibt Elektronikbausteine, die mit Hilfe eines DDA (Digital Differential Analyzer) die Umwandlung von Geraden und Kreisen in Bildpunkte sehr schnell durchführen.

Die Kreisparameter lassen sich schneller ausrechnen als die acht Koeffizienten der Spline-Funktion zwischen zwei Digitalisierungen. Im Anhang W zeigen wir die zugehörigen Programme, in FORTRAN geschrieben.

Das Ergebnis dieser Kurvenberechnung ist das sogenannte DI-Format (Display-Format, Anhang K). Man kann es direkt verwenden in graphischen Sichtgeräten, in einigen Setzmaschinen und auf allen NC-Maschinen. Insbesondere wird das DI-Format in unserem SIGNUS-System verwendet, das eine große Verbreitung in der Werbetechnik zum Herstellen von Beschriftungen und Schildern gefunden hat.

6.4 NIMBUS

NIMBUS ist ein Programmpaket im Rahmen des Desktop Publishing (DTP). Es wandelt sogenannte »intelligente Outlines« von Schriften um in die verschiedenen Bitmaps, die den verschiedenen Punktgrößen bei unterschiedlichen Schreibauflösungen zwischen 240 bis 1200 Linien pro Inch (lpi) von Laser- bzw. Matrixdruckern entsprechen. NIMBUS kann sowohl in Hauptrechnern (z.B. PCs) als auch in Rasterbildprozessoren als Baustein zur Schrifterzeugung auf Bildschirmen und Laserdruckern eingesetzt werden. Außerdem liefert NIMBUS für die graphische Ausgestaltung die Konturbeschreibung von Schriften (z.B. für den graphischen Teil eines PostScript-Prozessors zum Einfüllen von Rastern).

Intelligent Font Scaling

6.4.1 Kernschriften

Seit etwa 1980 gibt es das Desktop Publishing, damals sind zunächst von allen Herstellern Schriften in Form von Bitmaps gespeichert worden.

Dies hat den Vorteil, daß man eine digitale Form speichert, die Bild- für Bildpunkt mit der Hand für jede Punktgröße ausgetestet werden kann. Es hat aber den Nachteil, daß Bitmaps schon dann enormen Speicherplatz benötigen, wenn man nur über eine kleine Auswahl von verschiedenen Punktgrößen verfügen möchte.

Der Speicherplatzbedarf für eine Schriftfamilie (4 Versionen: normal, fett, kursiv, fett kursiv) in 4, 6, 8, 10, 12, 14, 16, 20, 24, 36 und 72 Punkt beträgt 2 MBytes, selbst wenn man bereits eine Mischung aus Bitmap- und Lauflängenkodierung zur Formatierung anwendet. Will man z.B. die 13 Kernschriften auf einer Floppy unterbringen, muß man daher effektiver kodieren. Im Jahre 1983 haben Adobe und Apple gemeinsam einen Rasterbildprozessor (raster image processor = RIP) entwickelt, der das intelligente Umgrößern von Schriften beherrscht. Im RIP des Laserwriters von Apple werden »intelligente Outlines«, versehen mit »hints«, in beliebige Bitmaps umgewandelt zur Wiedergabe aller Punktgrößen auf Laserdruckern.

Das PostScript-Konzept von Adobe ist inzwischen ein großer Erfolg geworden, oft wird nicht gleich erkannt, daß gerade das intelligente Umgrößern von Schriften das Geheimnis dieses Erfolges darstellt. Eine Schriftversion (Font) benötigt in Umrißkodierung etwa 40 bis 60 KBytes, also passen die 13 Kernschriften auf eine Floppy.

NIMBUS Roman

NIMBUS Roman bold

NIMBUS Roman italic

NIMBUS Roman bold italic

NIMBUS Sans

NIMBUS Sans bold

NIMBUS Sans italic

NIMBUS Sans bold italic

`Courier`

`Courier bold`

`Courier oblique`

`Courier bold oblique`

Standard-Sonderzeichen

Abb. 68
Links zeigen wir unsere
13 Kernschriften.
NIMBUS Roman ist das
Äquivalent im BS-For-
mat zur berühmtesten
Schrift der Firma
Monotype Corp.,
»Times New Roman«.

NIMBUS Sans ist das
Äquivalent im BS-For-
mat zur berühmtesten
Schrift der Firma
Linotype AG, der
»Linotype Helvetica«.

NIMBUS Roman und
Sans haben die gleichen
Dicktentabellen, die
von der Firma Adobe
für Times Roman und
Helvetica verwendet
werden.

Bei URW wird die
Courier als
NIMBUS MONO
bezeichnet und unter
diesem Namen
geliefert.

Soft-Scannen bietet gegenüber dem Hard-Scannen folgende
Vorteile:

- Es läuft als Programm im Rechner ohne manuelle Unterstützung ab.
- Die Vorlagen werden automatisch rechtwinklig zur Scanrichtung »ausgerichtet«.
- Es werden keine Schmutzflecken oder sonstige Fehler »mitgescannt«.
- Man kann in jedem Fall vermeiden, daß es an den Schwarzweißkanten Störfälle durch elektronisches Rauschen gibt.

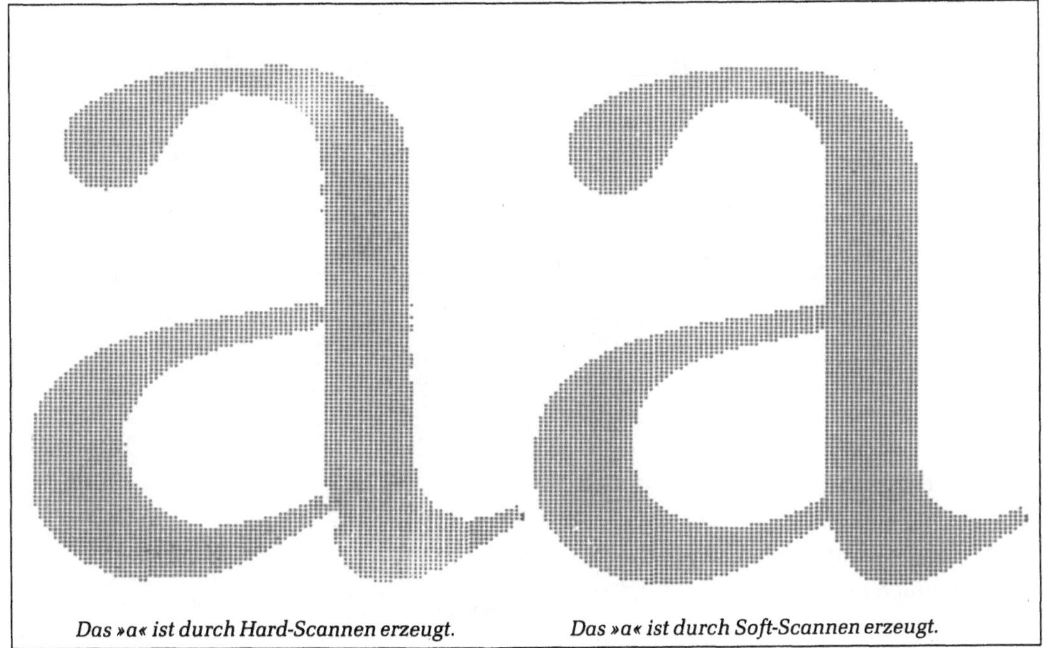

Das »a« ist durch Hard-Scannen erzeugt.   Das »a« ist durch Soft-Scannen erzeugt.

Trotzdem genügt Soft-Scannen allein nicht. Ohne weiteres
können zufällige Rundungseffekte Schaden am guten Rasterbild anrichten. Gerade Striche (Balken) und Kurvenstriche leiden unter Rundungseffekten besonders, wenn sie horizontal
oder vertikal verlaufen. Aber auch Serifen und Einläufe (Spitzen) werden geschädigt.

Wir haben zur Demonstration die Buchstaben H, O und X
einer erfundenen Schrift genommen und deren Konturen für
die Rasterung von 4p bei 300 lpi optimiert. Die Schriftgröße 4p
haben wir deshalb ausgewählt, weil bei groben Rastern die
Rundungseffekte besonders deutlich hervortreten.

Abb. 70
Hard- und
Soft-Scanning
im Vergleich

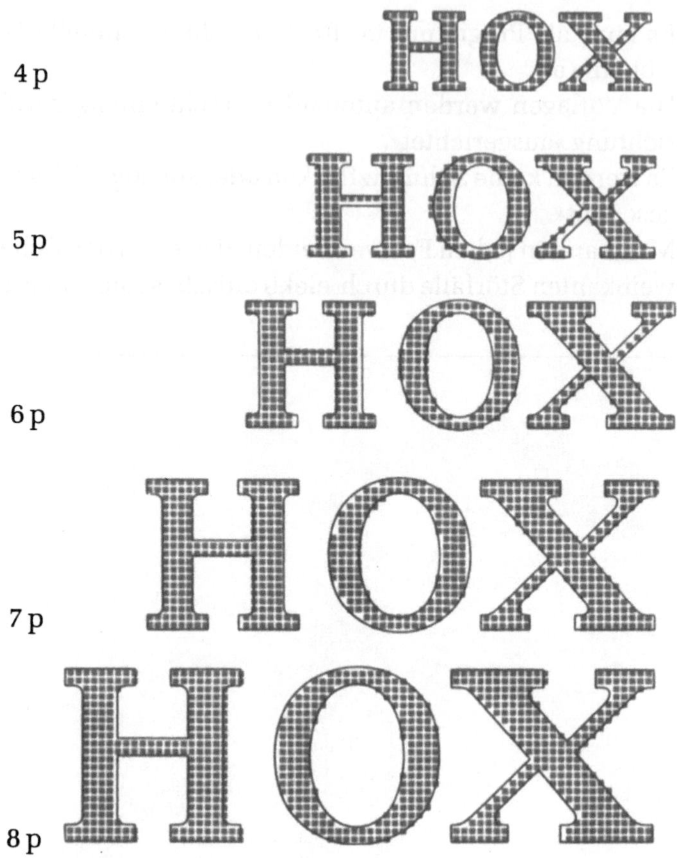

4 p

5 p

6 p

7 p

8 p

*Abb. 71
Die Konturen von HOX
sind eingepaßt in ein
4p Gitter. Sie sind
linear umgrößert und
erneut gerastert wor-
den, um 5, 6, 7 und 8p
als weitere Schrift-
größen zu erzeugen.
Nur der 4p-Raster ist be-
friedigend. Man sieht,
daß man intelligenter
umgrößern muß, um
auch in den anderen
Punktgrößen befriedi-
gende Ergebnisse zu
bekommen.*

4 p	H:	alle
	O:	drei
	X:	befriedigend
5 p	H:	vertikale Balken zu dick
	O:	horizontale Kurvenbalken unterschiedlich
	X:	Diagonale oben rechts zu dick
6 p	H:	Serifen asymetrisch
	O:	vertikale Kurvenbalken unterschiedlich
	X:	untere vertikale Spitzen rund
7 p	H:	Serifen unterschiedlich
	O:	asymetrisch
	X:	innere Serifen unterschiedlich
8 p	H:	vertikale Balken unterschiedlich
	O:	nicht schlecht (Zufall)
	X:	Fehler an Diagonalen und Serifen

6.4.3 Umgrößern

Außer an der Größe 4p treten überall Fehler auf. Manchmal zeigt ein Buchstabe mehrere Schwächen. Wir wollen nun die wesentlichen Elemente unserer drei Buchstaben beschreiben:

- Das H besteht aus einem horizontalen und zwei vertikalen Balken (Balken und Querbalken).
- Das O hat zwei horizontale und zwei vertikale Kurvenverläufe (Rundungen und Bogen).
- Das X hat zwei Diagonalen und vier Spitzen.
- H und X haben Serifen an den Balkenenden, jede Serife besteht aus zwei Teilserifen.

Diese Elemente sind wesentlich für eine Schrift. Sie beschreiben die Buchstaben und definieren den Charakter der Schrift.

Mit »intelligentem Umgrößern« ist gemeint, daß diese beschreibenden Elemente einer Schrift in gleicher Weise gerastert werden, und somit sich die Rundungseffekte nicht mehr willkürlich auswirken, sondern sich gleichgerichtet ereignen.

Der Begriff »intelligente Umgrößerung« ist von uns als deutscher Begriff für »intelligent fontscaling« genommen worden. Der englische Begriff ist im Laufe der letzten beiden Jahre propagiert worden. Der Begriff »Intelligenz« bezieht sich dabei auf zusätzlich in die Konturdaten aufgenommene Informationen, die auch als »Schalter« bezeichnet werden können.

Im Jahre 1977 haben wir mit der Firma Dr.-Ing. Rudolf Hell GmbH die Ergebnisse des Soft-Scannens für die Digiset-Setzmaschine diskutiert. Obwohl der Digiset eine hochauflösende Maschine ist (etwa 700 - 1200 lpi), hat das reine Soft-Scanning nicht die Hell-Qualitätsansprüche befriedigt.

So haben wir das Programm PA erfunden und etwa Ende 1978 zur Funktionsreife entwickelt. PA leitet sich von PASSE ab, der automatischen Gittereinpassung von Konturen. PA gibt es noch heute als Teil von IKARUS, das Programm arbeitet mit einer Geschwindigkeit von einem Buchstaben pro Minute.

Acht Jahre später treffen wir Derek Kyte von Chelgraph und werden gebeten, PA von »floating point«- auf »integer«-Operationen umzustellen, damit es schneller wird.

Wir haben ihm die Fertigstellung innerhalb von drei Monaten zugesagt, haben aber zwei Mannjahre gebraucht. Im Herbst 1987 haben wir endlich unser Nahziel erreicht, nämlich eine Wandlungsgeschwindigkeit von 20 B/s auf einem

IBM PC und 120 B/s auf dem Chelgraph-RIP. Mit diesen Resultaten sind wir schneller als Adobe (5 B/s), Bitstream (3 B/s) und Compugraphic (4 B/s). Unsere Qualität hält jeden Vergleich mit Adobe aus, wir sind teilweise sogar besser.

6.4.4 Schriftauswahl

Anfang 1987 haben wir mehrere Schriften verschiedener Hersteller anhand ihrer IK-Formate verglichen:

NIMBUS Roman

Wir haben die IK-Formate der Times von der Berthold AG, der CG Times von Compugraphic, der Tempora von Dr.-Ing. Hell und der Times von der Linotype verglichen.

Alle vier Schriften sind Interpretationen der berühmten Times New Roman von Monotype. Leider hat uns zu dieser Zeit das IK-Format von Monotype noch nicht vorgelegen. Eine 24p-Version von Linotype hat der Firma Adobe als Vorlage für die Digitalisierung derjenigen Times gedient, die jetzt in der PostScript-Welt verwendet wird. Wir haben festgestellt, daß alle vier Schriften nicht allzu große Unterschiede aufweisen und uns am dichtesten an die CG Times angelehnt. Wir haben dann die verschiedenen Vorbereitungsstufen und die Herstellung eines BS-Formats vorgenommen. Das Resultat nennen wir NIMBUS Roman.

NIMBUS Sans

In diesem Fall haben wir die IK-Formate der Linotype-Helvetica, der Neuen Helvetica von der Linotype AG, dann die AG Buch von der Berthold AG, die Triumvirate von Compugraphic und die Holsatia der Dr.-Ing. Hell verglichen.

Die Neue Helvetica ist perfekt, aber nicht zu verwenden, denn Adobe hat unglücklicherweise eine 24p-Version der alten Helvetica digitalisiert und in der PostScript-Welt propagiert. Wie bei der Times, unterscheiden sich Linotype-Helvetica und ihre drei Interpretationen nicht sonderlich. Wir haben uns in der Hauptsache an die Holsatia gehalten. Wieder sind dann die verschiedenen Vorbereitungsstufen ausgeführt und entsprechende VS-Formate hergestellt worden. Das Resultat nennen wir NIMBUS Sans.

Courier

Die Konturen der Courier entsprechen der Schreibmaschinen-
schrift von IBM.

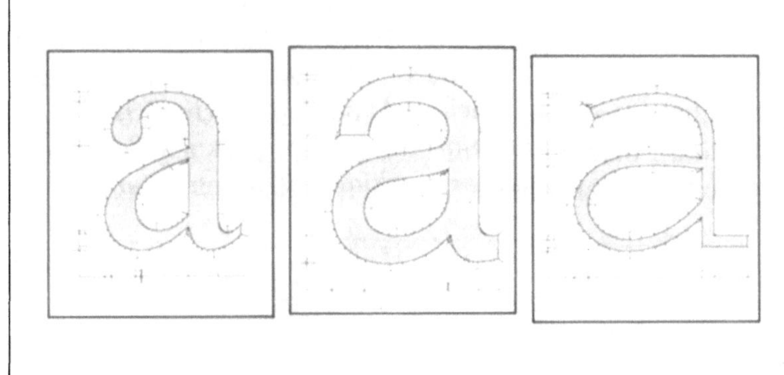

Abb. 72

links:
NIMBUS Roman

Mitte:
NIMBUS Sans

rechts:
Courier

Sonderzeichen-Schrift

Wir haben die ITC Zapf Dingbats, weitere Symbole aus anderen Schriften und PI-Fonts genommen, um eine Sonderzei-
chen-Schrift für das Desktop Publishing zusammenzustellen.
Wir meinen, daß uns dies mit URW-Qualität gelungen ist.

Abb. 73
Die Sonderzeichen-
Schrift besteht aus
nützlichen Zeichen,
die nicht in den
Kernschriften
vorkommen.

6.4.5 Beschreibende Elemente

Im NIMBUS werden Schriften im BS-Format gespeichert. Es wird vom IKARUS-Programm BS hergestellt, welches das frühere PA ersetzt. Das Programm BS wendet automatische Bildverarbeitung an, um die wichtigen beschreibenden Elemente an den Buchstaben einer Schrift zu markieren. Gerade und kurvige Diagonalen (also Balken, die weder horizontal noch vertikal sind) werden nicht erkannt und auch nicht weiter behandelt, obwohl sie eine gewisse Einwirkung durch die Verarbeitung benachbarter, markierter Elemente erfahren.

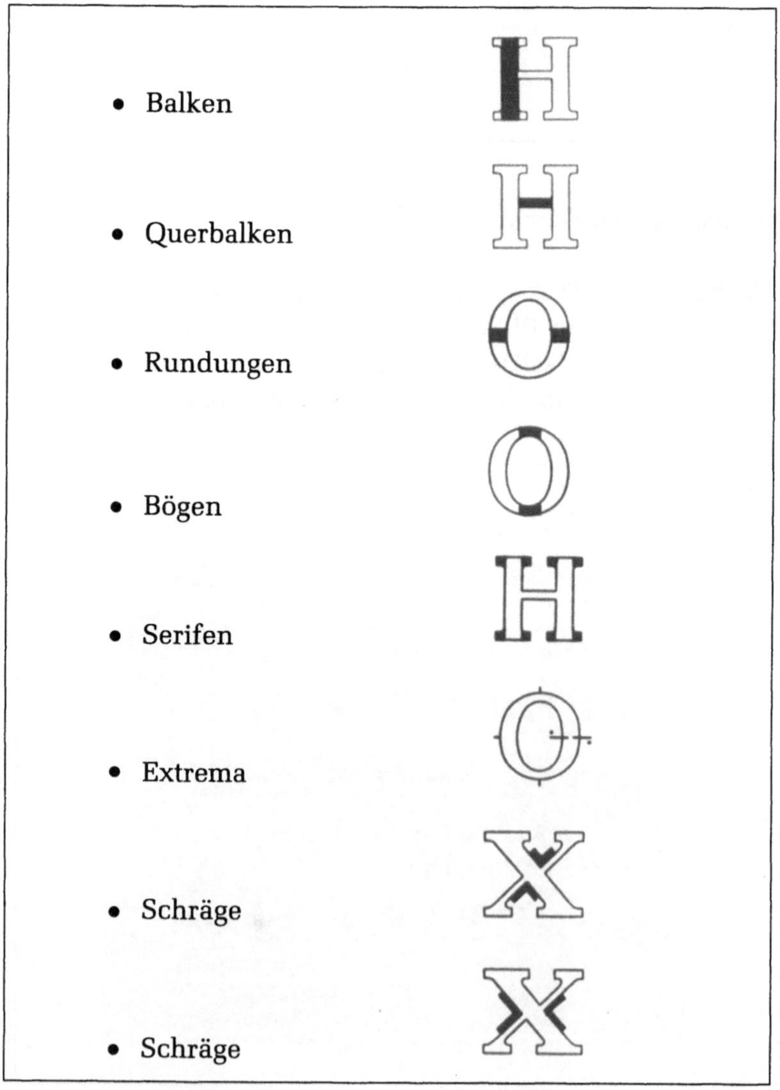

- Balken
- Querbalken
- Rundungen
- Bögen
- Serifen
- Extrema
- Schräge
- Schräge

Abb. 74
Die beschreibenden
Elemente einer
Schrift

Das BS-Programm wendet Methoden der automatischen Bildverarbeitung an, um Schriften auf ihre beschreibenden Elemente zu untersuchen. Histogramme für die Häufigkeitsverteilungen von Meßergebnissen werden erzeugt für die verschiedenen Parameter der beschreibenden Elemente. Als Beispiel
betrachten wir die Verteilung der Strichstärken von vertikalen
Balken in der Nimbus Roman. Wir können zwölf Gruppen
unterteilen:

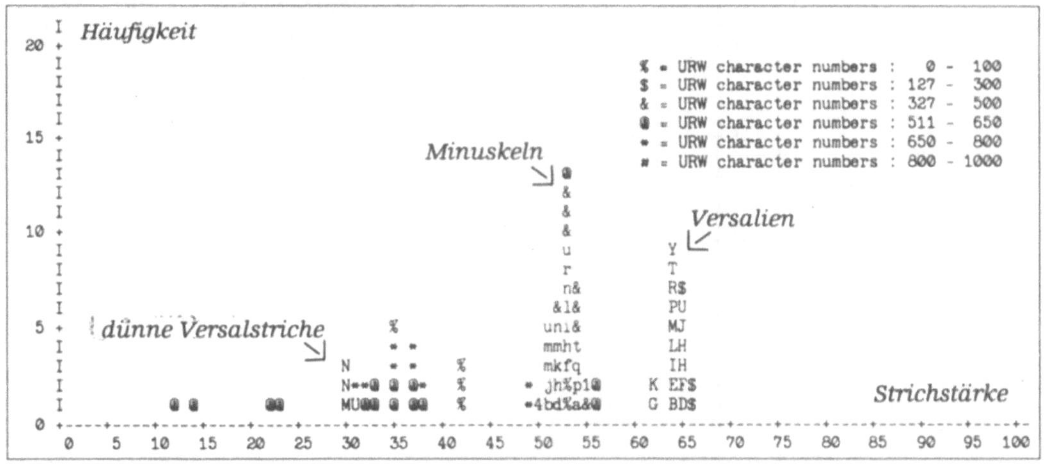

Die Strichstärken werden nun klassifiziert und in Gruppen
gleicher Strichstärke eingeordnet. Weitere Histogramme für
die wesentlichen beschreibenden Elemente werden erzeugt,
analysiert und klassifiziert. Auf diese Weise werden alle Balken, Serifen und Spitzen einer besonderen Behandlung beim
Aufrastern zugänglich gemacht.

Im Falle der Strichstärken für die geraden vertikalen Balken
werden nun zwölf Mittelwerte und zwölf Einfangtoleranzen
bestimmt und von dem Programm BS so angewendet, daß es in
der Schrift danach nur noch zwölf verschiedene Balkenstärken gibt. Mit Hilfe der Einfangtoleranzen werden alle abweichenden Striche in einer Gruppe auf eine Stärke gebracht,
die gleich dem jeweiligen Mittelwert ist. Das neue Histogramm
weist folgende Vorteile auf:

- Die Herstellung von BS-Formaten ist durch die Methoden
  der Bildverarbeitung automatisiert.
- Dadurch ist die Herstellungsgeschwindigkeit von BS-Formaten größer verglichen mit interaktiven Methoden.

Abb. 75

Die Verteilung von Strichstärken für vertikale Balken ist durch Handarbeit und typographische Feinheiten hervorgerufen.

- NIMBUS kann die Kontrolle der Balkenstärken dadurch ausüben, daß die Klassen jeweils die gleiche abgerundete Stärke (gegeben in Pixel) zugewiesen bekommen.

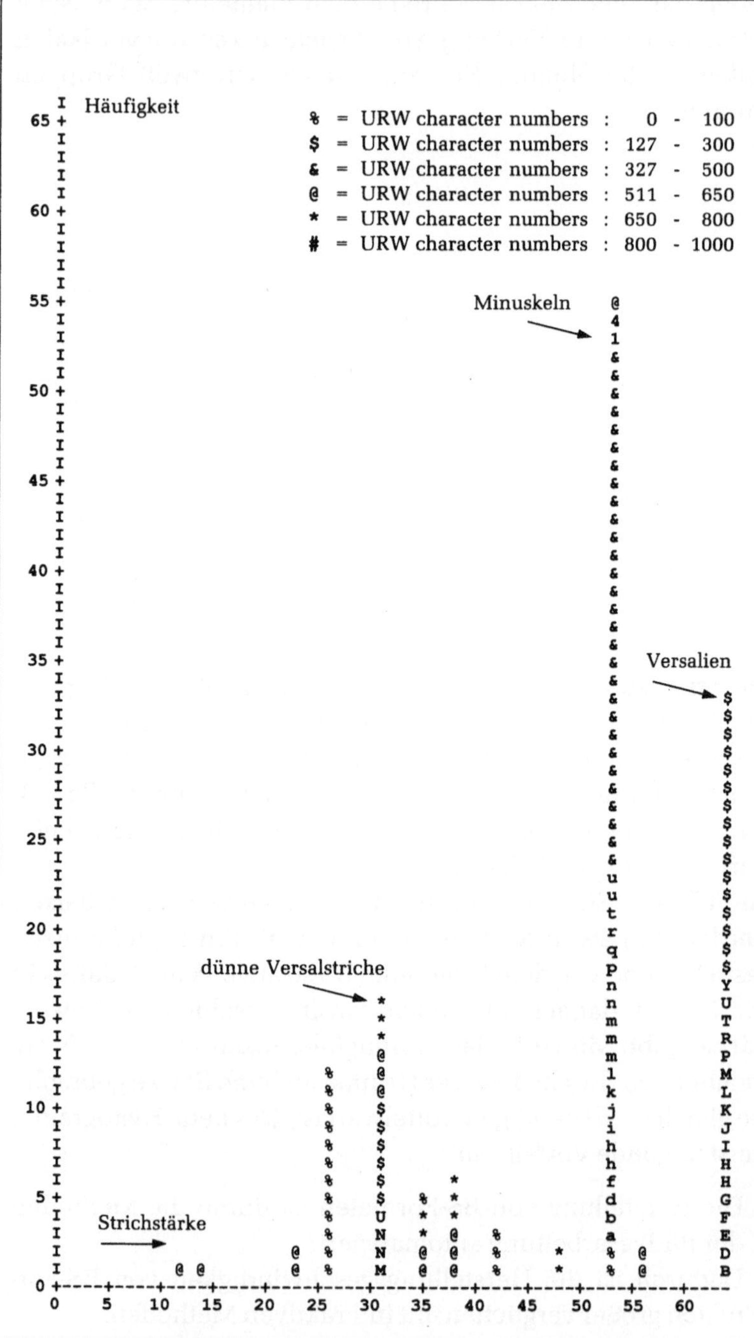

*Abb. 76
Nachdem die Balken erkannt und klassifiziert worden sind, hat man eindeutige Voraussetzungen für das intelligente Umgrößern ohne willkürliche Rundungseffekte.*

In der Praxis ist die BS-Herstellung selbst nur einer von weiteren Produktionsschritten:

- Kanalverarbeitung
- An-und Abbau von Teilserifen und Serifen
- Dicktenanpassung (Unitizing)
- Symmetrisierung
- Setzen der Extremwerte mathematisch genau
- Prüfen auf Einhaltung der Digitalisierungsregeln

Alle Produktionsstufen laufen durch Parameter gesteuert ab und sind daher automatisiert - ähnlich anderen Programmen des IKARUS-Systems. Ein BS-Format einer Schrift kann man in weniger als 10 Stunden erzeugen unter Anwendung aller Prüfungen und Tests. Durch diese weitgehende Automatisierung sehen wir uns auch gut vorbereitet auf die Produktion von chinesischen und japanischen Kanji.

6.4.6 Intelligentes Umgrößern

NIMBUS skaliert Schriften unter Verwendung von BS-Formaten, indem die Konturen und Schalter zur Balken-, Serifen- und Spitzenkontrolle beschrieben werden. Das einfache Skalieren - Soft-Sannen - haben wir schon betrachtet. Die Intelligenz liegt in der Anwendung der Schalter. Zunächst enthält das BS-Format einen Balkenkontrollblock, in dem die Balkenränder stehen für:

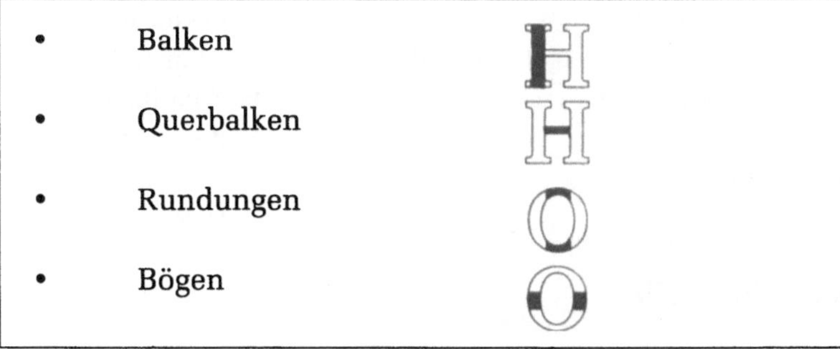

• Balken	
• Querbalken	
• Rundungen	
• Bögen	

Abb. 77
Die wichtigsten Striche einer Schrift

Jeder Balken hat zwei Ränder auf jeder Seite. Wir kodieren üblicherweise einen Rand absolut und den anderen relativ. Betrachten wir einmal das große »O« und verfolgen, was im Rahmen der Balkenkontrolle mit den Rundungen geschieht.

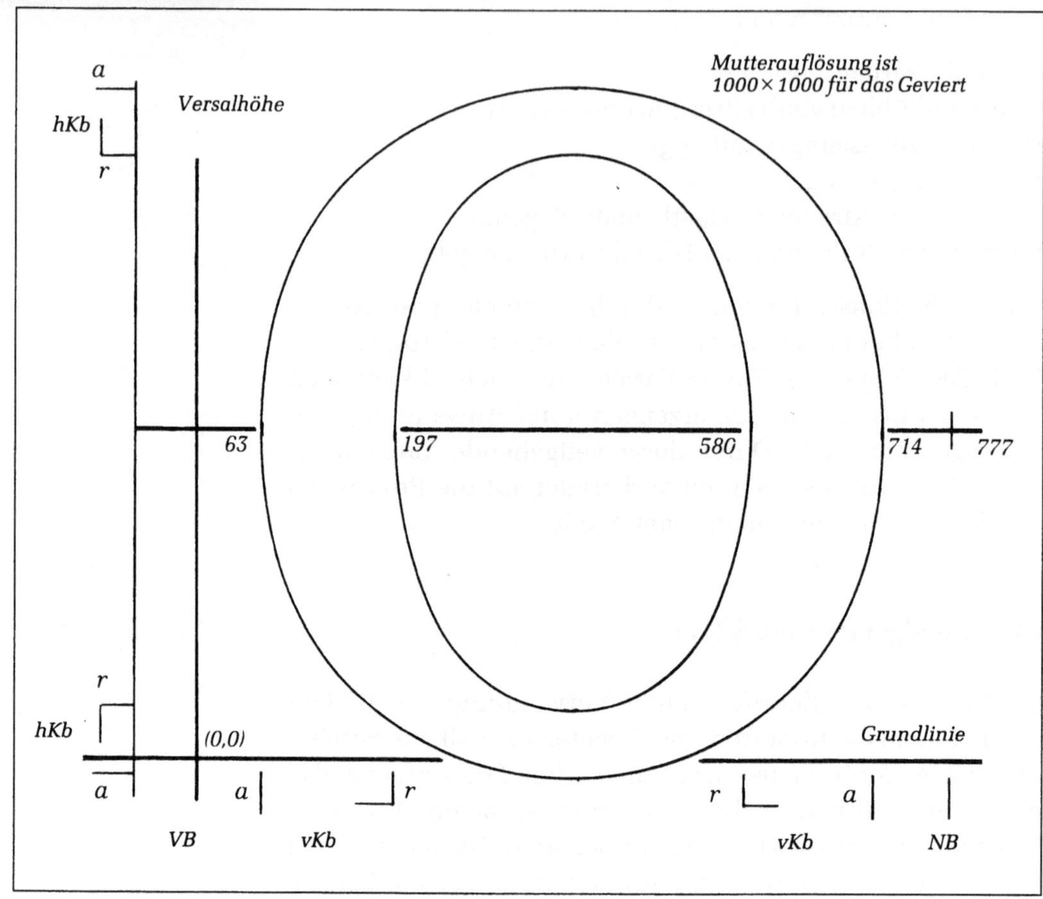

Abb. 78	hKb	= horizontaler	VB	= Vorbreite	63, 197	= X-Position
Am »O« wird die		Kurvenbalken	NB	= Nachbreite		des linken
Kontrolle der	vKb	= vertikaler	(0,0)	= Koordinaten-		Kurvenbalkens
Rundungen		Kurvenbalken		ursprung	580,714	= X-Position
demonstriert.	r	= relativ				des rechten
	a	= absolut				Kurvenbalkens
					777	= Dickte vom »O«

Balkenkontrolle

Gegeben ist eine Mutterauflösung von 1000 × 1000 Pixel für das Geviert. Betrachten wir die Aufgabe, die Schriftgröße 10p für einen Laserdrucker mit 300 lpi herzustellen. NIMBUS muß dann eine Umgrößerung um den Faktor 25 auf 40 × 40 Pixel für das Geviert vornehmen.

Zunächst erhalten wir durch einfaches Skalieren nach dem Aufrunden folgendes Bild.

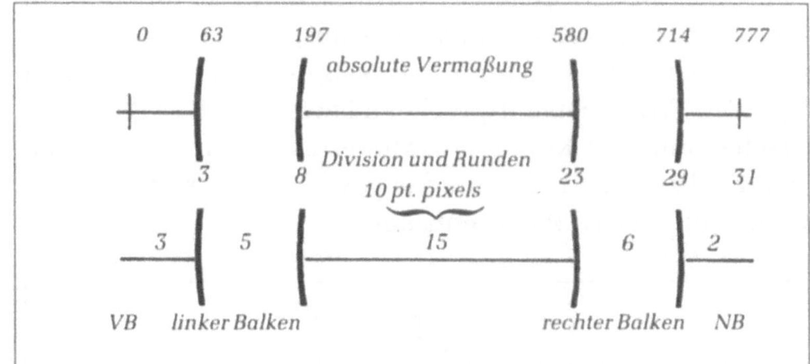

Abb. 79
Umgrößern ohne
Intelligenz

Man sieht:

- ungleiche Vor- und Nachbreiten (3 bzw. 2 Pixel),
- ungleiche Balkenstärke (5 bzw. 6 Pixel).

NIMBUS dagegen sucht und erkennt alle Balkenränder, verarbeitet Balkenstärken und Vor- und Nachbreiten relativ und gewinnt erst zum Schluß wieder die absolute Position.

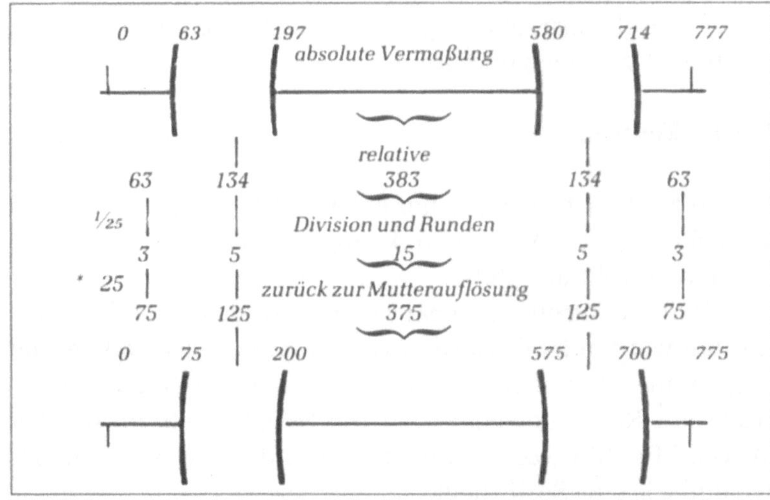

Abb. 80
Umgrößern mit
Intelligenz

- Vor- und Nachbreiten erhalten 3 Pixel,
- Balkenstärken werden 5 Pixel breit.

Die Kurvenschalter werden dazu verwendet, die Konturen neu zu legen. Es gibt Schalter für die X- und Y-Extrema. Zum

Beispiel wird das linke X-Extremum von der Position 63 auf 75 gebracht, das rechte von 714 auf 700, gemessen mit der Auflösung des Mutterformates. NIMBUS führt nun eine lineare Interpolation aller X-Koordinaten so aus, daß sich die betroffenen Extremwerte in geforderter Weise und alle dazwischen liegenden Positionen entsprechend bewegen. Diese Positionsverschiebung der Kontur im Mutterraster sorgt dafür, daß beim Skalieren und Rastern das gewünschte, »kontrollierte« Resultat für 10p bei 300 lpi entsteht.

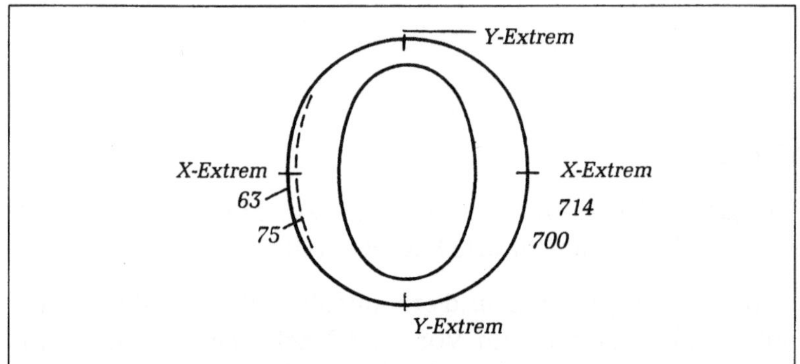

*Abb. 81
Gittereinpassung
mit Intelligenz*

Die Schalter für Kurvenanfang und -ende sorgen dafür, daß Kurvenausgleichsrechnungen nicht auch noch auf Geraden, Serifen oder Spitzen übergreifen.

Serifenkontrolle

Das große »O« ist ein einfacher Fall für NIMBUS, wie man sich vorstellen kann. Aber man kann grob erkennen, wie die Balkenkontrolle arbeitet.

Serifenkontrolle ist sogar weniger komplex. Grob gesagt: Serifen werden in Teilserifen zerlegt und als am Balkenrand angebunden betrachtet. Bewegt sich wegen der Balkenkontrolle ein Rand, bewegen sich die Serifen stets in gleicher Weise. Mit Hilfe von Serifenanfang und -ende wird kodiert, wo und wie eine Serife liegt.

Es ist wesentlich, daß man bei der Vorbereitung der Schrift durch Serifen-An- und Abbau dafür gesorgt hat, daß die Teilserifen eines »H« durch digitale Spiegelung auseinander hervorgegangen sind.

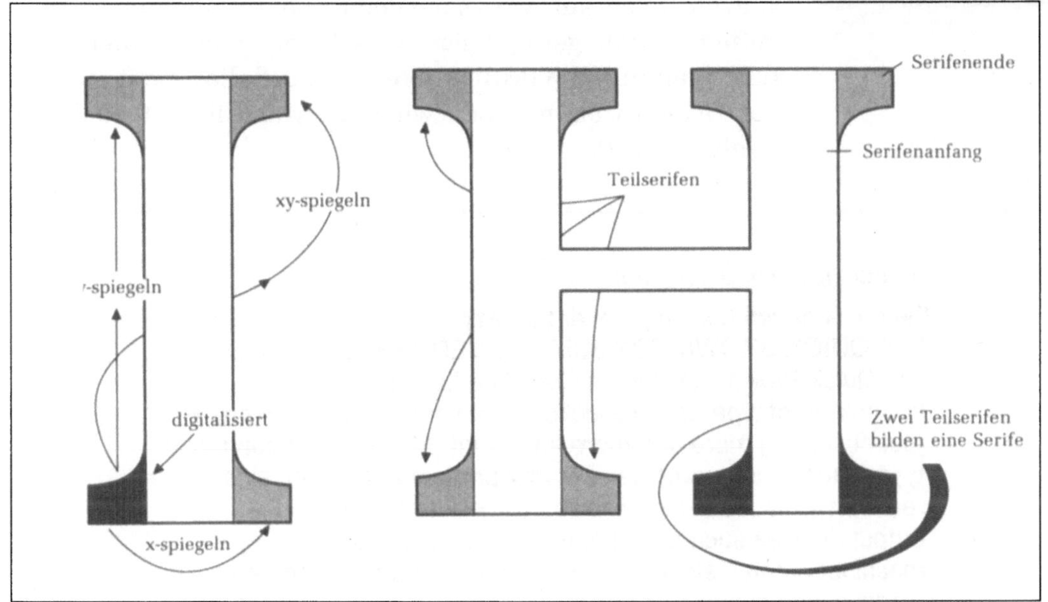

Spitzenkontrolle

Spitzen sollten scharf sein. Durch Rundungseffekte kann aber eine Aufrasterung unglücklicherweise gerade so erfolgen, daß eine Spitze von zwei Pixeln gebildet wird und damit abgerundet erscheint.

Abb. 82 Serifen werden als Balkenanhänger betrachtet.

Abb. 83 Geringe Verschiebung der Spitzen ergibt schon befriedigende Effekte.

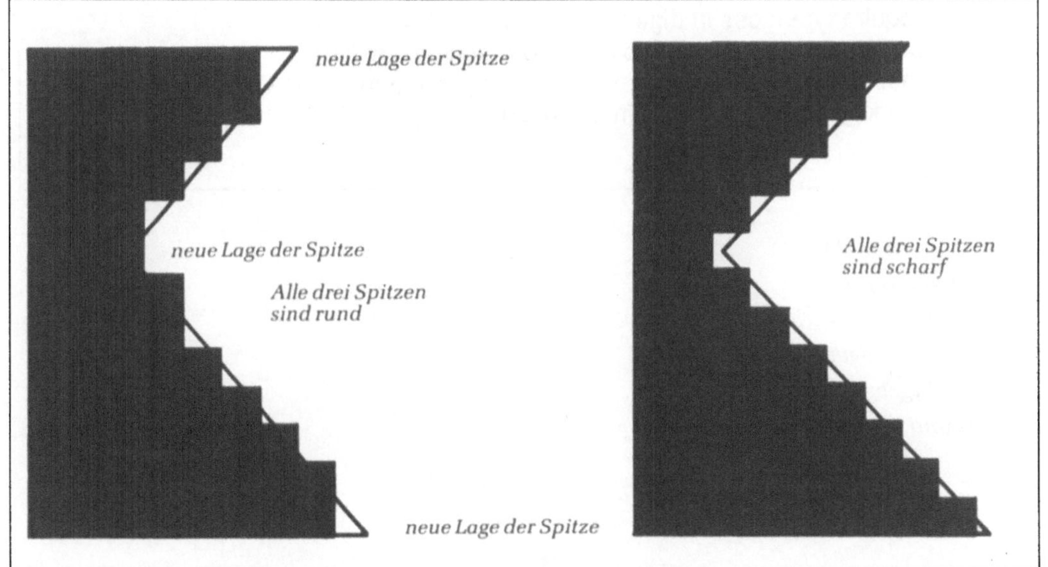

Spitzen treten auf, wo Diagonalen sich mit anderen Balken treffen. Durch geringfügige Verschiebung im Mutterraster kann man durch NIMBUS erreichen, daß dies nicht auftritt. Zur Demonstration haben wir eine willkürliche Gestalt gewählt (Abb. 83).

---

mit intelligentem Umgrößern

the quick brown fox jumps over the lazy dog.
THE QUICK BROWN FOX JUMPS OVER THE LAZY DOG.
The Quick Brown Fox Jumps Over The Lazy Dog.
In the area of typeface production, CAD digitizing systems are just becoming more and more important. All computer controlled typesetters, modern copiers, matrix printers and video texts require typefaces in digital form. Numerically controlled output devices such as foil-cutting machines, milling machines, metal, stone and plastic engraving machines are working with digital type information.

ohne intelligentes Umgrößern

the quick brown fox jumps over the lazy dog.
THE QUICK BROWN FOX JUMPS OVER THE LAZY DOG.
The Quick Brown Fox Jumps Over The Lazy Dog.

In the area of typeface production, CAD digitizing systems are just becoming more ahd more important. All computer controlled typesetters, modern copiers, matrix printers and video texts require typefaces in digital form. Numerically controlled output devices such as foil-cutting machines, milling machines, metal, stone and plastic engraving machines are working with digital type information.

Abb. 84
Zur Bedeutung des intelligenten Umgrößerns zeigen wir Ergebnisse »mit« und »ohne«.

6.4.7 Der Auflösungstrichter

NIMBUS kann alle Punktgrößen von 4p bis 270p bei Schreibauflösungen von 240 lpi bis 1200 lpi für Laser- oder ImpactDruckern erzeugen. NIMBUS kann auch Lauflängen zur Steuerung von hochauflösenden Setzmaschinen liefern.

Auf dem Gebiet der sehr groben Auflösungen, nämlich für Bildschirme mit 72 lpi, bekommt NIMBUS Schwierigkeiten. Es werden nämlich die normalen Schriften gut bis hinunter zu 18 × 18 Pixel für das Geviert gerastert. Darunter aber werden die Differenzierungsmöglichkeiten immer begrenzter. Wir nennen diesen Effekt »Auflösungstrichter«, bei dem am Ende bei einem Geviertraster von 6 × 6 Pixel nur noch eine Schrift erhalten werden kann. Zwischen 6 × 6 und 18 × 18 gibt es schätzungsweise nur 142 verschiedene, vom Design her unterscheidbare Bitmapschriften. Das ist wenig. Wir meinen, daß man sie als Bitmaps neben den Konturdaten mitführen sollte. Daher ist unser NIMBUS-Konzept so, daß wir für Darstellungszwecke auf Bildschirmen alternativ zusätzlich mit der Hand editierte Bitmaps liefern können.

Wenn man annimmt, daß proportionale Schriften aus etwa 300 Zeichen pro Font bestehen, und daß man für eine 16 × 16 Bitmap 32 Bytes zur Speicherung braucht, dann ergeben sich 9,6 KBytes pro Bildschirmschrift. Will man etwa 142 Fonts speichern, braucht man also 1,4 MBytes, mithin ein bißchen mehr als die Hälfte von dem, was ein 16 Megabit Chip aufnehmen kann.

Damit würde man ein Bildschirmformat (aspect ratio) befriedigen. Augenblicklich können wir vier liefern für:

Gerät	Auflösung (lpi)	Bildpunktformat
Macintosh	72×72	1 : 1
CGA	96×48	2 : 1
EGA	96×72	4 : 3
VGA	96×96	1 : 1

NIMBUS wird deshalb mit vier Sätzen von Bildschirmfonts ausgerüstet, die von 6 bis 14 p reichen. NIMBUS errechnet die feineren Darstellungen dann per intelligenter Kontur.

*Abb. 85
Wenn die Auflösung
immer gröber wird,
verringert sich die
Anzahl der überhaupt
unterscheidbaren
Darstellungen für
Schriften, bis bei 6 × 6
für das Geviertraster
nur noch im Prinzip
eine Schriftversion
möglich ist, die
»Heltimes« oder die
»Bildschirmschrift«.
Natürlich kann man in
jedem Fall noch eine
dicktengleiche (mono-
spaced) Schrift hinzu-
fügen.*

*mögliche Anzahl
der Schriften
(bei Geviertraster)*

2	*(6p)*
4	*(7p)*
6	*(8p)*
10	*(9p)*
10	*(10p)*
20	*(11p)*
20	*(12p)*
30	*(14p)*
40	*(16p)*

142 Schriften

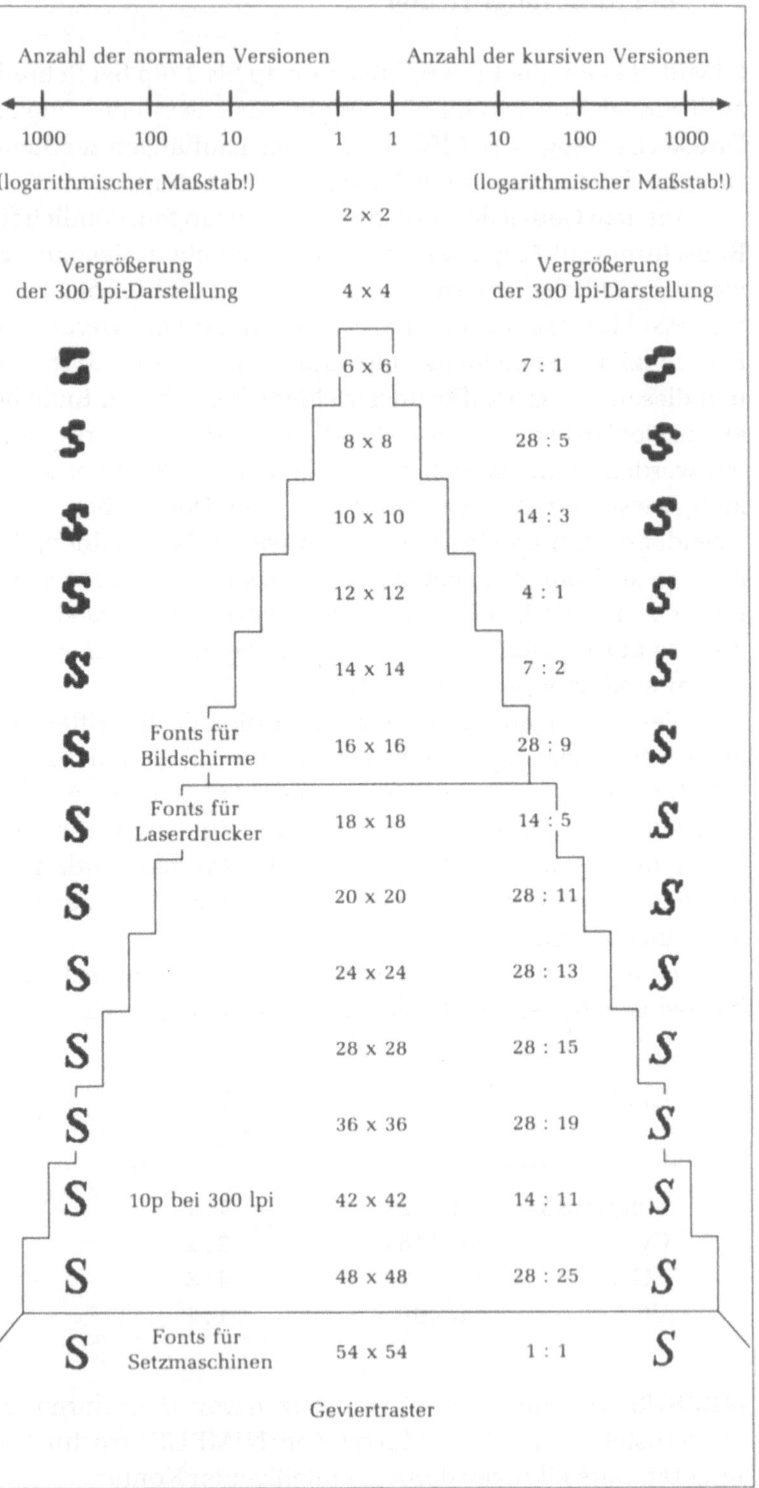

Kapitel 7

Herstellung von guter Aufrasterung

W ir haben bereits hervorgehoben, daß die offenen Vektorformate, die Lauflängenkodierungen oder Bitmaps nur besondere Beschreibungen sind für das, was allgemein unter digitaler Schrift verstanden wird, nämlich in einem Raster dargestellte Buchstaben.

Natürlich gilt diese Aussage auch letztendlich für alle Formate, die Kurvenlinien zur Beschreibung der Digitalisierung benutzen. Nur ist bei ihnen die Auflösung so fein (bei unserem DI-Format: 15.000 × 15.000 Bildpunkte für das Geviert), daß nicht mehr der Raster selbst, sondern nur noch allgemeine Angaben wie Versalhöhe, Dickten oder Genauigkeit der analogen Wiedergabe (Folienschnitt) zur Diskussion stehen (siehe Punkt 3.3.).

Die Erzeugung solcher Raster heißt bei URW: Herstellung von SC-Formaten. Dabei kann für das Geviert ein beliebiger Raster gewählt werden. Wir haben aber schon erkannt, daß ein 10 × 8-Raster wirklich die untere Grenze darstellt und ein 1600 × 1600-Raster schon eine sehr feine Auflösung bedeutet. Videosichtgeräte oder Matrixdrucker arbeiten mit 2 oder 3 Linien/mm, beste Setzmaschinen mit 100 Linien/mm. Ein Raster von 1600 × 1600 würde dort eine Kegelhöhe von 16 mm = 42,7p = »große Überschrift im Text« ergeben. Selbstverständlich kann man auch Gitternetze mit unterschiedlichen X- und Y-Abständen zulassen.

Das Geviert wird von 10 × 8 bis 1600 × 1600 gerastert.

Bei URW wird das SC-Format in zwei Schritten hergestellt: zunächst das intelligente Umgrößern und anschließend der mögliche Rest an interaktiven Korrekturen am graphischen Sichtgerät. Wir legen hier die Betonung auf »möglichen Rest«, denn die meisten Buchstaben bedürfen keiner Nachkorrektur.

Es gibt sogar viele Anwendungen, bei denen diese Korrekturen gar nicht erarbeitet wurden. Ja, es wurden sogar schon gerasterte Schriften als direktes Resultat des Hard-Scanning mit allen Flecken, Verunreinigungen und Fehlern durch das elektronische Rauschen auf den Markt gebracht.

7.1 Soft-Scanning

Bei URW ist das Soft-Scanning eine längere Prozedur, die sich im Laufe der Jahre entwickelt und als gut und richtig herausgestellt hat. Wir mußten zunächst erkennen, daß das feine DI-Format als dünne Linie, über dem meist groben Raster liegend, angesehen werden kann. Es beeinträchtigt die Aufrasterung insgesamt wenig, wenn an den feinen DI-Linien kleine Verschiebungen vorgenommen werden. Wir haben diese Korrekturen programmiert und erreichen damit automatisch folgende Effekte:

Zuerst wird die Konturlinie verschoben.

Kanalautomatik

Durch das Programm »Kanalautomatik« werden fast senkrechte und fast waagerechte gerade Linien exakt senkrecht oder waagerecht gestellt. Der Effekt ist, daß diese Linien in der gerasterten Form ohne Rastersprung wiedergegeben werden. Das Programm beachtet dabei folgende Sonderheiten:

- Alle wenig gekrümmten Kurven, z.B. Kehlungen einer Serife, werden von der Kanalautomatik nicht behandelt.

- Diagonalen oder leicht schräg verlaufende Geraden werden nicht ausgerichtet.

Abb. 86 Kanalautomatik sorgt für saubere gerade Striche.

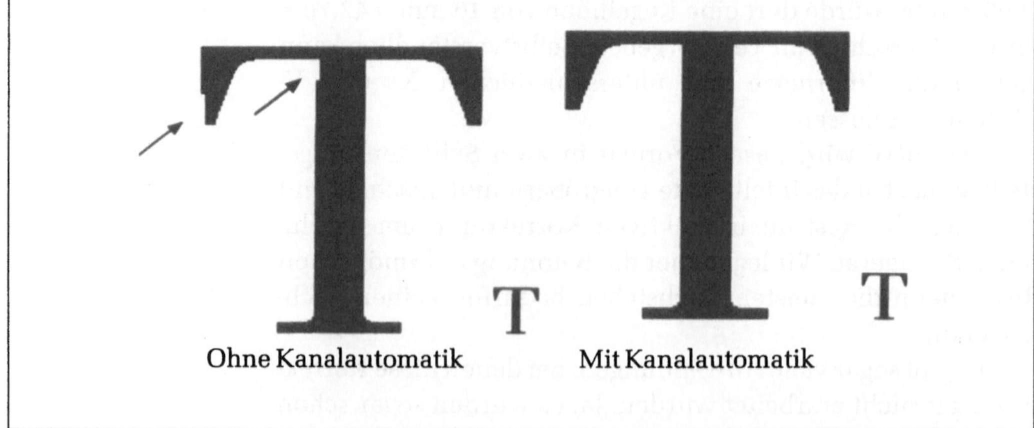

Einpassung von geraden Balken

Durch das Programm PA zur »Einpassung« werden Balken annähernd gleicher Dicke, die durch die Aufrasterung uneinheitlich ausfallen würden, gezielt auf die gleiche Anzahl von Rasterlinien in der Dicke gebracht. Die Anpassung soll, soweit das möglich ist, das Aussehen des Originals nicht beeinträchtigen, eine Modifikation oder Änderung des Fettegrades soll nicht entstehen. Das Programm beachtet dabei folgendes:

- Gerade Balken mit einer Duktusänderung, wie bei der Schrift »Optima«, sollen nicht behandelt werden.

- Die Anpassung wird bis zu Rasterstufen von etwa 400×400 angewendet. Für feinere Raster ist eine Anpassung nicht mehr nötig.

- Diagonalen sollen nicht behandelt werden.

Ohne Balkenanpassung   Mit Balkenanpassung

Stärke von horizontalen und vertikalen Kurvenbalken

Gleich dicke Kurvenbalken in einer Schrift, die durch das Aufrastern uneinheitlich ausfallen würden, können in den waagerechten und senkrechten Teilen gezielt auf eine gleiche Anzahl von Rasterlinien gebracht werden.

Abb. 87
Mit Balkenanpassung
kommen die
Serifen besser
heraus.

Auch Kurvenverläufe werden automatisch ans vorgegebene Raster angepaßt. Besonders bei leichten Schriften in kleinen Schriftgrößen würden sich sonst viele Unzulänglichkeiten an dem gleichmäßig parallelen Verlauf der kurvigen Linienzüge ergeben.

Mit Anpassung von Geraden und Kurven

Abb. 88
Grobe Rasterung
verlangt gute
Linienanpassung
an das Gitter

Abb. 89
Kurvenbehandlung
ist wichtig

Kurvenverläufe unter 0°, 90°, 180° und 270°

Die Einpassung arbeitet ferner mit folgendem Trick: Sie legt die Linie des DI-Formates genau zwischen zwei »Soft-Scanlinien«; damit wird die Rasterdarstellung der Kurven am besten. Die Extrema der Kurven 0°, 90°, 180° und 270° bestehen nach der Einpassung weder aus nur wenigen Rasterpunkten noch aus einer langen Geraden.

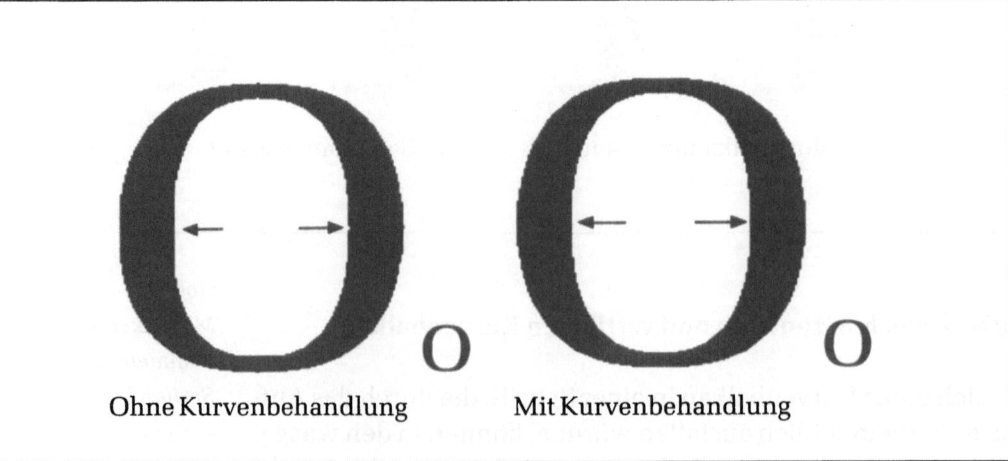

Ohne Kurvenbehandlung   Mit Kurvenbehandlung

In nachfolgenden Skizzen versuchen wir, den Effekt darzustellen:

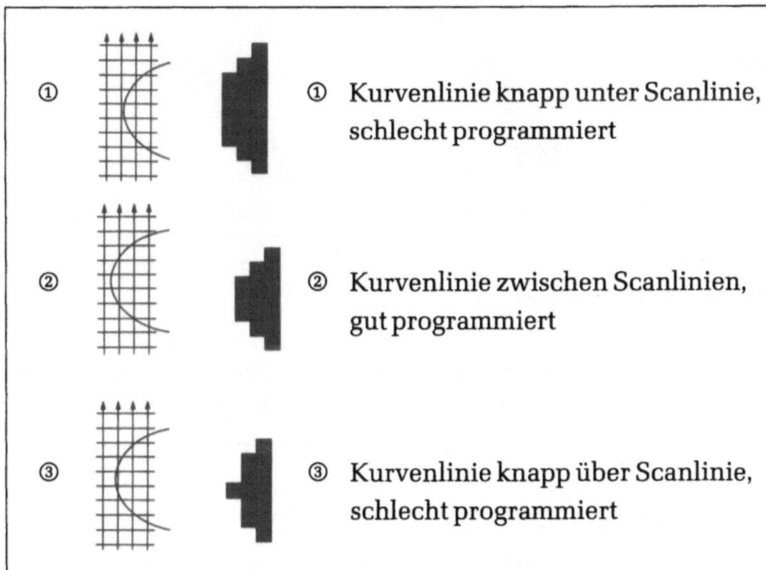

Abb. 90
Optimale Plazierung
von Kurven auf das
Gitter des Rasterns

Kurvenverläufe unter 45°, 135°, 225° und 315°

Analog gilt dies auch für die Kurvenbereiche unter 45°, 135°, 225° und 315°, wo sich ebenfalls eine auffallende Treppenstruktur bildet und zu guten oder schlechten Wiedergaben führen kann.

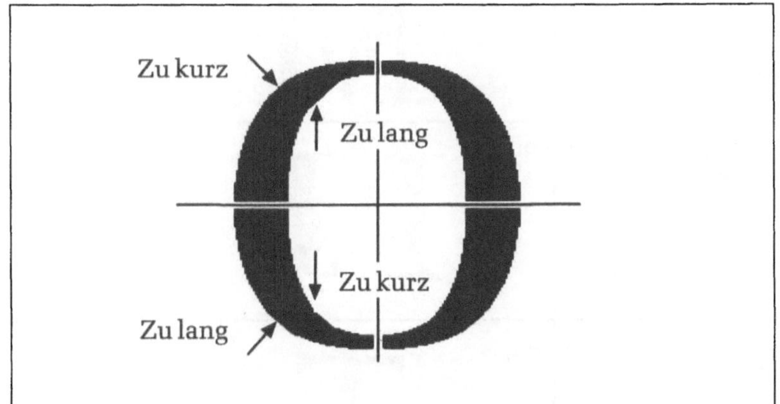

Abb. 91
Auch unter »45°«
kann man optimal
anpassen.

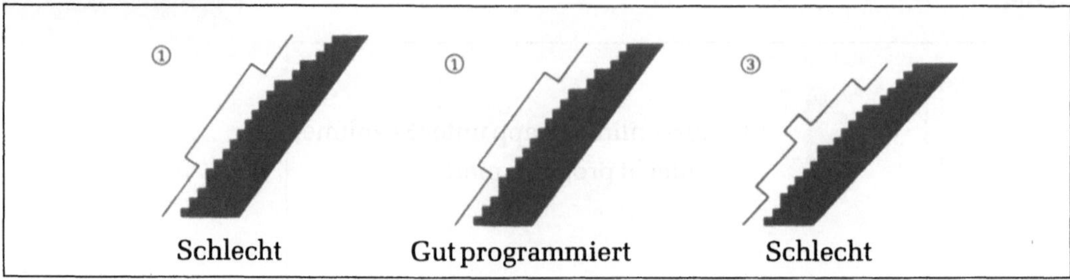

Abb. 92
Details von Kurven
unter »45°«

Behandlung von Serifen

• Die Kurvenverläufe von horizontalen Serifen an vertikalen Balken einer Schrift werden vereinheitlicht, und die Länge und Höhe von Serifen werden gleichgestellt.

Es ist folgendes zu beachten:

• Vertikale Serifen (z.B. beim E) können nicht eingepaßt werden.

Abb. 93
Weitere Beispiele
für Anpassung

• Serifen, deren Ober- oder Unterkante nicht parallel zur Grundlinie verläuft, lassen sich nicht einpassen;

• ebenso Serifen an Diagonalen.

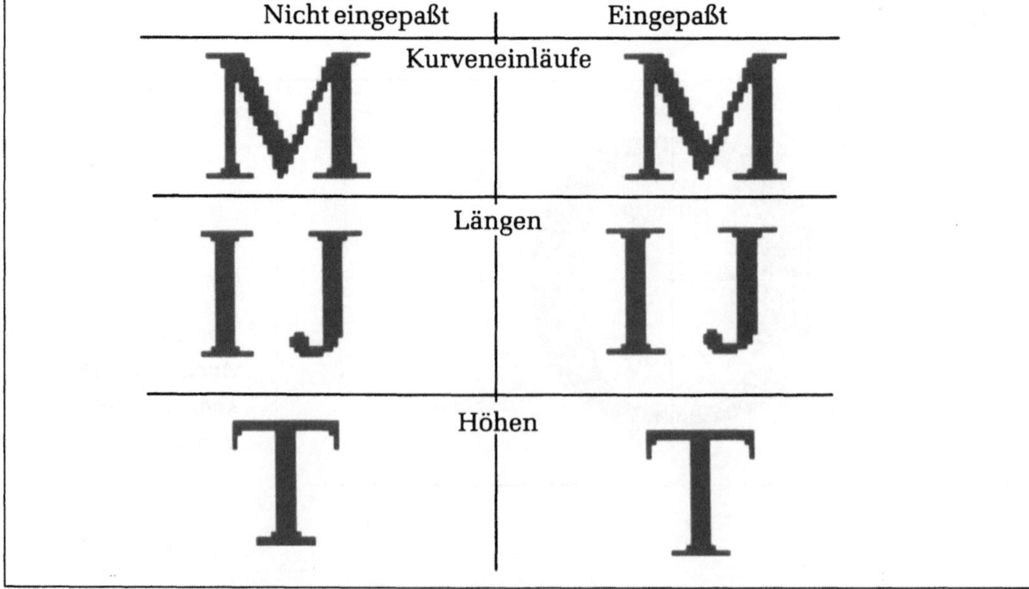

Behandlung von einzelnen Rasterpunkten

Bildpunkte, die isoliert stehen oder nur diagonal mit einem Nachbarn verbunden sind, können automatisch entfernt werden. Schwarze oder weiße Punkte jedoch, die eine senkrechte oder eine waagerechte Verbindung mit einem anderen Punkt haben, werden nicht automatisch entfernt.

Abb. 94
Behandlung von
Spitzen

Höhenanpassung der Zeichen eines Alphabets

Die geläufigen Zeichen eines Alphabets (Gemeine, Versalien, Ziffern) werden in Rasterstufen an vorgegebene Grundlinien angepaßt. Die Grundlinien liegen auf errechneten Vielfachen des Rasterpunktes der jeweiligen Rasterstufe. Maßgebend sind Unterlänge, Schriftlinie, Minuskelhöhe, Versalhöhe, Höhe der Oberlängen der Minuskeln und die jeweiligen Überhänge für Rundungen.

Abb. 95
Beachtung der
Grundlinien

Jedoch ist zu beachten:

- Je ausgefallener eine Schrift ist, desto weniger darf sie eingepaßt werden.

- Sonderzeichen oder Interpunktionen haben manchmal Höhen, die aus dem Rahmen fallen und deshalb nicht eingepaßt werden.

Identität verschiedener Schriftgrade

Verschiedene Schriftgrade einer Schrift fallen nicht identisch aus, wenn die Rasterungen verschieden sein sollen, weil es nur ganze, aber keine halben Rasterpunkte gibt. Für eine Rasterung in 32p, 16p oder 8p z.B. ergeben sich folgende Parameter für Versalhöhe (H), senkrechte Balken (X) und waagerechte Balken (Y), gemessen in Rasterlinien:

	32p	16p	8p
H	84	42	21
X	11	6	3
Y	10	5	3

Abb. 96
Aufrasterungen des
Buchstabens »O«
in 32p, 16p und 8p
(von oben nach
unten gerastert)

Da bei den Buchstaben in 32p nicht alle Maße gerade sind, ergeben sich die 16p-Maße nicht durch einfaches Halbieren. Die 8p-Version muß auch geändert werden, da beim Halbieren von einer ungeraden Anzahl von Rasterlinien auf- bzw. abgerundet werden muß, sie wird nicht ganz zur 32p-Version bzw. 16p-Version passen, nämlich z.B. in unserem gewählten Fall schwerer sein.

Andererseits läßt sich die Einpassung der Schriftgrade »von unten nach oben« vornehmen. Man errechnet die Parameter für den kleinsten Grad und vergrößert durch Vervielfachen. In unserem Beispiel würde die Parameterliste für die Einpassung folgendermaßen aussehen:

	32p	16p	8p
H	84	42	21
X	12	6	3
Y	12	6	3

Abb. 97
Aufrasterungen des Buchstabens »O« in 32p, 16p und 8p (von unten nach oben gerastert)

Das Resultat weicht jetzt mehr von der Vorlage ab. Die Höhen, Balkenstärken usw. sind jedoch in den drei Punktgrößen konsistent.

Streitfälle

Das folgende Beispiel demonstriert, wie ein unangepaßter Buchstabe mit 1,5 Bildpunkten Strichstärke zu Testzwecken an zwei verschiedene Balkenstärken angepaßt wurde. Im ersten Fall wurde eine Rasterlinie, im zweiten Fall wurden zwei Rasterlinien genommen.

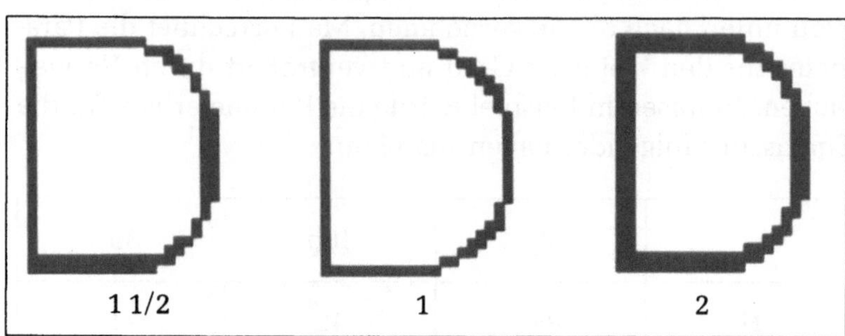

Abb. 98
Was aus 1,5 Pixel
Strichstärke
entstehen kann.

1 1/2   = Ohne Einpassung
1   = Mit Einpassung der Balkenstärke auf einen Punkt
2   = Mit Einpassung der Balkenstärke auf zwei Punkte

Alle drei Ergebnisse sind unbefriedigend, hier ist das Soft-Scanning allein keine Hilfe mehr. Man muß vorher durch das Konturierungsprogramm entweder eine Verdünnung auf eine Linie (Innenkontur) oder eine Verdickung auf zwei Linien (Außenkontur) erzeugen.

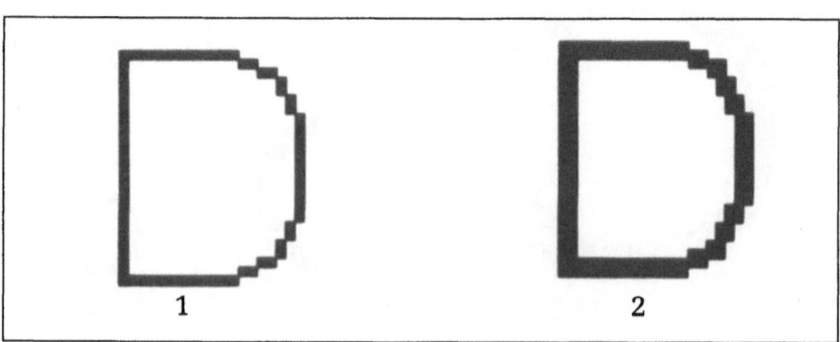

Abb. 99
Zwei
Lösungsvorschläge
für 1,5 Pixel
Strichstärke

1 = Mit Einpassung der Balkenstärke auf einen Punkt und Verdünnung der Kurven durch Innenkonturierung
2 = Mit Einpassung der Balkenstärke auf zwei Punkte und Verdickung der Kurven durch Außenkonturierung

7.2 Handkorrekturen

Mit den nachfolgenden Beispielen wollen wir hauptsächlich auf die Problematik automatischer Korrekturen hinweisen und das Streben betonen, eine möglichst perfekte Schriftwiedergabe zu erreichen.

7.2.1 Korrekturen an Balken

Gerade Balken

Im Original leicht kurvige »gerade« Balken können bei groben Rasterstufen gerade ausfallen. Diese geraden Balken lassen sich zum Teil nicht automatisch anpassen und müssen mit der Hand korrigiert werden.

Abb. 100
Behandlung von
»runden« Ecken

Strichstärken

Durch grobe Raster können feine Unterschiede in den Strichstärken verlorengehen. Je leichter oder schwerer eine Schrift ist - verglichen mit der normalen Version - und je gröber die Darstellungsstufe ist, desto schwerer wiegt die Entscheidung gegen oder für eine Rasterlinie. Dies gilt für horizontale, vertikale, diagonale und kurvige Balken.

Abb. 101
Umgang mit drei
Querbalken

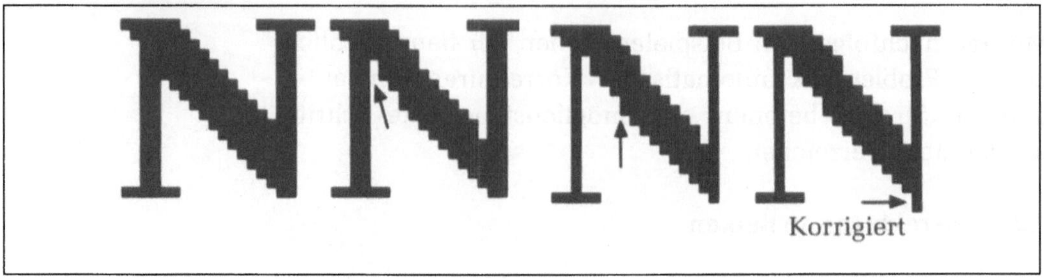

Abb. 102
Lösungsmöglich-
keiten für das N

Flache Kurven werden zu Geraden

Bei groben Rasterungen werden ganz flache Kurven oft gerade abgebildet, da die Krümmung weniger als eine Rasterlinie ausmacht. In dem unteren Beispiel ist von der Krümmung lediglich ein Rasterpunkt übrig geblieben, der interaktiv entfernt werden muß.

Abb. 103
Gerade oder rund?

Balken mit kurviger Duktusveränderung

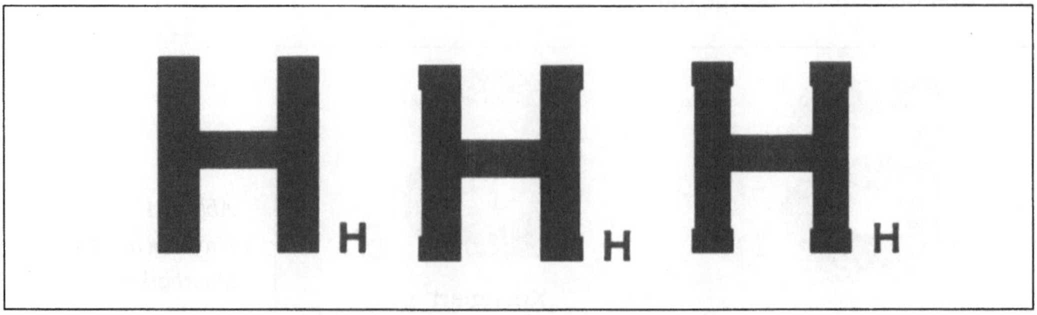

Abb. 104
Das »Optima«
Problem

Balken, die einen leichten Schwung haben, lassen sich weder begradigen noch einpassen. Damit sie gleichmäßig ausfallen, müssen sie punktweise manuell korrigiert werden.

Rastersprünge

Sprünge in Kurven, die sich ungünstig auf den Verlauf auswirken, müssen manuell korrigiert werden.

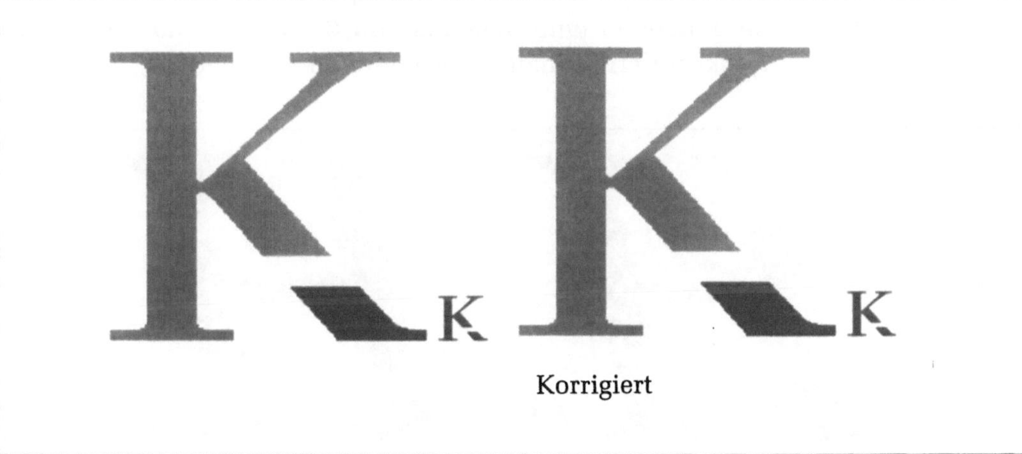

Korrigiert

Unterbrochene Kurven

An Stellen, wo ein Kurvenbalken durch einen anderen Buchstabenteil unterbrochen wird, kann keine automatische Anpassung stattfinden. Ein manueller Eingriff wird erforderlich.

Abb. 105
Serifen an
Diagonalen

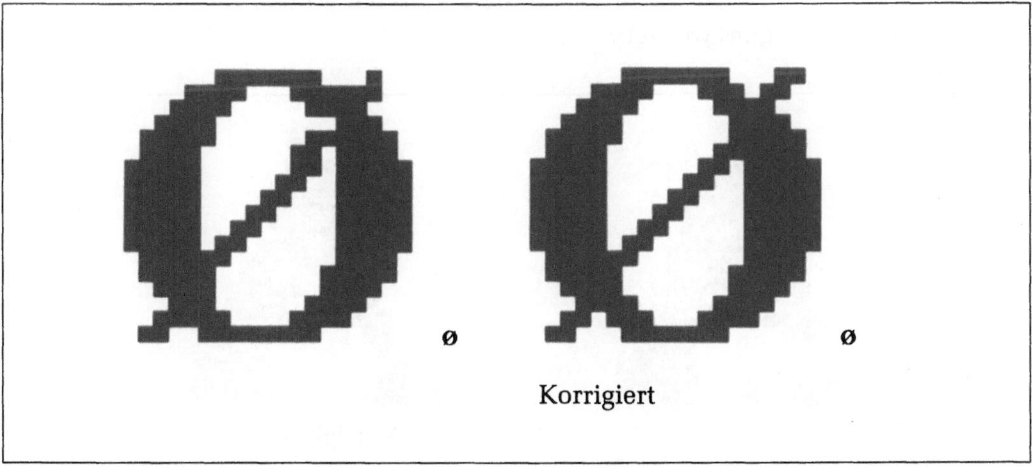

Korrigiert

Abb. 106
Diagonalen, die
unterbrochen sind. 131

7.2.2 Korrekturen an Serifen

Serifen von kursiven Schriften

Recht problematisch sind bei groben Aufrasterungsstufen die Enden der Serifen. Im vorliegenden Beispiel haben die Serifenenden eine Steigung von 0°, würde man nur einen Punkt entfernen, hätte man daraus 45° erzeugt.

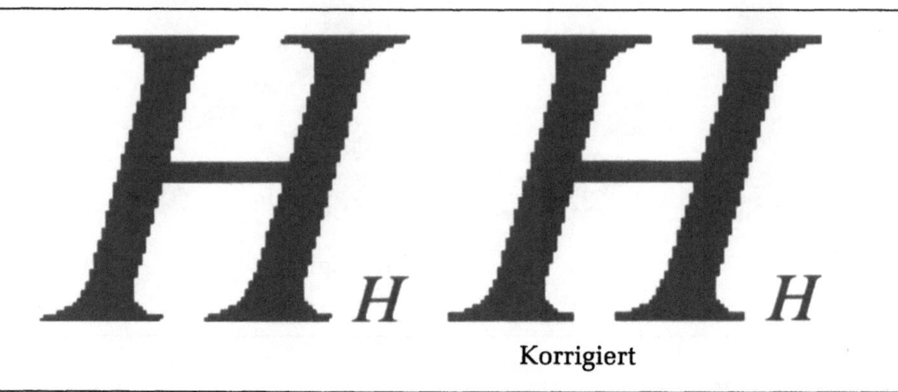

Abb. 107
Kursive Serifen

Serifen an schrägen Balken

Serifen an schrägen Balken lassen sich nicht automatisch anpassen. Um einen guten Kurvenverlauf von der Geraden in die Serife zu bekommen, muß bei groben Rasterstufen korrigiert werden.

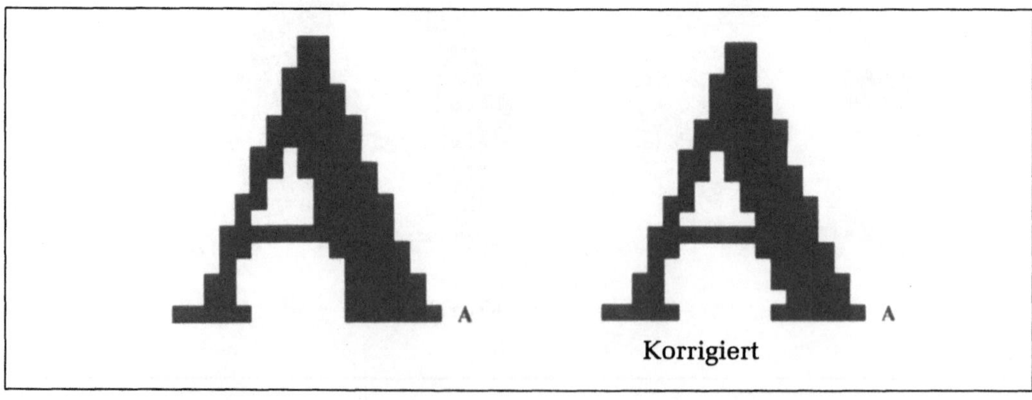

Abb. 108
Grober Raster und
relativ kleine Serifen

Kehlungen an Serifen

Kehlungen an Serifen lassen sich ebenfalls nicht automatisch behandeln. Für grobe Rasterstufen muß die Entscheidung gefällt werden, wieviele Rasterlinien ausgespart werden sollen. Gleichmäßige Kehlungen müssen mit der Hand erzeugt werden.

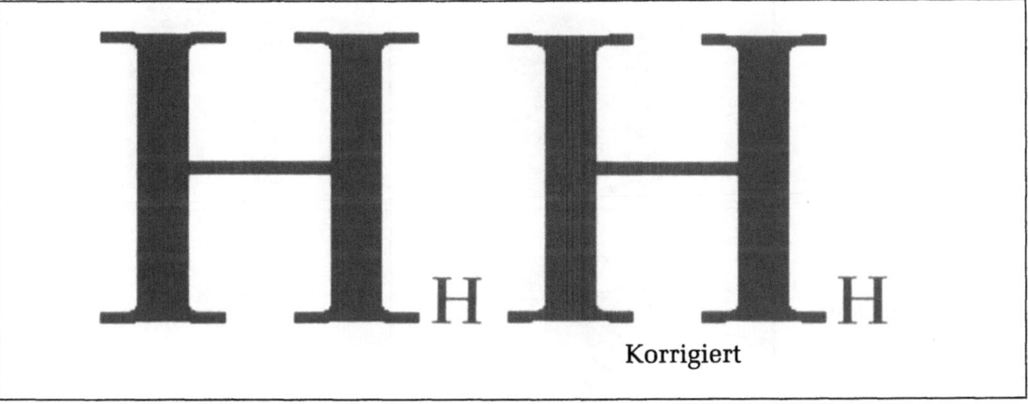

Serifenlänge

Bei groben Rasterstufen können Serifen an den Buchstaben m, n, w, v, y usw. leicht »zusammenwachsen«. Während man bei den geraden Balken (m) manchmal noch automatisch eingreifen kann, muß bei Diagonalen grundsätzlich manuell korrigiert werden.

Abb. 109
Serifen mit Kehlung

Abb. 110
Serifen innen kürzen,
wenn nötig.

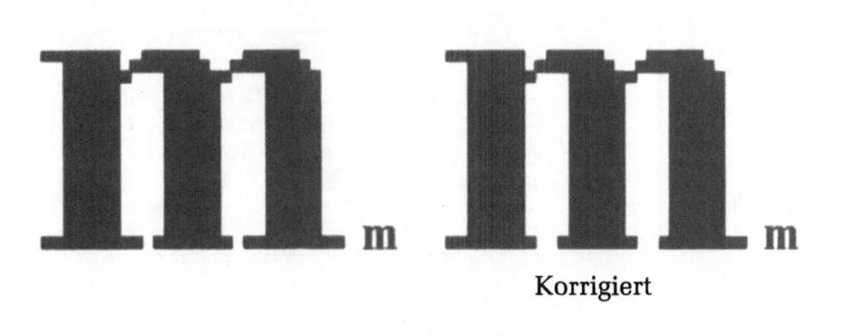

7.2.3 Korrekturen an Buchstabenteilen

Bestimmte Buchstabenteile (außer horizontale Serifen) lassen sich nur durch interaktive Korrektur vereinheitlichen.

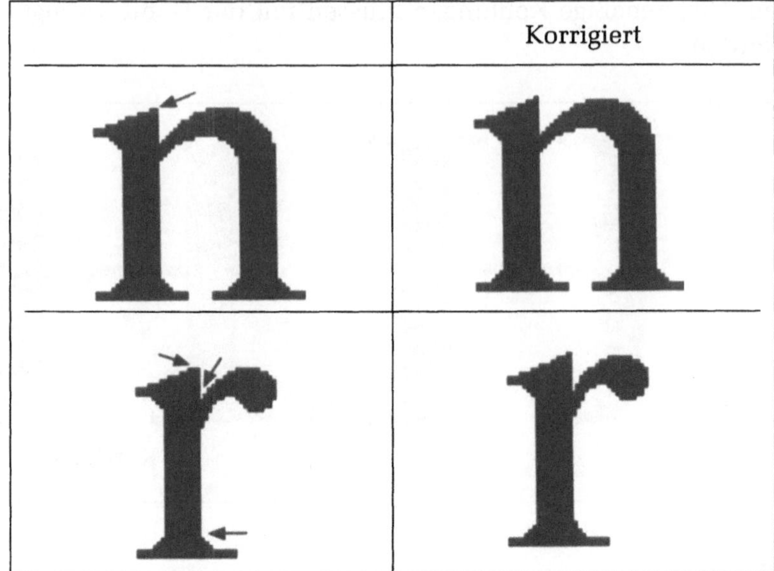

Abb. 111
Interaktive
Korrekturen sind
manchmal
unumgänglich.

7.2.4 Schnittstellen von Diagonalen

Schnittstellen von Diagonalen erhalten durch die Aufrasterung eine zufällige Form. Gerade diese Stellen müssen kontrolliert und eventuell manuell korrigiert werden.

Abb. 112
Spitzen erhalten.

134

7.2.5 Leicht schräge Balken

Leicht gekippte Abstriche ergeben Probleme bei groben Aufrasterungen. Je gröber der Grad, desto weniger Stufen können
die Schräge beschreiben. Bei der Ziffer »5«, grobe Stufe, ver-
schwindet die Schrägung rechts am vertikalen Balken.

Abb. 113
Es gibt grobe, aber richtige Entscheidungen.

Bei dem Sonderzeichen » * « wird der horizontale Balken bei
der groben Rasterung zum Rechteck.

7.2.6 Einläufe

Der optimale Einlauf

Einläufe an Buchstaben in kleinen Graden werden aus druck-
bzw. reprotechnischen Gründen manchmal relativ tief einge-
schnitten. Bei Rasterbuchstaben erreicht man dies durch Weg-
nahme von Punkten. Ein Resultat wie beim »M« ist nur durch
manuelle Korrektur zu erreichen.

Abb. 114
Grobe Rasterung ist ein »Kreuz« für das Schriftbild.

Abb. 115
Einläufe betonen.

Änderung von Einläufen

Durch die grobe Aufrasterung ergibt sich eine Übertreibung des Einlaufes. Die im Original vorhandene Schräge ist weggefallen, z.B. bei den Buchstaben »r« und »b«.

Abb. 116
Gewollte
Abweichungen
erhalten.

7.2.7 Ausläufe

Durch die Rasterung kann der feine Eindruck von Ausläufen verloren gehen. Nur durch manuelle Nacharbeit lassen sich Feinheiten wieder herstellen.

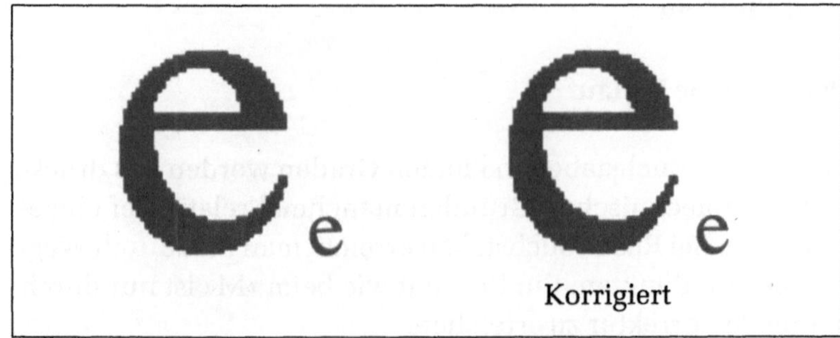

Abb. 117
Kleine Änderungen
haben oft große
Wirkung.

7.3 SC-Formate für Laserdrucker

Laser-, Inkjet- und Thermotransferdrucker gehören von ihrem Auflösungsvermögen her in die Schreibklasse »low resolution«, sie schreiben mit 12 Linien/mm, manche mit 16 Linien/mm oder sogar mit 24 Linien/mm (300 Linien/inch, 400 Linien/inch bzw. 600 Linien/inch).

Den Schriftentwerfern ist bewußt, daß Schriften für diesen Anwendungsbereich besonders gestaltet werden müssen (Lit. Bigelow).

Parallel dazu müssen die existierenden Schriften für diese Drucker verwendbar gemacht werden. Solange man bei der Anwendung »proof printing« für hochauflösende Setzmaschinen bleibt, kann man einige Abstriche - bezogen auf die Qualität - in Kauf nehmen. In diesem Rahmen kommt es hauptsächlich auf eine ähnliche Wiedergabe an, um einen Eindruck von der Typographie z.B. einer ganzen Zeitungsseite zu bekommen. Im wesentlichen müssen die Laufweiten, Punktgrößen und Schwärzungsgrade (Fetten) annähernd richtig wiedergegeben werden. Diese Aufgabe erfüllen Laserdrucker schon ab 12 Linien/mm gut.

Proof printing und DTP

Doch diese Drucker werden auch im Desktop Publishing (DTP) eingesetzt. In diesem Rahmen erzeugen sie das Endprodukt, d.h. Text und Typographie für Leser. Hierfür müssen die Schriften zum Teil neu gestaltet werden. Dabei ist folgendes zu beachten:

Am häufigsten werden für Texte 9p große Schriften verwendet. Die Kegelhöhe beträgt dann 39 Punkte und die Versalhöhe 26 Punkte bei 12 Linien/mm (300 Linien/inch) Schreibdichte. In Kapitel 2 haben wir den Überhang bei runden Buchstaben erwähnt. Dieser Überhang beträgt allgemein 1,5% der Versalhöhe. Wenn die geraden Buchstaben eine Höhe von 26 Punkten (39 für das Geviert) haben, bekommen die runden entweder auch 26 oder 28 Punkte. Dies bedeutet aber einen oberen und unteren Überhang von entweder 0% oder 3,8%.

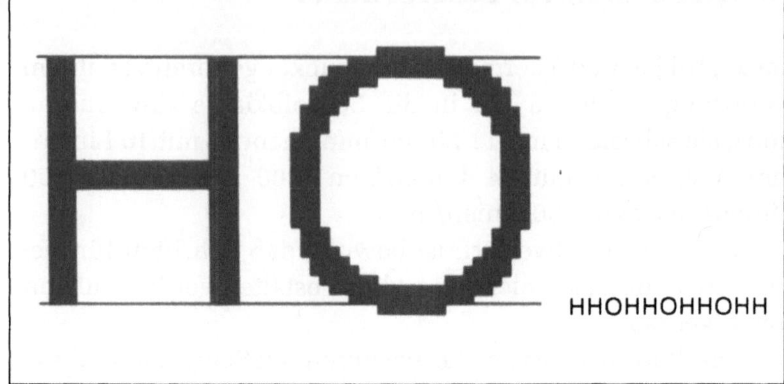

*Abb. 118
Rasterbilder
(39 × 39) ohne
Überhang*

Ein derart großer Überhang wirkt auffällig und läßt ein »O« größer erscheinen als ein »H«. Andererseits wirkt ein »O« zu klein, wenn man ihm keinen Überhang gibt.

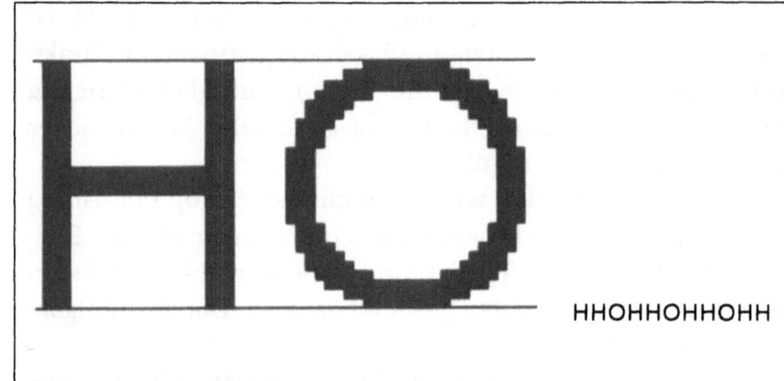

*Abb. 119
Rasterbilder
(39 × 39) mit
Überhang*

*Halbe Pixel
gibt es nicht.*

Halbe Punkte gibt es nicht, aber halbe Linien, wenn man neben eine vollausgefüllte Linie eine Linie mit abwechselnd einem schwarzen und einem weißen Punkt schreibt (Half-bitting).

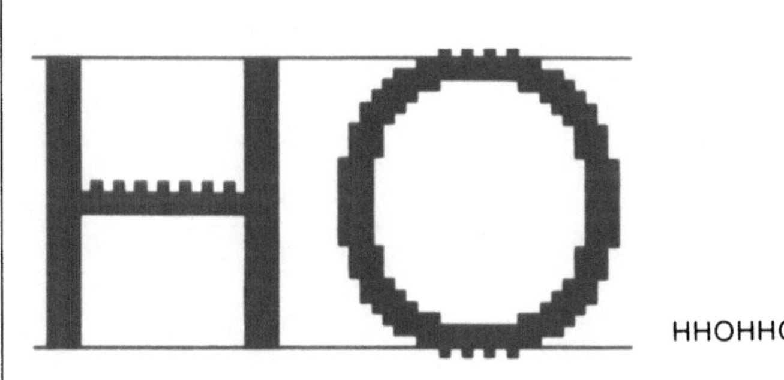

*Abb. 120
Rasterbilder
(39×39)
mit Half-bitting*

Man sieht am »H«, daß es einen 2,5 Punkte dicken horizontalen Strich hat, und ebenso das »O«. Der Überhang des »O«
beträgt jetzt etwa 1,5%, wie es sich gehört. Interessanterweise
sieht man bei den meisten Laserdruckern keine sehr auffällige
Zähnung längs der Linien, die mit der Methode des Half-bitting auf eine halbzahlige Strichstärke gebracht worden sind.
Es ist ein Glück für die Hersteller solcher Maschinen, daß die
physikalischen Effekte (der Ausgleich der Ladungsverteilung,
Abnahme des Toners) eine Verschmierung der Schwärzung
bewirken.

*Mindestens
600 lpi ist
notwendig für
DTP.*

    Allerdings zeigen die obigen Ausführungen auch, daß erst
Maschinen mit Schreibdichten ab 24 Linien/mm (600 Linien/
inch) den wichtigen Überhang richtig wiedergeben. Wir
möchten daher an dieser Stelle allen Maschinenherstellern
aus unserer Erfahrung heraus empfehlen, eine Schreibdichte
von 24 Linien/mm (600 Linien/inch) für ihre Maschinen anzu-
streben.

    Selbst wenn die einzelnen Bildpunkte nicht mit der ent-
sprechenden Auflösung von 24 Linien/mm im Gerät »kopiert«
werden können, wird doch die gesamte Erscheinung der einzelnen Buchstaben feiner und schöner übertragen. Daraus
ergeben sich Schriftbilder von höherer Qualität.

Kapitel 8

Industriestandards

In modernen Rechnern werden Schriften als Konturen (Outlines) digital gespeichert und mit Instruktionen (hints) versehen, so daß sie intelligent umgrößert (skaliert) werden können. Diese Technik ermöglicht den Einsatz nur eines Mutterformates zur Wiedergabe von Text auf Bildschirmen, Laserdrukkern, Setzmaschinen und Zeichengeräten. Bei den letzten beiden Ausgabeeinheiten bestimmen nur die Konturen die Qualität der Wiedergabe wegen der hohen Auflösung dieser Maschinen. Bei den ersten beiden Geräten sind die Instruktionen zusätzlich von großer Bedeutung. Nur diese zusammen mit den Konturdaten ermöglichen eine der geringen Auflösung dieser Geräte entsprechende, optimale Darstellung in Form von Bitmaps.

Hints bzw. Instruktionen

Mit Skalierungstechnik befassen sich mehrere Firmen im Bereich der graphischen Industrie: u.a. Adobe (PostScript), Agfa (Intellifont), Microsoft/Apple (TrueImage), SUN/Folio (Fontscaler) und URW (NIMBUS).

Liste der Instruktionen

Der Begriff Instruktion (instruction) ist von Apple geprägt worden. Bei Adobe spricht man von »hints«. Im Rahmen der URW haben wir bisher von Schaltern gesprochen, wollen aber in Zukunft den Begriff Instruktion verwenden. Andere Firmen haben einfach von intelligenten Fonts (intelligent fonts) oder »intelligenten Outlines« gesprochen. Wir meinen, daß sich das Wort Instruktion wegen des lateinischen Ursprungs am besten eignet, international treffend zu schildern, daß zusätzliche Hinweise (hints) benötigt werden, um den Programmen in den sogenannten Rips (raster image processors) zur Umgrößerung (Skalierung) von Schriften optimal Funktion zu geben. Eine Schrift kann man sich aufgebaut aus beschreibenden Elementen vorstellen. Ohne Zweifel sind dabei die geraden senkrechten Abstriche die wichtigsten in lateinischen Alphabeten. Daneben sind Querbalken wie beim »E« oder »H« von Bedeutung, dann kommen die runden Abstriche (Rundungen) z.B. im »O« oder die runden Verbindungen (Bögen) z.B. im »o«, »m« oder »n«. Ferner sind Serifen bei sehr vielen Schriften wichtig, das sind die besonders gestalteten Anfänge und Enden von Strichen, z.B. besteht der Buchstabe »I« aus der Schrift »Times Roman« aus einem geraden senkrechten Abstrich, der oben und unten am Anfang und am Ende kürzere Querstriche als sogenannte Serifen wie Füßchen hat. Schließlich sind noch die Schrägstriche (Diagonalen) besondere Elemente. Darüber hinaus gibt es noch weitere, allgemein bestimmende Bestandteile von Buchstaben einer Schrift. Ihre Anzahl ist jedoch so groß, daß es sich lohnt, eine Liste von beschreibenden Elementen bzw. Besonderheiten zusammenzustellen. Diese führen zu Instruktionen, die speziell von Skalierungsprogrammen bearbeitet werden sollten, um eine optimale Darstellung von Schriften bei besonders kleinen Punktgrößen ($\approx$10pt) und grober Auflösung (100 – 300 lpi) zu ermöglichen. Es erscheint uns wichtig, für die einzelnen Instruktionen einen jeweils treffenden Begriff zu finden. Er sollte im Deutschen und im Englischen möglichst einprägsam und kurz sein. Zusätzlich führen wir ein Sinnbild (icon) für die Instruktionen ein.

Wichtige beschreibende Elemente einer Schrift

Sinnbild (icon)	Instruktion (instruction)	Bedeutung
	Balken (stem)	Einhalten der Stärken von Abstrichen mit zwei geraden, senkrechten Konturen
	Querbalken (bar)	Einhalten der Stärke von Querstrichen mit zwei geraden, horizontalen Konturen
	Rundung (bow)	Einhalten der Stärke von Rundungen mit zwei runden, vertikalen Konturen
	Bogen (arch)	Einhalten der Stärke von Rundverbindungen mit zwei runden, horizontalen Konturen
	Kurvenbalken (curve stem)	Einhalten der Stärke von vertikalen Abstrichen mit je einer geraden und einer runden Kontur
	Brücke (curve bar)	Einhalten der Stärke von horizontalen Strichen mit je einer geraden und einer runden Kontur
	Punze (counter)	Einhalten der Stärke von Weißräumen (Punzen)
	Fette (weight)	kanonisches Einhalten von verwandten Strichstärken
	Schräge (slant)	Einhalten der Strichstärke von Schrägstrichen (Diagonalen)
	Extremum (extreme)	Plazierung von extrem liegenden Kurvenpunkten (tiefste, höchste, am weitesten links oder rechts befindliche Kontrollpunkte)
	Serife (serif)	Kontrolle von quergestrichenen Serifen bzw. Teilserifen
	Querserife (bar serif)	Kontrolle von abgestrichenen Serifen bzw. Teilserifen
	Überhang (overhang)	Anwendung der Grundlinien zur Kontrolle der Überhänge von Bögen
	Spannung (tension)	Begradigung von flachen Kurven bei kleinen Punktgrößen (Optima-Schalter)
	Fleck (spot)	Anpassung der Strichstärken für weiß- oder schwarzschreibende Geräte
	Delta (delta)	spezielle Instruktionen von Microsoft/ Apple zum Einhalten einer Mindeststärke für Striche
	Mindeststärke (dropout)	Einhalten einer Mindeststärke für Striche (Kontrolle des Herausfallens von einzelnen Pixel)

Abb. 121

Icons und Namen

für verschiedene

Instruktionen (hints)

Beispiele von Instruktionen

Als Beispiel für Instruktionen greifen wir die wichtigsten heraus, die für vertikale und horizontale geraden Balken (Striche).

Balken

Balken haben zwei vertikale Begrenzungen. Sie kommen in Buchstaben wie B, D, E, F, H, I usw. vor. Betrachten wir ein H, es hat zwei Balken.

*Abb. 122
Balken werden
durch folgende
Instruktionen
gekennzeichnet:*

- *Balkenklasse
  (ob Groß-,
  Kleinbuch-
  stabe, usw)*
- *x-Position
  einer Grenze*
- *x-Strichstärke*

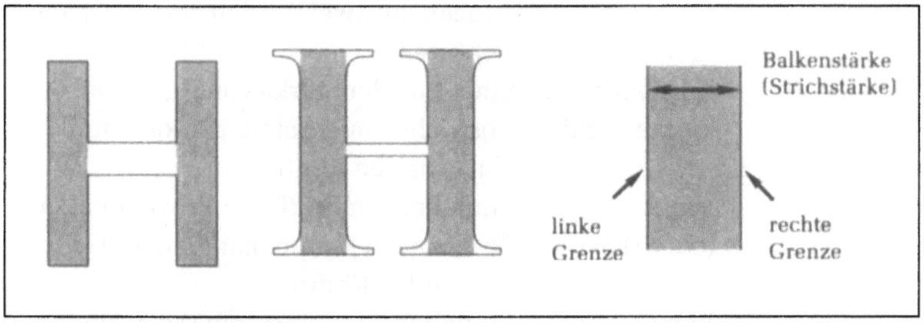

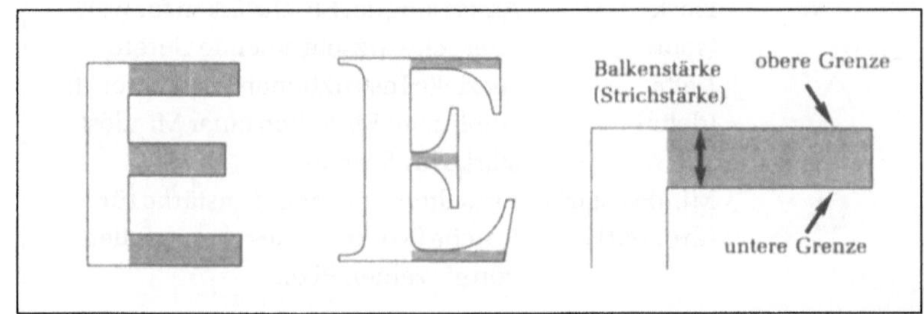

Es kann sein, daß die Balken am Anfang und am Ende Serifen haben, man nennt sie auch Füßchen.

Die Serifen werden dann als etwas Zusätzliches so betrachtet, als wären sie an den Balken angeheftet. Damit erreicht man eine einheitliche Behandlung der Balken, unabhängig von den Serifen und ihren Formen.

*Wie Balken werden
Querbalken analog
durch folgende
Instruktionen
gekennzeichnet:*

Querbalken

Ein Querbalken ist ein gerader horizontaler Balken mit zwei geraden horizontalen Grenzen. Sie kommen vor in den Buchstaben E, F, H, L usw. Das große E ist ein klassischer Vertreter, es hat drei Querbalken. Die Querbalken können auch am Anfang oder am Ende Serifen haben, die sogenannten Querserifen.

Abb. 123
- *Klasse*
- *y-Position
  einer Grenze*
- *Strichstärke
  oder*
- *y-Position
  (relativ) der
  anderen Grenze*

8.1 Type 1

von Jochen Lau

Die Bekanntheit von PostScript und damit von Schriften im sogenannten Type1-Format beginnt im Jahre 1985, als von Apple der LaserWriter vorgestellt wurde. Dieser Laserdrucker war das erste Gerät, das die Beschreibung einer Seite im PostScript-Format entgegennimmt und dann selbständig mit Hilfe eines RIP die zum Druck benötigte Bitmap berechnet. PostScript ist eine von Adobe zur Beschreibung von Graphiken entwickelte Programmiersprache. Ein Interpreter im RIP nimmt die ankommenden PostScript-Anweisungen entgegen und wandelt sie in die Ausgabedaten um. Neben zahlreichen Sprachelementen, wie man sie aus jeder Programmiersprache kennt (arithmetische und logische Operationen), gibt es auch Graphik-Operatoren, um z. B. Linien und Kurven zu zeichnen oder Flächen einzufärben.

PostScript – eine Programmiersprache für Satz und Graphik

Ein wesentlicher Bestandteil nahezu jeder Graphik ist Text, sei es als Headline, als Teil eines Logos oder auch als Fließtext auf einer Seite. Daher bietet PostScript zum einen ein Konstrukt »Font«, mit dem die Konturen der Buchstaben einer Schrift mit Hilfe von Geraden und Bézier-Kurven beschrieben werden, und zum anderen spezielle Operatoren, um Text effizient zu Papier zu bringen. In der PostScript-Welt wird üblicherweise von Font-»Programmen« gesprochen. Dies findet seine Ursache hauptsächlich im amerikanischen Copyright-Gesetz, das einen Schutz für die Computer-Programme, nicht aber für Schriftdesigns kennt.

Spezielle Datentypen und Befehle für Text

PostScript kennt mehrere Arten, Schriften zu kodieren. Von Beginn an für Benutzer zugänglich war das Type3-Format, das es erlaubt, mit Hilfe des bis dahin veröffentlichten Sprachumfanges Schriften zu beschreiben, die auf hochauflösenden Geräten gute Ergebnisse liefern. Aber es fehlte ihnen die Intelligenz, so daß es bei der Ausgabe auf Geräten mit geringer Auflösung zu den unerwünschten Effekten beim Rastern kam, die wir bereits in Kapitel 7 beschrieben haben. Adobe hatte zur Überwindung dieser Probleme schon bei der Einführung von PostScript ein weiteres Format entwickelt, das mit Hilfe von Hints bestimmte Buchstabenteile markiert, die dann beim Rastern speziell behandelt werden können. Dieses verschlüsselte Format, Type1 genannt, wurde von Adobe lange Jahre geheimgehalten. Erst die Androhung anderer Fir-

Verschiedene Schriftformate

Type3 ohne Hints

men, konkurrierende Technologien einzuführen, veranlaßte Adobe, die Beschreibung des Type1-Formates zu veröffentlichen [Lit. AD 90]. Nicht zuletzt dieser Öffnung ist es zu verdanken, daß PostScript mit den Type1-Schriften im Bereich des Computer Publishing der am weitesten verbreitete Standard ist.

Type1 mit Intelligenz

In diesem Kapitel wird der allgemeine Aufbau einer Post-Script Type1-Schrift beschrieben, es geht auf die mathematische Beschreibung der Buchstabengeometrie und die technischen Anforderungen an die Outlines ein und erläutert die für die intelligente Skalierung verwendeten Daten (Hints). Sollte der Leser detailliertere Informationen benötigen, als sie in dieser Zusammenfassung enthalten sein können, so sei neben der oben erwähnten Beschreibung des Type1-Formates auch auf das PostScript Language Reference Manual [Lit. AD 91] verwiesen.

Aufbau einer PostScript Type1-Schrift

Um eine PostScript-Schrift zu beschreiben, wird ein spezielles Dictionary, das *Font Dictionary* erzeugt. Dictionaries sind Tabellen, mit denen Schlüsselwortoperatoren jeweils ein aktueller Wert zugewiesen wird. Ein großer Teil der Einträge gilt sowohl für eine Type1 – als auch für eine Type3-Schrift.

Schriften sind verschlüsselt.

Üblicherweise werden PostScript Programme in für Menschen lesbarer Form im ASCII-Code niedergeschrieben. Type1-Fonts weichen hiervon ab; nach dem FontInfo Dictionary und einem Teil des Font Dictionarys im Klartext leitet der *eexec*-Operator die verschlüsselten Dictionaries *CharStrings* und *Private* ein. Den Aufbau eines Fonts geben die beiden folgenden Bilder wieder.

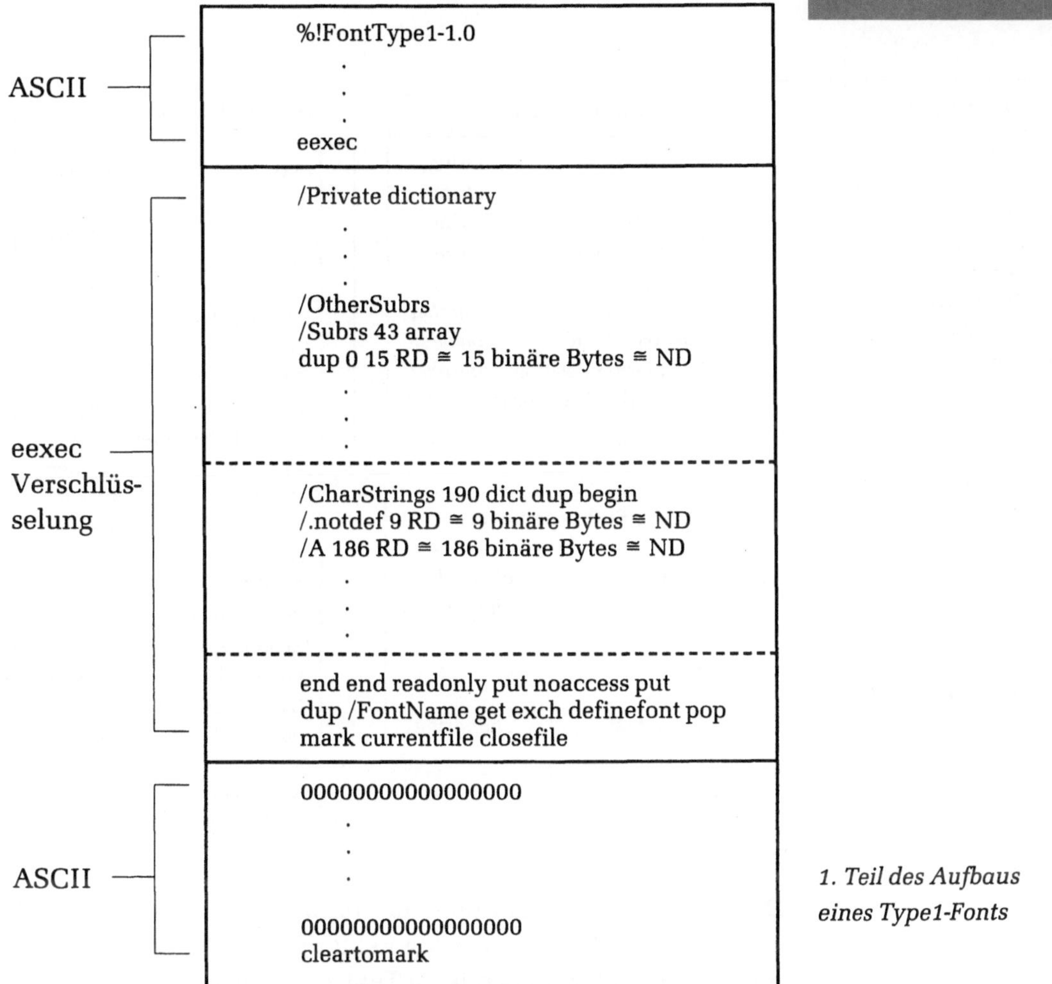

*1. Teil des Aufbaus
eines Type1-Fonts*

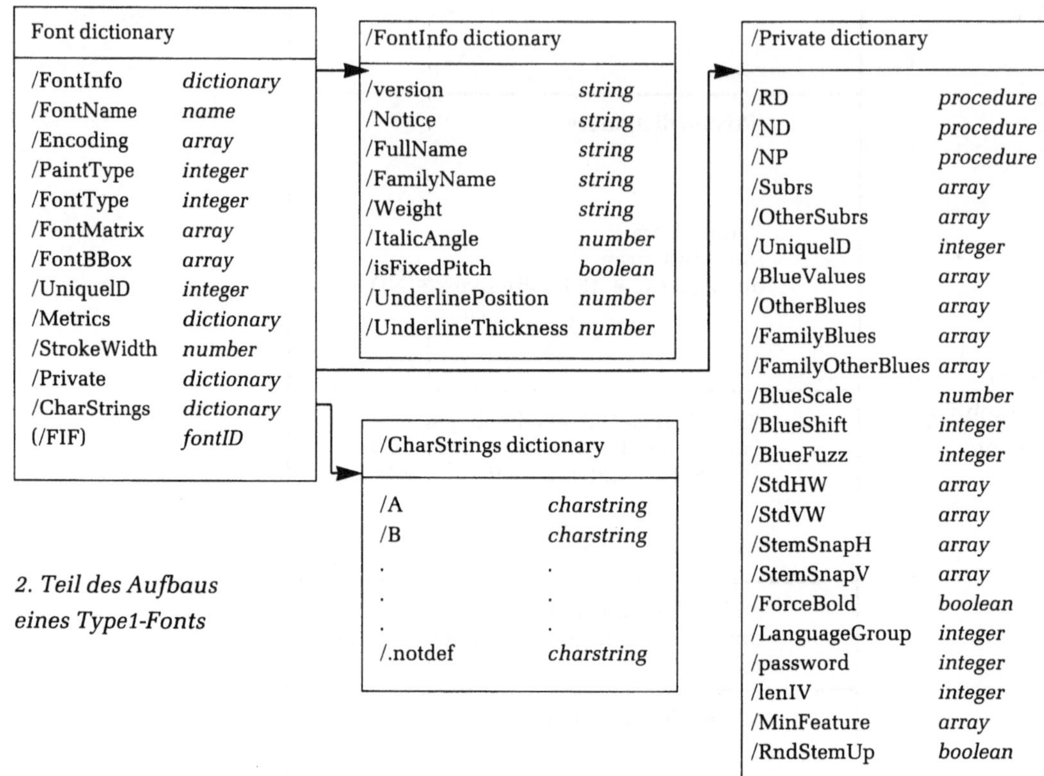

*2. Teil des Aufbaus
eines Type1-Fonts*

Die Bedeutung der Einträge im *FontInfo Dictionary* ist wohl
selbsterklärend. Der *Encoding*-Vektor gibt die aktuelle Zuordnung vom Buchstabencode im Text zu den Buchstabennamen
an, die innerhalb des PostScript-Interpreters verwendet werden, um den Buchstaben im CharStrings Dictionary aufzufin-
den. Der *FontType* muß natürlich 1 sein. Für Type1-Schriften
enthält die *FontMatrix* die Werte [0.001 0 0 0.001 0 0]. Die
FontBBox (das umschreibende Rechteck aller Buchstaben der
Schrift) wird für Berechnungen und Abschätzungen herangezogen und sollte daher so genau wie möglich angegeben sein.
Die *UniqueID* ist eine Zahl, die der Interpreter bei internen
Zugriffen zu der Schrift verwendet. Um hier Konflikte zu vermeiden, muß sie in einem System eineindeutig sein. *PaintType*
gibt in Verbindung mit *StrokeWidth* an, ob die Schrift gefüllt
oder als Outlineschrift dargestellt werden soll. Die Bedeutung
des Private und des Charstrings Dictionarys wird in den folgenden Abschnitten erläutert.

Private Dictionary

Das Private Dictionary enthält Hints, die für alle Buchstaben einer Schrift Geltung haben. Ähnlich wie in der NIMBUS-Technologie von URW verwendet Adobe Hints, die bestimmte Buchstabenteile wie zum Beispiel Balken beschreiben. Die Auswertung dieser Beschreibung wird dem eigentlichen Rasterprozeß überlassen. Im Gegensatz hierzu gibt es Formate wie TrueType, die durch sehr detaillierte elementare Anweisungen dem Rasterizer vorschreiben, wie jeder einzelne Punkt einer Outline zu bewegen ist.

Globale Units

Um bei kleinen Größen die Überhänge unterdrücken zu können, werden die BlueValues und die OtherBlues verwendet. Es handelt sich hierbei um Zahlenpaare, die jeweils eine Schriftlinie und die zugehörige Überhangzone beschreiben. *BlueValues* enthält die Überhangzone an der Grundlinie und bis zu sechs weitere Zonen an den oberen Enden von Buchstaben (Minuskeln, Versalien, Oberlängen, Ziffern). Die Überhangzonen an den unteren Enden der Buchstaben werden in *OtherBlues* angegeben.

Überhang-
unterdrückung
mit BlueValues

Werden verschiedene Schnitte aus einer Schriftfamilie in einem Text verwendet, so ist es wünschenswert, daß bei kleinen Größen die entsprechenden Schriftlinien der Schnitte den gleichen Wert erhalten. Wenn z.B. für die Minuskelhöhe in der normal laufenden Schrift ein Wert von 5,4 Pixel und für die des fetten Schnittes ein Wert von 5,6 Pixel errechnet wird, so sollen beide auf einen einheitlichen Wert, in diesem Fall z.B. 5 Pixel gerundet werden. Durch zwei Felder *FamilyBlues* und *FamilyOtherBlues*, die analog zu BlueValues bzw. OtherBlues aufgebaut sind, können die in einer Schriftfamilie vorherrschenden Überhangzonen definiert werden.

Gemeinsames
Erscheinungsbild
einer Schriftfamilie
mit FamilyBlues

Mit Hilfe der *BlueScale-* und *BlueShift*-Werte kann die Überhangunterdrückung größenabhängig gesteuert werden.

Für die gleichmäßige optische Erscheinung der gerasterten Schriften bei kleinen Punktgrößen ist eine Erzeugung von gleichstarken vertikalen und horizontalen Balken entscheidend. So haben Minuskeln und Versalien sicherlich unterschiedliche Stärken für die vertikalen Balken, wobei die Balkenstärken der einzelnen Buchstaben in den Klassen um einen Mittelwert schwanken, sei es wegen des Designs oder statistischer Fehler bei der Erzeugung der Daten. Wird jeder Balken für sich gerastert, fallen seine Ränder zwar immer auf

Sollbalkenstärken
für die verschiede-
nen Buchstaben-
klassen

149

Pixelgrenzen, aber ein Balken mit 1,4 Pixel Breite wird zu einem Pixel abgerundet, während der Balken mit 1,6 Pixel zu zwei Pixeln aufgerundet wird. Daher können in den Feldern *StemSnapH* und *StemSnapV* jeweils bis zu 12 Vorzugsbalkenbreiten definiert werden, die die mittlere Balkenstärken der Buchstabenklassen widerspiegeln. Für ganz kleine Größen greifen dann *StdHW* und *StdVW*, auf die dann alle Balken gerundet werden.

Bei kleinen Punktgrößen, speziell bei der Darstellung auf einem Bildschirm, kann es passieren, daß nach der Rasterung die normale und die fette Variante mit der gleichen Balkenstärke, z.B. ein Pixel, gerastert werden. Soll der Unterschied zwischen den beiden Varianten aber auch bei den kleinen Größen sichtbar bleiben, so kann mit *ForceBold* dieses Erscheinungsbild gesteuert werden.

Adobe teilt mit dem *LanguageGroup*-Parameter die Schriften zur Zeit in zwei Kategorien ein: lateinische, griechische, kyrillische Schriften in Gruppe 0, chinesische, japanische etc. in Gruppe 1. Das Wissen um diese Gruppenzugehörigkeit mag von Vorteil beim Rastern der Schriftzeichen sein, Auswirkungen des Wertes haben wir aber bisher nicht beobachtet.

Zwei wichtige Einträge im Private Dictionary sind *Subrs* und *OtherSubrs*, auf deren Bedeutung wir im Rahmen der Besprechung des CharStrings Dictionary eingehen.

Die weiteren in der Tabelle auf Seite 148 angegebenen Operatoren des Private Dictionary haben keine Auswirkung, sondern müssen teilweise nur aus Kompatibilitätsgründen angegeben oder sollten nicht mehr verwendet werden.

CharStrings Dictionary

Pfade bilden Outlines.

Im CharStrings Dictionary werden die Outlines der Buchstaben der Schrift beschrieben. Wie alle Graphikobjekte werden sie durch einen sogenannten Pfad (Path) dargestellt, der durch Geraden und Bézier-Kurven gebildet wird und aus mehreren geschlossenen Konturen bestehen kann. Hierzu wird eine Untermenge der PostScript-Graphikbefehle verwendet; es können Unterprogramme aufgerufen werden, die im Private Dictionary abgelegt sind und sich wiederholende Buchstabenteile beschreiben. Weiter enthält es die buchstabenbezogenen Hints, die zum optimalen Rastern herangezogen werden.

Die Buchstaben einer PostScript-Schrift haben ihr eigenes Koordinatensystem, das Buchstabensystem, in dem die Pfade beschrieben werden. Die Koordinaten der Outlines werden üblicherweise in einem Geviert von 1000 × 1000 Punkten mit ganzen Zahlen gespeichert. Um Zeichen erzeugen zu können, die aus dem Kegel ragen, wie z.B. mathematische Symbole, sind für Type1-Schriften Koordinaten von -2000 bis 2000 zugelassen. Adobe geht davon aus, daß diese Auflösung für Schriften ausreicht. Sollte ein Schrifthersteller anderer Meinung sein, so kann er quasi gebrochenzahlige Werte mit Hilfe des *div*-Operators erzeugen.

Buchstaben werden in einem Geviert von 1000 × 1000 Punkten gespeichert.

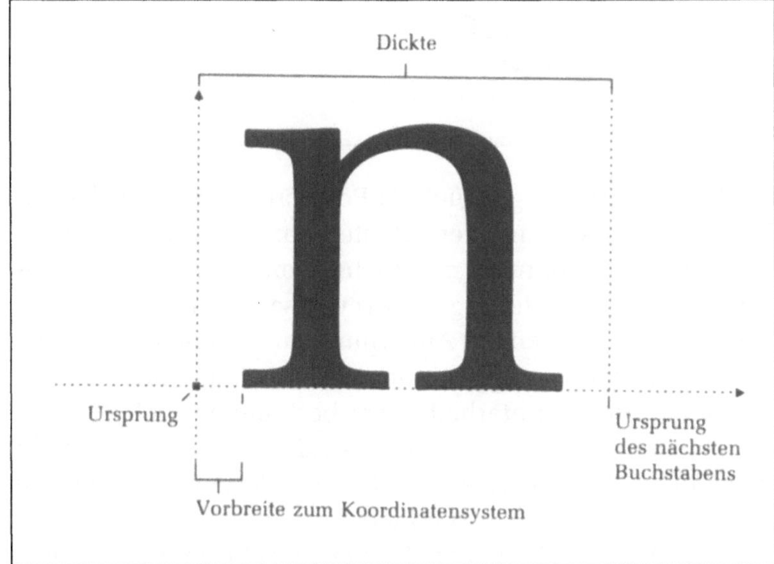

Abb. 124 Koordinatensystem für PostScript-Schriften

Um das Buchstaben- auf das Benutzersystem umzurechnen, wird die *FontMatrix* verwendet. Diese enthält generell die Werte [0.001 0 0 0.001 0 0] und bewirkt damit eine Verkleinerung 1000 zu 1, d.h. 1000 Buchstabeneinheiten werden auf eine Benutzereinheit, also ungefähr einen Pica-Punkt, umgerechnet. Dies ermöglicht eine standardisierte Wirkungsweise des Operators *scalefont*, um die richtige Schriftgröße zu berechnen. Ausnahmen von der Standard-FontMatrix sind nur zugelassen, um schräggestellte (kursive), kondensierte oder expandierte Versionen von Schriften, die ursprünglich die Standardmatrix verwenden, zu erzeugen.

Umrechnung des Gevierts auf eine Benutzersystemeinheit

Der Interpreter nimmt beim Rastern an, daß die gefüllte Seite der Buchstaben links von der Kontur ist (in Fahrtrichtung gesehen). Das bedeutet, daß die äußere Kontur immer gegen den Uhrzeigersinn digitalisiert sein muß und daß sich der Drehsinn der inneren Konturen von Stufe zu Stufe umkehrt.

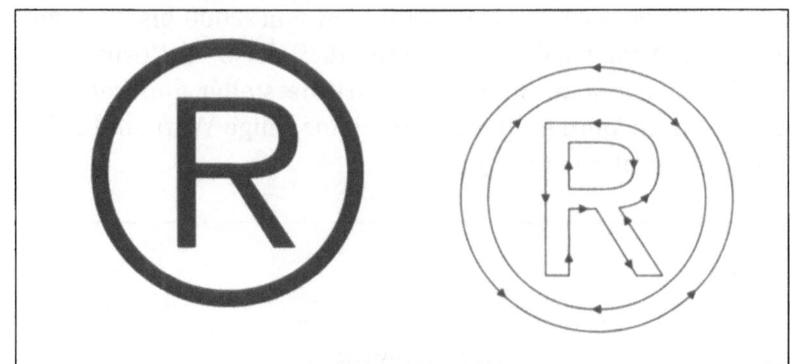

*Abb. 125
Konturrichtungen*

*Technische
Optimierung der
Schriftdaten führt
zu besseren
Ergebnissen.*

Wie für alle Formate gilt auch für PostScript-Schriften, daß der Rasterizer um so schneller arbeiten kann, je kürzer die Beschreibung der Konturen der Buchstaben ist. Die Qualität des Ergebnisses der Rasterung wird verbessert, wenn die Extremwerte der Buchstaben mit Ankerpunkten versehen sind. Auch wenn Hints dafür sorgen können, daß z.B. leicht unterschiedlich starke Balken unterhalb einer bestimmten Zielgröße mit der gleichen Pixelzahl berechnet werden, so empfiehlt (nicht nur) Adobe, Buchstabenteile, die vom Design her identisch sein sollen, auch numerisch identisch zu machen, um mögliche Ursachen für ein nicht befriedigendes Rasterergebnis von vornherein auszuschließen.

Die Aufrasterung der Buchstaben einer PostScript-Schrift geschieht durch eine Routine *BuildChar*. Bei einer Type3-Schrift ist diese Routine in der Schrift enthalten; sie kann vom Schrifthersteller entsprechend den Anforderungen der Schrift als PostScript-Programm kodiert werden, so daß alle Sprachelemente von PostScript zur Beschreibung der Buchstaben verwendet werden können. Eine Type1-Schrift ruft implizit immer eine im Interpreter eingebaute BuildChar-Routine auf, die nur eine Untermenge der PostScript-Befehle interpretieren kann, auf der anderen Seite aber einige Befehle versteht, die nicht zum Standard-Sprachumfang gehören, z.B. Hints.

Um Speicherplatz zu sparen, sind die Daten, Zahlenwerte und Befehle ganzzahlig binär gespeichert und byteweise organisiert. Bestimmte Werte haben eine festgelegte Bedeutung, um zwischen Zahlen und Befehlen unterscheiden zu können.

Bei den Graphikbefehlen handelt es sich teilweise um spezielle Varianten der normalen PostScript-Befehle. So gibt es zum Beispiel statt des *rcurveto*, das die Lage der nächsten drei Kurvenpunkte relativ zum aktuellen Anfangspunkt der Kurve beschreibt, ein *rrcurveto*, das die drei Kurvenpunkte jeweils relativ zum gerade erreichten Punkt beschreibt. Mit dieser Technik werden die Zahlenwerte kleiner, es wird Speicherplatz gespart.

Mit direkten Hint-Befehlen werden in PostScript-Type1-Schriften die horizontalen und vertikalen Balken kontrolliert. Hierzu gibt es die Operatoren *hstem* und *vstem* für horizontale und vertikale Balken und, für spezielle Fälle wie das m, die Operatoren hstem3 bzw. vstem3, mit denen die Balken und die Weißräume kontrolliert werden können. Für die Balken werden die Position des einen Randes und die jeweilige Breite angegeben. Diese Balken dürfen einander nicht überlagern. Auch Serifenhöhen werden mit Balken kontrolliert. Die Ausrichtung von Buchstabenober- oder -unterteilen an Schriftlinien erfordert das Vorhandensein eines Balkenhints. Um auch Buchstaben an Schriftlinien ausrichten zu können, die keine horizontalen Balken an den erforderlichen Stellen haben, z.B. das »I« aus der Helvetica, werden sogenannte *Ghost Stems* eingeführt.

Spezielle Befehle im Type1-Format

Mit Hint-Befehlen werden Balken kontrolliert.

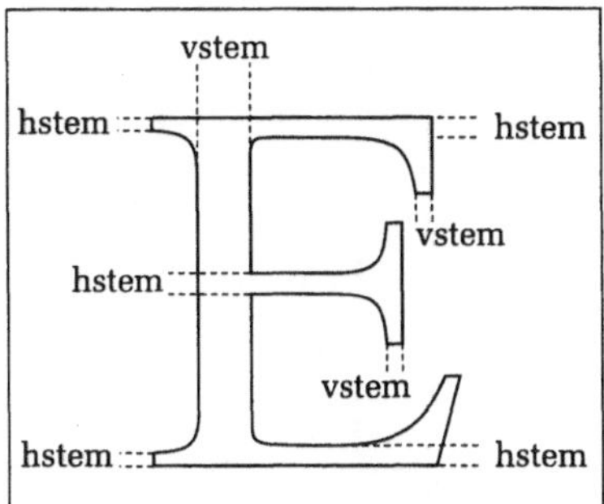

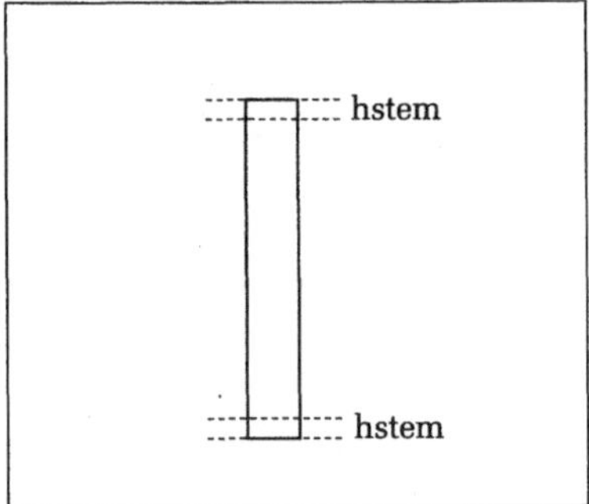

Abb. 126 (ganz links) Horizontale und vertikale Balken

Abb. 127 (links) GhostStems

Am Anfang dieses Abschnittes hatten wir bereits die Subroutinen erwähnt, die im Private Dictionary abgelegt sind, aber bei der Abarbeitung eines Buchstabens aufgerufen werden. Es gibt zwei Felder von Subroutinen, die *Subrs* und die *OtherSubrs*. Jeweils die ersten vier Routinen dieser beiden Gruppen haben eine standardisierte Bedeutung für alle Type 1-Schriften, so daß sie in neueren Rasterizern von Adobe gar nicht mehr ausgewertet werden, sondern ihr Aufruf durch ein festes Stück Programmcode, z.B. im Adobe TypeManager (ATM), abgehandelt wird.

Subroutinen zur Realisierung weiterer Hints

Mit Hilfe dieser vier festgelegten Subroutinen werden die Funktionen *Hint Replacement* und *Flex* realisiert, während die restlichen Einträge in *Subrs* zur freien Verfügung des Schriftherstellers stehen, um z.B. wiederkehrende Serifenformen und ähnliches zu speichern. Die Einträge in *Other-Subrs* sind für Erweiterungen reserviert.

Was ist nun *Hint Replacement*? Wie bereits erwähnt, dürfen Balken, die durch vstem oder hstem gekennzeichnet sind, einander nicht überlappen. Das »E« in der nachstehenden Abbildung weist drei waagerechte Balken auf, die durch hstem kontrolliert werden sollen. Die Serifen am oberen und unteren Ende des »E« werden auch durch *hstem* kontrolliert, haben aber eine andere Höhe. Um nun beide Bereiche unabhängig voneinander bearbeiten zu können, werden mit Hilfe des Hint Replacement nach der Verarbeitung der drei Balken die bis dahin gültigen Hints vergessen und durch den Aufruf von *OtherSubrs*-Routine drei auf neue Hints umgeschaltet.

Hint-Replacement bei überlappenden Balken

Abb. 128 (rechts) Hints für den ersten Teil

Abb. 129 (ganz rechts) Hints für den zweiten Teil des Buchstabens

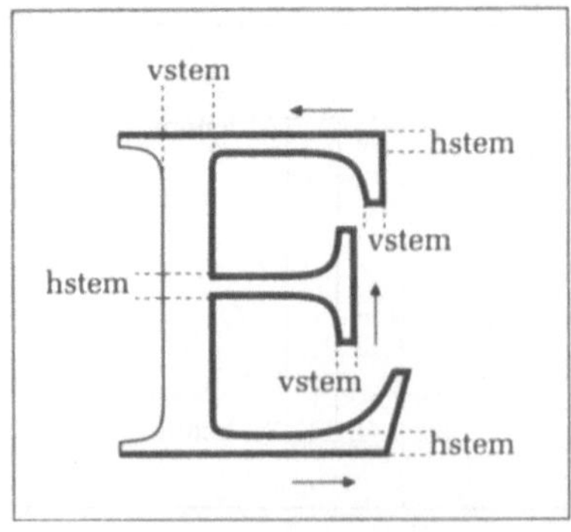

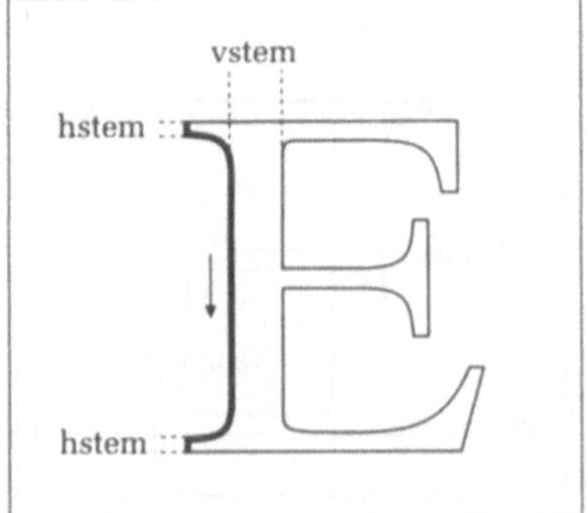

Schwach gekrümmte Kurvenzüge, die nahezu horizontal oder vertikal verlaufen, können beim Rastern in kleinen Größen zu unerwünschten, da im Verhältnis zu großen Darstellungen führen. Besser wäre es oftmals, diese Krümmungen bei kleinen Größen durch Geraden zu ersetzen. Dies leistet mit Hilfe von *OtherSubrs* und *Subrs* null bis zwei der *Flex*-Mechanismus. Damit diese Funktion wirken kann, unterliegt der betroffene Teil der Outline starken Restriktionen bezüglich seiner Beschreibung durch Bézier-Kurven.

Flex macht schwache Krümmungen gerade.

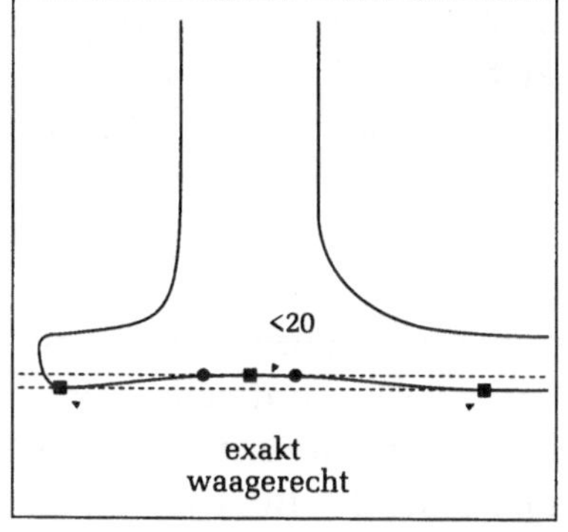

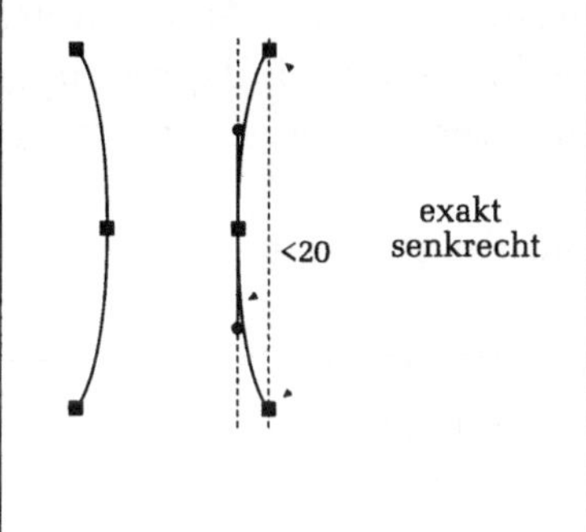

Abb. 130 (ganz links) horizontale Anpassung

Abb. 131 (links) vertikale Anpassung

8.2 Intellifont

von Jochen Lau

Eine weitere Standardtechnik für die »intelligente Skalierung von Schriften« ist das Intellifont-System von Agfa Compugraphic, das in der Laserjet III-Druckerfamilie von Hewlett Packard eingesetzt wird und damit wohl die größte Anzahl an Installationen aufweist. Im engeren Sinn versteht man unter Intellifont die Software, die aus den im FAIS-Format vorliegenden Schriften die für die jeweils geforderte Größe und Auflösung passende Bitmap bzw. Konturbeschreibung der Buchstaben berechnet (Rasterizer). FAIS oder genauer Intellifont FAIS ist die Abkürzung für **F**ont **A**ccess and **I**nterchange **S**tandard, das Schriftformat, in dem die Schriften für den Einsatz unter PCL5, der Seitenbeschreibungssprache der Laserjet III Drucker, oder unter weiteren PC-basierten Applikationen ausgeliefert werden. Im allgemeinen Sprachgebrauch wird aber nicht zwischen Rasterizer und Schriften unterschieden, so daß mit Intellifont neben den Computer-Programmen auch die Schriften in dem speziellen Format gemeint sind.

FAIS = Rasterizer + Fontformat

Dieses Kapitel geht auf die mathematische Beschreibung der Buchstabengeometrie ein, sowohl Kontur- als auch Metrikinformationen, erläutert die für die intelligente Skalierung verwendeten Daten (Instruktionen) und gibt einen Überblick über die Dateien, die auf einem Auslieferungsdatenträger vorhanden sind, um die Schriften zu beschreiben. Für eine detaillierte Beschreibung der »Bits und Bytes« des Intellifont FAIS-Formates sei auf die entsprechende Broschüre von Agfa Compugraphic verwiesen. (Lit.CG 91)

Wir versuchen, wie auch sonst in diesem Buch, für die meisten aus dem Amerikanischen stammenden Begriffe passende deutsche Entsprechungen zu finden. Zur genauen Referenz werden aber häufig auch die Originalbegriffe aufgeführt.

Koordinatensysteme

In Intellifont-FAIS-Schriften werden zwei Koordinaten- bzw. Einheitensysteme verwendet. Kerningwerte werden in »relativen Einheiten« angegeben. Hierzu wird das Geviert in X-Richung in 54 Teile geteilt. Bei der Anpassung der Buchstaben an die Zielgröße und -auflösung behält der Kerningwert zwar seinen Wert, da aber das Geviert seine absoluten Dimensionen ändert, variieren auch die absoluten Werte für die Korrektur der Buchstabenabstände. Die Konturen der Buchstaben, wird in sogenannten Design Window Units (DWU) angegeben. Die Standardvorlagengröße der Buchstaben bei Agfa Compugraphic beträgt 250 pt. In diesem Fall entspricht ein DWU einem hundertstel Millimeter, der Standardeinheit des IKARUS-Systems, das auch bei Agfa Compugraphic eingesetzt wird.

Kerning in
relativen Einheiten

Artwork in
1/100 mm

»Artwork» =
Konturen der
Buchstaben

Abb.132
Design Window-
Koordinaten und
relative Einheiten

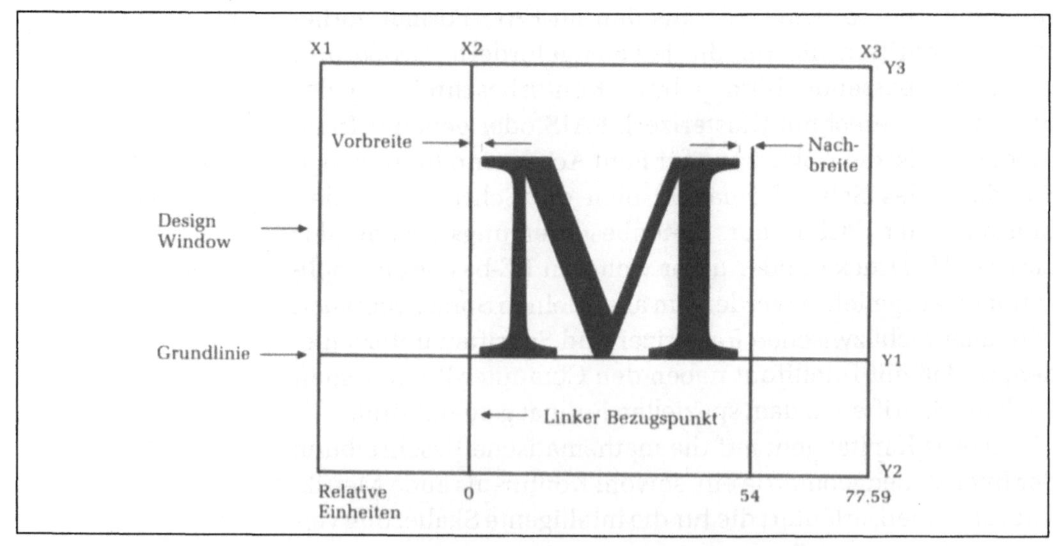

Beschreibung der Konturgeometrie

Agfa Compugraphic geht bei der Speicherung der Schriften vom IKARUS-Format aus, das heißt, daß zunächst die Daten mit den Eck-, Kurven- und Tangentenpunkten vorliegen. Für die Verwendung im FAIS-Format werden die Kurven in Kreise aufgelöst, wie es im Kapitel 6.3 beschrieben ist. Der durch das sogenannte Saur-Verfahren berechnete Hilfspunkt wird zusätzlich zu den IK-Punkten im Format gespeichert. Er wird relativ zum Mittelpunkt der Verbindungslinie der IK-Punkte angegeben, die Werte sind auf ein Byte, das heißt auf ±128, beschränkt. Untenstehende Zeichnung gibt den Sachverhalt wieder und zeigt, welche Daten im FAIS-Format abgelegt werden. Eine kleine Rechnung, auf deren Wiedergabe hier verzichtet werden soll, ergibt, daß diese Speicherung völlig äquivalent zum DI- oder VC-Format ist.

Abb. 133

Bestimmung der Hilfspunkte

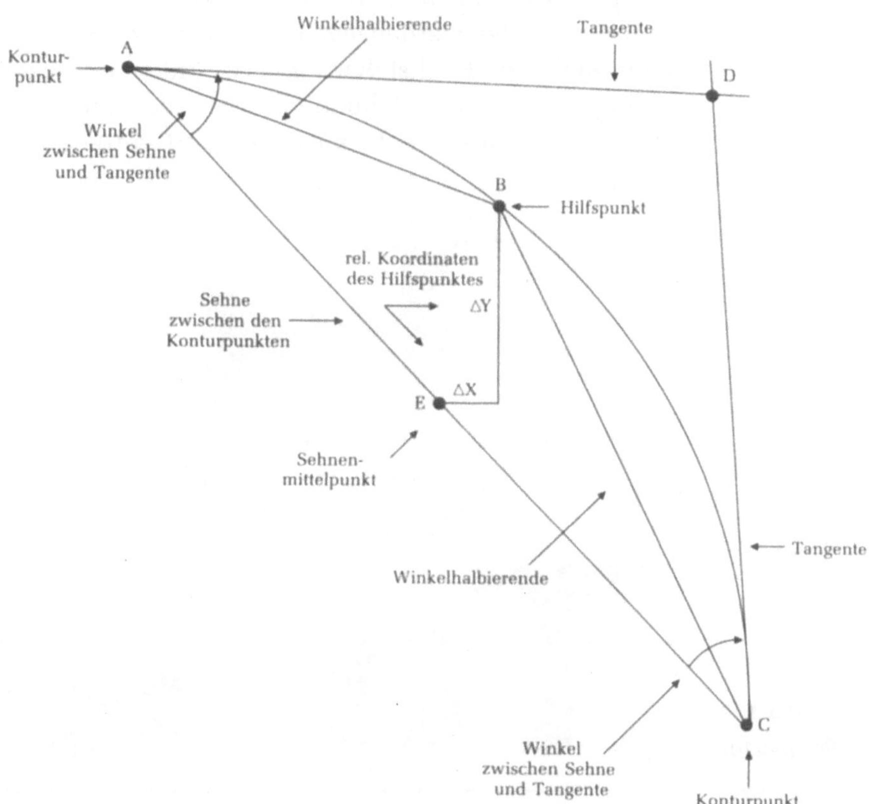

Kerning

Eine Schrift im Intellifont FAIS-Format kann bis zu zwei Kerningtabellen besitzen, eine für Textkerning und eine für Displaykerning. Normalerweise ist je nach Schriftdesign nur eine der beiden Tabellen vorhanden, aber es gibt auch Schriften, die als Text- und als Displayschriften Verwendung finden. Vom Aufbau her sind beide Tabellen gleich.

Intellifont verwendet Sektorkerning.

Das in FAIS-Schriften verwendete Verfahren zur Unterschneidung heißt Sektor-Kerning. Im Gegensatz zu anderen Verfahren besteht hier keine Beschränkung auf eine bestimmte Anzahl von Paarkorrekturwerten wie z.B. in PostScript-Schriften.

Jeder Buchstabe einer Intellifont-Schrift wird in waagerechte Zonen aufgeteilt, die Compugraphic Sektoren nennt. Für jede dieser Zonen wird für die linke und rechte Seite des Buchstabens ein Wert bestimmt, um den der Abstand zum vorhergehenden bzw. zum nachfolgenden Buchstaben im Wort korrigiert werden kann. Werden jetzt die Buchstaben nebeneinander gesetzt, werden jeweils sektorweise die rechten Werte des aktuellen Buchstabens und die linken des Nachfolgers addiert. Die kleinste Summe gibt den Wert an, um den der Abstand der beiden Buchstaben korrigiert werden kann.

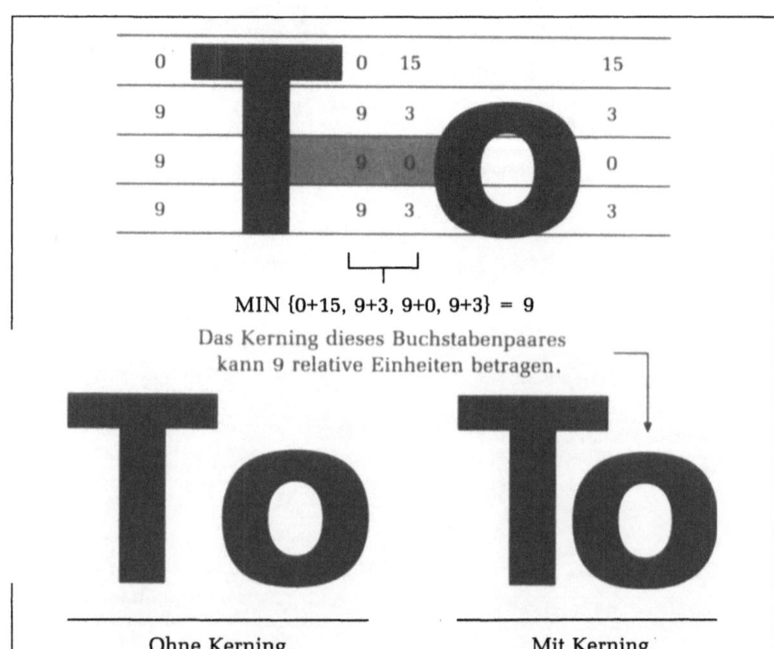

*Abb. 134
Beispiel für
Sektor-Kerning*

Intellifont-Instruktionen

Intellifont unterscheidet zwischen globalen oder fontweiten und buchstabenbezogenen Informationen, die dazu dienen, speziell bei einer geringen Anzahl von Bildpunkten pro Geviert ein möglichst gutes Ergebnis zu erzielen. Über die prinzipiellen Möglichkeiten, mit solchen Zusatzinformationen das Ergebnis der Rasterung positiv zu beeinflussen, wurde bereits in Kapitel 8.1 berichtet. Agfa Compugraphic nennt diese Daten »instructions«.

Zunächst ein Überblick über die globalen Instruktionen, die für eine gesamte Schrift Bedeutung haben. Waagerecht durch alle Buchstaben laufend, werden Zonen, die Y-Klassen, definiert. Diese Klassen werden durch je eine obere und eine untere Linie begrenzt. Typische Klassen sind die Minuskelhöhe, die Versalhöhe, die Höhe der Oberlängen etc. Buchstabenweise werden diesen Klassen bestimmte Elemente zugeordnet, wobei es keine exakte numerische Übereinstimmung zwischen den entsprechenden Koordinaten der Buchstaben und den Begrenzungen der Klassen geben muß. So kann bei geringer Auflösung dafür gesorgt werden, daß z.B. der Überhang bei runden Buchstaben unterdrückt wird.

Schriftbezogene Y-Klassen

Abb. 135 Y-Linien und Y-Klassen

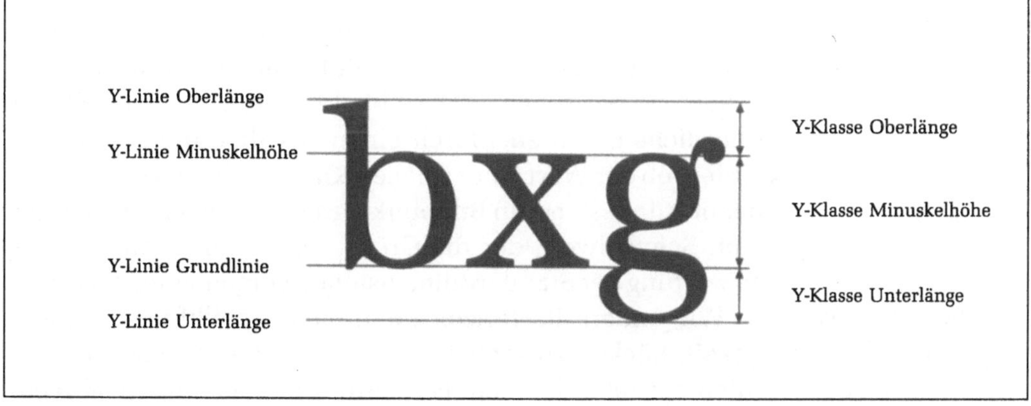

Ebenfalls für eine ganze Schrift werden sogenannte Standarddimensionen, für X- und Y-Richtung getrennt, festgelegt. Um z.B. die Kurvenbalken der Kleinbuchstaben genauso dick erscheinen zu lassen wie die Geradenbalken, werden sie häufig etwas dicker angelegt. Dies kann bei grober Auflösung dazu führen, daß die Kurvenbalken deutlich zu dick werden. Die

Standarddimension zur Vereinheitlichung bei kleinen Größen

Zuordnung eines solchen Balkens zu einer Standarddimension sorgt dafür, daß bei geringer Auflösung die Kurven- und die Geradenbalken mit der gleichen Anzahl von Bildpunkten gerastert werden.

Typische Standarddimensionen in Y-Richtung sind:

- die Stärke der waagerechten Kurvenbalken von Minuskeln, z.B. »o«,
- die Stärke der waagerechten Kurvenbalken von Versalien, z.B. »O«,
- die Stärke der waagerechten Kurvenbalken von Ziffern und Satzzeichen, z.B. »0«,
- die Stärke der waagerechten Kurvenbalken von hoch- und tiefgestellten Ziffern und Brüchen, z.B. hochgestellte »^{0}«.

Für die X-Richtung könnte man definieren:

- die Stärke der senkrechten Geradenbalken von Minuskeln, z.B. »n«,
- die Stärke der senkrechten Geradenbalken von Versalien, z.B. »H«,
- die Stärke der senkrechten Geradenbalken von Ziffern und Satzzeichen, z.B. »1«,
- die Stärke der senkrechten Geradenbalken von hoch- und tiefgestellten Ziffern und Brüchen, z.B. hochgestellte »^{1}«.

Jeder Buchstabe einer Schrift kann einer dieser X- und Y-Klassen zugeordnet werden. Damit können beim Rastern die leichten numerischen Unterschiede innerhalb einer Klasse ausgeglichen werden. Durch einen Schalter kann festgelegt werden, ob der Wert einer solchen Klasse zu Null werden darf, oder ob mindestens ein Bildpunkt erhalten bleiben soll. Es gibt einen Schwellwert, der die Größe angibt, unterhalb der die Auswertung der Standarddimensionen vorgenommen wird.

Schließen von Lücken beim Rastern

Wie andere Rasterizer auch, bietet Intellifont die Möglichkeit, Lücken zu schließen, die beim Rastern von dünnen Linien auftreten können. Hier wird dies »missing pixel recovery« genannt. Diese Funktion zur Kontrolle der Mindeststärke (dropout control) kann über einen Schwellwert ein- und ausgeschaltet werden.

Skelettpunkte kennzeichnen »markante« Punkte.

Nun zu den buchstabenspezifischen Instruktionen von Intellifont. Um die Formen der einzelnen Buchstaben optimal wiederzugeben, werden die »markanten« Punkte, das heißt lokale Extrema, Balkenbegrenzungen etc., gekennzeichnet. Im

Intellifont FAIS-Format werden diese Punkte als Skelett-punkte (skeletal points) bezeichnet. Diese Punkte werden beim Rastern in der Regel auf Gitterpunkte gerundet. Um bestimmte Eigenschaften der Buchstaben, wie z.B. ihre Weite oder Balken, zu kennzeichnen, werden Skelettpunkte zu einander in Beziehung gebracht (association). Diese Beziehungen werden in einer Baumstruktur gespeichert, die beim Rastern abgearbeitet wird. So kann durch die geignete Wahl von »associations« und die Reihenfolge in der Baumstruktur festgelegt werden, ob z.B. die Erhaltung gleicher Weißräume in einem Buchstaben Vorrang hat vor der Erhaltung der Buchstaben-weite. Durch Attribute kann festgelegt werden, daß eine In-struktion erst oberhalb einer bestimmten Größe beim Rastern greift. Dies kann ausgenutzt werden, um häßliche Treppen beim Aufrastern von schwach gekrümmten Buchstabenteilen zu vermeiden, wie z.B. die Serifen in der Garamond halbfett.

»Associations«
festigen den Bezug
der Skelettpunkte.

Abb. 136 Skelett-
punkte und Asso-
ziation (X-Richtung)

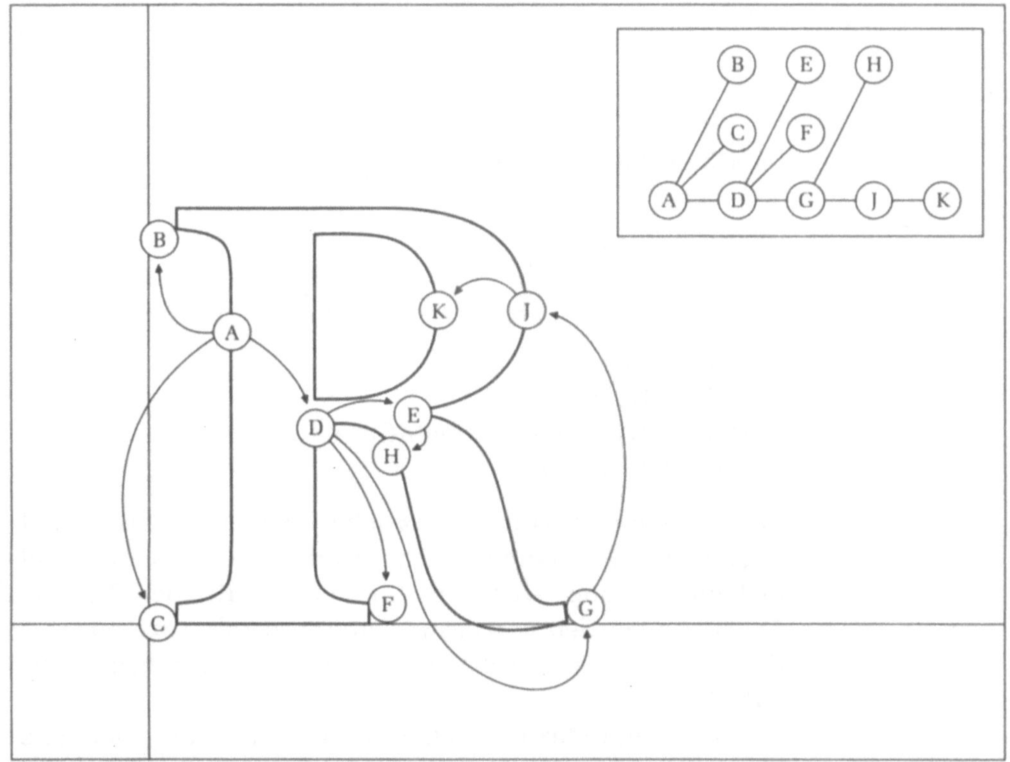

Schließlich gibt es noch die Möglichkeit, durch die Angabe von »colinear points« eine optimierte Berechnung von Schnittpunkten wie beim »X« zu erzielen. Hierzu werden zwei Skelettpunkte als »Eltern« angegeben, die die Anpassung der kritischen Punkte ins Gitter steuern.

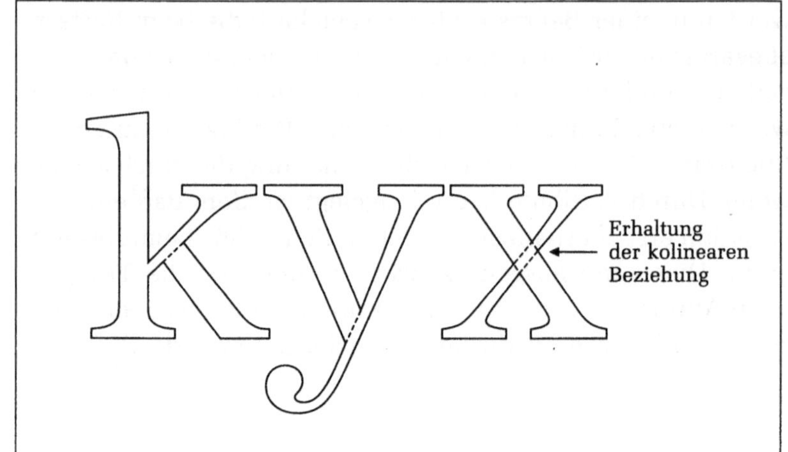

*Abb. 137
Kritische
Schnittpunkte*

Intellifont FAIS-Dateien

Um die auf einem Datenträger enthaltenen Schriften, die z.B. auf einer Floppy-Disk für ein Rechnersystem ausgeliefert werden, zu beschreiben, werden folgende Dateien verwendet:

- ein Directory-File,
- ein Font-Index-File,
- pro Schrift ein Font-Attribute-File und
- ein Font Display File.

Das Directory-File (Inhaltsverzeichnis) enthält ASCII-kodiert allgemeine Informationen zum Datenträger wie Größe und Erstellungsdatum, weiterhin für jede Schrift den Namen, Angaben über den vorzugsweisen Einsatz als Text- oder als Displayschrift und darüber, ob und welches Kerning mitgeliefert wird.

Das Font-Index-File enthält im wesentlichen einen Satz für jedes auf dem Datenträger vorhandene Font-Attribute- und Font-Display-File. Hierin finden sich Angaben über Schriftnummer, Dateinamen und Zeichensatzbelegung, die z.B. von einem Schriftladeprogramm ausgewertet werden können.

Jedes schriftspezifische Font-Attribute-File enthält, neben einem Lizenzhinweis, schriftbezogene Metrikgrößen (maximale Ober- und Unterlänge, Versalhöhe, Minuskelhöhe, Sollkursivwinkel etc.), die genaue Schnittbezeichnung, die Buchstabennumerierung, evtl. anwendungsspezifische Kodierungen (Fontalias) und buchstabenbezogene Zurichtungswerte für normale und zusammengesetzte Buchstaben.

Das Font-Display-File enthält die Beschreibung der Bildinformation der einzelnen Buchstaben und die »Intelligenz«, wobei zwischen den für die ganze Schrift gültigen und den buchstabenbezogenen Instruktionen unterschieden wird.

Die Attribute- und die Displayfiles haben einen ähnlichen Aufbau, der analog auch in den Formaten anderer Hersteller (TrueType) wiederzufinden ist. Der Inhalt der Dateien wird in Abschnitte unterteilt, die mit einem Schlüsselwort (keyname) bezeichnet werden. Am Anfang der Datei bzw. eines Abschnittes findet man dann eine Auflistung der Schlüsselwörter und die Adresse dieses Abschnittes in der Datei, um so direkt zu der gerade benötigten Information zugreifen zu können.

8.3 TrueType Format

von Hartmut Schwarz

Im TrueType-Format wird die Bildinformation der Buchstaben als Konturbeschreibung durch Angabe von Stützpunkten gespeichert. Mit Hilfe des relativ einfachen Rasterprogrammes (Scan-Converter) können Schriften in jeder gewünschten Größe entsprechend der Auflösung des Ausgabegerätes (Bildschirm, Drucker, Belichter...) aufgerastert werden (Lit. AP 91).

TrueType-Schriften enthalten weitgehende Instruktionen zur Anpassung der Konturen an das Ausgaberaster.

Um eine gute Ausgabequalität auch bei niedriger Auflösung zu erhalten, wird der Konturverlauf der Buchstaben vor Aufrasterung an das Ausgaberaster angepaßt. Die Information, in welcher Weise diese Anpassung erfolgt, ist Bestandteil der Schrift. Wesentlich ist dabei, daß das TrueType-Format für diese Konturanpassung (Grid-Fit) lediglich einen umfangreichen und sehr flexiblen Satz von Instruktionen zur Verfügung stellt, der den Rahmen bildet, innerhalb dessen der Schrifthersteller bzw. Entwickler seine Vorstellung von intelligenter Schriftskalierung verwirklichen kann.

Außer den Buchstabendaten enthält die TrueType-Schrift Informationen zur Tastaturbelegung, Zurichtung, Namensgebung, Schriftstatistik und weitere typographische Daten. Der Dateiaufbau ist so flexibel gestaltet, daß Erweiterungen um zusätzliche Schriftdaten jederzeit möglich sind.

8.3.1 Aufbau der TrueType-Datei

Die Schriftdaten sind in der TrueType-Datei in einzelnen abgeschlossenen Datenblöcken gespeichert. Die Datenblöcke oder Tabellen werden entsprechend ihrer Bedeutung durch eine aus vier Buchstaben bestehende Kennung identifiziert. Die Bildinformation der Buchstaben befindet sich z.B. in einer als *Glyph-Data-Tabelle* bezeichneten Tabelle mit der Kennung »glyf«.

Der Zugriff auf die einzelnen Datenblöcke wird über ein Tabellenadressbuch (Table-Directory) gesteuert. Hier sind alle in der Schrift enthaltenen Tabellen unter ihrer jeweiligen Kennung mit Angabe der Blocklänge und des Byte-Abstandes vom Dateianfang zum Blockanfang aufgelistet. Zur Zeit gibt es etwa zwanzig vordefinierte Tabellentypen, von denen einige zwingend in der Schrift vorhanden sein müssen. Andere Tabellen sind optional. Weitere Tabellen können hinzugefügt werden, ohne den Zugriff auf vorhandene Tabellen zu beeinträchtigen.

Das Tabellenadressbuch am Anfang der TrueType-Datei verweist auf einzelne Datenblöcke, die sogenannten TrueType-Tabellen.

8.3.2 Die TrueType-Tabellen

head, hhea

Die *Font-Header-Tabelle* mit der Kennung »head« und die Horizontal-Header-Tabelle mit der Kennung »hhea« enthalten schriftübergreifende Daten wie Kegelhöhe, umschreibendes Rechteck der Schrift, Zeilenabstand und Verwaltungsdaten wie Herstellungsdatum, Versionsnummer, wobei sich die Daten in der Horizontal-Header-Tabelle auf ein horizontales Layout beziehen. Für vertikal gesetzte Schriften kann eine entsprechende *Vertical-Header-Tabelle* eingesetzt werden.

name

In der *Naming-Tabelle* »name« stehen verschiedene, zur Identifizierung der Schrift erforderliche Namen (Familien-, vollständiger Schriftname und Schnittbezeichnung).

glyf

Die Buchstabendaten stehen in der erwähnten Glyph-Data-Tabelle »glyf«. Hier findet man zu jedem Buchstaben einen abgeschlossenen Datenblock, der neben Konturdaten auch Instruktionen zur Konturanpassung und Informationen zur Positionierung bzw. Transformation von Teilbuchstaben enthält. Ein Buchstabe hat entweder eigene Konturdaten oder verweist auf Konturdaten anderer Buchstaben, aus denen er unter Anwendung linearer Transformationen (Umgrößern, Drehen, ...) zusammengesetzt werden kann. Ein Beispiel für *Composite-Glyphs* sind Akzentbuchstaben, die in zur Datenreduktion aus Grundbuchstaben und Akzent zusammengesetzt werden.

loca

Die Länge der Buchstabenblöcke ist variabel. Position und Länge der Blöcke sind in der *Index-To-Location-Tabelle* »loca« gespeichert. Sie enthält eine Liste aller Anfangspositionen der Buchstabenblöcke in der Reihenfolge des Auftretens in der Glyh-Data-Tabelle: die Startposition des n-ten Buchstabens steht im n-ten Element der »loca«. Die Länge ergibt sich aus der Differenz zur Startposition des nächsten Buchstabens.

Die Glyph-Data-Tabelle enthält die Konturinformation der Buchstaben und Anweisungen, wie die Konturen an das jeweilige Ausgaberaster angepaßt werden sollen.

cmap

Mit der Glyph-Data- und Index-To-Location-Tabelle hat man zunächst eine Ansammlung verschiedener Buchstaben. Um für Textausgabe auf die richtigen Buchstaben zugreifen zu können, gibt es eine *Character-To-Glyph-Index-Mapping-Tabelle* »cmap«. Sie stellt die Verbindung zwischen den im Satzsystem benutzten Buchstabennummern (z.B. ASCII-Nummern) und dem Buchstabenindex her, d.h. der Position in der »loca«.

hmtx, kern

Die Zurichtungsdaten, d.h. die Vorbreite und die Dickte der einzelnen Buchstaben, sind in einer eigenen Tabelle, der *Horizontal-Metrics-Tabelle* mit der Kennung »hmtx«, verzeichnet. TrueType-Schriften können auch Kerningdaten enthalten. Sie werden in der Tabelle »kern« gespeichert. Für Kerningtabellen gibt es verschiedene mehr oder weniger komprimierte Formate.

cvt

In einer *Control-Value-Tabelle* »cvt« können schriftübergreifende Kontrollwerte gespeichert werden. Auf diese kann bei der Konturanpassung von Buchstaben zugegriffen werden, um bestimmte Abstände über eine Schrift konstant zu halten.

fpgm

Die *Font-Program-Tabelle* »fpgm« enthält Instruktionen, die jeweils beim ersten Aufruf der Schrift ausgeführt werden. Dabei wird es sich in der Regel um Voreinstellungen handeln, die für die gesamte Schrift bei allen Schriftgrößen gleich sind.

prep

Die *Control-Value-Program-Tabelle* mit der Kennung »prep« enthält Instruktionen, die beim ersten Aufruf der Schrift und bei jedem Wechsel der Schriftgröße ausgeführt werden. Damit sollen die Kontrollwerte an die Schriftgröße angepaßt werden.

maxp

Weitere Tabellen werden für schriftübergreifende Daten und Verwaltungsinformationen zum Buchstabenzugriff benötigt.

Die *Max-Profile-Tabelle* »maxp« enthält Informationen über die Anzahl der Punkte, Konturen, Instruktionen usw., die innerhalb eines Buchstabens vorkommen: Voraussetzung für fehlerfreie Interpretation von Buchstabendaten bei Schriftausgabe.

post, OS/2

Für die Benutzung der Schrift in bestimmten Systemumgebungen sind weitere Tabellen erforderlich. Soll die Schrift z.B. auf einem PostScript-Ausgabegerät benutzt werden, so stehen die benötigten Zusatzinformationen in einer Tabelle mit der Kennung »post«. Unter MS-Windows bzw. OS/2 wird auf eine Tabelle mit der Kennung »OS/2« zugegriffen.

8.3.3 Kontur-Darstellung

Der geometrische Verlauf der Konturen wird durch eine Folge von Stützpunkten auf der Kontur (On-Curve-Points) und Kontrollpunkten außerhalb der Kontur (Off-Curve-Points) festgelegt. Das Buchstabeninnere befindet sich immer in Digitalisierungsrichtung rechts (Abb. 138).

Zwei unmittelbar aufeinanderfolgende Stützpunkte werden durch eine Gerade verbunden. Kurven werden durch eine Aneinanderreihung von Parabelstücken dargestellt. Ein Kontrollpunkt zwischen zwei Stützpunkten legt die Tangentenrichtung des Kurvenverlaufes in den Stützpunkten und damit den Verlauf eines Parabelstückes fest. Die Tangenten haben jeweils die Richtung der Verbindungsstrecke vom Stützpunkt zum folgenden Kontrollpunkt.

Längere Kurvenstücke können auch durch eine ununterbrochene Folge von Kontrollpunkten kodiert werden. In diesem Fall ergeben sich die zur Parabelbestimmung erforderlichen Stützpunkte jeweils als Mittelpunkt der Verbindungsstrecken zwischen den Kontrollpunkten, d.h. dort berührt die Kurve den von den Kontrollpunkten gebildeten Streckenzug. Mathematisch handelt es sich bei dieser Art von Kurven um quadratische B-Splines.

Kurvenzüge werden durch eine Folge von Parabelstücken dargestellt, deren Verlauf durch Stützpunkte auf und Kontrollpunkte außerhalb der Kontur festgelegt wird.

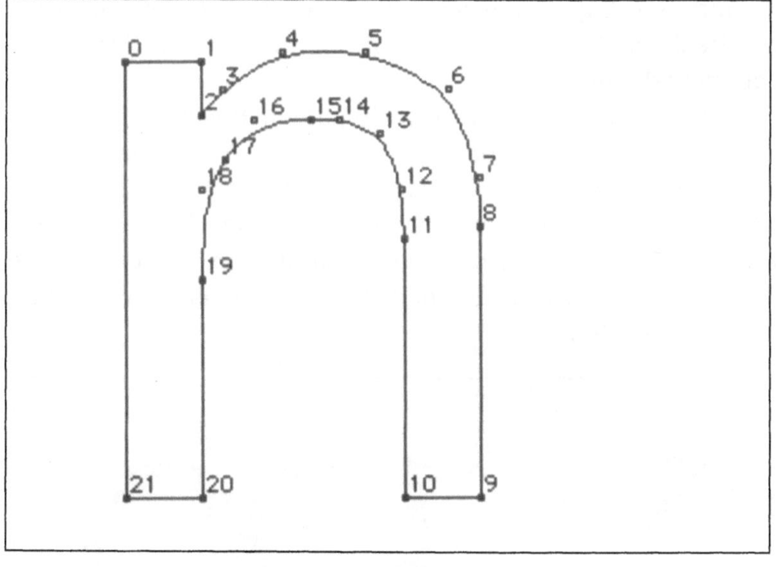

*Abb. 138
Darstellung einer Kontur durch Stützpunkte und Kontrollpunkte*

8.3.4 Scan-Converter

Das eingangs erwähnte TrueType-Rasterprogramm ist normalerweise fest im Ausgabegerät eingebaut (ROM) oder Bestandteil der Treibersoftware, die das Ausgabegerät ansteuert, hat also auf den ersten Blick nichts mit dem eigentlichen Schriftformat zu tun.

Dennoch muß in einer TrueType-Formatbeschreibung auf die Eigenschaften bzw. das Verhalten des Scan-Converters eingegangen werden. Die Intelligenz der TrueType-Schriften besteht nahezu ausschließlich in der vom Schrifthersteller programmierten Anpassung des Konturverlaufes an das Ausgaberaster. Das kann aber nur funktionieren, wenn die Art der vom Scan-Converter durchgeführten Aufrasterung möglichst genau festgelegt ist, d.h. der Schrifthersteller kann die Instruktionen nur dann sinnvoll einsetzen, wenn er sich auf das definierte Verhalten des Rasterprogrammes auf allen Ausgabegeräten verlassen kann. Die Hersteller der Ausgabegeräte müssen sich daher exakt an diese Vorgaben halten und dürfen nicht etwa versuchen, die Qualität der Schriftausgabe durch Modifikationen des Rasterprogrammes zu verbessern. Solche Verbesserungen mögen zwar für Schriften mit einer bestimmten Methode der Konturanpassung vorteilhaft sein, führen aber unweigerlich zu Problemen, sobald die Schriften mit einer völlig anderen Anpassungstechnik eingesetzt werden, die sich mit Recht auf das wohldefinierte Verhalten des Scan-Converters verlassen.

Im allgemeinen wird nach folgender Regel aufgerastert: Die Buchstabenkonturen werden auf das Ausgaberaster gelegt. Alle Rasterpunkte (Pixel), deren Mittelpunkt innerhalb der Buchstabenfläche oder genau auf einer Kontur liegen, werden eingeschaltet, d.h. sie gehören zum Rasterbild des Buchstabens und werden bei der Ausgabe entsprechend dargestellt (Abb 139).

Abb. 139
»m« mit und ohne Konturanpassung

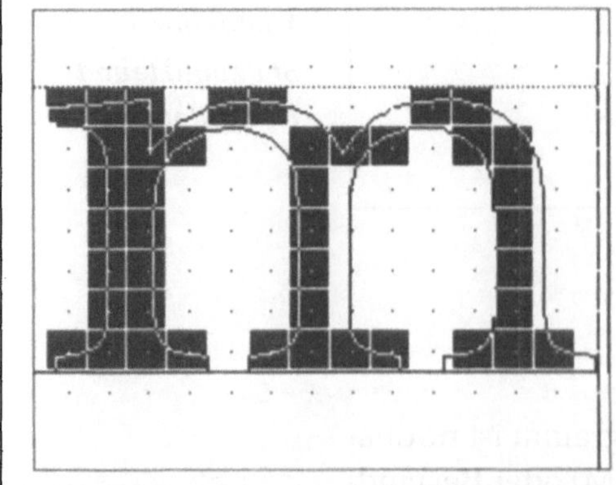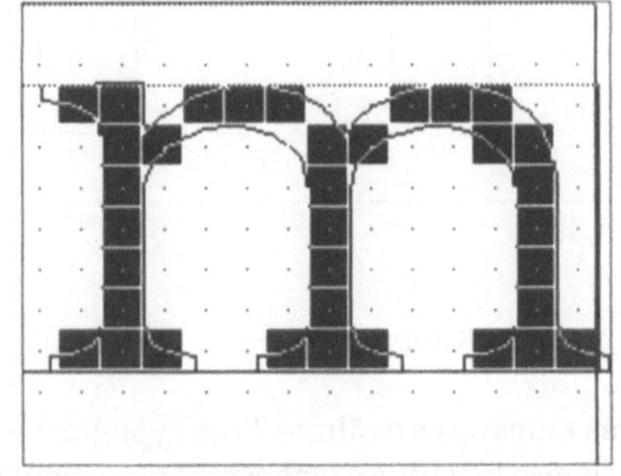

Bei diesem einfachen Verfahren können aber trotz guter Konturanpassung Lücken innerhalb des Rasterbildes entstehen (Dropout). Dies passiert insbesondere, wenn Buchstaben in sehr niedriger Auflösung bzw. kleiner Schriftgröße oder durch Transformationen (Drehung, Scherung, usw.) verzerrt ausgegeben werden sollen. Um solche Lücken zu vermeiden, kann der Scan-Converter über die Instruktionen in der Schrift in einen anderen Modus umgeschaltet werden (Scan-Control-Modus). Es gibt zwei Varianten des Scan-Control-Modus, mit denen zusätzliche Pixel eingeschaltet werden können (Abb. 140 und 141).

Die erste Variante verfährt nach folgender Regel: Wenn die Verbindungsstrecke zwischen zwei Pixelmittelpunkten von zwei gegenläufigen Konturen geschnitten wird und keines der beiden Pixel bereits nach dem einfachen Verfahren eingeschaltet ist, dann wird bei übereinanderliegenden Pixeln das untere, bei nebeneinander liegenden Pixeln das linke eingeschaltet.

Die zweite Variante benutzt dieselbe Regel mit folgender Einschränkung: Ein Pixel wird nur eingeschaltet, wenn die benachbarten Pixelverbindungen, die mit der betrachteten Verbindungslinie ein Quadrat bilden, ebenfalls von den gegenläufigen Konturlinien geschnitten werden.

Im Gegensatz zur ersten Variante schließt die zweite nur echte Lücken innerhalb der geschlossenen Fläche, setzt aber keine Pixel am Abschluß von Buchstabenteilen.

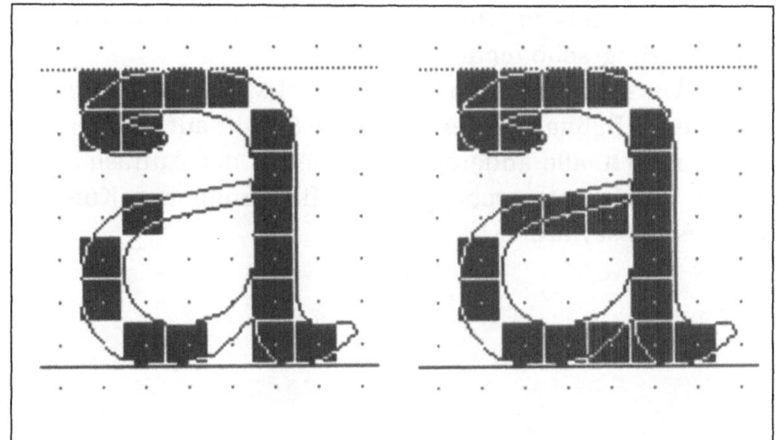

Abb. 140
Der Buchstabe »a«
ohne und mit
Dropout-Kontrolle

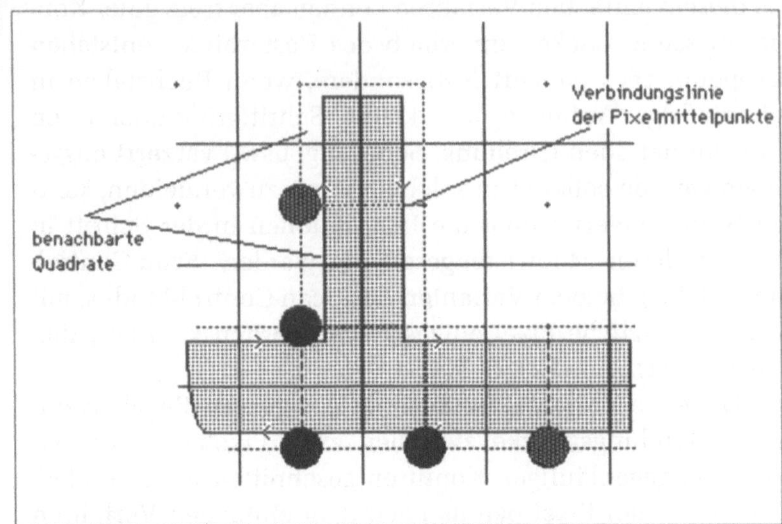

*Abb. 141
Zur Erläuterung des
Scan-Control-Modus*

Im dargestellten Fall würde das einfache Rasterverfahren keine Pixel einschalten. Die schwarz und grau gefüllten Punkte symbolisieren die Pixel, die in der ersten Variante des Scan-Control-Modus eingeschaltet werden. Die grauen Pixel werden in der zweiten Variante nicht eingeschaltet. (In der Praxis würde man hier allerdings mit der Konturanpassung auskommen.)

Der Scan-Control Modus sollte aber nur benutzt werden, wenn die Lücken anders nicht verhindert werden können. Die Aufrasterung ist zeitaufwendiger als das einfache Verfahren. Außerdem führt das willkürliche Einschalten des linken bzw. des unteren Pixels zu Unsymmetrien, die die Schriftausgabe nicht unbedingt schöner machen.

Das Umschalten in den Scan-Control-Modus ist die einzig mögliche Einflußnahme der TrueType-Schrift auf das Rasterprogramm, d.h. alle anderen Probleme bei der Aufrasterung müssen durch entsprechende Modifikationen des Konturverlaufes gelöst werden.

8.3.5 Die Instruktionen

Die in der Schrift enthaltenen Instruktionen werden vom Programm, dem *TrueType-Interpreter,* eingelesen und bearbeitet. Der folgende Abschnitt soll anhand einer Auswahl der wichtigsten Instruktionen einen allgemeinen Eindruck vom Aufbau und den damit verbundenen Datenstrukturen vermitteln.

Operatorcode

Das TrueType-Format stellt einen Satz von ca. 200 Instruktionen zur Verfügung. Jede Instruktion wird durch eine Nummer zwischen 0 und 255, dem ein Byte langen *Operatorcode* identifiziert. Der TrueType-Interpreter erkennt die jeweilige Instruktion ausschließlich an dieser Nummer. Für die Dokumentation ist es aber sinnvoll, entsprechende Namen bzw. Namenskürzel zu verwenden, die auf die Bedeutung der Instruktionen hinweisen. So verbirgt sich hinter dem Operatorcode 101 eine Instruktion, die das Vorzeichen einer Zahl umkehrt. Diese wird daher als *Negate* oder NEG bezeichnet.

Interpreter-Stack

Die meisten Instruktionen arbeiten mit Parametern. Die NEG-Instruktion muß z.B. wissen, von welcher Zahl das Vorzeichen umgekehrt werden soll, und sie muß das Ergebnis ausgeben können. Zu diesem Zweck verfügt der TrueType-Interpreter über einen speziellen Speicherbereich, den Interpreter-Stack. Hier werden die Zahlenwerte (Parameter) nacheinander eingetragen und in umgekehrter Reihenfolge wieder ausgelesen (LIFO-Struktur: **L**ast **I**n **F**irst **O**ut). Auf den Stack kann nur von den Instruktionen zugegriffen werden. Parameter, die im Instruktionsblock eines Buchstabens enthalten sind, müssen also zunächst durch spezielle Anweisungen in den Stack übertragen werden, bevor die eigentliche Instruktion folgt. Die Instruktion mit dem Operatorcode 176 überträgt z.B. das ihr folgende Byte als Zahlenwert in den Stack. Mit der Bytefolge 176,32 wird also die Zahl 32 in den Stack übertragen. Folgt dann unmittelbar der Operatorcode 101, d.h. die NEG-Instruktion, so wird das letzte in den Stack geschriebene Element, also die 32, eingelesen und vom Stack entfernt. Die NEG-Instruktion berechnet dann die Zahl mit dem umgekehrten Vor-

TrueType stellt, einer Programmiersprache vergleichbar, einen umfangreichen Satz von Instruktionen zur Verfügung, mit deren Hilfe die gewünschte Konturanpassung in weiten Grenzen programmierbar ist.

zeichen, also −32, und überträgt diese als neues letztes Element in den Stack, wo sie von der nächsten Instruktion gelesen werden kann.

Der eigentliche Zweck der Instruktionen, nämlich die Anpassung der Konturen an das Ausgaberaster, wird durch eine Verschiebung der entsprechenden Stütz- und Kontrollpunkte erreicht. Hierfür gibt es eine Reihe von Instruktionen (Move-Instruktionen), auf die jetzt eingegangen werden soll.

Freedom- und Projection-Vector

Allen diesen Instruktionen gemeinsam ist die Art, wie die Verschiebungsrichtung und der -abstand gemessen werden.

Abstände werden in Richtung des Projection-Vectors gemessen bzw. verglichen. Die Verschiebung erfolgt in Richtung des Freedom-Vectors.

Die Verschiebungsrichtung wird durch einen als Freedom-Vector bezeichneten Richtungsvektor festgelegt. Der Abstand wird aber nicht auf diesem Richtungsvektor, sondern auf einem gesonderten Vektor, dem sogenannten Projection-Vector gemessen. Der Punkt wird auf dem Freedom-Vector so verschoben, daß die Projektion der Verschiebung auf den Projection-Vector dem angegebenen Abstand entspricht (Freedom- und Projection-Vector dürfen also niemals senkrecht zueinander sein). Damit kann z.B. der Abstand einer durch zwei Punkte gegebenen schrägen Linie zu einer parallel dazu liegenden Referenzlinie variiert werden, ohne die Richtungen anderer Linien zu beeinflussen (Abb. 142).

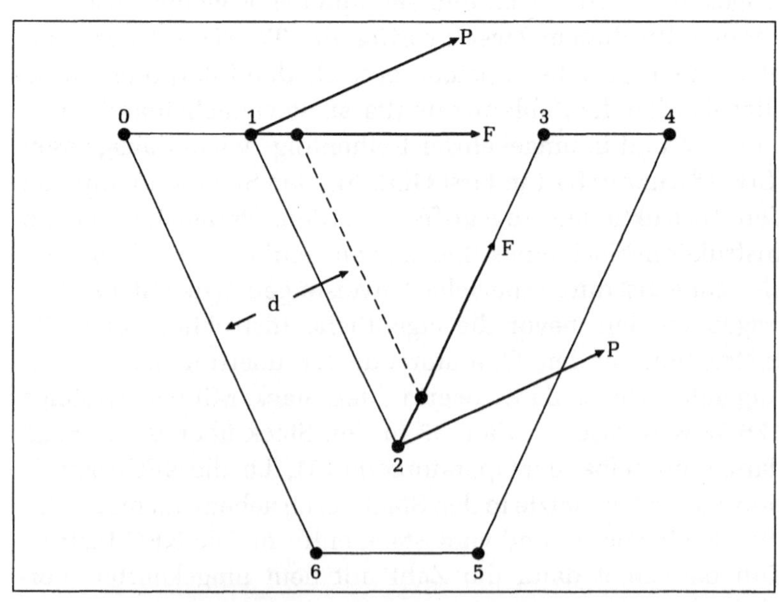

*Abb. 142
Einstellung von Freedom-Vektor (F) und Projection (P) Vektor zur Kontrolle der Stärke (d) eines schrägen Balkens. Die Punkte 1 und 2 werden verschoben, ohne die Richtung der Strecken 0...1, 1....2 und 2....3 zu beeinflussen.*

Graphics-State

Eine Reihe von Instruktionsparametern sind in einem weiteren vom Interpreter bereitgestellten Bereich, dem Graphics-State gespeichert. Dabei handelt es sich um Größen, die mit einem bestimmten Wert vorbelegt sind und im allgemeinen über eine längere Folge von Instruktionen konstant bleiben. Sie brauchen dann nicht jedesmal über den Stack eingegeben zu werden.

Die eigentliche Konturanpassung erfolgt durch die kontrollierte Verschiebung der Stütz- und Kontrollpunkte mit Hilfe der sogenannten Move-Instruktionen.

Diese Graphics-State-Variablen können nur über speziell dafür vorgesehene Instruktionen umgestellt werden. Freedom- und Projection-Vector sind solche Variablen. Die Instruktion SFVTL (Set Freedom Vector To Line, Operatorcode 8) stellt z.B. den Freedom-Vector parallel zu einer Linie ein, die durch zwei auf dem Stack angegebene Punkte festgelegt wird.

Move-Instruktionen

Der Verschiebungsabstand wird bei den meisten Instruktionen nicht direkt als Parameter eingegeben. Er müßte dann in den meisten Fällen auch erst umständlich berechnet werden. Vielmehr ergibt er sich aus den Zielvorgaben der jeweiligen Verschiebungsinstruktion. Wie das funktioniert, soll an der Balkenkontrolle des kleinen »m« in Abb. 139 erläutert werden.

In der nicht angepassten Aufrasterung sind die drei Balken des »m« unterschiedlich breit. Der erste ist zwei Pixel breit, die beiden anderen sind jeweils ein Pixel breit. Die Balkenstärke in der nicht gerasterten Kontur beträgt etwas mehr als ein Pixel. Dadurch können sich an manchen Stellen (erster Balken) zwei Pixelmittelpunkte, an anderen Stellen (zweiter Balken) nur ein Pixelmittelpunkt innerhalb des Balkens befinden. Das führt bei der Aufrasterung zu den unterschiedlichen Balkenstärken.

MDAP-Instruktion

Die Verschiebungsinstruktion MDAP (**M**ove **D**irect **A**bsolute **P**oint, Operatorcode 47) hat die Zielvorgabe, einen Punkt auf dem Freedom-Vector so zu verschieben, daß seine Projektion auf den Projection-Vector ein ganzzahliges Vielfaches des Pixelabstandes ist. Damit wird in Abb. 139 die linke Begrenzungslinie des linken Balkens, d.h. alle Punkte auf dieser Linie, in X-Richtung auf die nächste Pixelgrenze verschoben. Free-dom- und Projection-Vector zeigen hier in X-Richtung.

Round-State

Absolute Move-Instruktionen verschieben die Punkte unabhängig von der Verschiebung anderer Punkte.

Mit der MDAP- und anderen Instruktionen wird aber nicht zwangsläufig auf die Pixelgrenze gerundet. Die Art des Run-dens wird durch eine als *Round-State* bezeichnete Graphics-State-Variable festgelegt. Es kann z.B. auf Halbgitterabstände gerundet werden oder auf die Pixelmitte statt auf die Pixel-grenze. Durch Angabe einer Rundungsperiode, einer Phase und Schwelle (Threshold) ist man dabei sehr flexibel (Abb.143).

MDRP-Instruktion

Der rechte Balkenrand, d.h. alle Punkte darauf, soll jetzt so ver-schoben werden, daß sein Abstand zum bereits angepaßten linken Rand, also die Balkenstärke, dem auf Pixeleinheit ge-rundeten Abstand in der Originalkontur entspricht, also ein Pixel. Wenn mit allen Balken so verfahren wird, ist sicherge-stellt, daß in der Originalkontur gleichstarke Balken diese Eigenschaft auch nach der Aufrasterung behalten. Diese Art

Abb. 143
Rundungspositionen bei Variation der Parameter Periode, Phase und Schwelle in x-Richtung. Die Periode ist der Ab-stand der gerundeten Werte untereinander, gemessen in Pixelabständen. Die Phase ist der Ab-stand der gerundeten Werte vom ganz-zahligen Vielfachen der Periode. Die Schwelle gibt an, ab welcher Position auf den nächsten Wert gesprungen wird.

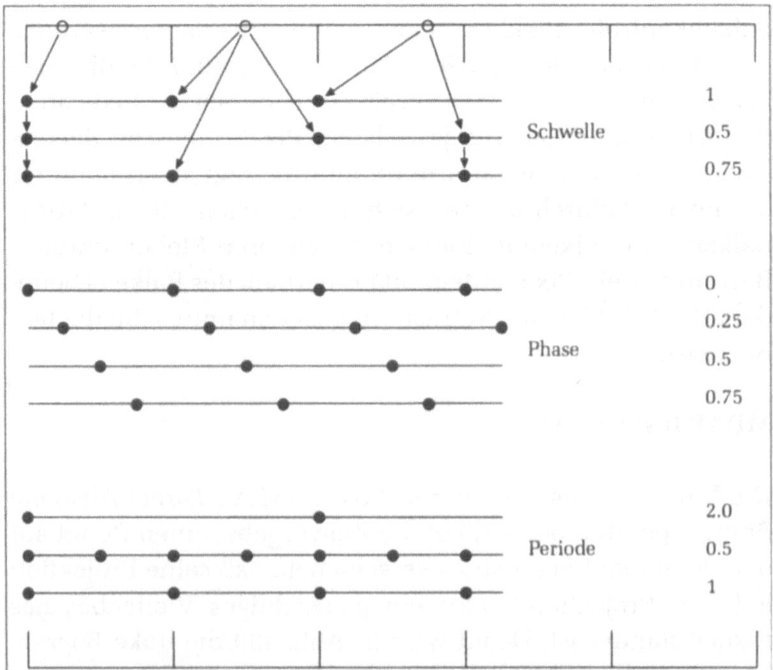

der relativen Verschiebung wird von der MDRP-Instruktion geleistet (**M**ove **D**irect **R**elative **P**oint, Operatorcode 204).

Referenzpunkte

Der Index des zu verschiebenden Punktes wird, wie bei der MDAP-Instruktion, über den Stack eingegeben. Der Referenzpunkt auf den sich die Relativverschiebung bezieht, hier also ein Punkt auf dem linken Balkenrand, steht in der Graphics-State-Variablen rp0 (Referenzpunkt 0). Er kann vorher explizit mit einer speziellen Instruktion auf den gewünschten Index gesetzt werden. Normalerweise wird er aber von einer vorhergehenden Verschiebungsinstruktion automatisch belegt. Die beschriebene MDAP-Instruktion setzt rp0 z.B. automatisch auf den Index des von ihr verschobenen Punktes.

Minimum-Distance

Die genannte MDRP-Instruktion sorgt außerdem dafür, daß der Abstand zum Relativpunkt mindestens so groß oder größer als eine *Minimum-Distance* genannte Graphics-State-Variable bleibt. Mit Minimum-Distance = 1 bleibt der Balken immer mindestens ein Pixel stark, kann also nicht verschwinden. (Es gibt auch eine MDRP-Variante, die die Minimum-Distance nicht einhält).

Single-Width

Mit dem bisher geschilderten Verfahren werden Balken, die in der Originalkontur exakt gleich stark sind, in gleicher Pixelstärke gerastert. Balken mit nur leicht voneinander abweichenden Stärken ergeben dagegen ein sehr unregelmäßiges Schriftbild, insbesondere bei kleinen Schriftgrößen bzw. niedriger Auflösung, wo Unterschiede von einer Pixelbreite im Rasterbild schon wesentlich sind. Kleine Abstandsunterschiede werden dann stark überhöht wiedergegeben. 1,5 Pixel breite Balken werden z.B. 2 Pixel stark, 1,4 Pixel breite Balken nur ein Pixel stark gerastert. Mit der MDRP-Instruktion kann dieser Effekt unterdrückt werden, indem unterhalb einer bestimmten Ausgabegröße sämtliche Balken aller Buchstaben auf eine einheitliche Stärke gesetzt werden, die als *Single-Width-Wert* im Graphics-State gespeichert ist.

Mit relativen Move-Instruktionen kann der Abstand eines Punktes zu einem Referenzpunkt z. B. auf ein ganzzahliges Vielfaches des Pixelabstandes im Zielgitter gerundet werden.

Single-Width-Cut-In

MDRP prüft, ob der Relativabstand, d.h. die Balkenstärke in der Originalkontur, von dem Single-Width-Wert um weniger als eine weitere Graphics-State-Variable, dem *Single-Width-Cut-In-Wert,* abweicht. In diesem Fall wird anstelle des Originalabstandes der Single-Width-Wert benutzt. Balkenstärken in der Nähe dieses Wertes (gemessen in Pixelbruchteilen, d.h. umso mehr Balken, je kleiner die Schriftgröße) erhalten alle denselben Wert. Man beachte, daß es sich dabei um eine schriftübergreifende Kontrolle handelt, da alle Buchstaben mit denselben Graphics-State-Variablen arbeiten können. Der Cut-In-Wert beeinflußt die Schriftgröße, unterhalb welcher diese Balkenangleichung zum Tragen kommt.

Direkte Move-Instruktionen arbeiten grundsätzlich mit den Abständen und Koordinaten aus der Originalkontur.

MIRP-Instruktion

Die Single-Width-Kontrolle ist eine geeignete Abstandskontrolle für sehr kleine Schriftgrößen bzw. sehr niedrige Auflösung, wo die kontrollierten Abstände in der Größenordnung von ein bis zwei Pixelbreiten im Rasterbild liegen. Oberhalb einer bestimmten Größe, bei der die schrifttypischen Abstandsunterschiede mit der Differenz von einem Pixel wieder sinnvoll dargestellt werden können, sollte sie durch Wahl des Cut-In-Wertes unwirksam werden. In diesem Größenbereich ist es eher sinnvoll, die unterschiedlichen Balken (oder andere Abstände) zu Gruppen ähnlicher Stärke zusammenzufassen, die jede für sich auf einen bestimmten Wert gezwungen werden. Anstelle der MDRP-Instruktion muß dazu die MIRP-Instruktion (**M**ove **I**ndirect **R**elative **P**oint, Operatorcode 236) eingesetzt werden.

Control-Value-Cut-In

MIRP prüft, ob der Relativabstand, d.h. die Balkenstärke in der Originalkontur, von einem in der Control-Value-Tabelle festgelegten Wert, der über seinen Index auf dem Stack parametrisiert wird, um weniger als einem im Graphics-State gespeicherten *Control-Value-Cut-In-Wert,* gemessen in Pixelbruchteilen, abweicht. In diesem Fall wird anstelle des Originalabstandes der Kontroll-Wert benutzt. Ansonsten wird genau wie bei der MDRP-Instruktion verfahren. Abstände in der

Umgebung des Kontrollwertes werden unterhalb einer bestimmten Ausgabegröße auf denselben Pixelwert gezwungen. Die Single-Width-Kontrolle bleibt weiterhin wirksam, d.h. der gewählte Abstand (entweder Originalabstand oder Kontrollwert) wird noch einmal wie der Originalabstand bei der MDRP-Instruktion behandelt, also eventuell durch den Single-Width-Wert ersetzt.

Abstandskontrolle

Zusammenfassend heißt das, daß bei hoher Auflösung die Unterschiede der Abstände nicht kontrolliert, sondern wie beim Entwurf der Schrift beabsichtigt wiedergegeben werden Mit abnehmender Auflösung bzw. Ausgabegröße setzt zunehmend die Kontroll-Werte-Angleichung ein, d.h. Abstände werden gruppenweise kontrolliert. Zum Schluß, bei kleinen Ausgabegrößen, werden alle Balken auf den Single-Width-Wert gezogen. Bei den erwähnten Abständen muß es sich übrigens nicht zwangsläufig um Balkenstärken handeln. Auf ähnliche Weise können auch Breite und Höhe von Serifen oder Einbuchtungen in den Balken (Flex-Kontrolle) kontrolliert werden.

Twilight-Punkte

Manchmal sollen Abstände kontrolliert werden, die nicht relativ zu einem Referenzpunkt gegeben sind. Der Überhang an der Versalhöhe kann kontrolliert werden, auch wenn in dem jeweiligen Buchstaben auf der Versalhöhe selbst gar kein Punkt vorhanden ist. Für solche Fälle können Hilfspunkte, sogenannte *Twilight-Punkte*, definiert werden, die genau wie die in den Buchstaben vorhandenen Punkte bewegt und als Referenzpunkte benutzt werden können. Die verfügbare Anzahl solcher Punkte wird in der Max-Profile-Tabelle festgelegt.

MIAP-Instruktion

Zum Abschluß soll noch die MIAP-Instruktion (**M**ove **I**ndirect **A**bsolute **P**oint, Operatorcode 63) erwähnt werden. Sie wirkt ähnlich wie die MDAP-Instruktion, kann aber anstelle der Originalkoordinate einen Wert aus der (schriftübergreifenden) Control-Value-Tabelle übernehmen. Die Wirkung der vier Move-Instruktionen ist in Abb. 144 und Abb. 145 dargestellt.

Indirekte Move-Instruktionen greifen auf Koordinaten und Abstandswerte aus der Control-Value-Tabelle zu. Mit ihrer Hilfe können typographische Abstände wie Balkenstärke und Positionen, aber auch Minuskel- und Versalhöhe für die gesamte Schrift vereinheitlicht werden.

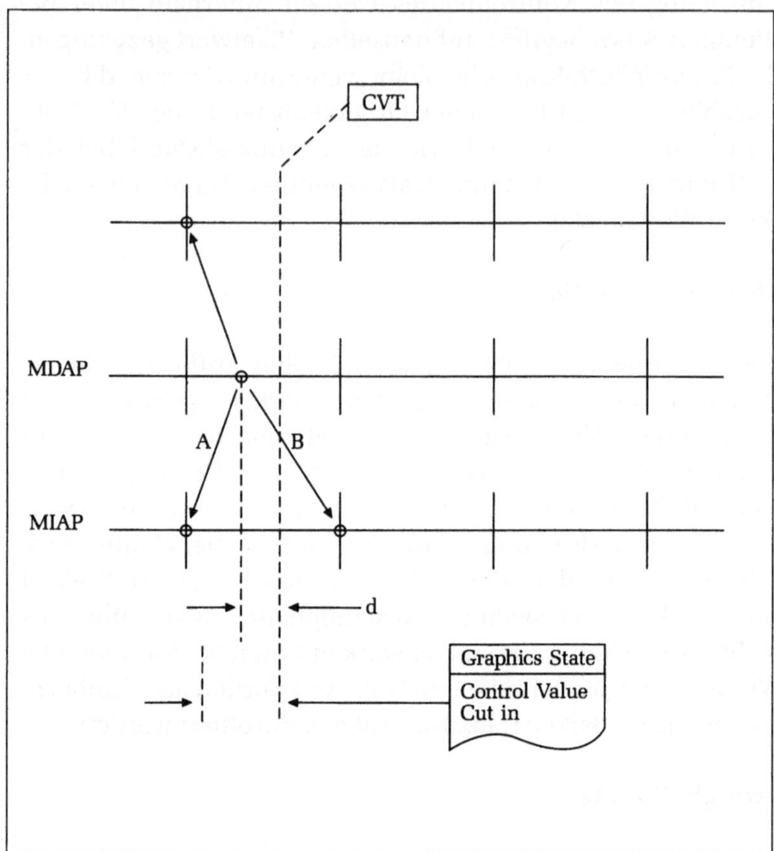

*Abb. 144
Absolute
Move-Instruktionen
(Freedom- und
Projections-Vektor
in X-Richtung)*

MDAP (= **M**ove **D**irect **A**bsolute **P**oint) rundet grundsätzlich die Originalkoodinate (Fall A)
MIAP (= **M**ove **I**ndirect **A**bsolute **P**oint) übernimmt einen Wert aus der (schriftübergreifenden) Control-Value-Tabelle (cvt), wenn der Abstand der Originalkoordinate von diesem Wert gemessen in Pixelabständen kleiner als der Control-Value-Cut-In-Wert aus dem Graphics-State ist (Fall B).

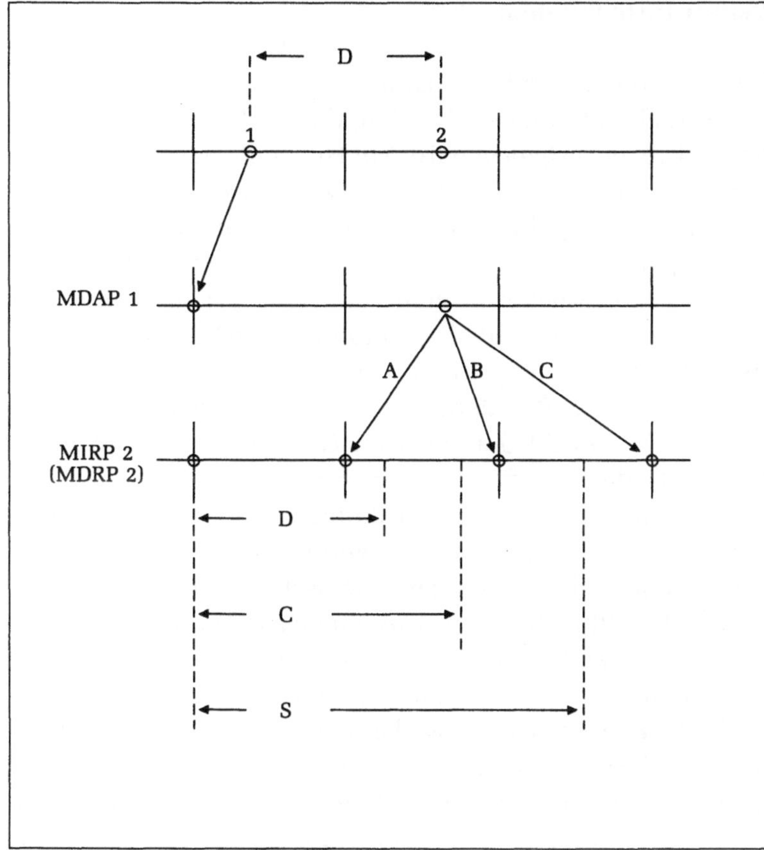

Abb. 145
Relative
Move-Instruktionen
(Freedom- und
Projections-Vektor
in x-Richtung)

MDRP (= **M**ove **D**irect **R**elative **P**oint) stellt den Abstand zu einem z.B. mit MDAP verschobenen Referenzpunkt auf den (gerundeten) Originalabstand (D) ein (Fall A).

MIRP (= **M**ove **I**ndirect **R**elative **P**oint) übernimmt einen Abstandswert (C) aus der Control-Value-Tabelle, wenn dieser vom Originalabstand um weniger als dem Control-Value-Cut-In-Wert, gemessen in Pixelabständen, abweicht (Fall B).

Beide Instruktionen greifen schließlich auf den Single-Width-Wert (S) zurück, wenn der gewählte Abstand (Original oder Kontroll-Wert) vom Single-Width-Wert um weniger als dem Single-Width-Cut-In-Wert, gemessen in Pixelabständen, abweicht (Fall C).

Weitere Instruktionen

Außer dem Stack und dem Graphics-State gibt es noch einen frei verfügbaren Speicherbereich, dessen Länge in der Max-Profile-Tabelle festgelegt wird. Mit Hilfe entsprechender Lese- und Schreibinstruktionen kann er zur Aufnahme beliebiger, auch schriftübergreifender Daten benutzt werden.

Der Ablauf der Instruktions-bearbeitung kann durch bedingte Ausführung von Instruktionsblöcken beeinflußt werden. Auch Unter-programme sind möglich.

Es gibt Instruktionen zum Lesen und Schreiben in der Control-Value-Tabelle: die zum Teil schon erwähnten Instruktionen zum Zugriff auf die Graphics-State-Variablen sowie Instruktionen zum Zugriff auf weitere interne Daten, wie die Koordinaten von Punkten, den Abstand zwischen Punkten, die aktuelle Anzahl der Pixel im Geviert bzw. die aktuelle Punktgröße der Schrift.

Mit einer Reihe von Instruktionen kann der Inhalt des Interpreter-Stacks manipuliert werden, d.h. Stackelemente können umgeordnet, kopiert und gelöscht werden.

Es gibt arithmetische Instruktionen zur Addition, Subtraktion, Multiplikation und Division von Zahlen, Rundungsfunktionen usw. Der Programmablauf, d.h. die Reihenfolge der Instruktionsbearbeitung, kann durch bedingte Ausführung (IF/ELSE-Struktur) von Instruktionsblöcken bzw. absoluten Spranganweisungen nach entsprechenden logischen Vergleichen gesteuert werden. Außerdem können Unterprogramme bzw. weitere Instruktionen definiert werden.

Ein Ausgleich für weiß- oder schwarzschreibende Ausgabegeräte ist möglich, indem für schwarze bzw. weiße Abstände unterschiedliche Varianten der Move-Instruktionen benutzt werden.

Wichtig sind auch die Interpolationsinstruktionen, mit denen noch nicht berührte Punkte zwischen den bereits verschobenen Nachbarpunkten interpoliert werden können, um das gleichmäßige Erscheinungsbild der Konturen zu erhalten. Mit einer *Adjust-Angle* (AA) genannten Instruktion kann eine Neigung von schrägen Linien auf eine möglichst kurze Wiederholungsperiode der Stufung im Ausgaberaster angepaßt werden.

Eine weitere erwähnenswerte Gruppe sind die Delta-Instruktionen. Damit können bei bestimmten Schriftgrößen (in Pixeleinheiten) Punkte um bestimmte Abstände verschoben bzw. Kontrollwerte um bestimmte Werte verändert werden, um gezielt Pixel ein- oder auszuschalten.

Bewertung

Alle Instruktionen, die die Kontur betreffen, bewegen sich auf rein geometrischer Ebene. Typographische Begriffe wie Balken, Serifen usw. kommen nicht vor. Es liegt in der Hand des Schriftherstellers, welche schrifttypischen Merkmale erkannt werden und wie deren Aufrasterung mit den verfügbaren Instruktionen kontrolliert wird. Dieses hohe Maß an Flexibilität wird durch einen zur Zeit noch erheblichen Aufwand bei der Produktion der Schriften erkauft.

8.4 F3-Unix

von Jochen Lau

Der vierte in diesem Buch vorgestellte Standard für »intelligente Outline-Fonts« ist das F3-System von Sun Microsystems. Die F3-Sprache ist eine allgemeine Programmiersprache, die speziell für die Beschreibung von geometrischen (Buchstaben-) Formen und deren Umrechnungen für die optimale Wiedergabe auf Rastergeräten verschiedener Auflösungen eingesetzt wird.

Ursprünglich wurde diese Technik von Folio entwickelt, einer von einigen ehemaligen Mitarbeitern der Firma Imagen gegründeten Firma. Aus dieser Zeit stammt auch die Bezeichnung F3-Format für Folio-Font-File-Format. Mit beginnendem *F3, ein* Erfolg wurde Folio dann von SUN übernommen, so daß die F3- *Sun-Produkt* Technik heute in den Sun-Produkten OpenWindows (graphische Bedienoberfläche), NeWSprint (Druckertechnik) und TypeScaler implementiert ist. TypeScaler ist ein Programm, das aus den F3-Fonts Bitmaps für die Darstellung auf verschiedenen Ausgabegeräten berechnet und somit vergleichbar ist mit ATM von Adobe oder NIMBUS von URW.

Um die bereits mehrfach angesprochenen Probleme beim Rastern von Outline-Schriften für niedrige Auflösungen zu überwinden, werden die Schriften in der F3-Sprache kodiert. *zweistufiger Prozeß* Diese werden vom F3-Interpreter an das Zielgitter angepaßt, *Interpreter +* wobei zum Beispiel Balken gleicher Stärke erhalten bleiben. *Rasterizer* Die so modifizierte Konturenbeschreibung wird dann vom F3-Rasterizer in eine Bitmap gerastert. Hierbei wird unter anderem auch dafür gesorgt, daß keine Löcher (dropouts) entstehen.

Buchstabenkonturen

Die Konturen der Buchstaben einer F3-Schrift werden als geschlossene Kurvenzüge mit Geraden, kubischen Beziér-kurven oder Kegelschnitten beschrieben. Im Gegensatz zu den anderen in diesem Kapitel beschriebenen Techniken läßt F3 in einem Buchstaben eine Beschreibung von gekrümmten Linien mit Hilfe von zwei verschiedenen mathematischen Verfahren zu.

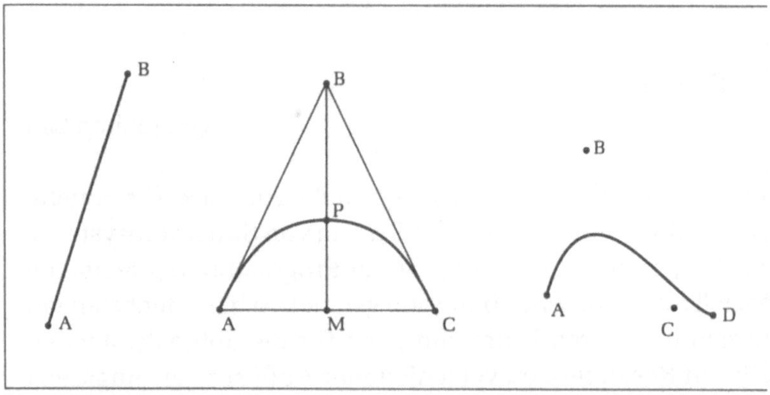

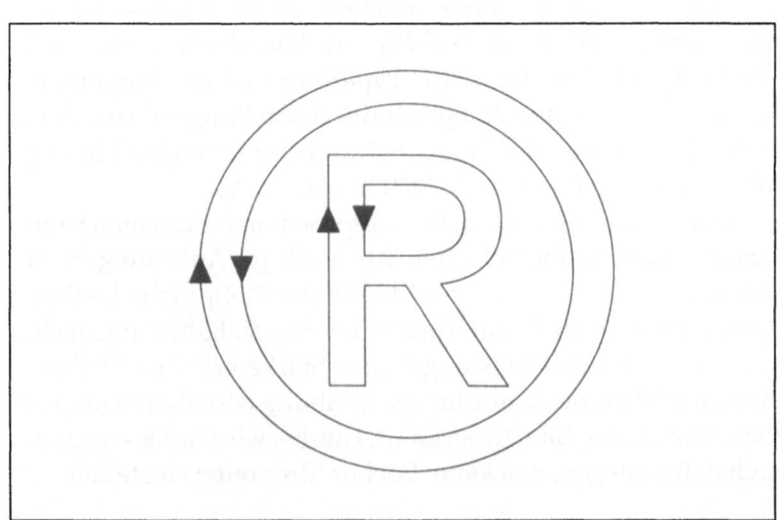

*Abb. 146
Beispiele für
Gerade,
Kegelschnitt und
Bézier-Kurve*

Ähnlich wie in anderen Systemen wird vorausgesetzt, daß die Konturen einen gegenläufigen Drehsinn haben und sich nicht selbst schneiden, damit der Rasterizer die Flächen richtig füllen kann. Standardmäßig soll die äußere Kontur im Uhrzeigersinn laufen.

*Abb. 147
Gegenläufiger
Drehsinn für
Außenkontur ist
erforderlich.*

F3-Programme

Während in PostScript-Type1- und NIMBUS-Schriften beschreibende Informationen zur Identifikation von besonders
zu behandelnden Buchstabenteilen wie Balken verwendet
werden, fehlen solche Anlehnungen an typographische Begriffe in F3 mehr noch als in TrueType. Die von amerikanischen Schriftherstellen gern benutzte Bezeichnung »Schrift-
programm« trifft hier wohl am ehesten zu.

Ein Buchstabe ist ein F3-Programm.

Mit Hilfe eines Programmes in der F3-Sprache wird gewis-
sermaßen die »Masteroutline« des Buchstabens beschrieben.
Neben den Punkten, die die Konturen beschreiben, sind hierin auch die Anweisungen enthalten, wie diese Punkte umzurechnen sind beim Generieren der Konturbeschreibung des
Zeichens in Rasterkoordinaten. Diese Zielkontur wird beschrieben in einem System, dessen Achsen parallel zu den
Zeilen und Spalten des Zielrasters sind und dessen Einheiten
der Pixelgröße entsprechen; sie enthält außer den Konturdaten
keine weitere Information. Zur Durchführung dieser Berechnung hat das Programm Zugriff auf eine Transformationsmatrix, die den Zusammenhang zwischen den Buchstaben-
koordinaten und den Rasterkoordinaten angibt, und die vom
Interpreter als einziger Eingabeparameter mitgegeben wird.

Es gibt keine Vorschriften, wie ein F3-Programm aufge-
baut sein muß. Im einfachsten Fall würde es lediglich die
Koordinatentransformation ausführen, wobei allerdings die
erwähnten Rastereffekte auftreten. Die Allgemeinheit der
Sprache läßt es aber zu, beliebige Algorithmen zur optimalen
Anpassung der Outline an das Zielgitter zu implementieren.
So könnte man zum Beispiel die Berechnungen, die im NIM-
BUS implizit bei der Interpretation einer Balkeninstruktion
ablaufen, als Teil eines Programmes in einer F3-Schrift programmieren. Ähnlich wie in TrueType ist also alle »Intelligenz«
einer Schrift in ihr selbst enthalten.

F3 erlaubt beliebige Algorithmen.

Als Ergebnis liefert das F3-Programm auf dem Stack
Felder ab, die die an das Raster angepaßte Outline beschreiben. Es handelt sich um die Dickte des Zeichens (auto advance
vector), die Ursprungsverschiebung (origin displacement vector), das Hüllrechteck (bounding box) sowie konturweise die
Typen der Kurvensegmente und die Konturpunkte.

Ergebnisse auf dem Stack

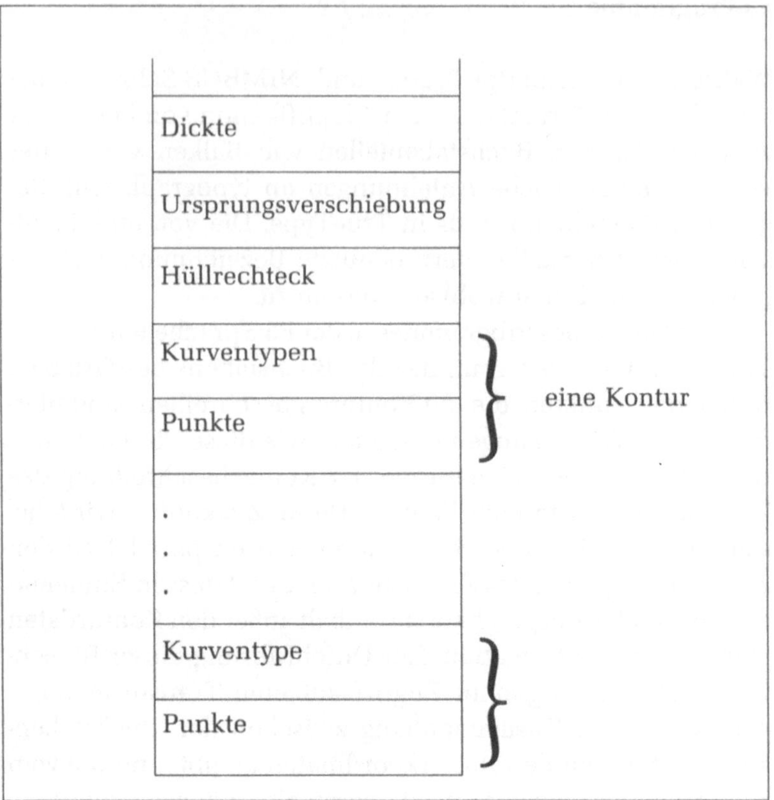

Abb. 148
Ergebnis des
Interpreterlaufs

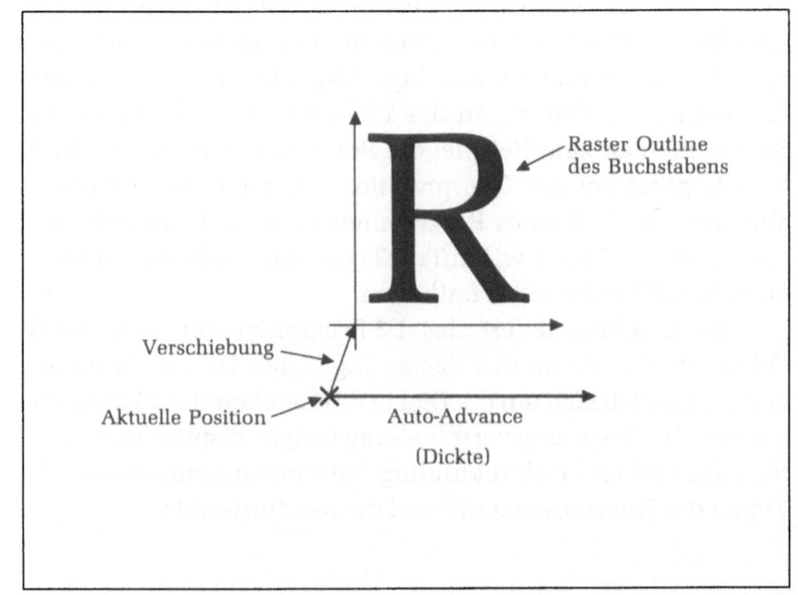

Abb. 149
Bildliche
Darstellung
des Ergebnisses

Die F3-Sprachelemente

Die Anweisungen einer in F3 kodierten Schrift werden als Folge von binären Bytes gespeichert. Generell werden die Sprachelemente durch eine Kennung im ersten Byte und zugehörigen Folgebytes angegeben.

Zahlen können in verschiedenen Formaten angegeben werden, als kurze und 16-Bit lange ganze Zahlen, als 2-Byte- und 4-Byte-Gleitkommazahlen, und es können Felder dieser Typen definiert werden. Weiter können Prozeduren gebildet werden, die aus folgenden Typen von einfachen Operatoren zusammengesetzt sein können:

- Operatoren zur Bearbeitung von Feldern (wie Anlegen, Größe ermitteln)
- Zuweisungsoperatoren (wie Werte in Speicherzellen legen, aus diesen holen)
- Stackoperatoren (wie push, pop)
- Numerische und logische Operatoren (arithmetische Operatoren wie +, − und Funktionen wie sin, cos)
- Kontrolloperatoren (wie Bedingungen, Schleifen)
- Graphische Operatoren (wie TRANSFORM: wendet die Transformationsmatrix auf einen oder mehrere Punkte an, PIXRATIO: gibt geräteabhängig das Verhältnis zwischen dem idealen und dem realen Pixel des Gerätes an und kann so zur Verbesserung des Ergebnisses herangezogen werden).

Eine detaillierte Beschreibung der Wirkungsweise der einzelnen Operatoren und mit welchen Werten sie kodiert werden, findet man in (Lit. SU 91).

Das F3-Font-File-Format

Generell besteht ein F3-Font aus einem Schriftkopf, einer Indextabelle für den Zeichenzugriff, einer Präambel und mindestens einem Buchstaben.

Der Schriftkopf enthält im wesentlichen die Adressen der übrigen Schriftbestandteile und das umschreibende Rechteck aller Zeichen.

Die Präambel und die Schriftzeichen sind als F3-Programme im oben beschriebenen Sinne abgelegt. Wenn ein Zeichen gerastert wird, so wird immer zunächst die Präambel

Präambel zur Berechnung globaler Daten

ausgeführt. Sie kann daher benutzt werden, um zeichenübergreifende Daten und Operatoren bereitzustellen.

Die F3-Font-Files enthalten außer der Konturenbeschreibung und den Anweisungen für die Skalierung neben der Zeichendickte keine weiteren Informationen. Um diese für Anwendungsprogamme bereitzustellen, gehören zu einem F3-Font weitere Files.

Buchstaben-nummern, keine Namen

Der Zugriff auf die Schriftzeichen erfolgt, im Gegensatz zu PostScript, über eine eindeutige Nummer, die als Index für die Zugriffstabelle verwendet wird. Im F3-Map-File werden die in der Schrift enthaltenen Zeichen und ihre Zuordnung zu den PostScriptnamen angegeben.

Metrik im AFM-File

Angaben über die Zurichtung der Schrift wie Vor- und Nachbreiten oder Kerning werden ebenfalls in einem gesonderten File geliefert. Hier verzichtet F3 auf ein eigenes Format; es wird das AFM-Format (Adobe Font Metric) verwendet. Die Verwendung der AFM-Struktur erfordert das Vorhandensein der F3-Map-Files, da im F3-Font die Zeichen über ihre Nummer, im AFM-File aber über ihren Namen angesprochen werden.

Kapitel 9

Erkenntnisse

W ir befassen uns jetzt schon achtzehn Jahre lang mit digitalen Formaten. Sieben Jahre nach der Erfindung der CRT-Maschine durch Dr. Hell haben wir also damit begonnen. Wir können froh darüber sein, daß wir uns zuerst mit der Steuerung von Zeichenmaschinen befassen mußten, um die Mutterbuchstaben für den Photosatz zu schneiden, uns also wegen der großen und genauen Darstellung von Anfang an der Qualität der digitalen Schriftwiedergabe widmen mußten. Bei den meisten Setzmaschinen beträgt die maximale Schreibgröße etwa 3,1 cm, bei Zeichenmaschinen sind 10 cm eine normale Höhe und erst 100 cm gelten als groß.

Dadurch haben wir die optimale Datenbasis entdeckt. Wir haben lange gezögert, laut auszusprechen, daß das IKARUS-Format das einzig richtige für diesen Zweck darstellt, denn wir haben anfangs nicht glauben können, daß in der Speicherung von Handdigitalisierungen schon das zweckmäßigste Vorgehen liegt. Uns ist dies lange Zeit als zu einfach erschienen: Es sind ja für die Konzeption keine großen Überlegungen nötig gewesen.

IKARUS-Format enthält keine Mathematik.

Wahrscheinlich kommt jeder, der sich mit Graphik beschäftigt, darauf, die drei Punktarten (Ecken, Tangenten und Kurven) zu unterscheiden. Dies ist vornehmlich beim Analysieren von Buchstabenrändern ganz natürlich. Anfangspunkte haben als vierte Punktart bei uns nur die Bedeutung, einzelne geschlossene Ränder (zum Beispiel hat der Buchstabe »O« zwei Ränder) voneinander unterscheidbar zu machen.

Die Kodierung für die IKARUS-Punkte ist ebenfalls denkbar einfach. Wir verschlüsseln die X- und Y-Koordinaten mit zwei Worten und die Punktart darin mit 2 Bit, also pro Punkt 4 Bytes (siehe Anhang H).

In den Diskussionen mit kritischen Anwendern ist ein weiteres Argument für das IKARUS-Format entstanden: Die Handdigitalisierungen werden fast automatisch zu einem

Minimum an Punkten führen, weil die Menschen sich gern Arbeit ersparen. Fast selbstverständlich wird das IKARUS-Verfahren damit zu der Methode, die mit den wenigsten Konturpunkten zur Wiedergabe eines wie auch immer gezeichneten Originalbuchstabens auskommt. Dabei ist es unerheblich, welches Darstellungsverfahren zur glatten und kurvigen Verbindung der Handdigitalisierungen verwendet wird. Nach wie vor meinen wir, daß neben unserem Verfahren (IK-Interpolation) die Spline-Interpolationen und die Bézier-Darstellung brauchbar sind. Wir haben im Kapitel 6.3. die IK-Interpolation beschrieben und auch erklärt, warum wir es bei unserer Methode belassen.

Solche Überlegungen haben dazu geführt, weitere Eigenschaften von Formaten näher zu untersuchen.

9.1 Eigenschaften von Formaten

Wir listen hier die Eigenschaften von Formaten in der Reihenfolge auf, wie sie in ihrer kurzen Geschichte das Interesse der Techniker auf sich gezogen haben.

E0: Elektronik (Geschwindigkeit)
Kosten für die Elektronik zur Generierung von Steuersignalen.

E1: Speicherbedarf (low res)
Speicherbedarf für grobe Auflösungen.

E2: Speicherbedarf (high res)
Speicherbedarf für feine Auflösungen.

E3: Umgrößern
Möglichkeit, verschiedene Schriftgrößen aus einer Mutter zu berechnen (sizing).

E4: Transformation
Möglichkeit zum Verschieben, Rotieren, Kursivieren und Verformen.

Diesen allen bekannten Eigenschaften haben wir weitere hinzugefügt:

E5: Eingabe
Eingabe so einfach wie möglich.

E6: Benutzerfreundlichkeit
Einfache Datenstruktur zur leichten Korrektur.

E7: Ausgabe
Genaue Wiedergabe auf Flachbettzeichenmaschinen,
um den Vergleich mit dem Original und die Ausgabe
von Beschriftung in Klebefolien zu erlauben.

E8: Soft-Scanning
Genaue, geschlossene mathematische Darstellung, um
durch Berechnung zu anderen digitalen Formaten
als Bitmaps, Vektorformaten oder Lauflängenkodes
zu kommen.

E9: Programmierfreundlichkeit
Kostengünstige Programmierung von Modifikationen;
leichte Konversion in neue Maschinenformate.

In nachstehender Tabelle werden die Eigenschaften der einzelnen Formate wie folgt bewertet:

15	=	sehr gut
8	=	befriedigend
0	=	nicht befriedigend

Dabei sind Eigenschaftsgruppen mit Untersummen für

- Maschinenformat   (E0...E2),

- Setzmaschinenformat   (E0...E4),

- Datenbasis   (E5...E9)

gebildet worden.

In der Vergangenheit sind besonders die Eigenschaften E0 und E1 beachtet worden. Also widmen wir ihnen auch in den Abschnitten 9.1.1 und 9.1.2 besondere Aufmerksamkeit.

	Maschinen-format			Setzma-schinen-format		Datenbasisformat					Summen				
											E0+	E0+	E0-	E5-	E0-
	E0	E1	E2	E3	E4	E5	E6	E7	E8	E9	E1	E2	E4	E9	E9
Ikarus-Format	1	13	13	15	15	10	15	15	15	12	14	14	57	67	124
DI-Format	5	8	8	15	12	15[3]	12	15	8	10	13	13	48	60	108
VE-Format	7	15[1]	12	12	15	15[3]	10	12	7	8	22	19	61	52	113
SC-Format	9	15[1]	4	3	5	15[3]	7	8	6	2	24	13	36	38	74
BI-Format	9	15[1]	0	3	5	15[3]	6	6	5	2	24	9	32	34	66
GS-Format	9	13	0	3	5	15[3]	3	4	2	2	22	9	30	26	56
Adobe-Format	5	13	13	15	10	7	9	13	8	10	18	18	56	47	103
Bitstream-Form.	5	8	8	12[2]	12[2]	10	15	15	15	12	13	13	45	67	112
Coueignoux-F.	9	15	15	10[2]	10[2]	10	10	6	8	8	24	24	59	42	101
Metafont-Format	0	3	3	12[2]	10[2]	3	12	10	8	15	3	3	28	48	76
Purdy-Format	10	13	13	12[2]	10[2]	4	10	8	8	8	23	23	58	38	96
Xerox-Spline-F.	5	10	10	12[2]	10[2]	12	9	9	8	8	15	15	47	46	93
off. Vektor Format	13	15[1]	8	3	5	12	8	10	6	2	28	21	44	38	82
geschlossenes Vektorformat	7	15[1]	8	7	10	12	10	12	7	8	22	15	47	49	96
Lauflängen-Format	14	15[1]	4	3	5	12	7	8	6	2	29	18	41	35	76
Bitmapformat	15	15[1]	0	3	5	12	6	6	5	2	30	15	38	31	67

[1] Siehe auch Tabellen und Diagramme zum Speicherbedarf der verschiedenen Formate.
[2] Diese Formate haben nur eine primäre Auflösung von 4000 × 4000 Rasterpunkten für das Geviert.
[3] Diese Formate sind berechenbar mit Computern.

E0 = Elektronik　　　E1 = Speicher (low res) E2 = Speicher (high res) E3 = Umgrößern
E4 = Transformation　E5 = Eingabe　　　　E6 = Benutzung　　　　E7 = Ausgabe
E8 = Soft-Scanning　　E9 = Programmierung

Abb. 150
Vergleich der
Formate

9.1.1 Elektronischer Aufwand zur Erzeugung von Steuersignalen

Es ist klar, daß der elektronische Aufwand um so höher wird, je komplexer oder komprimierter die digitale Darstellung der Formate wird. Wir versuchen nun, Abschätzungen zu machen für die Herstellungskosten der entsprechenden Elektronik - nicht für die Entwicklungskosten - und fassen die Zahlen in nachstehender Tabelle zusammen. Die Tabelle enthält Angaben in Form von »Anzahl von Platinen« für die Erzeugung der Steuersignale aus der speziellen digitalen Form der Datenspeicherung.

	Elektronik 1	Elektronik 2	Elektronik 3	Elektronik 4
IKARUS-Format	-	-	-	15
DI - Format	-	-	8	-
offene Vektoren	3	3	-	-
geschlossenes Vektorformat	4	4	7	10
Lauflängen	2	2	-	-
Bitmaps	1	1	-	-
Adobe-Format	3	6	10	10
Bitstream Format	-	-	-	10
Coueignoux-Format	6	6	6	6
Metafont-Format	-	-	-	-
Purdy-Format	3	5	5	5
XEROX-Spline-Format	-	-	10	10

Elektronik 1 bis 4 leisten 500 Buchstaben / Sek. in 10p Größe.

Elektronik 1: grobe Auflösung (VDT s, Laserdrucker)

Elektronik 2: feine Auflösung (Laserbelichter, CRT-Maschinen)

Elektronik 3: feine Auflösung mit Eigenschaften E2 und E3
(feine Auflösung, Umgrößern)

Elektronik 4: feine Auflösung mit Eigenschaften E2, E3 und E4
(feine Auflösung, Umgrößern, Transformation)

Abb. 151
Kosten der Elektronik
in Anzahl Platinen
im Doppel-
Europaformat

Die Anzahl der Platinen für die komplexen Formate ließe sich reduzieren, wenn man folgenden Weg zum Herstellen der Steuersignale benutzt:

- Man speichert die Schriften in einem komplexen Basisdatenformat.

- Vor dem Absetzen der Texte werden die sogenannten Schriftbefehle (Fontwechsel-Befehle) gesucht.

- Ein Vorprozeß wird zuerst gestartet, bei dem auf einer Standard-Rechnerplatine (etwa eine CPU mit 512 KByte RAM-Speicher) für die benötigten Schriften das komplexere Format in ein einfaches Maschinenformat per Konvertierungsproramm relativ langsam gewandelt wird (etwa mit einer Geschwindigkeit von 40 Zeichen pro Sekunde).

- Das einfache Maschinenformat wird in einem Pufferspeicher temporär für den aktuellen Satz bereitgestellt.

9.1.2 Speicherbedarf

Im Rahmen des IKARUS-Konzeptes ist es relativ leicht, durch Simulation von besonderen Kodierungsformen den Speicherbedarf für die einzelnen Formate zu ermitteln. Wir zeigen im folgenden eine Tabelle und Diagramme dazu. Die Tabelle enthält eine Abschätzung des Speicherbedarfs für die komplexen Formate. Die Diagramme zeigen Kurven des Speicherbedarfs als Funktion vom Raster auch für die einfacheren Formate.

Der Speicherbedarf der komplexeren Formate ist unabhängig von der Rastergröße.

	Bytes pro digitalisierten Punkt oder Element	Punkte pro Buchstabe	Bytes pro Buchstabe	Verwaltungsinformation pro Schrift	KBytes pro 100 lateinischen Buchstaben	KBytes pro 5000 Kanjizeichen
IK-Format	4	50	200	2	22	4950
DI-Format	8	75	600	2	62	13950
VC-Format	3	75	225	2	24,5	5513
Adobe Format	10	20	200	2	22	4950
Bitstream-Format	7	75	525	4	56,5	12713
Coueignoux-Format			25	10	12,5	2813
Metafont Format			400	20	60	13500
Purdy-Format	5	40	200	5	25	5625
Xerox-Spline-Format	20	20	400	2	42	9450

Abb. 152
Speicherbedarf für verschiedene Formate

Zu diesen Netto-Werten sind bei jeder Kodierung (optional) hinzuzurechnen:

- Speicher für Dicktentabellen,

- Speicher für Unterschneidungs-/Berührungstabellen,

- Speicher für Tastaturbelegungen,

- Speicher für besondere Schriftkonstanten und -kenngrößen.

Der Speicherbedarf für Kanji läßt sich auf Basis der IKARUS-Digitalisierungen abschätzen. Kanji-Zeichen haben im Mittel 225 Digitalisierungen anstatt 50, benötigen also einen um den Faktor 4,5 höheren Speicherplatz.

Abb. 153 + 154 Speicherbedarf für niedrige und hohe Auflösung

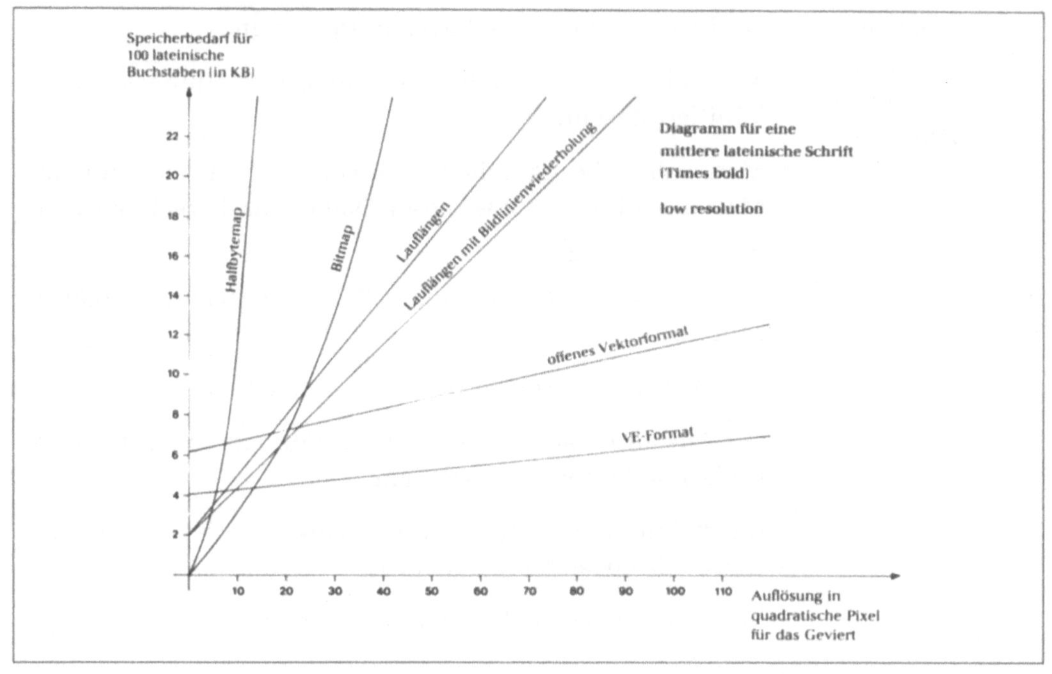

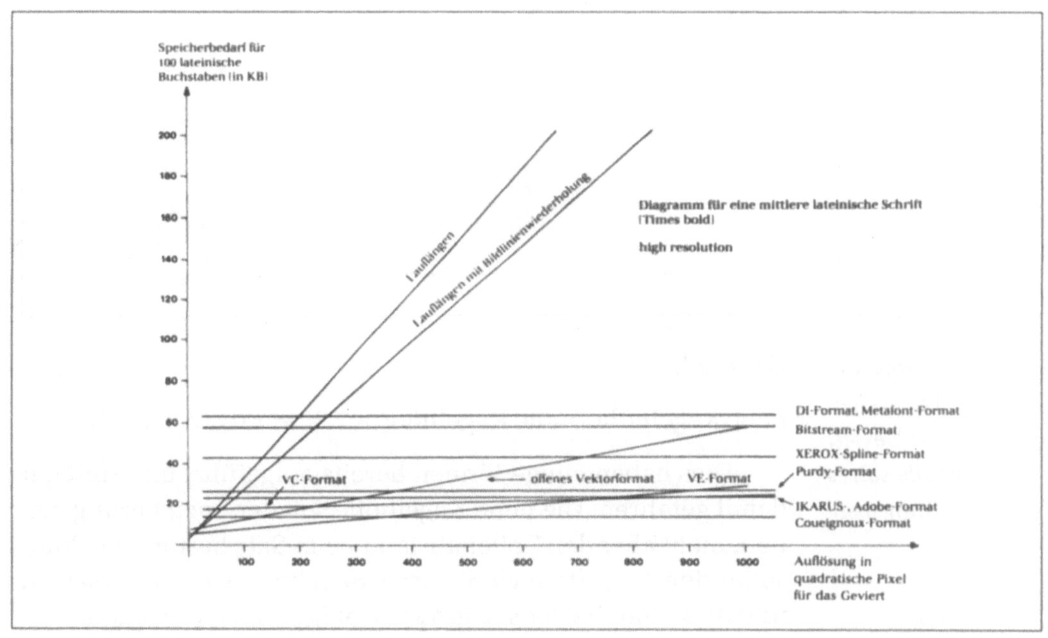

193

9.2 Forderungen an die Formate

Wir fassen hier unsere Erkenntnisse als Forderungen an die Formate zusammen:

Schriften gehören in eine Datenbank.

- Die Rasterauflösung sollte quadratisch sein.

- Man sollte sich eine Datenbank anlegen im Hinblick auf zukünftige Maschinen.

- Man sollte die aktuellen heutigen und die zukünftigen Maschinenformate aus dieser Datenbank berechnen können (Soft-Scanning).

- Das Format der Datenbank sollte auf der Handdigitalisierung basieren.

- Die Maschinenformate sollten vereinheitlicht werden.

- Die Austauschbarkeit der digitalen Formate unter den Herstellern sollte gewährleistet sein.

- Das richtige Format für die Datenbank gestattet den Herstellern auch ein leichteres Ändern oder Ergänzen der Daten.

- Man wählt zweckmäßigerweise folgende Gevierteinteilung:

Abb. 155
Wir sollten das Geviert des Bleisatzes aufgeben.

Das ergibt:

neue Kegelhöhe = alte Kegelhöhe × 1,33 = 2,0 × Versalhöhe.

Dies haben einige Firmen bereits eingeführt und sind gut damit gefahren. Die neue Kegelhöhe soll der Speicherung dienen, nicht aber den Zeilenabstand beim Satz bestimmen. Man sollte den Begriff Geviert durch Belichtungsfenster ersetzen und dieses mindestens so groß wie obiges Geviert wählen.

9.3 Hinweise für die Hersteller

- Wenn Raster kleiner als 50 × 50 sind, können die Überhänge
  der runden Buchstaben nicht mehr gut dargestellt werden.
  Dann müssen zwangsläufig die Rundungen flacher werden.

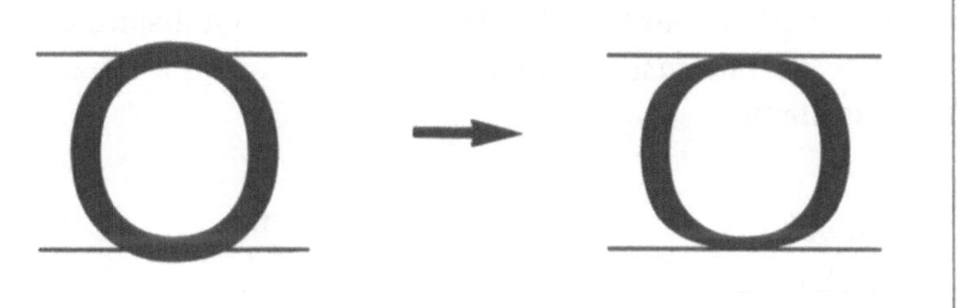

Abb. 156
Rundungen ohne
Überhang wirken
zu flach.

- Laserdrucker sollten mit 600 l/inch schreiben.

- Die Techniker sollten sich eines vor Augen führen: Man
  muß für die Entwicklung einer neuen Setzmaschine etwa 5
  bis 20 Personen für die Dauer von 2 Jahren einsetzen. Hat
  man bereits eine gute Datenbasis vorliegen, können in dieser Zeit zwei Mann parallel die Schriften und Formate vor-
  bereiten.

Bisher ist es unseres Wissens noch immer so gewesen, daß die
Schriften erst nach der Fertigstellung der Maschine Hals über
Kopf entwickelt worden sind. Dies muß anders werden!

- Die Unterlängen sollten endlich wieder so lang werden wie
  die Oberlängen, um gute Proportionen zu bekommen.

- Wir plädieren für Festakzente in der Schrift-Bibliothek
  (Datenbasis).

*Long kerning!
Keine
Kompromisse*

- Wir plädieren für vollständige Unterschneidungs- und
  Berührungstabellen in der Datenbasis.

- Man sollte sich um variable Schriftbelegungen und/oder
  Tastaturbelegungen kümmern. Jede Datenbasis sollte Flexibilität auf diesem Gebiet aufweisen.

- Schriften sollten von einem Host-Computer nachladbar,
  also nicht Bestandteil der Setzmaschine sein.

9.4 Zeitaufwand für die Schriftherstellung

Wir haben in unserem Schriftatelier bis heute (Ende 1991) etwa 3000 Schriftschnitte digitalisiert und somit einige Erfahrung gewonnen.

Im Mittel benötigt man 100 Arbeitsstunden, um eine Schrift von 186 lateinischen Zeichen (normaler URW-Ausbau einer Schrift) mit der Hand im IK-Format zu digitalisieren.

Für 186 lateinische Zeichen entfallen auf die einzelnen Arbeitsschritte:

Verwaltung	10 h
Markieren	8 h
Digitalisieren	8 h
Korrigieren/Operating	24 h
Zurichtung	20 h
Entwurf fehlender Buchstaben	30 h
	100 h

Zum letzten Punkt ist zu bemerken, daß die Originalvorlage im Mittel etwa 120 Zeichen enthält. Die fehlenden 66 Zeichen werden zum Teil mit der Hand gezeichnet und zum Teil durch Programme errechnet bzw. mit Hilfe des graphischen Editors am Sichtgerät entwickelt.

Für die Handdigitalisierung von Kanji-Schriftzeichen haben wir in Hamburg und in Tokyo folgende Erfahrungswerte ermittelt (ebenfalls für je 186 Kanji-Zeichen):

Verwaltung	10 h
Markieren	24 h
Digitalisieren	24 h
Korrigieren/Operating	35 h
Zurichtung	–
Entwurf fehlender Buchstaben	?? h
	93 h

Zum Markieren und Digitalisieren ist zu bemerken, daß Kanji-Zeichen im Mittel 4,5mal mehr Punkte enthalten als lateinische Buchstaben, trotzdem dauert die Datenvorbereitung und -aufnahme nur 3mal länger, etwa 15 Minuten pro Kanji-Zeichen.

Zum Korrigieren ist anzumerken, daß die Kanji-Zeichen auf die Mitte des Gevieres gezeichnet sind und stärker als Individuen auftreten als lateinische Buchstaben. Die senkrechten Striche der lateinischen Schrift sind meist innerhalb aller Versalien bzw. Minuskeln einer Schrift gleich. Dies werden sie nur durch relativ großen Korrekturaufwand. Die Originale sind handgezeichnet und haben natürlich noch die Ungenauigkeit der Handarbeit an sich. Solche starken Zwänge werden gegenseitig durch einzelne Kanji-Zeichen nicht ausgeübt, so daß sich der Editieraufwand für Kanji an dieser Stelle in Grenzen hält.

Wir wollen jedoch auf den großen Umfang einer Kanji-Schrift hinweisen, nämlich etwa 10 000 Zeichen für »mincho« (Antiqua) und etwa 6000 Zeichen für »gothic« (Grotesk).

10.000 Zeichen pro Kanji-Font

Die Japaner haben - wie die Europäer oder Amerikaner - eine große Anzahl verschiedener Schriftschnitte und Versionen entwickelt. Wir schätzen, daß für alle existierenden Kanji-Schriften insgesamt etwa die 30fache Digitalisierarbeit gegenüber allen lateinischen Schriften aufzuwenden ist.

Neben dem Aufwand für die Herstellung der IK-Formate entsteht noch nennenswerte manuelle Arbeit bei der Herstellung von SC-Formaten. Die Ansprüche verschiedener Firmen und die damit verbundene Arbeit sind sehr unterschiedlich.

Fest liegen die Aufwendungen für das Soft-Scanning:

Erste Schriftgröße parametrisieren	10 h
Weitere Schriftgrößen parametrisieren	4 h

Im weiteren Arbeitsablauf schließt sich bei uns das Korrigieren am graphischen Sichtgerät an. An dieser Stelle muß aber auch einmal gesagt werden, daß einige Hersteller von Schriften Digitalisierungen anbieten, die in ihrer Qualität nicht die Ergebnisse des automatischen Soft-Scanning erreichen.

Unseres Erachtens sind immer Korrekturen zu erwarten. Es gibt einfach zu viele graphische Variationsmöglichkeiten an Einläufen, Serifen oder Strichkreuzungen. Keine programmierte Prozedur kann alle diese Eventualfälle bereits abfangen. Andererseits gibt es heute derart fein auflösende Maschinen (60 Linien/ mm bis 100 Linien/mm), daß für sie das Korrigieren von Rasterungen entfallen kann.

Im Mittel wenden wir für die Korrektur von 186 Zeichen lateinischer Schrift pro Rasterung im Bereich 50×50 bis 400×400 etwa 15 Stunden auf, für die erste Schriftgröße aus allen Schriftgrößen einer Version eher 30 bis 45 Stunden.

Die Herstellung digitaler Schriften ist teuer.

Die Herstellung von digitalen Schriften ist also teuer. Deshalb sollte man für seine Datenbasis nur **einmal im Leben eine Schrift digitalisieren**. Hat man sie gespeichert, folgen nur noch die relativ geringen Aufwände des Aufrasterns oder des Umformatierens für die jeweiligen, auch in Zukunft noch zu entwickelnden Maschinen.

Anhang

Schriftklassifikation

Es gibt einige miteinander konkurrierende Klassifikationen. Wir folgen der DIN-Klassifikation, die auf Vorschlägen der ATypI (Association Typographique Internationale) basiert. Der amerikanische und englische Standard umfaßt 9 Gruppen. Wir haben für Frakturschriften eine zehnte und für exzentrische Schriften eine elfte Gruppe als Sammeltopf angefügt.

Vor ein paar Jahren hat unter ISO/TC97/SC18 eine Gruppe aus Vertretern von verschiedenen Schriftherstellern unter Führung von Xerox und IBM angefangen, sich mit einer ISO-Klassifikation auseinander zu setzen. Es gibt dort vielversprechende Ansätze (siehe Lit. AFII, ISO).

Venetianische Antiqua

Kennzeichnend ist die Schräglage des Querstriches beim kleinen e und der schräge Anstrich (45°) zu den Senkrechten bei den Kleinbuchstaben. Die Achse der Rundungen ist nach links geneigt.

Diese Klassifikation richtet sich nach der DIN-Norm.

Centaur
Schneidler
Trump Mediaeval

*Abb. 157
Beispiel für
venetianische
Antiqua*

Renaissance-Antiqua

Der Querstrich des kleinen e ist waagerecht. Die Endungen der Großbuchstaben und die senkrechten Grundstriche der Kleinbuchstaben gehen mit einer leichten Rundung in die Serife über.

Bembo
Palatino
SABON-ANTIQUA

Abb. 158
Beispiele für
Renaissance-Antiqua

Barock-Antiqua

Die Unterschiede in der Dicke der Haar- und Grundstriche werden stärker. Die Achse der Rundungen ist fast senkrecht.

Baskerville
Caslon
Concorde
Times

Abb. 159
Beispiele für
Barock-Antiqua

Klassizistische Antiqua

Die Serifen sind glatt und waagerecht. Der Übergang der Grundstriche in die Serifen ist nicht ausgerundet. Die Achsen der Rundungen stehen senkrecht. Haar- und Grundstriche zeigen stark unterschiedliche Dicke.

> **Bodoni**
> **Fenice**
> **Madison**
> **Walbaum Buch**

Abb. 160
Beispiele für
klassizistische
Antiqua

Serifenbetonte Linear-Antiqua

Kennzeichnend für diese Antiquaschnitte sind stark betonte Serifen. Haar- und Grundstriche sind fast ebenso dick wie die Endstriche.

Hier beginnt
der Einfluß
der Technik.

> **Beton**
> **Clarendon**
> **Egyptienne**
> **Egyptienne**

Abb. 161
Beispiele für
serifenbetonte
Linear-Antiqua

Serifenlose Linear-Antiqua

Bei den serifenlosen Linear-Antiquaschriften, auch Grotesk genannt, fehlen alle Serifen. Haar- und Grundstriche sind optisch einheitlich stark.

Abb. 162
Beispiele für
serifenlose Antiqua

Antiqua-Varianten für den Display

Dies sind Antiquaschnitte, die den Gruppen 1 bis 6 nicht zugeordnet werden können, weil ihre Strichführung erheblich abweicht.

Abb. 163
Beispiele für
Antiqua-Varianten

Schreibschrift

Diese Schriften haben sich aus den Schul- und Kanzlei-schriften entwickelt.

Abb. 164
Beispiele für
Schreibschriften

Handschriftliche Antiqua

Diese Schriften haben sich aus den handgeschriebenen Feder-formen der Antiqua entwickelt.

Abb. 165
Beispiele für
handschriftliche
Antiqua

Gebrochene Schriften

Diese Schriften haben überwiegend schmale und gebrochene Kleinbuchstaben. Die Großbuchstaben sind meist mit Haarstrichen verziert und haben sehr schwungvolle Formen.

Abb. 166
Beispiele für
gebrochene
Schriften

Sonstige Schriften

Der Klassifikation der Schriftschnitte nicht beizuordnen sind die Spezialschriften und sonstige exzentrische Schriften.

Abb. 167
Beispiele für
sonstige Schriften

Buchstaben einer Schrift

Wir beschränken uns auf die wichtigen Zeichen. Ausführliche »Glyph«-Bezeich- nungen findet man durch das AFII-Register (Lit. AFII).

Versalien

101	A	113	M	125	Y		
102	B	114	N	126	Z		
103	C	115	O	127	Æ		
104	D	116	P	128	Œ		
105	E	117	Q	129	Ø		
106	F	118	R	201	Ä		
107	G	119	S	208	Å		
108	H	120	T	210	Ç		
109	I	121	U	215	Đ		
110	J	122	V	261	Þ		
111	K	123	W	237	Ö		
112	L	124	X	251	Ü		

Abb. 168 URW-Nummer für Versalien

Gemeine

301	a		314	n		327	æ
302	b		315	o		328	œ
303	c		316	p		329	ø
304	d		317	q		330	ß
305	e		318	r		331	ı
306	f		319	s		332	ȷ
307	g		320	t		401	ä
308	h		321	u		408	å
309	i		322	v		413	ç
310	j		323	w		436	ö
311	k		324	x		449	ü
312	l		325	y		459	ð
313	m		326	z		460	þ

Abb. 169
URW-Nummern
für Minuskeln

Ziffern

501	1	546	4	667	1/5
502	2	547	5	668	2/5
503	3	548	6	669	3/5
504	4	549	7	670	4/5
505	5	550	8	671	1/6
506	6	551	9	672	5/6
507	7	552	0	673	1/8
508	8	661	1/1	674	3/8
509	9	662	1/2	675	5/8
510	0	663	1/3	676	7/8
543	1	664	2/3	678	0/0
544	2	665	1/4	679	0/00
545	3	666	3/4		

Abb. 170
URW-Nummern
für Ziffern

Satzgliederungs-, Referenz- und Wortzeichen

601	601	627)
602	602	628 [
603	603	629]
604	604	630 &
605	605	631 §
606	606	632 †
607	607	633 ‡
608	608	634 *
609	609	646 A/S
610	610	698 %
611	611	699 ‰
612	612	
613	613	

Abb. 171
URW-Nummern
für Satzzeichen

Fliegende Akzente

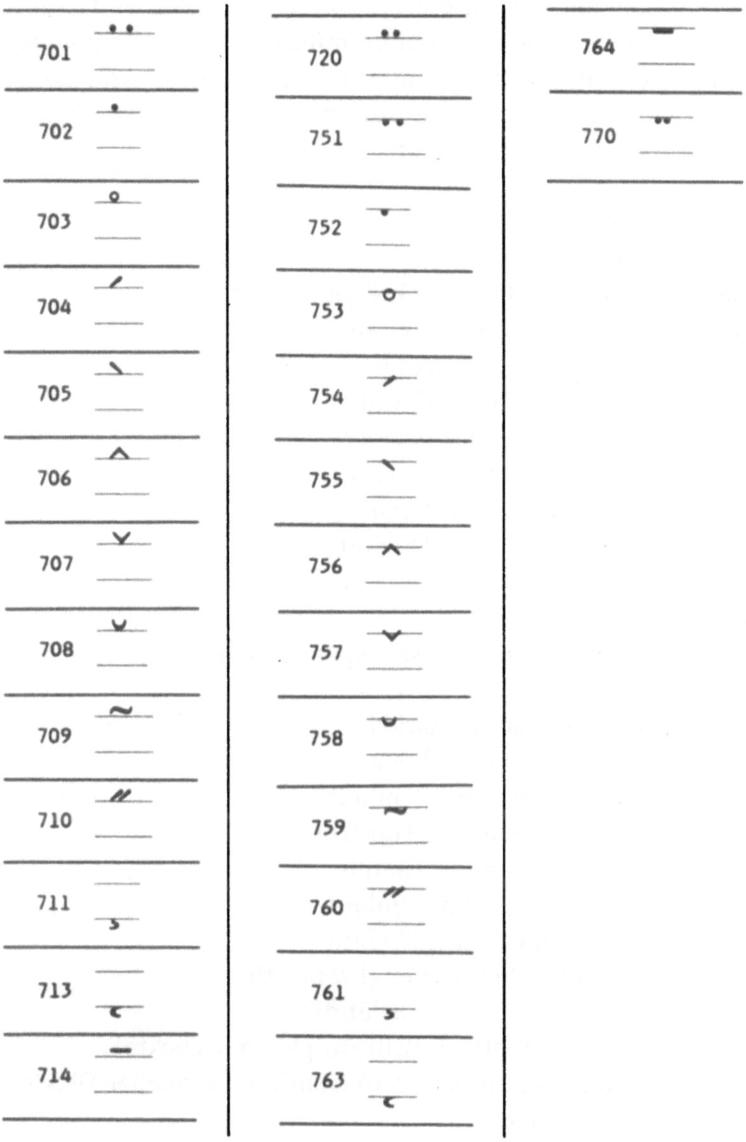

701
702
703
704
705
706
707
708
709
710
711
713
714

720
751
752
753
754
755
756
757
758
759
760
761
763

764
770

Abb. 172
URW-Nummern
für Akzente

Bezeichnung der Buchstaben

Wir nehmen an, daß wir die Versalien, Gemeinen und Ziffern nur ausnahmsweise bezeichnen müssen. Dagegen geben wir die Bezeichnungen für die Satz- bis Akzentzeichen vollständig an. Dazu schreiben wir die Buchstabennummer und die Bezeichnung der Reihe nach auf.

127	versales AE
128	versales OE
129	versales O mit schrägem Strich
201	versales A mit Umlaut
208	versales A mit Angström
210	versales C mit Cedille
215	versales D mit waagerechtem Strich
261	versales Thorn (isländisch)
237	versales O mit Umlaut
251	versales U mit Umlaut
327	gemeines ae
328	gemeines oe
329	gemeines o mit schrägem Strich
330	Eszett
331	gemeines i punktlos
332	gemeines j punktlos
401	gemeines a mit Umlaut
408	gemeines a mit Angström
413	gemeines c mit Cedille
436	gemeines o mit Umlaut
449	gemeines u mit Umlaut
459	Lautzeichen für englisches th
460	gemeines Thorn (isländisch)
501-510	Tabellenziffern (Ziffern gleicher Dickte)
543-552	Mediävalziffern (Ziffern mit individueller Dickte)
601	Satzpunkt
602	Doppelpunkt
603	Punkt
604	Punkt (katalanischer Punkt)
605	Punkt (zum Auspunktieren)
606	Ellipse (Auslassungspunkte)
607	Komma
608	Semikolon
609	Auslassungszeichen

610	einfache Anführung oben
611	doppelte Anführung oben
612	doppelte Abführung oben
613	doppelte Anführung unten
614	Ausrufezeichen
615	Ausrufezeichen (spanisch)
616	Fragezeichen
617	Fragezeichen (spanisch)
618	französische Anführung
619	französische Abführung
620	einfache französische Anführung
621	einfache französische Abführung
622	Schrägstrich
623	Trennstrich (Divis)
624	Streckenstrich oder Zahlenstrich
625	Geviertstrich
626	runde Klammer auf
627	runde Klammer zu, in X und Y gespiegelt
628	eckige Klammer auf
629	eckige Klammer auf, in X und Y gespiegelt
630	et-Zeichen
631	Paragraph
632	einfaches Sterbekreuz
633	doppeltes Sterbekreuz
634	Stern
646	A/S aus 60%-Versalien
661-676	60% schräge Brüche
678	Prozent
679	Promille
698	Prozent
699	Promille
701	versaler Akzent Umlaut
702	einzelner Punkt vom versalen Akzent Umlaut
703	versaler Akzent Angström
704	versaler Akzent Akut
705	versaler Akzent Gravis
706	versaler Akzent Zirkumflex
707	versaler Akzent Häkchen
708	versaler Akzent Breve
709	versaler Akzent Tilde
710	versaler Akzent Doppelakut (ungarisch)
711	versaler Akzent Cedille

713	versaler Akzent Krummhaken (polnisch/litauisch)
714	versaler Akzent Makron (waagerechter Strich)
720	versaler Akzent Umlaut (für versales I)
751	gemeiner Akzent Umlaut
752	einzelner Punkt vom gemeinen Akzent Umlaut
753	gemeiner Akzent Angström
754	gemeiner Akzent Akut
755	gemeiner Akzent Gravis
756	gemeiner Akzent Zirkumflex
757	gemeiner Akzent Häkchen
758	gemeiner Akzent Breve
759	gemeiner Akzent Tilde
760	gemeiner Akzent Doppelakut (ungarisch)
761	gemeiner Akzent Cedille
763	gemeiner Akzent Krummhaken (polnisch/litauisch)
764	gemeiner Akzent Makron (waagerechter Strich)
770	gemeiner Akzent Umlaut (für gemeines i)

Akzente für lateinische Schriften

Albanisch	Albanisch 3,5	ABCDEFGHIJKLMNOPQRSTUVWXYZ abcdefghijklmnopqrstuvwxyz ÇçËë «H» "H„
Finnisch-Ugrisch	Estnisch 1	ABCDEFGHIJKLMNOPQRSTUVWXYZ abcdefghijklmnopqrstuvwxyz ÄäÕõÖöÜü (ČčŠšŽž) «H» „H"
	Finnisch 4,5	ABCDEFGHIJKLMNOPQRSTUVWXYZ abcdefghijklmnopqrstuvwxyz ÄäÖö "H" »H» 'H'
	Lappisch 0,038	ABCDEFGHIJKLMNOPQRSTUVWXYZ abcdefghijklmnopqrstuvwxyz
	Ungarisch 13	ABCDEFGHIJKLMNOPQRSTUVWXYZ abcdefghijklmnopqrstuvwxyz ÁáÉéÍíÓóÖöŐő ÚúÜüŰű „H" »H«
Keltisch	Bretonisch 1	ABCDEFGHIJKLMNOPQRSTUVWXYZ abcdefghijklmnopqrstuvwxyz ÉéÈèÊêÏïÑñÜü
	Gälisch 0,08	ABCDEFGHIJKLMNOPQRSTUVWXYZ abcdefghijklmnopqrstuvwxyz ÀàÉéÌìÓóÒòÙù
	Irisch 0,4	ABCDEFGHIJKLMNOPQRSTUVWXYZ abcdefghijklmnopqrstuvwxyz ÁáÉéÍíÓóÚú "H" 'H' H–H
	Walisisch 0,5	ABCDEFGHIJKLMNOPQRSTUVWXYZ abcdefghijklmnopqrstuvwxyz ÁáÂâÄäÉéÊêËëÎîÏïÓóÖöÙùÛûÜüŴŵŴŵŶŷŸÿ

Aus Berthold Fototypes EDITION 2 der Bertelsmann KG

Abb. 173
Beispiel 1 für
Akzente

Germanisch	Afrikaans 4	ABCDEFGHIJKLMNOPQRSTUVWXYZ abcdefghijklmnopqrstuvwxyz ÁáÀàÄäÉéÈèÊêËëÍíÌìÎîÏïÓóÒòÔôÖöÚúÙùÛûÜü „H" 'H' H–H
	Dänisch 5	ABCDEFGHIJKLMNOPQRSTUVWXYZ abcdefghijklmnopqrstuvwxyz ÅåÉéØøÆæ »H« „H"
	Deutsch 100–120	ABCDEFGHIJKLMNOPQRSTUVWXYZ abcdefghijklmnopqrstuvwxyz ÄäÖöÜüß „H" »H« H – H
	Englisch 350–370	ABCDEFGHIJKLMNOPQRSTUVWXYZ abcdefghijklmnopqrstuvwxyz "H" 'H' H–H
	Faröisch 0,036	ABCDEFGHIJKLMNOPQRSTUVWXYZ abcdefghijklmnopqrstuvwxyz ÁáÐðÍíÓóØøÚúÝýÆæ
	Friesisch 0,3	ABCDEFGHIJKLMNOPQRSTUVWXYZ abcdefghijklmnopqrstuvwxyz ÅåÉéëïÊêÔôöÚúÛû
	Holländisch 19	ABCDEFGHIJKLMNOPQRSTUVWXYZ abcdefghijklmnopqrstuvwxyz ÁáÀàÂâÄäÉéÈèÊêËëÍíÏïÓóÒòÔôÖöÛûÜü „H" "H"
	Isländisch 0,2	ABCDEFGHIJKLMNOPQRSTUVWXYZ abcdefghijklmnopqrstuvwxyz ÁáÐðÉéÍíÓóÖö ÞþÚúÝýÆæ „H" 'H'
	Norwegisch 4	ABCDEFGHIJKLMNOPQRSTUVWXYZ abcdefghijklmnopqrstuvwxyz ÀàÅåÉéÈèÒòØøÔôÆæ «H»
	Schwedisch 8,5	ABCDEFGHIJKLMNOPQRSTUVWXYZ abcdefghijklmnopqrstuvwxyz ÅåÄäÉéÖö "H" »H« 'H'
Romanisch	Französisch 80–90	ABCDEFGHIJKLMNOPQRSTUVWXYZ abcdefghijklmnopqrstuvwxyz ÀàÂâÇçÉéÈèÊêËëÎîÏïÔôÙùÛûÜüÆæŒœ «H»
	Italienisch 60–65	ABCDEFGHIJKLMNOPQRSTUVWXYZ abcdefghijklmnopqrstuvwxyz ÀàÈèÉéÌìÎîÒòÓóÙù «H» "H„
	Katalanisch 5	ABCDEFGHIJKLMNOPQRSTUVWXYZ abcdefghijklmnopqrstuvwxyz ÀàÇçÉéÈèÍíÏïÓóÒòÚúÜü

Aus Berthold Fototypes EDITION 2 der Bertelsmann KG

Abb. 174
Beispiel 2 für
Akzente

Romanisch	Lateinisch †	ABCDEFGHIJKLMNOPQRSTUVWXYZ abcdefghijklmnopqrstuvwxyz „H"
	Portugiesisch 125–135	ABCDEFGHIJKLMNOPQRSTUVWXYZ abcdefghijklmnopqrstuvwxyz ÁáÀàÂâÃãÇçÉéÈèÊêÌìÍíÓóÒòÔôÕõÚúÙù «H» "H" 'H'
	Rätoromanisch 0,6	ABCDEFGHIJKLMNOPQRSTUVWXYZ abcdefghijklmnopqrstuvwxyz ÁáÂâÉéÈèÊêÌìÍïÒòÓòÔôÙùÜü
	Rumänisch 22	ABCDEFGHIJKLMNOPQRSTUVWXYZ abcdefghijklmnopqrstuvwxyz ÂâĂăÎîȘșȚț „H" «H» ‚H'
	Spanisch 220–225	ABCDEFGHIJKLMNOPQRSTUVWXYZ abcdefghijklmnopqrstuvwxyz ÁáÉéÍíÑñÓóÚúÜü ¿H? ¡H! «H» "H" 'H' H–H
Baltisch	Litauisch 2,5	ABCDEFGHIJKLMNOPQRSTUVWXYZ abcdefghijklmnopqrstuvwxyz ĄąČčĖėĘęĮįŠšŲųŪūŽž „H" «H»
	Lettisch 1,5	ABCDEFGHIJKLMNOPQRSTUVWXYZ abcdefghijklmnopqrstuvwxyz ĀāČčĒēĢģĪīĶķĻļŅņŖŗŠšŪūŽž «H» „H"
Slawisch	Kroatisch 5	ABCDEFGHIJKLMNOPQRSTUVWXYZ abcdefghijklmnopqrstuvwxyz ĆćČčĐđŠšŽž »H«
	Niedersorbisch 0,025	ABCDEFGHIJKLMNOPQRSTUVWXYZ abcdefghijklmnopqrstuvwxyz ČčĚěŁłŃńŔŕŚśŠšŹźŽž „H"
	Obersorbisch 0,025	ABCDEFGHIJKLMNOPQRSTUVWXYZ abcdefghijklmnopqrstuvwxyz ĆćČčĚěŁłŃńÓóŘřŠšŹźŽž „H"
	Polnisch 34	ABCDEFGHIJKLMNOPQRSTUVWXYZ abcdefghijklmnopqrstuvwxyz ĄąĆćĘęŁłŃńÓóŚśŻżŹź „H" »H« ‚H'
	Slowakisch 4,5	ABCDEFGHIJKLMNOPQRSTUVWXYZ abcdefghijklmnopqrstuvwxyz ÁáÄäČčĎďÉéÍíĹĺĽľŇňÓóÔôŔŕŠšŤťÚúÝýŽž „H" »H«
	Slowenisch 2	ABCDEFGHIJKLMNOPQRSTUVWXYZ abcdefghijklmnopqrstuvwxyz ČčŠšŽž »H« ‚H'

Aus Berthold Fototypes EDITION 2 der Bertelsmann KG

Abb. 175
Beispiel 3 für
Akzente

	Tschechisch 9,5	ABCDEFGHIJKLMNOPQRSTUVWXYZ abcdefghijklmnopqrstuvwxyz ÁáČčĎďÉéĚěÍíŇňÓóŘřŠšŤťÚúŮůÝýŽž „H" »H«
Sonstige	Baskisch 0,7	ABCDEFGHIJKLMNOPQRSTUVWXYZ abcdefghijklmnopqrstuvwxyz ÇçD̄d̄L̇İÑñṄṅṘṙR̄r̄T̄t̄Üü
	Esperanto (3–5)	ABCDEFGHIJKLMNOPQRSTUVWXYZ abcdefghijklmnopqrstuvwxyz ĈĉĜĝĤĥĴĵŜŝŬŭ
	Haussa 15	ABCDEFGHIJKLMNOPQRSTUVWXYZ abcdefghijklmnopqrstuvwxyz
	Indonesisch 80	ABCDEFGHIJKLMNOPQRSTUVWXYZ abcdefghijklmnopqrstuvwxyz Éé 'H' 'H'
	Malagassi 4	ABCDEFGHIJKLMNOPQRSTUVWXYZ abcdefghijklmnopqrstuvwxyz 'H'
	Maltesisch 0,3	ABCDEFGHIJKLMNOPQRSTUVWXYZ abcdefghijklmnopqrstuvwxyz ÀċĠġĦħŻż
	Samoanisch 0,2	ABCDEFGHIJKLMNOPQRSTUVWXYZ abcdefghijklmnopqrstuvwxyz Ōō
	Suahili 15	ABCDEFGHIJKLMNOPQRSTUVWXYZ abcdefghijklmnopqrstuvwxyz
	Tagalog 8	ABCDEFGHIJKLMNOPQRSTUVWXYZ abcdefghijklmnopqrstuvwxyz ÁáÀàÂâÉéÈèÊêĜĝÍíÌìÎîÑñÓóÒòÔôÚúÙùÛû
	Türkisch 34	ABCDEFGHIJKLMNOPQRSTUVWXYZ abcdefghijklmnopqrstuvwxyz ÂâÇçĞğİıÎîÖöŞşÛûÜü «H» "H„ 'H'
	Vietnamesisch 50	ÁÀÂÄĀĂÅÀÂÄÄÃĄÓÓÓÕÕÕĄĐÉÈÊĚÊĘÉÉÈèÊęÍÌ ĨĪıÓÒÔÕ QÓÓÒÒÕQÒÒÓŎÕ ƠÚÙÛŨ yÚŨÙÙŨƯy
		áàâãąăåÀåÅåăąq́q̀q̀q̀ąâ đéèèêęêéèèêëêíìîĩıóòôõ ọ ôôòð ðộσóòòõợứ ùùûũụúúùùũưy

Aus Berthold Fototypes EDITION 2 der Bertelsmann KG

Abb. 176
Beispiel 4 für
Akzente

Dingbats von Hermann Zapf

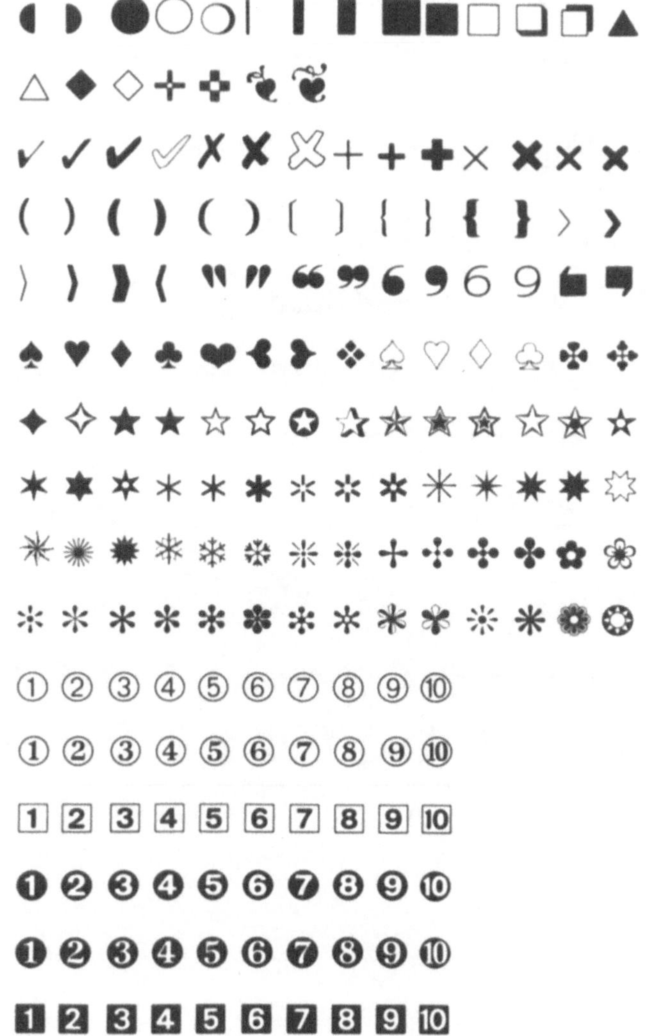

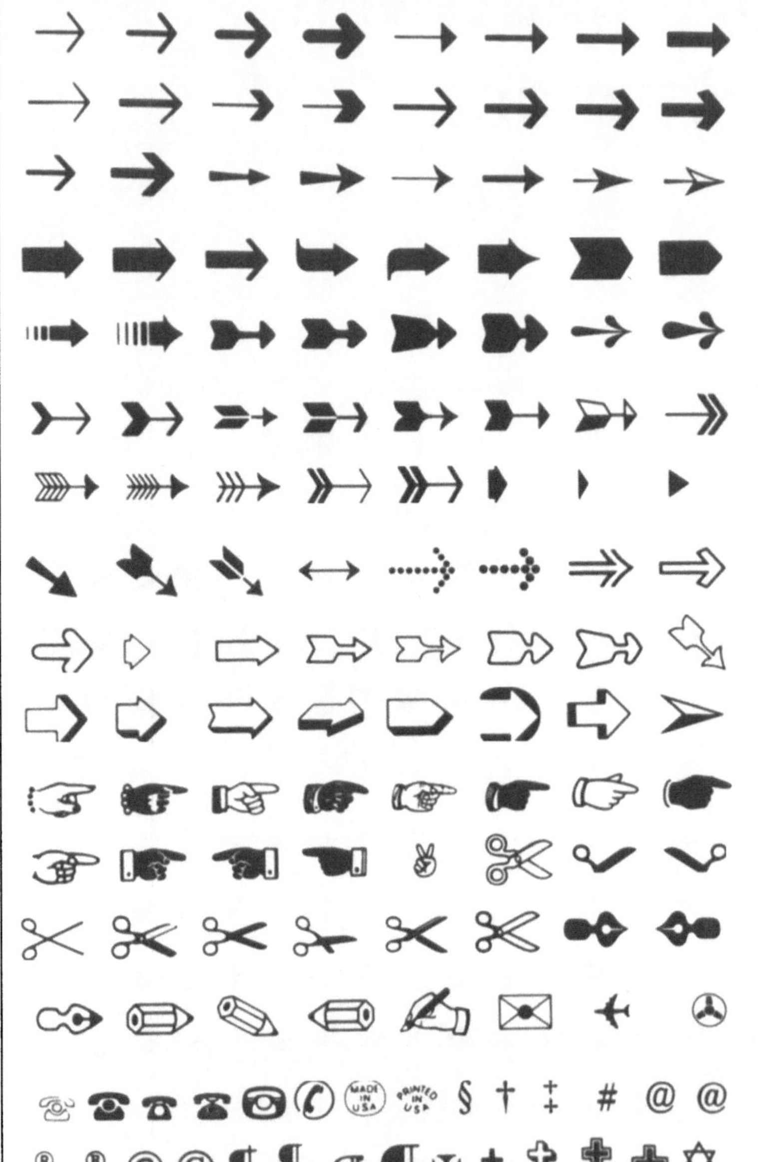

Abb. 178
Beispiel 2 für
Dingbats

Erklärungen zur optischen Wirkung

W ir haben die Fragen 1 bis 5 (Kapitel 2, Seite 13) etwa 130 Personen bei URW vorgelegt und folgende Antworten (statistisches Mittel) erhalten:

Ergebnis 1 (Quadrate):	Feld b9 ± 2 Felder
Ergebnis 2 (Kreise):	Feld b9 ± 2 Felder
Ergebnis 3 (Überhang):	Feld b3 ± 1 Felder
Ergebnis 4 (Diagonalen):	Feld a4 ± 2 Felder
Ergebnis 5 (Spitzen):	Feld b2 ± 2 Felder

Wir schließen daraus:

- Ein Quadrat wirkt optisch richtig, wenn es um 1% ± 1% höher als breit ist.
- Ein Kreis wirkt optisch richtig, wenn er um 1% ± 1% höher als breit ist.
- Ein Kreis wirkt optisch so groß wie ein Rechteck, wenn er oben und unten einen Überhang von je 1,5% ± 0,5% hat.
- Ein Dreieck wirkt optisch so breit wie ein Rechteck, wenn es um 5% ± 1% breiter ist.
- Eine Spitze im Buchstaben (A, V, W) wirkt erst dann so hoch oder tief wie ein gerader Abschluß, wenn sie um 3% ± 1% länger ist, bezogen auf die Versalhöhe.

Überhänge sollten 1,5% der Versalhöhe sein.

Es könnte sein, daß die Testpersonen bei URW ein bestimmtes, von uns selbst unbemerktes Vorurteil haben. Deshalb bitten wir den Leser, uns seine Ergebnisse aus den Übungsaufgaben in Form folgender Postkarte zu schicken:

> **»optical appearance«**
> **a7, b9, c4, b3, b2**

an: Fa. URW Unternehmensberatung
c/o Dr. Peter Karow
Harksheider Straße 102
W-2000 Hamburg 65 / Germany

Wir werden die Daten und Ergebnisse der Leser nur zur Verbesserung der statistischen Basis verwenden.

Kleines Wörterbuch der Schriftbegriffe

Abschwung [m]	tail	queue [f]
Abstrich [m]	down-stroke	plein [m]
Ästhetiktabelle [f]	aesthetic box	table [f] esthétique
Akzent [m]	accent	accent [m]
Akzentbuchstabe [m]	accented letter, accent-bearing letter	lettre [f] accentuée
Akzidenzsatz [m]	job composition, jobbing composition	composition [f] de travaux de ville,
Akzidenzschrift [f]	job type, jobbing typeface	caractère [m] (pour) travaux [mpl] de ville,
Alphabet [n]	alphabet	alphabet [m]
Anfangspunkt [m]	starting point	point [m] de début
Anpassung [f]	adjustment	ajustement [m], adaptation[f]
Antiqua (Schrift) [f]	roman typeface	(caractères) romain, elzèvier
antiqieren	to antique	antiquer
Arbeitsspeicher (RAM) [m]	Random Access Memory	mémoire [f] vive (RAM)
Auflösung [f]	resolution	résolution [f]
Aufrasterung [f]	rastering	tramage [m]
Aufstrich [m]	up-stroke	delié [m]
Ausgabe [f]	output	sortie [f]
Auslauf [m]	terminal	sortie
Auszug [m]	extension, swash	sortie gracile, paraphe
Außenkontur [f], Außenrand [m]	outer contour, outer edge	contour [m] extérieur, contour externe
Auszeichnungsschrift [f]	display type	caractère [m] de titre, caractère fantaisie, caractère distinctif
Balken [m]	stem	barre [f]
Balkenrand [m]	stem edge	bornée
Balkenstärke [f]	stem width	épaisseur [f] de trait
Befehlskode [m]	command code	code [m] de commande
belichten	to expose	exposer, impressioner

Berechnung [f]	calculation	calcul [m]
berührend	touching	d'acollage
Berührungstabelle [f]	touching table	table [f] de contact
Betriebssystem [n]	operating system	système [m] d'exploitation
Bézier-Funktion [f]	Bézier function	fonction [f] de Bézier
Bildlinie [f]	scanline	ligne [f] d'image
Bildpunkt [m], Pixel [n]	dot, pixel	point [m] d'image, pixel [m]
Bildschirmtext (Btx) [m]	video communication system	systèmes [mpl] de communication vidéo
Bildübertragung [f]	picture transmission	transmission [f] d'images
Bit [n]	bit	bit [m]
Bleisatz [m]	hot metal composition	composition [f] au plomb
Bogen [m]	bow	arc [m]
breit	expanded, large	élargi, large
Brotschrift [f], Buch-[f], Textschrift [f], Werkschrift [f]	body type, book type, text face, ordinary type	caractère [m] de labeur, caractère courant, caractère de texte
Bruch [m], Bruchziffer [f]	fraction	fraction [f]
Buchdruck [m]	letterpress printing	impression [f] typographique
Buchstabe [m]	letter, character	lettre [f], caractère [m]
(Buchstaben)-Adreßbuch [n]	(letter) index table	répertoire [m] (de lettres)
Buchstabenform [f]	character style	forme [f] de la lettre, style [m]
Buchstaben-zwischenraum [m]	letter space	espace [m] des caractères
Byte [n]	byte	octet [m]
CAD [n]	CAD, computer aided design	Dessin [m] Assisté par Ordinateur, DAO
Computer [m]	computer	ordinateur [m]
Datei [f]	file	fichier [m]
(Daten)-Satz [m]	record	enregistrement [m]
Datenbank [f]	data bank	banque [f] de données
Datenbasis [f]	data base	base [f] de données
Datenerfassung [f]	data acquisition	saisie [f] de données
Datenpuffer [m]	data buffers	mémoire [f] tampon
Datenträger [m]	data carrier, data carrying media	support [m] de données
Datenverarbeitung [f]	data processing	traitement [m] de l'information

Datenverwaltung [f]	data administration	gestion [f] de données
Diagonale [f]	diagonal	diagonale [f]
dick	bold	gras
Dickte [f]	width	chasse [f]
dicktengleich	monospaced	chasse fixe
Dicktenleiste [f]	set-width line	liteau [m] de chasse
Dicktentabelle [f]	width table	table [f] de chasse
Didot-Punkt [m]	Didot point, p	point [m] didot
digital	digital	digital, numérisé
digitale Darstellung [f]	digital representation	représentation digitale
digitale Kodierungsart [f]	digital coding technique	type [m] de codage digital
Digitalisierung [f]	digitization	digitalisation [f], numérisation [f]
Digitizer [m]	digitizer	digitaliseur [m], tablette [f] à numériser, à digitaliser
Diskette [f], Floppy [f]	diskette, floppy disk	disquette [f], floppy [m]
Displayschrift [f]	display typeface	caractère de titre
Drehung [f], Rotation [f]	rotation	rotation [f]
Drehwinkel [m]	angle of rotation	angle [m] de rotation
Druck [m], Ausgabe [f]	output	impression [f]
Druckplatte [f]	printing plate	plaque [f] d'impression
Dry-Transfer-Maschine [f], Laserverdampfer [m]	laser vaporization machine	machine [f] à vaporisation laser[f],
DTP, Desk Top Publishing	DTP, Desk Top Publishing	Publication [f] Assistée par Ordinateur, PAO
Duktus [m], Strich-führung [f]	ductus	ductus [m]
dünn	light	maigre
Durchschuß [m]	line spacing, leading	interlignage [m]
Eckpunkt [m]	corner point	point [m] d'angle
Eingabe [f]	input	entrée [f]
Einheitsvektor [m]	unit vector	vecteur [m] unitaire
Einlauf [m]	join	entrée [f]
Einpassung [f], Anpassung [f]	adjustment, »grid fitting«	ajustement [m]
Einzug [m]	ink trap	renfoncement [m]
Elektro-Erosions-drucker [m]	electroerosion printer	imprimante [f] à électro-érosion
Elektronenstrahl [m], Lichtstrahl [m]	electron beam, light beam	faisceau [m] d'électrons, faisceau électronique
elektronisch. Speicher [m]	electronic storage media	support [m] électronique

elektrostatisch. Drucker [m]	electrostatic printer	imprimante [f] électrostatique, traceur [m] électrostatique
Elementzerlegung [f]	segmentation	segmentation [f]
Endpunkt [m]	end point	point [m] d'arrivée
enger Satz [m]	tight setting, narrow set	composition [f] serrée
Entwurf [m], Layout [n]	layout	maquette [f]
expandieren	to expand	élargir
Exponent [m]	exponent	exposant [m]
extra fett	extra bold, black	extra gras
extra leicht	extra light	extra maigre
Fadenkreuz [n]	cross-hair	réticule [m]
Fahne [f], Korrekturabzug [m]	proof, proof print	placard [m], épreuve [f]
feine (hohe) Auflösung [f]	high resolution	haute résolution [f]
Festakzent [m]	fixed accent	accent [m] fix
Festplatte [f]	harddisk	disque [m] dur
fett	bold	gras
Fettegrad [m]	weight designation	graisse [f]
Filmbelichtung [f]	exposing films	exposition [f] de films
Fixakzent [m], Festakzent	fixed accent	accent [m] fix
Flachbettzeichenmaschine [f]	flat bed drawing machine	table [f] traçante
Fleisch [n]	bearing value	approche [f]
fliegender Akzent [m]	floating accent	accent [m] flottant
fokussieren	to focus	focaliser
Folie [f]	self adhesive material	matériel [m] adhésif
Folienschneidemaschine [f]	foil cutting machine	machine [f] à découper des feuilles
Formelsatz [m]	formula setting	composition [f] de formules
Formsatz [m]	form setting	composition formée
Fotosatz [m]	photo setting	photocomposition [f]
Frakturbuchstabe [m]	black letter	caractère gotique
Fräsmaschine [f]	routing machine, drilling machine	machine [f] à fraiser, fraiseuse [f]
Fußnote [f]	foot-note, bottom note	note [f] en bas de page, note courante, renvoi [m]
Garnitur [f]	weight	graisse [f], ensemble
gebrochen	broken	fracturé
Gemeine [f]	lower case characters	bas de casse, minuscules
Gerade [f]	straight	droite [f], ligne [f] droite

gerade, geradestehend	upright	droit
gerader Balken [m]	straight stem	barre [f] droite, fût [m]
gerader Strich [m]	straight line	trait [m] vertical
geradestehend	upright	romain
geschlossene Kontur [f]	closed contour	contour [m] fermé
Geviert [n]	em-square, em	cadratin [m]
Geviertauflösung [f]	resolution for em square, em resolution	résolution [f] de cadratin
Gießerei [f]	foundry	fonderie [f]
Gitter [n]	grid	grille [f]
Gitter(netz) [n]	em square, em	quadrillage [m]
glätten	to smooth	lisser
gotische Schrift [f], Gotisch Fraktur [f]	black-letter, Gothic (character)	gothiques [m], caractères (mpl) gothiques, Fraktur
Graphik [f]	graphic	forme [f] graphique, graphisme [m]
graphisches Sichtgerät [n], Graphic VDT [n]	graphic display device, graphic VDT	terminal [m] vidéo graphique
Graviermaschine [f]	engraving machine	machine [f] à graver
grobe Auflösung [f]	coarse resolution, low resolution	basse résolution [f], résolution grossière
Grotesk(schrift) [f], Antiqua-(schrift) [f], serifenlose Schrift / Linear-Antiqua [f]	sans-serif type, Sans serif	antiques (fpl), caractères (mpl) sans empattement(s), caractères [m] grotesques
Grundlinie [f], Schriftlinie [f]	baseline	ligne [f] de base, ligne d'écriture
Grundstrich [m]	stem	jambage [m]
Haarlinie [f]	hairline	délié [m]
halbfett	demi, demi bold	demi-gras
Halbleiterspeicher [m]	semiconductor memory	mémoire [f] à semi-conducteurs
Handdigitalisierung [f]	hand-digitization	digitalisation [f] manuelle
Handkorrektur [f]	manual correction	correction [f] manuelle
Hardware [f]	hardware	matériel [m]
Headline [f]	headline	titre [m]
Hilfslinie [f]	auxiliary line	ligne [f] auxiliaire
hochsetzen	to raise, to elevate	surélever
Hohlfuß [m]	concave foot, hollow-cast foot	pied [m] creux, pied cavé
Host-Rechner [m]	host computer	unité [f] centrale, ordinateur [m] principal

Index [m]	index	index [m]
Index inferior [m]	lower indice, inferior, subscript	indice [m] inférieur
Index superior [m], Exponent [m]	superior indice, super-script, exponent	exposant [m]
Initial [f]	initial	lettre initiale
Inkjet-Drucker [m]	ink jet printer	imprimante [f] à jet d'encre
Innenkontur [f], Innenrand [m]	inner contour, inner edge	contour [m] intérieur, contour interne
Innenraum [m]	counter	contre poinçon
Interpolation [f]	interpolation	interpolation [f]
Interpunktion [f]	punctuation	ponctuation
Interpunktionszeichen [n]	punctuation mark	signe [m] de ponctuation
ISAM-Zugriff [m]	index sequentiell access mode	mode [m] d'accès séquentiel indexé
Kalligraphie [f]	calligraphy	calligraphie [f]
Kanalautomatik [f], Kanalverarbeitung [f]	channel processing, channelling rectangular alignment	canalisation [f], alignement [m] automatique
Kapitälchen [n]	small cap	petite capitale [f]
Kassette [f]	cassette	cassette [f]
Kathodenstrahlröhre (CRT) [f], Fernsehröhre [f]	cathod ray tube, CRT	tube [m] à rayons cathodiques
Kegel [m], Kegelhöhe [f], Schriftgröße [f]	body size, type size	corps [m], corps de lettre, force [f] de corps
Kegelunterkante [f]	lower body line	limite [f] inférieure du corps
Knoten [m]	knot	nœud [m]
Kodierungstechnik [f]	coding technique	technique [f] de codage
kondensieren	to condense	comprimer
Kontur [f]	outline, contour	contour [m]
Konturieren [n]	contouring	silhouettage [m]
Koordinate [f]	coordinate	coordonnée [f]
Koordinatennullpunkt [m], Ursprung [m]	coordinate zero point, origin	point [m] zéro de coordon-nées, point d'origine
Koordinatensystem [n]	coordinate system	système [m] de coordonnées
Kreis [m]	circle	cercle [m]
Kreisbogen [m]	arc	arc [m] de cercle
kreisförmig	circular	circulaire

Kreisvektor [m], C-Vektor [m]	circle vector, C vector	vecteur [m] courbe, vecteur Cb
Kupferdruckplatte [f]	copper plate	plaque [f] de cuivre, planche [f] d'impression pour taille-douce
kursiv	italic	italique
kursiv Buch	book italic	texte italique
kursivieren	to italicize	pencher, italiser
Kursivierung [f]	italicizing	italisation [f]
Kursivwinkel [m]	italic angle, slanting angle	angle [m] d'inclinaison, angle italique
Kurve [f], Kurvenlinie [f]	curve	courbe [f]
Kurvenausgleich [m]	curve adjustment	compensation [f] des courbes
Kurvenextremum [n]	extreme value of the curve	extrémité [f] de courbe
Kurvenpunkt [m]	curve point	point [m] de courbe
kurzer Vektor [m], S-Vektor [m]	short vector, S vector	vecteur [m] court, vecteur Ct
Laden [n]	loading	chargement [m]
langer Vektor [m], L-Vektor [m]	long vector, L vector	vecteur [m] long, vecteur L
Laser [m]	laser	laser [m]
Laserdrucker [m]	laser printer	imprimante [f] à laser
Laserstrahl [m]	laser beam	faisceau [m] laser, rayon [m] laser
Lauflänge [f]	run length	ligne [f], tracé [m] de ligne
Lauflängenkodierung [f]	run length code	codage [m] des parcours
Laufweite [f]	running width	approche de chasse
leicht	light	maigre
Leserlichkeit [f], Lesbarkeit [f]	readability	lisibilité [f], déchiffrage [m]
Lichtreklame [f], Leuchtreklame [f]	illuminated advertising	enseigne [f] lumineuse
Lichtsetzgerät [n], Lichtsatzmaschine [f]	photocomposer, photocomposing machine	photocomposeuse [f]
Ligatur [f]	ligature	ligature [f], lettres (fpl) accouplées
Linie [f]	line	ligne [f]
Linienauflösung [f]	line resolution	résolution [f] par ligne
Linienelement [n]	line element	filet [m]
Logo [n]	logo	logo [m]

mager	light	maigre
Magnetband [n]	magnetic tape	bande [f] magnétique
Majuskel [f],	capital letter, cap,	majuscule [f], capitale [f],
Kapitalbuchstabe [m],	upper case letter,	haut [m] de casse,
Großbuchstabe [m],		
Versalie [f]	large letter	grande lettre [f]
Markierung [f]	marking	marquage [m]
Maschinenformat [n]	machine format	format [m] de machine
Maßeinheit [f]	unit size	unité [f] de mesure
Matrix [f]	matrix	matrice [f]
Matrixdrucker [m],	matrix printer	imprimante [f] matricielle,
Nadeldrucker [m]		imprimante à aiguilles
Menü [n]	menu	menu [m]
Menüfeld [n]	menu field	boîte-menu [m]
Microcomputer [m]	microcomputer	micro-ordinateur [m]
Mikrofilm [m]	microfilm	microfilm [m]
Mikroverfilmungsgerät [n]	micro filming device	appareil [m] à microfilmer
Minuskel [f],	lower case letter,	minuscule [f], bas de casse,
Kleinbuchstabe [m],	minuscule,	petite lettre [f]
Gemeine [f]	small letter	
Minuskelhöhe [f]	x-height	hauteur [f] des minuscules
Modifikation [f]	modification	modification [f]
Nachbreite [f]	right side bearing	approche [f] de droite
NC-Maschine [f]	NC machine,	machine [f] à commande
	numerically controlled	numérique
	machine	
normal	medium	normal
numerische Steuerung [f]	numerically controlled	commande [f] numérique,
		commande digitale
oberer Überhang [m]	upper overhang	débordement [m] supérieur
Oberlänge [f]	ascender length,	ascendante [f]
	ascender	
offene Kontur [f]	open contour	contour [m] ouvert
Offsetdruck [m]	offset, (lithographic)	impression [f] offset
	offset printing	
Ohr [n]	ear	oreille [f]
optische Zeichen-	optical character	reconnaissance [f]
erkennung [f]	recognition, OCR	optique des caractères
PC, Personal Computer [m]	personal computer, PC	ordinateur [m] personnel

Pflichtenheft [n]	performance specification	cahier des charges
Photosatz [m]	phototypesetting	photocomposition [f]
Pica-Punkt [m]	pica point, pt	point [m] pica
Piktogramm [n], Bildzeichen [n]	pictorial sign	signe [m] pictographique, pictogramme [m]
Pixel [n]	pixel	pixel [m]
Plan [m]	plan	plan [m]
Plotter [m]	plotter	traceur [m]
Postprozessor [m]	post processor	post-processeur [m]
Programmierung [f]	programming	programmation [f]
Proof-Printing [n]	proof printing	impression [f] des épreuves
Punkt [m]	point	point [m]
Punkte pro inch (dpi), [m]	dots per inch (dpi)	points par pouce (dpi) [mpl]
Punktgröße [f]	point size	corps [m]
Punze [f], weißer Innenraum [m]	counter, white inner space	contre-poinçon [m]
Quadrant [m]	quadrant	cadran [m]
Quadrat [n]	square	carré [m]
Querbalken [m]	cross stem, crossbar	barre [f] transversale
Querstrich [m]	cross stem	trait [m] horizontal
Rahmen [m]	frame	ossature [f]
Rand [m]	edge	bordure [f], contour [m]
Raster [n]	raster	trame [f]
Rasterdaten [f]	scan data	données [fpl] de scanning
Rasterpunkt [m]	raster point	point [m] de résolution
Rastersichtgerät [n]	raster scan VDT (visual display terminal)	écran [m] vidéo tramé
Rasterung [f]	raster resolution	résolution [f] de trame
Rechteck [n]	triangle	rectangle [m]
Römische Lapidar-schrift [f]	Roman monumental lettering	lapidaire [f] romaine
rotieren	to rotate	faire une rotation [f]
runden	to round	arrondir
runder Balken [m]	curve stroke	barre [f] courbe, barre arrondie
runder Strich [m]	curved line	trait [m] courbe
Rundung [f], Bogen [m]	bow	arrondi [m]
Satz [m]	composition	composition [f]

Deutsch	English	Français
Satzzeichen [n], Interpunktion [f]	punctuation mark	signe [m] de ponctuation
Scandaten [f]	scan data	données [fpl] scannées
Scanlinie [f]	scanline	ligne [f] scannée, ligne de balayage
scannen, abtasten	to scan	scanner, balayer
Scanner [m]	scanner	scanner [m]
schattieren	to shadow	ombrer
Schild [n]	sign	panneau [m]
Schleife [f]	loop	boucle [f]
schmal	condensed	étroite
Schneidemaschine [f]	cutting machine	machine [f] à couper
Schneiden von Folien [n]	cutting foils	découpe [f] de feuilles
Schnelldrucker [m]	dot-matrix-printer	imprimante [f] rapide
Schnittstelle [f]	intersection	intersection [f]
schräger Balken [m]	sloped stem	barre [f] oblique, barre inclinée
Schrägung [f], Schräge [f], Neigung [f]	inclination	inclinaison [f], oblique [f]
Schreibdichte [f]	writing resolution	densité [f] d'écriture
Schreibgerät [n]	writing device	dispositif [m] d'écriture
Schreibsatz [m]	typewriter composition	composition [f] par machine à écrire, composition [f] par frappe directe
Schreibschrift [f], Handschrift [f]	script type, Script, Cursive	cursives [fpl], calligraphiques [fpl], écriture [f], scripte, écriture manuscrite
Schreibstrahl [m]	printing beam	rayon [m] d'impression
Schrift [f]	typeface, font	police [f] de caractères, police fonte [f], style [m]
Schriftbild [n]	typeface	oeil [m] du caractère
Schriftfamilie [f]	typeface family	famille [f] des caractères
Schriftgestalter [m], Schriftkünstler [m]	type designer	dessinateur [m], créateur [m], concepteur [m]
Schriftgrad [m], Punktgröße [f]	point size, dot size	dimension [f] en points
Schriftgießerei [f]	foundry	fonderie [f]
Schriftguß [m]	type casting	fonte [f] de caractères
Schrifthöhe [f]	type height	hauteur [f] des caractères
Schriftlinie [f]	baseline	ligne [f] de base
Schriftoriginal [n]	artwork, original	original [m]

Schriftschnitt [m]	version	version [f]
Schriftstil [m]	type style	style [m] de caractère
Schriftzeichen [n],	character, letter	signe [m] typographique
Buchstabe [m]	character	caractère [m]
Schulter [f]	shoulder	èpaule [f]
Schwanz [m]	tail	queue [f]
schwarz	extra bold, black	extra gras
Schwarzweißvorlage [f]	black-and-white copy	modèle [m](en) noir et blanc
Schwengel [m]	bar	bras [m]
Sehne [f]	chord	corde [f]
Seitenumbruch [m],	page make-up	mise [f] en page
Seitenlayout [n]		
Sensor [m]	key	curseur [m]
Sensortaste [f]	sensor key	touche [f] du curseur
Serife [f]	serif	empattement [m], sérif [m],
		patin [m]
serifenlos	sansserif	sans empattements
Setzmaschine [f]	typesetting machine	composeuse [f],
		flasheuse [f]
sexy setting	sexy setting	sexy setting
Sichtgerät [n]	display device, visual	écran [m] de visualisation
	display terminal (VDT)	
Sichtgerät [n], VDT [n]	visual display device,	terminal [m]vidéo (VDT),
	VDT	poste [m]avec écran
		de visualisation
Signet [n]	symbol	symbole [m]
Software [f]	software	logiciel [m]
Spalte [f]	column	colonne [f]
Spationierung [f]	letter spacing	interlettrage [f]
Speicherbedarf [m]	memory capacity	besoin [m] de mémoire
	requirement	
Speicherkapazität [f]	storage requirement	capacité [f] mémoire
speichern	to store	mémoriser, stocker,
		enregistrer
Speichersichtgerät [n]	direct VDT	écran [m] vidéo direct
Speicherung [f]	storage	enregistrement [m], mémo-
		risation [f], stockage [m]
Spezialsatz [m]	special setting	chasse [f] spéciale
spiegelnd	mirroring	effet [m] miroir
Spirale [f]	spiral	spirale [f]
Spitze [f]	resolution mark	pointe [f]
Spline-Kurve [f]	spline curve	courbe [f] spline

Sporn [m]	spur	éperon [m]
Startpunkt [m]	start point	point [m] de départ
Steg [m]	link	liaison [f]
Stempelschneider [m]	punch-cutter	graveur [m] de poinçons
Steuersignal [n]	control signal	signal [m] de commande, signal de contrôle
streckend	stretching	extensible
Strich [m]	stroke	trait [m]
Strichbreite [f]	stroke width	largeur [f] de trait
Strichgraphik [f]	line graphique	graphique [m] au trait
Strichstärke [f], Strichdicke [f]	stroke thickness, weight, boldness	épaisseur [f] de trait
Tabelle [f]	table	tableau [m]
Tabellensatz [m]	tabular setting	composition [f] de tableau
Tangentenpunkt [m]	tangent point	point [m] de tangente
tangentialer Übergang [m]	tangential transition	passag [m] tangentiel
tanzend	sparling	valsante
Tastatur [f]	keyboard	clavier [m]
Teilkreis [m]	circle segment	segment [m] de cercle
temporärer Speicher [m]	temporary memory	mémoire [f] temporaire
Texteingabe [f]	input	saisie [f] des textes
Textsatz [m]	body matter, text matter, text setting	composition [f] de textes (courants), labeur [m]
Textschrift [f]	text typeface	caractères de texte
tiefsetzen	lower	abaisser
traditionell	traditional	traditionelle
Transformation [f]	transformation	transformation [f]
treppenartiges Bild [n]	step-like image	structure [f] en escalier
Typographie [f], Schriftgestaltung [f]	typography	typographie [f]
überdeckend	overlapping	superposée
Überdeckung [f]	covering	recouvrement [m]
Überdeckungstabelle [f]	overlapping table	table [f] de chevauchement
Übergang [m]	transition	transition [f]
Überhang [m]	overhang	débordement [m]
Überschrift [f]	headline	titre [m]
umgrößern	to size	mettre à la côte [f]
umschreibendes - [n], umhüllendes Rechteck [n]	bounding box	boîte [f] englobante

unterer Überhang [m]	base overhang	débordement [m] inférieur
Unterlänge [f]	descender length	descendante [f]
Unterschneiden [n], Zurichtung [f]	kerning	crénage [m]
unterschneidend	kerning	à crénage
Unterschneidungstabelle [f]	kerning table	table [f] de crénage
Unziale [f], Unzialschrift [f]	uncial script	onciale [f], caractères onciaux
Vektor [m]	vector	vecteur [m]
Vektorformat [n]	vector format	format [m] vectoriel
Venetianische Antiqua [f]	Venetian Serif	Vénitienne [f]
Verbindung [f]	link	liaison [f]
Verdickung [f]	thickening	épaississement [m], grossissement [m]
verformend	shaping	deformée
Verformung [f]	deformation	déformation [f]
vergrößern	to enlarge	agrandir
Vergrößerung [f]	enlargement	agrandissement [m]
verkleinern	to reduce	réduire
Verkleinerung [f]	reduction	réduction [f]
verrunden	to round	arrondir
Versalhöhe [f], Majuskelhöhe [f]	cap height, cap height	hauteur [f] des capitales, hauteur des majuscules
Verschiebung [f]	displacement	déplacement [m]
verschmelzen	to blend together	fusionner
verschmelzend	blending	fusionée
Verschmelzung [f]	blending	fusion [f]
Version [f]	version	version [f]
Verwaltungsdaten [fpl]	administration data	données [fpl] de gestion
Verzierung [f]	ornamentation	ornement [m]
Vignette [f]	vignette, embellishment	vignette [f], enjolivure [f]
Vorbreite [f]	left side bearing	approche [f] de gauche
Vorlage [f]	pattern	modèle [m]
wandeln	to convert	convertir
Wechselplattenkassette [f]	disk cartridge	cartouche [f]
weißer Einzug [m], Einschnitt [m]	white ink trap	encoche [f]
Weißvektor [m], W-Vector [m]	white vector, W vector	vecteur [m] blanc, vecteur B [m]
Weite [f]	width	chasse [f]
Wendepunkt [m]	point of inflection	point [m] d'inflexion

Werksatz [m], Buchsatz [m]	bookwork	composition [f] de travaux de labeur
Werkzeugmaschine [f]	machine tool	machine-outil [f]
Workstation [f]	workstation	poste [m] de travail
Wortabstand [m], Spationierung [f]	word-spacing, letter-spacing	espacement [m] de lettres
Zeichenmaschine [f]	drawing machine	machine [f] à dessiner
Zeichnung [f]	drawing	dessin [m]
Zeiger [m]	pointer	pointeur [m]
Zeile [f]	row	rangée [f], ligne [f]
Zeilenabstand [m], Durchschuß [m]	line spacing, leading	interlignage [f], écartement [m] des lignes
Zierbuchstabe [m], exzentrisches Schriftzeichen [n]	ornamental letter, swash-character, eccentric character, fancy letter	caractère [m], ornemental, caractère [m] gracile, caractère [m] excentrique
Zierschrift [f]	decorative typeface	alphabet [m] gracile
Zierstrich [m]	swash, embellished stroke	trait [m] ornemental, trait gracile
Ziffer [f]	numeral	chiffre [m]
Zurichtung [f]	(letter) spacing	chasse [f] des caractères
Zwischenraum [m]	white space	espace [m] blanc

Datenstruktur einer Schrift

S chriften kann man in einer Vielzahl von Darstellungen digital speichern, wie wir gesehen haben. Diese oft sehr unterschiedlichen Datenarten führen zu den verschiedenen Formaten. Jedes Format stellt die Bildinformation eines Buchstabens anders dar. Trotzdem läßt sich eine einheitliche Struktur für die Datensätze auf den Datenträgern finden. Wir beschreiben hier die Struktur, die bei URW gebräuchlich ist. Diese Beschreibung gilt für alle Schriftlieferungen in den unterschiedlichen Formaten. Die Formate selbst werden gesondert in den zugehörigen Anhängen H bis R beschrieben.

Die URW-Formate sind offen.

Datenträger für Schriftdaten

• Magnetband, 9 Spuren, 800 oder 1600 bpi Aufzeichnungsdichte. Dies ist der Datenträger, der wegen seiner zahlreichen positiven Eigenschaften seitens der URW als Standard empfohlen wird (preiswert, großes Fassungsvermögen, mechanisch unempfindlich, weitverbreitete Lesemöglichkeit, zuverlässig).
• Diskette (Floppy), soft-sektoriert, einfache oder doppelte Aufzeichnungsdichte (400 kb oder 800 kb).
• Gängige, zu DEC-Rechenanlagen kompatible Wechselplattenkassetten (RL01, RL02, Phoenix usw.) können geliefert werden.
• Sonstige Datenträger, wie TU58-Kassetten oder Lochstreifen, auf Anfrage.

Alle Datenträger werden betriebssystemunabhängig sequentiell beschrieben. Der Kunde kann durch ein recht einfaches Leseprogramm auf die Daten zwecks weiterer Verarbeitung direkt zugreifen. Es können mehrere Schriften auf einem oder mehreren Datenträgern geliefert werden. Eine Schrift besteht meistens aus weniger als 256 Zeichen, sie darf aus maxi-

mal 32.000 Zeichen bestehen. Andererseits darf eine Schrift
aus maximal 32.000 Sätzen der Länge 2048 Worte bestehen,
also aus etwa 128 Megabytes.

Etikett auf Datenträger

Jeder zu einer Schriftlieferung gehörende einzelne Datenträger beginnt mit einem Etikett der Länge 40 Worte. Dieses
Etikett ist vollständig in ASCII geschrieben und dient der
Identifikation des Datenträgers, absolut und innerhalb einer
Schriftlieferung. Es enthält zur Zeit Informationen über die
Herkunft des Datenträgers, den Zeitpunkt seiner Erzeugung,
einen Zähler für die Reihenfolge der Datenträger innerhalb
einer Schriftlieferung und eine Angabe der Satzlänge aller
nachfolgenden Datensätze.

Im einzelnen sieht das Etikett wie folgt aus:

Worte	Bedeutung
1	Länge des Etiketts: **40**
2-20	Herkunft des Datenträgers z.B. **URW_IKARUS_V3.1_VAX_11/750_VMS**
21-30	Beginn der Erzeugung dieses Datenträgers, z.B. **17_JAN_92_17:31**
31-35	Datenträgerzähler, z.B. **VOL_0**
36-40	Länge der physikalischen Sätze in Worten, z.B. **_BLK_2048** Ist an dieser Stelle eine 0 als Satzlänge ange- geben, so haben die Datensätze dieses Daten- trägers variable Länge.

Satzaufbau

Die weiteren Sätze eines Datenträgers enthalten in einer einheitlichen, formatunabhängigen Form die eigentlichen Daten
einer Schriftlieferung.

Eine Schriftlieferung (Volume) gliedert sich zweistufig in
Schriften und Zeichen, d.h. eine Lieferung kann eine oder
mehrere Schriften umfassen, von denen jede aus einem oder

mehreren Zeichen bestehen kann. Dementsprechend lassen sich zwei Arten von logischen Datensätzen unterscheiden, nämlich solche mit Informationen über eine Schrift als Ganzes (Schriftkopf, Font-Header) und solche mit Informationen über ein einzelnes Zeichen einer Schrift (Buchstabendatensätze, Character-Data-Records).

Jeder logische Datensatz besteht aus Teilen (Sektionen) variabler Länge:

der Schriftkopf aus

- Namensteil,
- Schriftinformation,
- Buchstabenadreßbuch;

der Buchstabendatensatz aus

- Namensteil,
- Satzinformation,
- Konturadreßbuch,
- Bildinformation.

Jeder logische Datensatz und jedes Teil beginnt mit einem Datenwort, welches die Länge des Satzes oder Teiles in Worten enthält.

Wir zählen und beschreiben die Daten in Worten (16 Bit)!

Die Aufzeichnung der Daten geschieht in sogenannten physikalischen Sätzen. Wir wählen bei URW für die Plattenspeicherung und die Magnetbandaufzeichnung eine Satzlänge von 2048 Worten. Eine Schrift beginnt immer mit einem neuen physikalischen Datensatz.

Eine Schriftlieferung hat daher folgende Struktur:

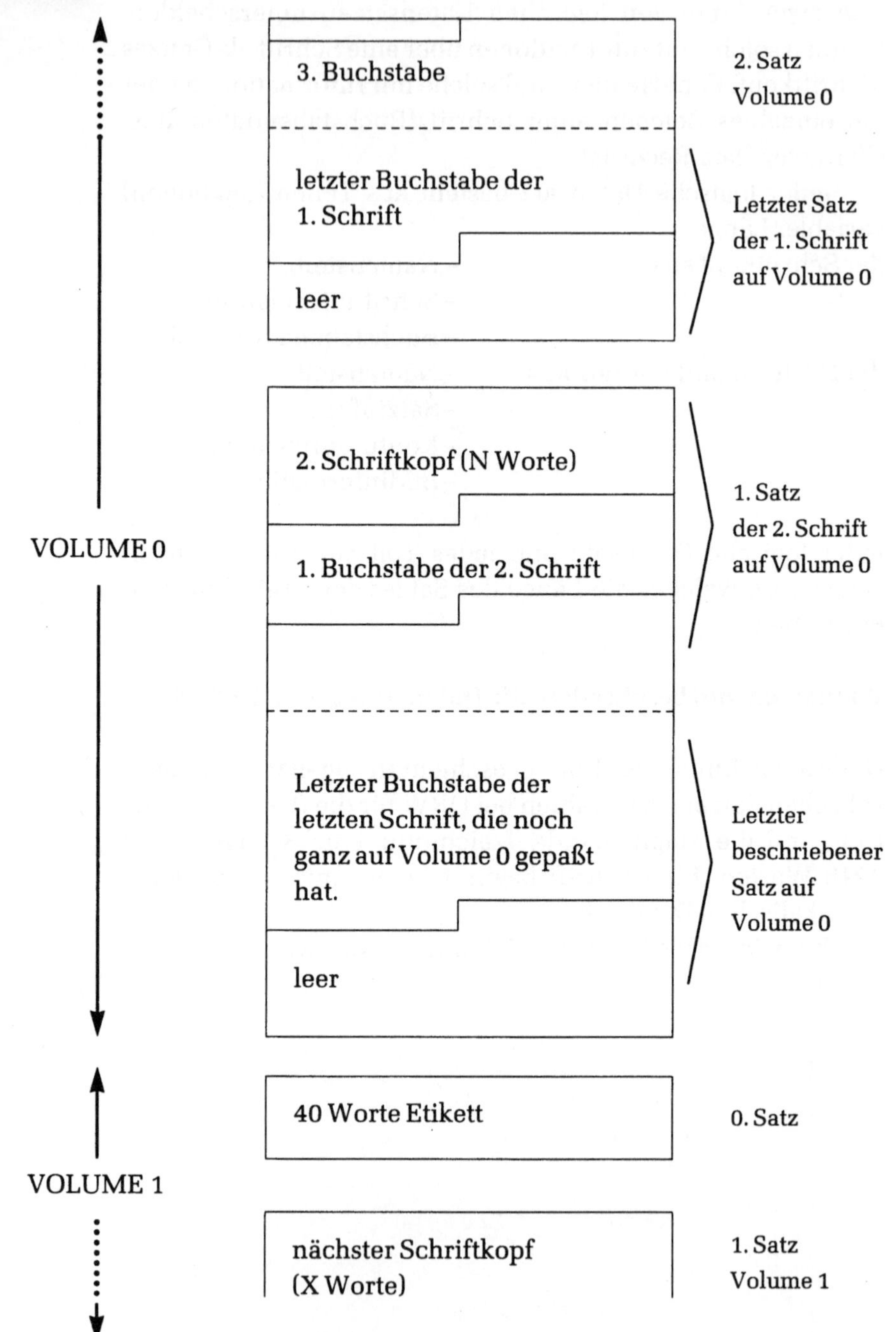
VOLUME 0
VOLUME 1
3. Buchstabe
2. Satz
Volume 0
letzter Buchstabe der
1. Schrift
leer
Letzter Satz
der 1. Schrift
auf Volume 0
2. Schriftkopf (N Worte)
1. Buchstabe der 2. Schrift
1. Satz
der 2. Schrift
auf Volume 0
Letzter Buchstabe der
letzten Schrift, die noch
ganz auf Volume 0 gepaßt
hat.
leer
Letzter
beschriebener
Satz auf
Volume 0
40 Worte Etikett
0. Satz
nächster Schriftkopf
(X Worte)
1. Satz
Volume 1

Die Kapazität der Datenträger ist bekannt, ebenso der Speicherplatzbedarf einer Schrift. Wenn der erste Datenträger
einer Lieferung keine weitere Schrift mehr aufnehmen kann,
wird der nächste Datenträger (nächstes Volume) beschrieben.

Wenn der Speicherplatzbedarf einer Schrift die Kapazität
des Datenträgers übersteigt, dann zerlegen wir die Schrift in
sinnvolle Buchstabengruppen (Teilalphabete). Eine automatische Zerlegung ist bisher nicht programmiert worden, wäre
aber auch möglich.

Im folgenden werden der Schriftkopf detailliert und der
Buchstabendatensatz weitgehend beschrieben. Im Rahmen
des Buchstabendatensatzes ist das Konturadreßbuch nur verwendbar für IK-, DI-, VC- und VE-Format. SC-, BI- und GS-
Format enthalten kein Konturadreßbuch.

Die Bildinformation wird hier nur global beschrieben, detailliert in den für die einzelnen Formate vorgesehenen Anhängen. Als kleinste Einheit für Koordinaten wird normalerweise 1/100 mm oder ein Pixel verstanden. In diesen Fällen ist
das Kennzeichen für die Maßeinheit auf 1 gesetzt (siehe später). Eine Schrift fängt immer auf einem neuen physikalischen
Datensatz an. Die zugehörigen Informationen (Schriftkopf,
Buchstabendatensätze) sind sequentiell und ohne Lücken aufgezeichnet. Dabei bewirken die Grenzen der physikalischen
Datensätze lediglich eine Erhöhung des Satzzählers, aber
keine logische Unterteilung.

Es gibt Buchstabennummern von 1 bis 32.000. Bei URW
werden für lateinische Schriften die Nummern 1 bis 999 verwendet. Für Kanji-Schriften werden unter Umständen alle
benötigt.

Hat ein Buchstabe mehr als 10.000 Digitalisierungen,
kann eine Einteilung in Folgeteile vorgenommen werden.
Dabei wird der Buchstabe sinnvollerweise am Ende einer
Kontur (IK-, DI-, VC- und VE-Format) aufgetrennt. Für das SC-
Format haben wir nun eine Formatierung gewählt, die etwa
32.000 × 2048 Digitalisierungen (Übergänge) zuläßt.

Ist die Folgeteilnummer gleich 0, dann gibt es kein Folge-
teil mehr. Als Nummern der Folgeteile werden automatisch
die noch freien, unbenutzten Buchstabennummern oberhalb
von 999 genommen.

Schriftkopf

Wort	Bedeutung	Kommentar
1	Länge des Schriftkopfes in Worten	=1+I+J+L+M
	Namensteil	
2	Länge des Namensteils in Worten	(I)
3	Nummer auf URW-Liste	
4-9	**Filename**	6 Worte
10-49	Schriftname in ASCII	40 Worte
50	Formatkennzeichen für Daten	z.B. IK, DI, G1,...,G4, VC, ...
51-53	Herstellungsdatum	3 Worte
54-56	Datum der letzten Änderung	z.B. 16, 1, 91 für 16. Januar 1991, aktuell (1991) hat bei URW I den Wert 55.
	Schriftinformation	
I+2	Länge der Schriftinformation in Worten	(J)
I+3	Kennzeichen für Schrift	= 1 ≠ 1 für IG-Format (intern URW)
I+4	**Anzahl der Buchstaben**	
I+5	Versalhöhe	
I+6	Kegelhöhe	in kleinsten Einheiten, in der Regel 1/100 mm oder in Bildpunkten
I+7	Minuskelhöhe	
I+8	Abstand der Grundlinie von der Kegelunterkante	
I+9	Zeilenabstand für Satz	
I+10	Strichstärke	
I+11	Kursivwinkel	in 1/10 Grad
I+12	Optimaler Größenbereich für den Satz, gegeben in Didotpunkten.	z.B. 12p

Wort	Bedeutung	Kommentar
I+13	Mittlere Buchstabenbreite (auf der Basis der internationalen Buchstabenhäufigkeit)	in 1/100 mm Akt. (1991) hat bei URW J den Wert 12.
I+J+2	**Hierarchieteil** Länge des Hierarchieteils in Worten	(L) = 1 für Schriften ∓ 1 für IG-Format (siehe Lit. IG/URW))
I+J+L+2	**Buchstabenadreßbuch** Länge des Buchstabenadreßbuches in Worten	(M)
I+J+L+3	Zeiger auf den letzten beschriebenen physikal. Satz (=Länge der Schrift in physikalischen Sätzen)	
I+J+L+4	Zeiger auf das letzte beschriebene Wort des letzten Satzes	
I+J+L+5	Nummer des ersten Buchstabens	
I+J+L+6	Zeiger auf den Satz in dieser Schrift, der den Anfang des ersten Buchstabens enthält	
I+J+L+7	Zeiger auf das Wort in diesem Satz, welches das erste Wort des zugehörigen Buchstabendatensatzes ist	3 Worte für einen Buchstaben
I+J+L+8	Nummer des zweiten Buchstabens, usw.	
.	.	
.	.	
.	.	
I+J+L+ M+1	Zeiger auf das Wort des Buchstabendatensatzes, wo der letzte Buchstabe anfängt	

Buchstabensatz

Wort	Bedeutung	Kommentar
1 2	Länge des 1. Buchstabens in Sätzen (à 2048 Worte) in Worten	$2+N1+N2+N3+M$
4	**Namensteil** Länge des Namensteils in Worten Zeichennummer	$N1$ (aktuell = 3) 1,2,...,999 Bei URW werden aktuell als Zeichen- nummer 1,2,...,999 benutzt. Buchstabennamen (in ASCII) werden durch separate Buch- stabenbelegungen (z.B. Tastaturlayouts) vergeben.
5	Zeichennummer des Folgeteils	Folgeteile haben Nummern von 1000,...,32.000. 0 heißt: es gibt kein weiteres Folgeteil.
N1+3 N1+4 N1+5	**Satzinformation** Länge der Satzinformation Buchstabenart Anzahl der Digitalisierungen	$N2$ (aktuell = 12) 1 = Buchstabe 2 = Logo/Signet 3 = Linie 4 = Rahmen

Wort	Bedeutung	Kommentar
N1+6	Dickte (T)	
N1+7	Vorbreite (L)	
N1+8	Breite (W)	$T = L + W + R$
N1+9	Nachbreite (R)	
N1+10	X-Minimum	
N1+11	X-Maximum	der Digitali- in kleinsten
N1+12	Y-Minimum	sierungen Einheiten
N1+13	Y-Maximum	
N1+N2+2	Maßeinheit (Definition der kleinsten Einheit)	$= 1 \triangleq$ Einheit ist 1/100 mm oder $\triangleq$ 1 Pixel **(normal)** $= 2 \triangleq$ kleinste Einheit ist 2/100 mm $= 3$ usw. Wenn die Maßeinheit z.B. auf 2 gesetzt ist, muß man vor Anwendung des Buchstabens die Koordinaten um den Faktor 2 vergrößern.
N1+N2+3 N1+N2+4 N1+N2+5 N1+N2+6	**Konturadreßbuch** Konturadreßbuchlänge in Sätzen (N4) in Worten (N5) Zeiger auf den Satz Zeiger auf das Wort im Satz für die erste Kontur relativ zum Beginn der Bild- information. Der Beginn der Bildinformation liegt relativ zum Buchstabendatensatz bei **3+N1+N2+N3.**	$N3 = N4 \times 2048 + N5$

Wort	Bedeutung	Kommentar
N1+N2+7	Drehsinn der ersten Kontur	−1 = Uhrzeigersinn −0 = offene Kontur +1 = Gegenuhr- zeigersinn
N1+N2+8	Kennzeichen für die Lagehierarchie	0 = Außenkontur 1. Ordnung 1 = Innenkontur 1. Ordnung 2 = Außenkontur 2. Ordnung 3 = Innenkontur 2. Ordnung 4 = usw. 
N1+N2+9	Farbe im Inneren der Kontur	0 = durchsichtig, 1 = schwarz, usw.
N1+N2+10	Anzahl der Digitalisierungen der 1. Kontur	
N1+N2+11	Satzzeiger auf 2. Kontur	
N1+N2+12	Wortzeiger	
N1+N2+13	Drehsinn	jeweils 6 Worte pro Kontur
N1+N2+14	Lagekennzeichen	
N1+N2+15	Farbe	
N1+N2+16	Anzahl Digitalisierungen	
N1+N2+17	Satzzeiger auf 3. Kontur	
.	.	
.	.	
.	.	
N1+N2 +N3+2	Anzahl der Digitalisierungen der letzten Kontur des ersten Buchstabens	

Wort	Bedeutung	Kommentar
N1+N2+N3	**Bildinformation** Länge der Daten	$M = N6 \times 2048 + N7$
+3	in Sätzen (N6)	
+4	in Worten (N7)	
+5	Speicherung der Bild- information des ersten Buch- stabens dieser Schrift (in 16-Bit-Worten)	
+6	Hier kann IK-, DI-, VC-, VE-,	
+7	SC-, BI- oder GS-Format folgen (siehe Anhänge H bis R).	
.	.	
.	.	
.	.	
N1+N2+N3 +M+2	Letztes Wort der Bild- information des ersten Buch- stabens dieser Schrift	
...+3	Länge des 2. Buchstabens in Sätzen	
.	.	
.	.	
.	.	
XYZ	Letztes Wort der Bild- information des letzten Buch- stabens dieser Schrift	ergibt sich aus Schriftkopf

Beschreibung des IK-Formates

1. Struktur einer IK-Schrift

Als Struktur einer IK-Schrift wird der im Anhang G beschriebene Aufbau herangezogen.

2. Beschreibung des IK-Formates

Das **IKARUS-Format** (IK-Format) ist eine digitale Beschreibung (Darstellung) von Umrißlinien (Rändern) beliebiger zweidimensionaler, ebener Figuren (Flächen). Solche Figuren sind beispielsweise Buchstaben (Schriftzeichen), Firmensignets, Logos oder Strichgraphiken.

Die Ränder solcher Figuren heißen in der Mathematik einfache, geschlossene Kurven, die überall stetig und fast überall differenzierbar sind. Umgangssprachlich bedeutet dies etwa folgendes:

Geschlossen:	Anfangs- und Endpunkt eines Randes sind identisch.
Einfach:	Ein Rand schneidet sich nicht selbst (außerdem, wie man sich leicht klar macht, schneiden auch verschiedene Ränder einer Figur einander nicht).
Überall stetig:	Ein Rand hat keine »Löcher«.
Fast überall differenzierbar:	Ein Rand hat nur endlich viele »Ecken«, ist also fast überall »glatt«.

Jeder Buchstabe hat sein eigenes Koordinatensystem, dessen X-Nullpunkt auf dem X-Minimum des Buchstabens und dessen Y-Nullpunkt auf der Grundlinie liegt.

Jeder Buchstabe hat seinen eigenen Bezugspunkt.

Das IK-Format beschreibt solche allgemeinen Ränder mit dem denkbar geringsten Aufwand, d.h. so platzsparend wie möglich. Ein Rand wird durch eine Folge von ausgewählten

Abb. 179
Koordinatensystem
für Buchstaben

Punkten des Randes beschrieben, die jeweils als (X,Y)-Koordinatenpaar in einem rechtwinkligen (kartesischen) Koordinatensystem dargestellt werden, versehen mit einer von drei Kennungen. Ein solches Tripel aus Kennung, X- und Y-Koordinate wird im folgenden eine »Digitalisierung« genannt.

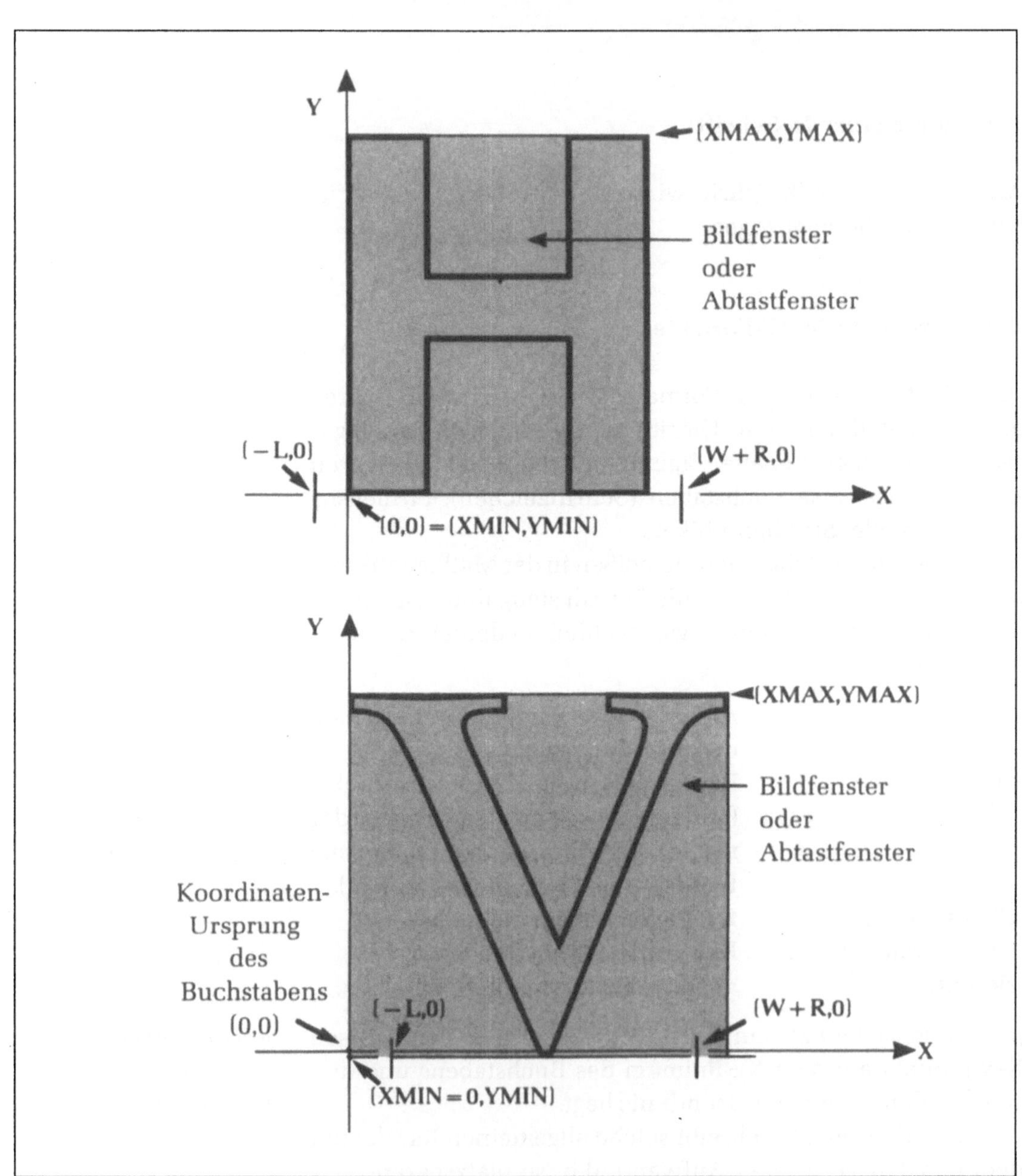

Die Bedeutungen der drei verschiedenen Kennungen werden im folgenden erläutert. Dabei werden wir sehen, daß diese verschiedenen Digitalisierungsarten nötig sind, aber auch ausreichen, um die oben erwähnten Ränder vollständig zu beschreiben. Einen Rand kann man sich vorstellen als eine Folge von geraden und kurvigen Teilrändern oder kurz als eine Folge von Geraden und Kurven. Zwei benachbarte Geraden oder zwei benachbarte Kurven können nur »eckig« ineinander übergehen. Wo sie zusammentreffen, finden wir die erste Digitalisierungsart, den Eckpunkt. Würden sie »glatt« ineinander übergehen, könnte man sie zu einer einzigen Geraden bzw. Kurve zusammenfassen.

Auf Kurven befinden sich Digitalisierungen der zweiten Digitalisierungsart, die Kurvenpunkte. Sie erfüllen die Funktion von »Stützstellen« und werden gesetzt, wann immer sich die Richtung der Kurve um etwa 30 Grad geändert hat. Zusätzlich werden alle lokalen X- und Y-Extremwerte von Rändern mit Kurvenpunkten digitalisiert. Bei einem Kreis sind dies z.B. der äußerste linke, rechte, obere und untere Punkt.

Die dritte Art von Digitalisierungen nennen wir Tangentenpunkt. Er wird überall dort benutzt, wo eine Gerade »glatt« (tangential) in eine Kurve übergeht oder umgekehrt. In einem Tangentenpunkt haben also die links und rechts von ihm liegende Gerade bzw. Kurve die gleiche Richtung.

Um die Anfänge von Rändern innerhalb einer Figur zu kennzeichnen, gibt es im IK-Format noch eine vierte Digitalisierungsart, den Startpunkt. Die »wahre« Kennung eines Startpunktes erhält man dadurch, daß der Startpunkt am Ende eines Randes noch einmal, mit einer Kennung versehen, digitalisiert wird. Die Beträge von X- und Y-Koordinaten sind aber beschränkt auf $\leq 32\,767$.

Die verschiedenen Kennungen im IK-Format ergeben sich aus:

Punktart	Interne Kennung	Änderung der X-Koordinate	Änderung der Y-Koordinate
Start	12	$-(X+1)$	$Y-YMIN+1$
Ecke	13	$-(X+1)$	$-(Y-YMIN+1)$
Kurve	14	$(X+1)$	$Y-YMIN+1$
Tangente	15	$(X+1)$	$-(Y-YMIN+1)$

Im IK-Format gibt es nur vier Sorten von Punkten.

Die X- und Y-Koordinaten werden in der kleinsten Einheit gespeichert. In der Regel ist dies 1/100 mm (siehe auch unter Maßeinheit im Anhang G, Buchstabensatz).

Im URW-Archiv haben alle Schriften die Standard-Versalhöhe 100 mm. Dies wird erreicht, indem entweder die Originalvorlagen (Artwork) vor der Datenaufnahme reprotechnisch auf diesen Wert gebracht werden, oder - sofern dies produktionstechnisch sinnvoller erscheint - mit Hilfe von Software nach dem Digitalisieren. Alle Maßangaben im IK-Format verstehen sich als in kleinsten Einheiten gemessen.

3. Beispiel eines IK-Formates

Wir bilden zunächst die Kleinbuchstaben a, b, c der Schrift
»URW-Antiqua 2015 (normal)« mit Marken ab. Anschließend
geben wir das zugehörige vollständige Schriftformat als Datenliste wieder.

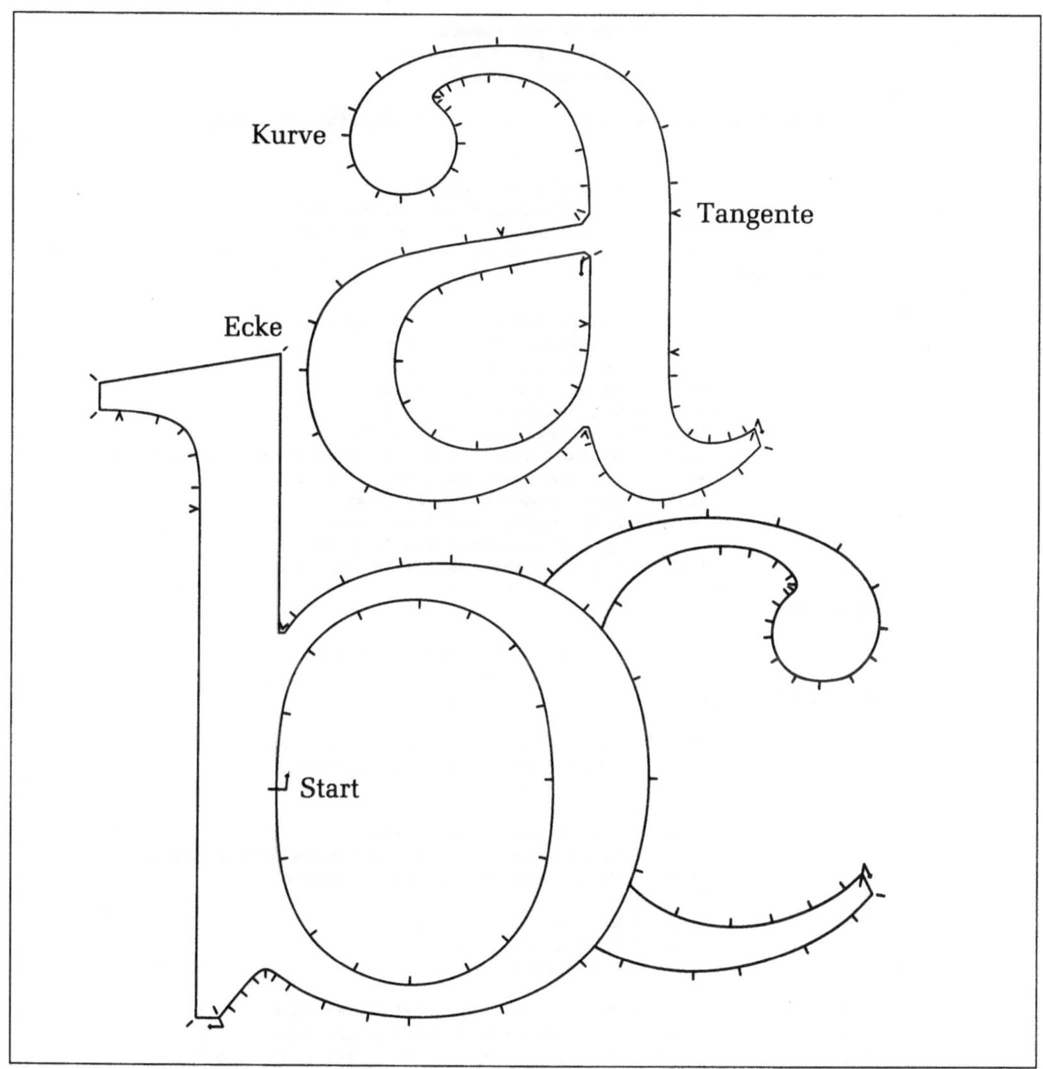

Abb. 180
Darstellung des
IK-Formates

```
U003003T.IK                 20.JAN.1992  11:00                SEITE    1

---------|-------------------|-------------------------------------------------
WORTNR.  |      INHALT       |                   BEDEUTUNG
---------|-------------------|-------------------------------------------------
    1    |            2208   | Schriftkopflaenge
---------|-------------------|-------------------------------------------------

         NAMENSTEIL
         ----------
    2    |              55   | Laenge des Namens
    3    |               0   | Nummer auf URW-Liste
  4 - 10 |  U003003T.IK      | Filename (ASCII)
         |                   |
 11 - 49 |URW Antiqua 2015 Regular              | Schriftname (ASCII)
         |                   |
         |                   |
   50    |              IK   | Datenformat (ASCII)
 51 - 53 |      20  1 1992   | Herstellungsdatum: 20.Jan.1992
 54 - 56 |      20  1 1992   | Letzte Aenderung:  20.Jan.1992
---------|-------------------|-------------------------------------------------

         SCHRIFTINFORMATION
         ------------------
   57    |              12   | Laenge der Schriftinformation
   58    |               1   | Kennzeichen fuer Schrift
   59    |             712   | Anzahl der Buchstaben
   60    |           10000   | Versalhoehe (in 1/100mm)
   61    |           15000   | Kegelhoehe (in 1/100mm)
   62    |            7000   | Minuskelhoehe (in 1/100mm)
   63    |            3250   | Abstand Grundlinie - Kegelunterkante(in 1/100mm)
   64    |           15000   | Zeilenabstand fuer Satz (in 1/100mm)
   65    |            1300   | Strichstaerke (in 1/100mm)
   66    |               0   | Kursivwinkel (in 1/10 Grad)
   67    |              12   | opt. Groessenbereich fuer Satz (in p)
   68    |            8462   | mittl. Buchstabenbreite (in 1/100mm)
---------|-------------------|-------------------------------------------------

         HIERARCHIETEIL
         --------------
   69    |               1   | Kein Hierarchieteil in diesem Format
---------|-------------------|-------------------------------------------------

         BUCHSTABENADRESSBUCH
         --------------------
   70    |            2139   | Laenge des Buchstabenadressbuches
   71    |              46   | SCHRIFTLAENGE IN PHYS. SAETZEN
   72    |            1734   | Letztes Wort des letzten Satzes
         |                   |
   73    |             101   | Nummer des  1.Buchstaben
   74    |               2   | Zeiger auf Satz, der Buchstabenanfang enthaelt
   75    |            1025   | Wortzeiger auf Buchstabenanfang
         |                   |
   76    |             102   | Nr. des 2.B.
   77    |               2   | Satzzeiger
   78    |            1140   | Wortzeiger
         |                   |
  79- 81 | 103      2 1303   | Nr., Satzzeiger, Wortzeiger fuer      3.B.
  82- 84 | 104      2 1412   | Nr., Satzzeiger, Wortzeiger fuer      4.B.
  85- 87 | 105      2 1525   | Nr., Satzzeiger, Wortzeiger fuer      5.B.
  88- 90 | 106      2 1652   | Nr., Satzzeiger, Wortzeiger fuer      6.B.
  91- 93 | 107      2 1773   | Nr., Satzzeiger, Wortzeiger fuer      7.B.
  94- 96 | 108      2 1920   | Nr., Satzzeiger, Wortzeiger fuer      8.B.
  97- 99 | 109      3   21   | Nr., Satzzeiger, Wortzeiger fuer      9.B.
 100-102 | 110      3  106   | Nr., Satzzeiger, Wortzeiger fuer     10.B.
---------|-------------------|-------------------------------------------------
```

```
U003003T.IK              20.JAN.1992  11:00              SEITE   2

---------|-------------------|-------------------------------------------
WORTNR.  |    INHALT         |                    BEDEUTUNG
---------|-------------------|-------------------------------------------
 103- 105|    111     3  193 | Nr., Satzzeiger, Wortzeiger fuer    11.B.
 106- 108|    112     3  340 | Nr., Satzzeiger, Wortzeiger fuer    12.B.
 109- 111|    113     3  431 | Nr., Satzzeiger, Wortzeiger fuer    13.B.
 112- 114|    114     3  562 | Nr., Satzzeiger, Wortzeiger fuer    14.B.
 115- 117|    115     3  683 | Nr., Satzzeiger, Wortzeiger fuer    15.B.
 118- 120|    116     3  784 | Nr., Satzzeiger, Wortzeiger fuer    16.B.
 121- 123|    117     3  911 | Nr., Satzzeiger, Wortzeiger fuer    17.B.
 124- 126|    118     3 1050 | Nr., Satzzeiger, Wortzeiger fuer    18.B.
 127- 129|    119     3 1231 | Nr., Satzzeiger, Wortzeiger fuer    19.B.
 130- 132|    120     3 1374 | Nr., Satzzeiger, Wortzeiger fuer    20.B.
 133- 135|    121     3 1467 | Nr., Satzzeiger, Wortzeiger fuer    21.B.


 397- 399|    285    10  443 | Nr., Satzzeiger, Wortzeiger fuer   109.B.
 400- 402|    286    10  676 | Nr., Satzzeiger, Wortzeiger fuer   110.B.
 403- 405|    287    10  839 | Nr., Satzzeiger, Wortzeiger fuer   111.B.
 406- 408|    289    10 1038 | Nr., Satzzeiger, Wortzeiger fuer   112.B.
 409- 411|    290    10 1191 | Nr., Satzzeiger, Wortzeiger fuer   113.B.
 412- 414|    291    10 1334 | Nr., Satzzeiger, Wortzeiger fuer   114.B.
 415- 417|    292    10 1499 | Nr., Satzzeiger, Wortzeiger fuer   115.B.
 418- 420|    296    10 1646 | Nr., Satzzeiger, Wortzeiger fuer   116.B.
 421- 423|    297    10 1825 | Nr., Satzzeiger, Wortzeiger fuer   117.B.
 424- 426|    298    10 1978 | Nr., Satzzeiger, Wortzeiger fuer   118.B.
 427- 429|    301    11  105 | Nr., Satzzeiger, Wortzeiger fuer   119.B.
 430- 432|    302    11  284 | Nr., Satzzeiger, Wortzeiger fuer   120.B.
 433- 435|    303    11  417 | Nr., Satzzeiger, Wortzeiger fuer   121.B.


2143-2145|   1421    45 1293 | Nr., Satzzeiger, Wortzeiger fuer   691.B.
2146-2148|   1422    45 1362 | Nr., Satzzeiger, Wortzeiger fuer   692.B.
2149-2151|   1423    45 1431 | Nr., Satzzeiger, Wortzeiger fuer   693.B.
2152-2154|   2103    45 1468 | Nr., Satzzeiger, Wortzeiger fuer   694.B.
2155-2157|   2104    45 1583 | Nr., Satzzeiger, Wortzeiger fuer   695.B.
2158-2160|   2108    45 1646 | Nr., Satzzeiger, Wortzeiger fuer   696.B.
2161-2163|   2118    45 1811 | Nr., Satzzeiger, Wortzeiger fuer   697.B.
2164-2166|   2121    45 1884 | Nr., Satzzeiger, Wortzeiger fuer   698.B.
2167-2169|   2124    46   33 | Nr., Satzzeiger, Wortzeiger fuer   699.B.
2170-2172|   2301    46  150 | Nr., Satzzeiger, Wortzeiger fuer   700.B.
2173-2175|   2302    46  289 | Nr., Satzzeiger, Wortzeiger fuer   701.B.
2176-2178|   2304    46  446 | Nr., Satzzeiger, Wortzeiger fuer   702.B.
2179-2181|   2305    46  597 | Nr., Satzzeiger, Wortzeiger fuer   703.B.
2182-2184|   2307    46  720 | Nr., Satzzeiger, Wortzeiger fuer   704.B.
2185-2187|   2312    46  813 | Nr., Satzzeiger, Wortzeiger fuer   705.B.
2188-2190|   2316    46  928 | Nr., Satzzeiger, Wortzeiger fuer   706.B.
2191-2193|   2318    46 1065 | Nr., Satzzeiger, Wortzeiger fuer   707.B.
2194-2196|   2319    46 1170 | Nr., Satzzeiger, Wortzeiger fuer   708.B.
2197-2199|   2321    46 1273 | Nr., Satzzeiger, Wortzeiger fuer   709.B.
2200-2202|   2323    46 1436 | Nr., Satzzeiger, Wortzeiger fuer   710.B.
2203-2205|   2325    46 1565 | Nr., Satzzeiger, Wortzeiger fuer   711.B.
2206-2208|  20392    46 1706 | Nr., Satzzeiger, Wortzeiger fuer   712.B.
---------|-------------------|-------------------------------------------
```

255

```
U003003T.IK                    20.JAN.1992  11:00            SEITE   15

---------|-------------------|-----------------------------------------------
WORTNR. |      INHALT       |                    BEDEUTUNG
---------|-------------------|-----------------------------------------------
    1    |                 0 | Saetze       Laenge des Buchstabens
    2    |               179 | Worte
---------|-------------------|-----------------------------------------------
         NAMENSTEIL
         ----------
    3    |                 3 | Laenge des Namensteils
    4    |               301 | Zeichennummer
    5    |                 0 | Folgeteilnummer
---------|-------------------|-----------------------------------------------
         SATZINFORMATION
         ---------------
    6    |                12 | Laenge der Satzinformation
    7    |                 1 | Buchstabenart = Buchstabe
    8    |                73 | Anzahl der Digitalisierungen
    9    |              8240 | Dickte (T=L+W+R)
   10    |               799 | Vorbreite (L)
   11    |              7291 | Breite (W)
   12    |               150 | Nachbreite (R)
   13    |                 0 | X-Minimum
   14    |              7291 | X-Maximum
   15    |              -150 | Y-Minimum
   16    |              7153 | Y-Maximum
   17    |                 1 | Masseinheit ist 1/100mm
---------|-------------------|-----------------------------------------------
         KONTURADRESSBUCH
         ----------------
   18    |                 0 | Saetze       Laenge des Konturadressbuches
   19    |                14 | Worte
         |                   |
   20    |                 0 | Satzzeiger der   1. Kontur :      0
   21    |                 3 | Wortzeiger                 :     34
   22    |                -1 | Drehsinn der Kontur = Uhrzeigersinn
   23    |                 0 | Schachtelung: aussen 1. Ordnung
   24    |                 0 | Farbe im Innern : durchsichtig
   25    |                58 | Anzahl der Digitalisierungen
         |                   |
   26    |                 0 | Satzzeiger der   2. Kontur :      0
   27    |               119 | Wortzeiger                 :    150
   28    |                -1 | Drehsinn der Kontur = Uhrzeigersinn
   29    |                 1 | Schachtelung: innen 1. Ordnung
   30    |                 0 | Farbe im Innern : durchsichtig
   31    |                15 | Anzahl der Digitalisierungen
         |                   |
---------|-------------------|-----------------------------------------------
         BILDINFORMATION
         ---------------
   32    |                 0 | Saetze       Laenge der Daten
   33    |               148 | Worte
         |                   |
   34-  35|  -7120     1184  | 12    7119     1033  (K,X,Y)      1.DIG; Art: STRP
   36-  37|  -7292     -941  | 13    7291      790  (K,X,Y)      2.DIG; Art: -EP-
   38-  39|   6922      598  | 14    6921      447  (K,X,Y)      3.DIG; Art: .C..
   40-  41|   6347      223  | 14    6346       72  (K,X,Y)      4.DIG; Art: .C..
   42-  43|   5648       49  | 14    5647     -102  (K,X,Y)      5.DIG; Art: .C..
   44-  45|   5211      147  | 14    5210       -4  (K,X,Y)      6.DIG; Art: .C..
   46-  47|   4788      493  | 14    4787      342  (K,X,Y)      7.DIG; Art: .C..
---------|-------------------|-----------------------------------------------
```

```
U003003T.IK                 20.JAN.1992  11:00              SEITE  16

---------|-------------------|-------------------------------------------
WORTNR.  |      INHALT        |                  BEDEUTUNG
---------|-------------------|-------------------------------------------
  48-  49|    4572     952    | 14   4571     801  (K,X,Y)      8.DIG; Art:  .C..
  50-  51|   -4486   -1284    | 13   4485    1133  (K,X,Y)      9.DIG; Art:  -EP-
  52-  53|    4067     842    | 14   4066     691  (K,X,Y)     10.DIG; Art:  .C..
  54-  55|    3486     406    | 14   3485     255  (K,X,Y)     11.DIG; Art:  .C..
  56-  57|    2723      88    | 14   2722     -63  (K,X,Y)     12.DIG; Art:  .C..
  58-  59|    2035       1    | 14   2034    -150  (K,X,Y)     13.DIG; Art:  .C..
  60-  61|     992     239    | 14    991      88  (K,X,Y)     14.DIG; Art:  .C..
  62-  63|     197    1068    | 14    196     917  (K,X,Y)     15.DIG; Art:  .C..
  64-  65|       1    2024    | 14      0    1873  (K,X,Y)     16.DIG; Art:  .C..
  66-  67|     139    2820    | 14    138    2669  (K,X,Y)     17.DIG; Art:  .C..
  68-  69|     543    3417    | 14    542    3266  (K,X,Y)     18.DIG; Art:  .C..
  70-  71|    1531    3940    | 14   1530    3789  (K,X,Y)     19.DIG; Art:  .C..
  72-  73|    2524    4147    | 14   2523    3996  (K,X,Y)     20.DIG; Art:  .C..
  74-  75|    3095   -4245    | 15   3094    4094  (K,X,Y)     21.DIG; Art:  >TP<
  76-  77|   -4492   -4497    | 13   4491    4346  (K,X,Y)     22.DIG; Art:  -EP-
  78-  79|    4477    5101    | 14   4476    4950  (K,X,Y)     23.DIG; Art:  .C..
  80-  81|    4415    5714    | 14   4414    5563  (K,X,Y)     24.DIG; Art:  .C..
  82-  83|    4070    6457    | 14   4069    6306  (K,X,Y)     25.DIG; Art:  .C..
  84-  85|    3468    6775    | 14   3467    6624  (K,X,Y)     26.DIG; Art:  .C..
  86-  87|    2860    6849    | 14   2859    6698  (K,X,Y)     27.DIG; Art:  .C..
  88-  89|    2177    6748    | 14   2176    6597  (K,X,Y)     28.DIG; Art:  .C..
  90-  91|    1941    6635    | 14   1940    6484  (K,X,Y)     29.DIG; Art:  .C..
  92-  93|    1801    6525    | 14   1800    6374  (K,X,Y)     30.DIG; Art:  .C..
  94-  95|    1722    6391    | 14   1721    6240  (K,X,Y)     31.DIG; Art:  .C..
  96-  97|    1776    6284    | 14   1775    6133  (K,X,Y)     32.DIG; Art:  .C..
  98-  99|    1906    6157    | 14   1905    6006  (K,X,Y)     33.DIG; Art:  .C..
 100- 101|    2053    5931    | 14   2052    5780  (K,X,Y)     34.DIG; Art:  .C..
 102- 103|    2104    5655    | 14   2103    5504  (K,X,Y)     35.DIG; Art:  .C..
 104- 105|    2007    5263    | 14   2006    5112  (K,X,Y)     36.DIG; Art:  .C..
 106- 107|    1682    4930    | 14   1681    4779  (K,X,Y)     37.DIG; Art:  .C..
 108- 109|    1237    4828    | 14   1236    4677  (K,X,Y)     38.DIG; Art:  .C..
 110- 111|     874    4899    | 14    873    4748  (K,X,Y)     39.DIG; Art:  .C..
 112- 113|     486    5304    | 14    485    5153  (K,X,Y)     40.DIG; Art:  .C..
 114- 115|     403    5705    | 14    402    5554  (K,X,Y)     41.DIG; Art:  .C..
 116- 117|     499    6160    | 14    498    6009  (K,X,Y)     42.DIG; Art:  .C..
 118- 119|     963    6751    | 14    962    6600  (K,X,Y)     43.DIG; Art:  .C..
 120- 121|    1902    7168    | 14   1901    7017  (K,X,Y)     44.DIG; Art:  .C..
 122- 123|    3163    7304    | 14   3162    7153  (K,X,Y)     45.DIG; Art:  .C..
 124- 125|    4149    7213    | 14   4148    7062  (K,X,Y)     46.DIG; Art:  .C..
 126- 127|    5038    6835    | 14   5037    6684  (K,X,Y)     47.DIG; Art:  .C..
 128- 129|    5647    6032    | 14   5646    5881  (K,X,Y)     48.DIG; Art:  .C..
 130- 131|    5808    5150    | 14   5807    4999  (K,X,Y)     49.DIG; Art:  .C..
 132- 133|    5814   -4677    | 15   5813    4526  (K,X,Y)     50.DIG; Art:  >TP<
 134- 135|    5814   -2222    | 15   5813    2071  (K,X,Y)     51.DIG; Art:  >TP<
 136- 137|    5820    1812    | 14   5819    1661  (K,X,Y)     52.DIG; Art:  .C..
 138- 139|    5870    1344    | 14   5869    1193  (K,X,Y)     53.DIG; Art:  .C..
 140- 141|    6072     958    | 14   6071     807  (K,X,Y)     54.DIG; Art:  .C..
 142- 143|    6394     841    | 14   6393     690  (K,X,Y)     55.DIG; Art:  .C..
 144- 145|    6748     938    | 14   6747     787  (K,X,Y)     56.DIG; Art:  .C..
 146- 147|    6972    1080    | 14   6971     929  (K,X,Y)     57.DIG; Art:  .C..
 148- 149|   -7120   -1184    | 13   7119    1033  (K,X,Y)     58.DIG; Art:  -EP-
 150- 151|   -4514    4035    | 12   4513    3884  (K,X,Y)     59.DIG; Art:  STRP
 152- 153|    4514   -2866    | 15   4513    2715  (K,X,Y)     60.DIG; Art:  >TP<
 154- 155|    4489    2434    | 14   4488    2283  (K,X,Y)     61.DIG; Art:  .C..
 156- 157|    4352    1832    | 14   4351    1681  (K,X,Y)     62.DIG; Art:  .C..
 158- 159|    4057    1388    | 14   4056    1237  (K,X,Y)     63.DIG; Art:  .C..
---------|-------------------|-------------------------------------------
```

```
   U003003T.IK                 20.JAN.1992  11:01              SEITE   17

---------|-----------------|------------------------------------------------
WORTNR. |      INHALT      |                    BEDEUTUNG
---------|-----------------|------------------------------------------------
 160- 161|    3463    974  | 14   3462     823 (K,X,Y)      64.DIG; Art:  .C..
 162- 163|    2737    822  | 14   2736     671 (K,X,Y)      65.DIG; Art:  .C..
 164- 165|    1991   1023  | 14   1990     872 (K,X,Y)      66.DIG; Art:  .C..
 166- 167|    1522   1552  | 14   1521    1401 (K,X,Y)      67.DIG; Art:  .C..
 168- 169|    1390   2187  | 14   1389    2036 (K,X,Y)      68.DIG; Art:  .C..
 170- 171|    1556   2933  | 14   1555    2782 (K,X,Y)      69.DIG; Art:  .C..
 172- 173|    2077   3437  | 14   2076    3286 (K,X,Y)      70.DIG; Art:  .C..
 174- 175|    2752   3675  | 14   2751    3524 (K,X,Y)      71.DIG; Art:  .C..
 176- 177|    3227   3790  | 14   3226    3639 (K,X,Y)      72.DIG; Art:  .C..
 178- 179|   -4514  -4035  | 13   4513    3884 (K,X,Y)      73.DIG; Art:  -EP-
---------|-----------------|------------------------------------------------


---------|-----------------|------------------------------------------------
   1     |              0  | Saetze        Laenge des Buchstabens
   2     |            133  | Worte
         NAMENSTEIL
         ----------
   3     |              3  | Laenge des Namensteils
   4     |            302  | Zeichennummer
   5     |              0  | Folgeteilnummer
---------|-----------------|------------------------------------------------
         SATZINFORMATION
         ---------------
   6     |             12  | Laenge der Satzinformation
   7     |              1  | Buchstabenart = Buchstabe
   8     |             50  | Anzahl der Digitalisierungen
   9     |           9413  | Dickte (T=L+W+R)
  10     |            -40  | Vorbreite (L)
  11     |           8781  | Breite (W)
  12     |            672  | Nachbreite (R)
  13     |              0  | X-Minimum
  14     |           8781  | X-Maximum
  15     |           -200  | Y-Minimum
  16     |          10350  | Y-Maximum
  17     |              1  | Masseinheit ist 1/100mm
---------|-----------------|------------------------------------------------
         KONTURADRESSBUCH
         ----------------
  18     |              0  | Saetze        Laenge des Konturadressbuches
  19     |             14  | Worte
         |                 |
  20     |              0  | Satzzeiger der   1. Kontur :      0
  21     |              3  | Wortzeiger                  :     34
  22     |             -1  | Drehsinn der Kontur = Uhrzeigersinn
  23     |              0  | Schachtelung: aussen 1. Ordnung
  24     |              0  | Farbe im Innern : durchsichtig
  25     |             33  | Anzahl der Digitalisierungen
         |                 |
  26     |              0  | Satzzeiger der   2. Kontur :      0
  27     |             69  | Wortzeiger                  :    100
  28     |             -1  | Drehsinn der Kontur = Uhrzeigersinn
  29     |              1  | Schachtelung: innen 1. Ordnung
  30     |              0  | Farbe im Innern : durchsichtig
  31     |             17  | Anzahl der Digitalisierungen
---------|-----------------|------------------------------------------------
```

```
U003003T.IK               20.JAN.1992  11:01            SEITE  19

---------|------------------|----------------------------------------------
WORTNR.  |      INHALT      |                  BEDEUTUNG
---------|------------------|----------------------------------------------
    BILDINFORMATION
    ---------------

  32  |               0  | Saetze      Laenge der Daten
  33  |             102  | Worte
      |                  |
 34-  35|   -1905      1  | 12  1904    -200  (K,X,Y)        1.DIG; Art: STRP
 36-  37|   -1529     -1  | 13  1528    -200  (K,X,Y)        2.DIG; Art: -EP-
 38-  39|    1529  -8197  | 15  1528    7996  (K,X,Y)        3.DIG; Art: >TP<
 40-  41|    1527   8536  | 14  1526    8335  (K,X,Y)        4.DIG; Art: .C..
 42-  43|    1471   9067  | 14  1470    8866  (K,X,Y)        5.DIG; Art: .C..
 44-  45|    1263   9479  | 14  1262    9278  (K,X,Y)        6.DIG; Art: .C..
 46-  47|     854   9679  | 14   853    9478  (K,X,Y)        7.DIG; Art: .C..
 48-  49|     226  -9762  | 15   225    9561  (K,X,Y)        8.DIG; Art: >TP<
 50-  51|      -1  -9771  | 13     0    9570  (K,X,Y)        9.DIG; Art: -EP-
 52-  53|      -1 -10201  | 13     0   10000  (K,X,Y)       10.DIG; Art: -EP-
 54-  55|   -2829 -10551  | 13  2828   10350  (K,X,Y)       11.DIG; Art: -EP-
 56-  57|   -2829  -6107  | 13  2828    5906  (K,X,Y)       12.DIG; Art: -EP-
 58-  59|    3029   6356  | 14  3028    6155  (K,X,Y)       13.DIG; Art: .C..
 60-  61|    3690   6936  | 14  3689    6735  (K,X,Y)       14.DIG; Art: .C..
 62-  63|    4653   7300  | 14  4652    7099  (K,X,Y)       15.DIG; Art: .C..
 64-  65|    5312   7356  | 14  5311    7155  (K,X,Y)       16.DIG; Art: .C..
 66-  67|    6591   7154  | 14  6590    6953  (K,X,Y)       17.DIG; Art: .C..
 68-  69|    7626   6579  | 14  7625    6378  (K,X,Y)       18.DIG; Art: .C..
 70-  71|    8425   5516  | 14  8424    5315  (K,X,Y)       19.DIG; Art: .C..
 72-  73|    8782   3738  | 14  8781    3537  (K,X,Y)       20.DIG; Art: .C..
 74-  75|    8603   2436  | 14  8602    2235  (K,X,Y)       21.DIG; Art: .C..
 76-  77|    7718    932  | 14  7717     731  (K,X,Y)       22.DIG; Art: .C..
 78-  79|    6433    218  | 14  6432      17  (K,X,Y)       23.DIG; Art: .C..
 80-  81|    5149     48  | 14  5148    -153  (K,X,Y)       24.DIG; Art: .C..
 82-  83|    4318    114  | 14  4317     -87  (K,X,Y)       25.DIG; Art: .C..
 84-  85|    3619    299  | 14  3618      98  (K,X,Y)       26.DIG; Art: .C..
 86-  87|    3071    573  | 14  3070     372  (K,X,Y)       27.DIG; Art: .C..
 88-  89|    2830    728  | 14  2829     527  (K,X,Y)       28.DIG; Art: .C..
 90-  91|    2662    800  | 14  2661     599  (K,X,Y)       29.DIG; Art: .C..
 92-  93|    2445    664  | 14  2444     463  (K,X,Y)       30.DIG; Art: .C..
 94-  95|    2254    444  | 14  2253     243  (K,X,Y)       31.DIG; Art: .C..
 96-  97|    2053    192  | 14  2052      -9  (K,X,Y)       32.DIG; Art: .C..
 98-  99|   -1905     -1  | 13  1904    -200  (K,X,Y)       33.DIG; Art: -EP-
100- 101|   -2829   3741  | 12  2828    3540  (K,X,Y)       34.DIG; Art: STRP
102- 103|    2915   4933  | 14  2914    4732  (K,X,Y)       35.DIG; Art: .C..
104- 105|    3324   5949  | 14  3323    5748  (K,X,Y)       36.DIG; Art: .C..
106- 107|    4117   6571  | 14  4116    6370  (K,X,Y)       37.DIG; Art: .C..
108- 109|    5057   6769  | 14  5056    6568  (K,X,Y)       38.DIG; Art: .C..
110- 111|    5922   6596  | 14  5921    6395  (K,X,Y)       39.DIG; Art: .C..
112- 113|    6636   6071  | 14  6635    5870  (K,X,Y)       40.DIG; Art: .C..
114- 115|    7123   5096  | 14  7122    4895  (K,X,Y)       41.DIG; Art: .C..
116- 117|    7277   3701  | 14  7276    3500  (K,X,Y)       42.DIG; Art: .C..
118- 119|    7189   2627  | 14  7188    2426  (K,X,Y)       43.DIG; Art: .C..
120- 121|    6580   1291  | 14  6579    1090  (K,X,Y)       44.DIG; Art: .C..
122- 123|    5948    803  | 14  5947     602  (K,X,Y)       45.DIG; Art: .C..
124- 125|    4956    574  | 14  4955     373  (K,X,Y)       46.DIG; Art: .C..
126- 127|    4099    745  | 14  4098     544  (K,X,Y)       47.DIG; Art: .C..
128- 129|    3338   1319  | 14  3337    1118  (K,X,Y)       48.DIG; Art: .C..
130- 131|    2893   2581  | 14  2892    2380  (K,X,Y)       49.DIG; Art: .C..
132- 133|    2829   3741  | 14  2828    3540  (K,X,Y)       50.DIG; Art: .C..
---------|------------------|----------------------------------------------
```

```
U003003T.IK              20.JAN.1992  11:01              SEITE  22

---------------------------------------------------------------------------


                         GRAND TOTAL
                         -----------
                                            WORTE           KBYTES
                                            -----           ------
         Laenge der Schrift:                93894          187.788
         Laenge des Schriftkopfes:           2208            4.416
         Laenge aller Buchstabenkoepfe:     21700           43.400
         Laenge der gesamten Bildinformation: 69122        138.244


             DIGITALISIERUNGEN                     ANZAHL
             -----------------                     ------
             Startpunkte:                           1362
             Eckpunkte:                             7091
             Kurvenpunkte:                         23346
             Tangentenpunkte:                       2050
                                                   ======
             Summe:                                33849
             ---------------------------------------------
             Buchstaben:                             712
             Datensaetze (a 2048 Worte):              46
             ---------------------------------------------
             Raster:                       15000 X 15000
             ---------------------------------------------
             Digitalisierungen/Buchstabe:             48
             Bildinformation/Buchstabe:              194 Bytes


    ---------------------------------------------------------------------
```

Beschreibung des BE-, CN- und QQ-Formates

1. Struktur der Formate

Das **Bézier-Format,** das **Conic-Format** und das **Quadratic-Spline-Format** haben die gleiche Struktur wie das IK-Format. Lediglich die Digitalisierungspunkte erhalten in der Bildinformation eine andere Bedeutung.

2. Beschreibung der Formate

Im Gegensatz zum IK-Format basieren die drei Formate (BE, CN, QQ) darauf, daß sie explizit die Parameter für mathematische Funktionen in der Bildinformation enthalten. Mit dem IK-Format werden nur Koordinaten und Punktarten angegeben, nicht aber Parameter für mathematische Funktionen. Also ist es unabhängig von einer speziellen Wahl der Kurvendarstellung. Daher haben wir relativ leicht schnelle und genaue Konverter von IK- zu den BE-, CN- und QQ-Formaten ebenso wie zu den anderen Formaten (DI, VC, BS,...) schreiben können. In diesem Sinne bildet das IK-Format eine weitere Abstraktion für die Art und Weise, wie Buchstaben gespeichert werden. Es ist unabhängig von Mathematik und daher auch am geeignetsten, per Hand oder automatisch durch Abtasten von Vorlagen digitalisiert zu werden.

Alle drei Formate enthalten keine Instruktionen.

Alle drei Formate (BE, CN, QQ) werden in ihrer Bildinformation durch sogenannte Kontroll- und Ankerpunkte beschrieben. Sie werden mit zwei Worten (à 2 Bytes) für X und Y kodiert. Die höchstwertigen Bits jeweils beider Worte beschreiben - wie beim IK-Format - die Punktart, die jetzt auch die Bedeutung von Parametern für die erzeugende Funktion hat. Die Koordinatenwerte für X und Y sind auf den Bereich $X,Y \leq 32.767$ beschränkt.

IK-Format (zur Erinnerung)

Punktart	Start	Ecke	Kurve	Tangente
Bit 15 (1. Wort)	1	1	0	0
Bit 15 (2. Wort)	0	1	0	1
Kennung	12	13	14	15

BE-Format

Punktart	Moveto (start)	Anker Lineto	Kontroll-punkt	Anker Curveto
Bit 15 (1. Wort)	1	1	0	0
Bit 15 (2. Wort)	0	1	0	1
Kennung	12	13	14	15

CN-Format

Punktart	Moveto (start)	Kontroll-punkt	Sharp-ness	Anker-punkt
Bit 15 (1. Wort)	1	1	0	0
Bit 15 (2. Wort)	0	1	0	1
Kennung	12	13	14	15

QQ-Format

Punktart	Moveto (start)	Anker Lineto	Kontroll- punkt	Anker Curveto
Bit 15 (1. Wort)	1	1	0	0
Bit 15 (2. Wort)	0	1	0	1
Kennung	12	13	14	15

3. BE-Format

Die **Bézier-Kurve** basiert auf der Angabe von zwei Kontrollpunkten (P_1, P_2) und zwei Ankerpunkten (P_0, P_3), die letzten liegen am Anfang und Ende des Bézier-Kurvenstückes.

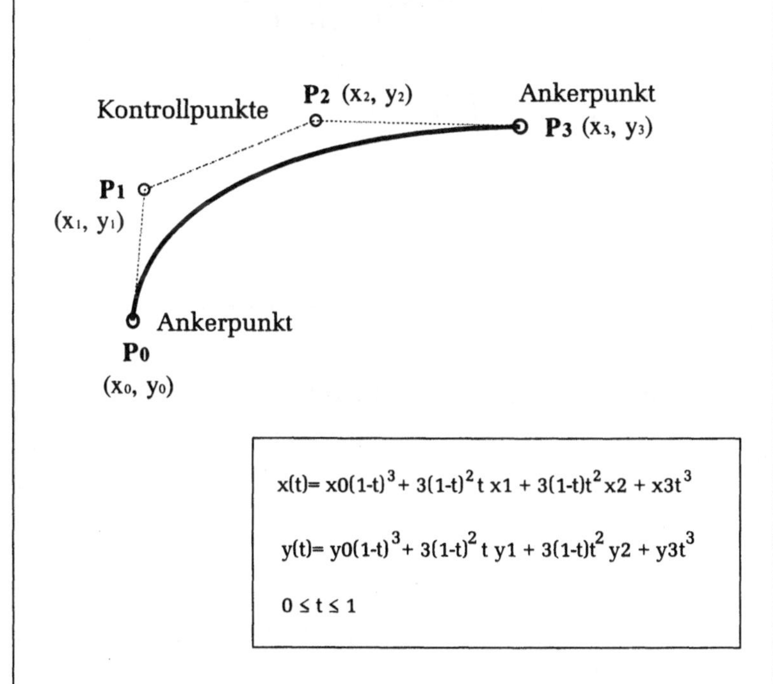

$$x(t) = x0(1-t)^3 + 3(1-t)^2 t\, x1 + 3(1-t)t^2 x2 + x3t^3$$

$$y(t) = y0(1-t)^3 + 3(1-t)^2 t\, y1 + 3(1-t)t^2 y2 + y3t^3$$

$$0 \leq t \leq 1$$

Abb. 181

4. CN-Format

Das **Conic-Format** basiert auf den allgemeinen Kegelschnitten (g-conics) und Geraden. Diese Conics werden durch einen Kontrollpunkt (P1), der Sharpness (S) und zwei Ankerpunkte (P0, P2) parametriert. Die Sharpness wird als Bruchziffer dargestellt, S_x ist der Zähler und S_y der Nenner. Letzterer wird in der Regel fest auf 15.000 eingestellt.

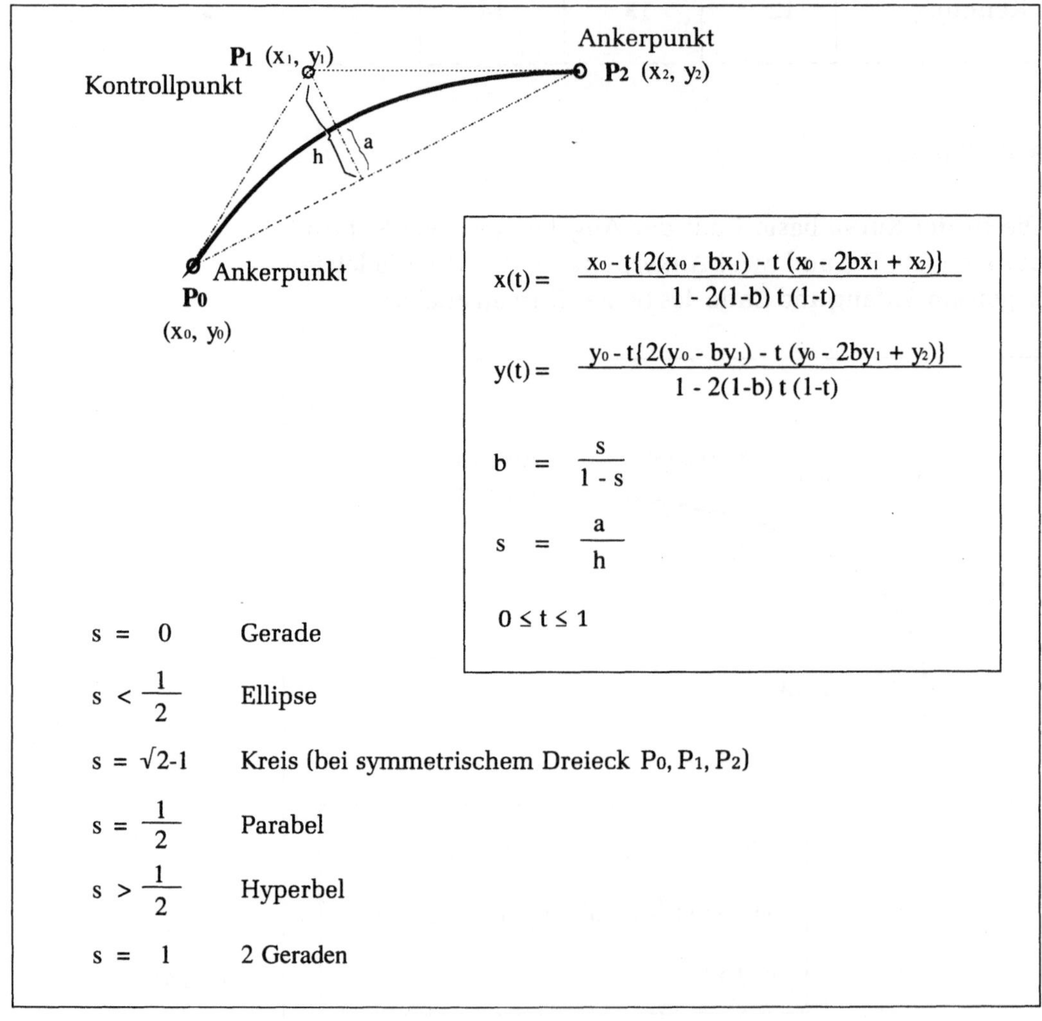

$$x(t) = \frac{x_0 - t\{2(x_0 - bx_1) - t(x_0 - 2bx_1 + x_2)\}}{1 - 2(1-b)\,t\,(1-t)}$$

$$y(t) = \frac{y_0 - t\{2(y_0 - by_1) - t(y_0 - 2by_1 + y_2)\}}{1 - 2(1-b)\,t\,(1-t)}$$

$$b = \frac{s}{1 - s}$$

$$s = \frac{a}{h}$$

$$0 \le t \le 1$$

$s = 0$ Gerade

$s < \dfrac{1}{2}$ Ellipse

$s = \sqrt{2}-1$ Kreis (bei symmetrischem Dreieck P0, P1, P2)

$s = \dfrac{1}{2}$ Parabel

$s > \dfrac{1}{2}$ Hyperbel

$s = 1$ 2 Geraden

Abb. 182

5. QQ-Format

Das **Quadratic-Spline-Format** enthält Geraden und Parabeln (quadratic splines). Geraden werden durch zwei Ankerpunkte gegeben, die Parabeln durch einen weiteren, dazwischen liegenden Kontrollpunkt.

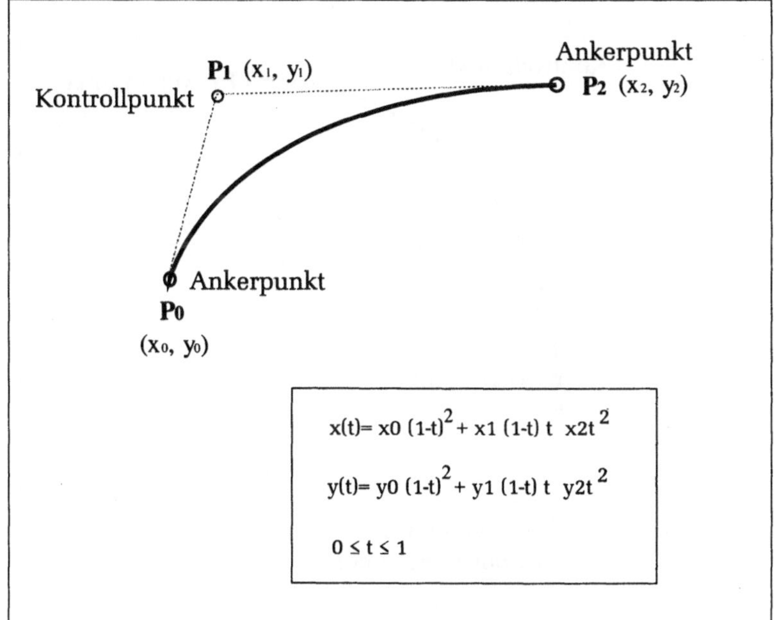

Abb. 183

Sonderfall

Es gibt in der Regel eine Kette von Parabeln, die nur am Anfang und am Ende je einen Ankerpunkt und dazwischen eine Reihe von Kontrollpunkten haben. Zwischen je zwei Kontrollpunkten wird implizit ein Ankerpunkt angenommen, und zwar auf der Position der Mitte der geraden Verbindung.

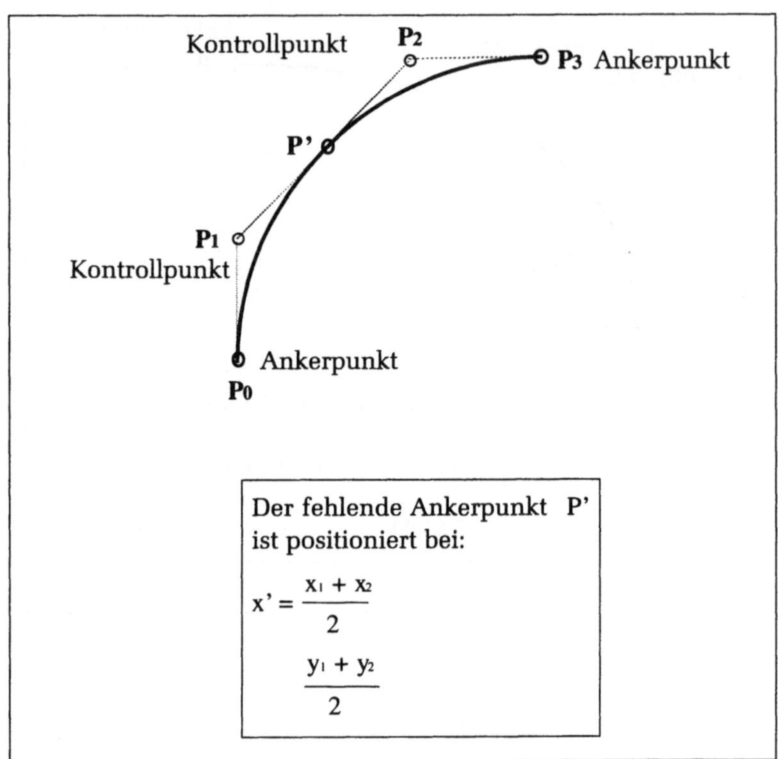

Abb. 184

6. Bemerkungen zu BE, CN und QQ

Im Gegensatz zum IK-Format gibt es bei diesen drei Formaten die Kontrollpunkte, die normalerweise nicht auf der Kontur liegen. Sie werden aber bei der Berechnung der Größen für die Bounding Box (Xmin, Xmax, Ymin, Xmax) mit herangezogen. Es kann also zu Abweichungen kommen derart, daß die Buchstabenbreite sich nicht als Differenz aus Xmax - Xmin ergibt. Andererseits liegen aber nur Ankerpunkte extrem, so daß derartige Abweichungen bisher nicht festgestellt werden konnten.

Die Sharpness unterliegt in keinem Fall der Shift-Operation, was von Anwendungsprogrammen beachtet werden sollte.

Abb. 185
Darstellung eines
Buchstabens im
BE-Format mit
Marken für die
Punkarten

```
    U003003T.BE                    20.JAN.1992  11:53              SEITE  15

    ---------|------------------|-----------------------------------------------
    WORTNR.  |     INHALT       |                    BEDEUTUNG
    ---------|------------------|-----------------------------------------------
       1     |               0  | Saetze       Laenge des Buchstabens
       2     |             203  | Worte
    ---------|------------------|-----------------------------------------------
             NAMENSTEIL
             ----------
       3     |               3  | Laenge des Namensteils
       4     |             301  | Zeichennummer
       5     |               0  | Folgeteilnummer
    ---------|------------------|-----------------------------------------------
             SATZINFORMATION
             ---------------
       6     |              12  | Laenge der Satzinformation
       7     |               1  | Buchstabenart = Buchstabe
       8     |              85  | Anzahl der Digitalisierungen
       9     |             549  | Dickte (T=L+W+R)
      10     |              53  | Vorbreite (L)
      11     |             486  | Breite (W)
      12     |              10  | Nachbreite (R)
      13     |               0  | X-Minimum
      14     |             486  | X-Maximum
      15     |             -10  | Y-Minimum
      16     |             477  | Y-Maximum
      17     |               1  | Masseinheit ist 1 Pixel
    ---------|------------------|-----------------------------------------------
             KONTURADRESSBUCH
             ----------------
      18     |               0  | Saetze       Laenge des Konturadressbuches
      19     |              14  | Worte
             |                  |
      20     |               0  | Satzzeiger der   1. Kontur :        0
      21     |               3  | Wortzeiger                  :       34
      22     |              -1  | Drehsinn der Kontur = Uhrzeigersinn
      23     |               0  | Schachtelung: aussen 1. Ordnung
      24     |               0  | Farbe im Innern : durchsichtig
      25     |              68  | Anzahl der Digitalisierungen
             |                  |
      26     |               0  | Satzzeiger der   2. Kontur :        0
      27     |             139  | Wortzeiger                  :      170
      28     |               1  | Drehsinn der Kontur = Gegenuhrzeigersinn
      29     |               1  | Schachtelung: innen 1. Ordnung
      30     |               0  | Farbe im Innern : durchsichtig
      31     |              17  | Anzahl der Digitalisierungen
             |                  |
    ---------|------------------|-----------------------------------------------
             BILDINFORMATION
             ---------------
      32     |               0  | Saetze       Laenge der Daten
      33     |             172  | Worte
             |                  |
      34- 35 |   -476      80   |    1. startp. (K:X,Y) 12:    475     69  moveto
      36- 37 |   -487     -64   |    2. anchorp (K:X,Y) 13:    486     53  lineto
      38- 39 |    443      21   |    3.    ctrl (K:X,Y) 14:    442     10
      40- 41 |    412       4   |    4.    ctrl (K:X,Y) 14:    411     -7
      42- 43 |    377      -4   |    5. anchorp (K:X,Y) 15:    376     -7  curveto
      44- 45 |    355       4   |    6.    ctrl (K:X,Y) 14:    354     -7
      46- 47 |    332      16   |    7.    ctrl (K:X,Y) 14:    331      5
    ---------|------------------|-----------------------------------------------
```

```
U003003T.BE              20.JAN.1992  11:53           SEITE  16

---------|-------------------|---------------------------------------------------
WORTNR.  |      INHALT       |                    BEDEUTUNG
---------|-------------------|---------------------------------------------------
   48-  49|    320     -34   |    8.  anchorp (K:X,Y) 15:    319      23 curveto
   50-  51|    311      47   |    9.     ctrl (K:X,Y) 14:    310      36
   52-  53|    307      58   |   10.     ctrl (K:X,Y) 14:    306      47
   54-  55|    300     -87   |   11.  anchorp (K:X,Y) 15:    299      76 curveto
   56-  57|    245      25   |   12.     ctrl (K:X,Y) 14:    244      14
   58-  59|    199       1   |   13.     ctrl (K:X,Y) 14:    198     -10
   60-  61|    137      -1   |   14.  anchorp (K:X,Y) 15:    136     -10 curveto
   62-  63|     55       1   |   15.     ctrl (K:X,Y) 14:     54     -10
   64-  65|      1      54   |   16.     ctrl (K:X,Y) 14:      0      43
   66-  67|      1    -136   |   17.  anchorp (K:X,Y) 15:      0     125 curveto
   68-  69|      1     175   |   18.     ctrl (K:X,Y) 14:      0     164
   70-  71|     14     209   |   19.     ctrl (K:X,Y) 14:     13     198
   72-  73|     37    -229   |   20.  anchorp (K:X,Y) 15:     36     218 curveto
   74-  75|     67     255   |   21.     ctrl (K:X,Y) 14:     66     244
   76-  77|     96     265   |   22.     ctrl (K:X,Y) 14:     95     254
   78-  79|    169    -277   |   23.  anchorp (K:X,Y) 15:    168     266 curveto
   80-  81|    185     280   |   24.     ctrl (K:X,Y) 14:    184     269
   82-  83|    198     282   |   25.     ctrl (K:X,Y) 14:    197     271
   84-  85|    207    -284   |   26.  anchorp (K:X,Y) 15:    206     273 curveto
   86-  87|   -300    -301   |   27.  anchorp (K:X,Y) 13:    299     290  lineto
   88-  89|    299     371   |   28.     ctrl (K:X,Y) 14:    298     360
   90-  91|    297     390   |   29.     ctrl (K:X,Y) 14:    296     379
   92-  93|    285    -413   |   30.  anchorp (K:X,Y) 15:    284     402 curveto
   94-  95|    271     442   |   31.     ctrl (K:X,Y) 14:    270     431
   96-  97|    238     458   |   32.     ctrl (K:X,Y) 14:    237     447
   98-  99|    192    -458   |   33.  anchorp (K:X,Y) 15:    191     447 curveto
  100- 101|    154     458   |   34.     ctrl (K:X,Y) 14:    153     447
  102- 103|    116     442   |   35.     ctrl (K:X,Y) 14:    115     431
  104- 105|    116    -427   |   36.  anchorp (K:X,Y) 15:    115     416 curveto
  106- 107|    116     425   |   37.     ctrl (K:X,Y) 14:    115     414
  108- 109|    117     422   |   38.     ctrl (K:X,Y) 14:    116     411
  110- 111|    119    -420   |   39.  anchorp (K:X,Y) 15:    118     409 curveto
  112- 113|   -128    -411   |   40.  anchorp (K:X,Y) 13:    127     400  lineto
  114- 115|    136     403   |   41.     ctrl (K:X,Y) 14:    135     392
  116- 117|    141     391   |   42.     ctrl (K:X,Y) 14:    140     380
  118- 119|    141    -378   |   43.  anchorp (K:X,Y) 15:    140     367 curveto
  120- 121|    141     346   |   44.     ctrl (K:X,Y) 14:    140     335
  122- 123|    117     323   |   45.     ctrl (K:X,Y) 14:    116     312
  124- 125|     83    -323   |   46.  anchorp (K:X,Y) 15:     82     312 curveto
  126- 127|     51     323   |   47.     ctrl (K:X,Y) 14:     50     312
  128- 129|     28     347   |   48.     ctrl (K:X,Y) 14:     27     336
  130- 131|     28    -381   |   49.  anchorp (K:X,Y) 15:     27     370 curveto
  132- 133|     28     446   |   50.     ctrl (K:X,Y) 14:     27     435
  134- 135|     99     488   |   51.     ctrl (K:X,Y) 14:     98     477
  136- 137|    212    -488   |   52.  anchorp (K:X,Y) 15:    211     477 curveto
  138- 139|    288     488   |   53.     ctrl (K:X,Y) 14:    287     477
  140- 141|    337     469   |   54.     ctrl (K:X,Y) 14:    336     458
  142- 143|    365    -427   |   55.  anchorp (K:X,Y) 15:    364     416 curveto
  144- 145|    383     401   |   56.     ctrl (K:X,Y) 14:    382     390
  146- 147|    389     374   |   57.     ctrl (K:X,Y) 14:    388     363
  148- 149|    389    -313   |   58.  anchorp (K:X,Y) 15:    388     302 curveto
  150- 151|   -389    -149   |   59.  anchorp (K:X,Y) 13:    388     138  lineto
  152- 153|    389     119   |   60.     ctrl (K:X,Y) 14:    388     108
  154- 155|    389     105   |   61.     ctrl (K:X,Y) 14:    388      94
  156- 157|    392     -91   |   62.  anchorp (K:X,Y) 15:    391      80 curveto
  158- 159|    396      70   |   63.     ctrl (K:X,Y) 14:    395      59
---------|-------------------|---------------------------------------------------
```

```
U003003T.BE                20.JAN.1992  11:53           SEITE  17

---------|--------------------|-------------------------------------------------
WORTNR. |      INHALT        |                    BEDEUTUNG
---------|--------------------|-------------------------------------------------
 160- 161|    409      57     |   64.     ctrl (K:X,Y) 14:    408      46
 162- 163|    426     -57     |   65. anchorp (K:X,Y) 15:    425      46 curveto
 164- 165|    441      57     |   66.     ctrl (K:X,Y) 14:    440      46
 166- 167|    447      60     |   67.     ctrl (K:X,Y) 14:    446      49
 168- 169|    476     -80     |   68. anchorp (K:X,Y) 15:    475      69 curveto
 170- 171|   -302     270     |   69. startp. (K:X,Y) 12:    301     259   moveto
 172- 173|    227     257     |   70.     ctrl (K:X,Y) 14:    226     246
 174- 175|    184     247     |   71.     ctrl (K:X,Y) 14:    183     236
 176- 177|    157    -238     |   72. anchorp (K:X,Y) 15:    156     227 curveto
 178- 179|    113     222     |   73.     ctrl (K:X,Y) 14:    112     211
 180- 181|     94     194     |   74.     ctrl (K:X,Y) 14:     93     183
 182- 183|     94    -147     |   75. anchorp (K:X,Y) 15:     93     136 curveto
 184- 185|     94      93     |   76.     ctrl (K:X,Y) 14:     93      82
 186- 187|    131      56     |   77.     ctrl (K:X,Y) 14:    130      45
 188- 189|    183     -56     |   78. anchorp (K:X,Y) 15:    182      45 curveto
 190- 191|    224      56     |   79.     ctrl (K:X,Y) 14:    223      45
 192- 193|    264      77     |   80.     ctrl (K:X,Y) 14:    263      66
 194- 195|    285    -110     |   81. anchorp (K:X,Y) 15:    284      99 curveto
 196- 197|    295     128     |   82.     ctrl (K:X,Y) 14:    294     117
 198- 199|    302     158     |   83.     ctrl (K:X,Y) 14:    301     147
 200- 201|    302    -192     |   84. anchorp (K:X,Y) 15:    301     181 curveto
 202- 203|   -302    -270     |   85. anchorp (K:X,Y) 13:    301     259   lineto
---------|--------------------|-------------------------------------------------


-------------------------------------------------------------------------------

                         GRAND TOTAL
                         -----------
                                            WORTE          KBYTES
                                            -----          ------
      Laenge der Schrift:                   94274         188.548
      Laenge des Schriftkopfes:              2208           4.416
      Laenge aller Buchstabenkoepfe:        21622          43.244
      Laenge der gesamten Bildinformation:  70444         140.888


         DIGITALISIERUNGEN                          ANZAHL
         -----------------                          ------

         Move:                                        1349
         Kontrollpunkte:                             16910
         Kurvenpunkte:                               16251
                                                   ========
         Summe:                                      34510
         ----------------------------------------------------
         Buchstaben:                                   712
         Datensaetze (a 2048 Worte):                    47
         ----------------------------------------------------
         Raster:                             1000 X  1000
         ----------------------------------------------------
         Digitalisierungen/Buchstabe:                   48
         Bildinformation/Buchstabe:                    198 Bytes
```

Abb. 186
*Darstellung eines
Buchstabens im
CN-Format mit
Marken für die
Punktarten*

```
U003003T.CN                    20.JAN.1992  11:35            SEITE  15

---------|-------------------|-------------------------------------------------
 WORTNR. |      INHALT       |                   BEDEUTUNG
---------|-------------------|-------------------------------------------------
    1    |                0  | Saetze       Laenge des Buchstabens
    2    |              203  | Worte
---------|-------------------|-------------------------------------------------
         NAMENSTEIL
         ----------
    3    |                3  | Laenge des Namensteils
    4    |              301  | Zeichennummer
    5    |                0  | Folgeteilnummer
---------|-------------------|-------------------------------------------------
         SATZINFORMATION
         ---------------
    6    |               12  | Laenge der Satzinformation
    7    |                1  | Buchstabenart = Buchstabe
    8    |               85  | Anzahl der Digitalisierungen
    9    |             8240  | Dickte (T=L+W+R)
   10    |              799  | Vorbreite (L)
   11    |             7291  | Breite (W)
   12    |              150  | Nachbreite (R)
   13    |                0  | X-Minimum
   14    |             7291  | X-Maximum
   15    |             -150  | Y-Minimum
   16    |             7153  | Y-Maximum
   17    |                1  | Masseinheit ist 1 Pixel
---------|-------------------|-------------------------------------------------
         KONTURADRESSBUCH
         ----------------
   18    |                0  | Saetze       Laenge des Konturadressbuches
   19    |               14  | Worte
         |                   |
   20    |                0  | Satzzeiger der   1. Kontur :      0
   21    |                3  | Wortzeiger                 :     34
   22    |               -1  | Drehsinn der Kontur = Uhrzeigersinn
   23    |                0  | Schachtelung: aussen 1. Ordnung
   24    |                0  | Farbe im Innern : durchsichtig
   25    |               68  | Anzahl der Digitalisierungen
         |                   |
   26    |                0  | Satzzeiger der   2. Kontur :      0
   27    |              139  | Wortzeiger                 :    170
   28    |                1  | Drehsinn der Kontur = Gegenuhrzeigersinn
   29    |                1  | Schachtelung: innen 1. Ordnung
   30    |                0  | Farbe im Innern : durchsichtig
   31    |               17  | Anzahl der Digitalisierungen
         |                   |
---------|-------------------|-------------------------------------------------
         BILDINFORMATION
         ---------------
   32    |                0  | Saetze        Laenge der Daten
   33    |              172  | Worte
         |                   |
 34- 35| -7120    1184       |    1: 12  7119    1033 (K,X,Y)          >startp.
 36- 37|  7292    -941       |    2: 15  7291     790 (K,X,Y)          >ankerp
 38- 39|  6377      49       |    3: 13  6376    -102 (K,X,Y)             ctrl
 40- 41| -8156  -15000       |    4: 14  8156/ 15000 (K,X/Y) .5437        sharp
 42- 43|  5634     -49       |    5: 15  5633    -102 (K,X,Y)          >ankerp
 44- 45|  5097      49       |    6: 13  5096    -102 (K,X,Y)             ctrl
 46- 47| -6711  -15000       |    7: 14  6711/ 15000 (K,X/Y) .4474        sharp
---------|-------------------|-------------------------------------------------
```

```
U003003T.CN                20.JAN.1992  11:35              SEITE   16

---------|-------------------|--------------------------------------------------
WORTNR. |      INHALT       |                   BEDEUTUNG
---------|-------------------|--------------------------------------------------
   48-  49|    4788    -493  |    8: 15   4787     342  (K,X,Y)              >ankerp
   50-  51|    4613     744  |    9: 13   4612     593  (K,X,Y)                 ctrl
   52-  53| -8865 -15000     |   10: 14   8865/ 15000  (K,X/Y) .5910         sharp
   54-  55|    4486   -1284  |   11: 15   4485    1133  (K,X,Y)              >ankerp
   56-  57|    3340      1   |   12: 13   3339    -150  (K,X,Y)                 ctrl
   58-  59| -8031 -15000     |   13: 14   8031/ 15000  (K,X/Y) .5354         sharp
   60-  61|    2035     -1   |   14: 15   2034    -150  (K,X,Y)              >ankerp
   62-  63|       1      1   |   15: 13      0    -150  (K,X,Y)                 ctrl
   64-  65| -6794 -15000     |   16: 14   6794/ 15000  (K,X/Y) .4529         sharp
   66-  67|       1   -2023  |   17: 15      0    1872  (K,X,Y)              >ankerp
   68-  69|       1    2945  |   18: 13      0    2794  (K,X,Y)                 ctrl
   70-  71| -7187 -15000     |   19: 14   7187/ 15000  (K,X/Y) .4791         sharp
   72-  73|     543   -3417  |   20: 15    542    3266  (K,X,Y)              >ankerp
   74-  75|    1111    3912  |   21: 13   1110    3761  (K,X,Y)                 ctrl
   76-  77| -8794 -15000     |   22: 14   8794/ 15000  (K,X/Y) .5863         sharp
   78-  79|    2524   -4147  |   23: 15   2523    3996  (K,X,Y)              >ankerp
   80-  81|    2885    4207  |   24: 13   2884    4056  (K,X,Y)                 ctrl
   82-  83| -7443 -15000     |   25: 14   7443/ 15000  (K,X/Y) .4962         sharp
   84-  85|    3095   -4245  |   26: 15   3094    4094  (K,X,Y)              >ankerp
   86-  87|    4492   -4497  |   27: 15   4491    4346  (K,X,Y)              >ankerp
   88-  89|    4471    5766  |   28: 13   4470    5615  (K,X,Y)                 ctrl
   90-  91| -9294 -15000     |   29: 14   9294/ 15000  (K,X/Y) .6196         sharp
   92-  93|    4263   -6188  |   30: 15   4262    6037  (K,X,Y)              >ankerp
   94-  95|    3936    6849  |   31: 13   3935    6698  (K,X,Y)                 ctrl
   96-  97| -7247 -15000     |   32: 14   7247/ 15000  (K,X/Y) .4831         sharp
   98-  99|    2860   -6849  |   33: 15   2859    6698  (K,X,Y)              >ankerp
  100- 101|    1722    6849  |   34: 13   1721    6698  (K,X,Y)                 ctrl
  102- 103| -5552 -15000     |   35: 14   5552/ 15000  (K,X/Y) .3701         sharp
  104- 105|    1722   -6390  |   36: 15   1721    6239  (K,X,Y)              >ankerp
  106- 107|    1722    6337  |   37: 13   1721    6186  (K,X,Y)                 ctrl
  108- 109| -7223 -15000     |   38: 14   7223/ 15000  (K,X/Y) .4815         sharp
  110- 111|    1776   -6284  |   39: 15   1775    6133  (K,X,Y)              >ankerp
  112- 113|    1906   -6157  |   40: 15   1905    6006  (K,X,Y)              >ankerp
  114- 115|    2104    5964  |   41: 13   2103    5813  (K,X,Y)                 ctrl
  116- 117| -7132 -15000     |   42: 14   7132/ 15000  (K,X/Y) .4755         sharp
  118- 119|    2104   -5655  |   43: 15   2103    5504  (K,X,Y)              >ankerp
  120- 121|    2104    4828  |   44: 13   2103    4677  (K,X,Y)                 ctrl
  122- 123| -6528 -15000     |   45: 14   6528/ 15000  (K,X/Y) .4352         sharp
  124- 125|    1237   -4828  |   46: 15   1236    4677  (K,X,Y)              >ankerp
  126- 127|     403    4828  |   47: 13    402    4677  (K,X,Y)                 ctrl
  128- 129| -6618 -15000     |   48: 14   6618/ 15000  (K,X/Y) .4412         sharp
  130- 131|     403   -5701  |   49: 15    402    5550  (K,X,Y)              >ankerp
  132- 133|     403    7304  |   50: 13    402    7153  (K,X,Y)                 ctrl
  134- 135| -6889 -15000     |   51: 14   6889/ 15000  (K,X/Y) .4593         sharp
  136- 137|    3169   -7304  |   52: 15   3168    7153  (K,X,Y)              >ankerp
  138- 139|    4844    7304  |   53: 13   4843    7153  (K,X,Y)                 ctrl
  140- 141| -7677 -15000     |   54: 14   7677/ 15000  (K,X/Y) .5118         sharp
  142- 143|    5462   -6395  |   55: 15   5461    6244  (K,X,Y)              >ankerp
  144- 145|    5814    5878  |   56: 13   5813    5727  (K,X,Y)                 ctrl
  146- 147| -8640 -15000     |   57: 14   8640/ 15000  (K,X/Y) .5760         sharp
  148- 149|    5814   -4677  |   58: 15   5813    4526  (K,X,Y)              >ankerp
  150- 151|    5814   -2222  |   59: 15   5813    2071  (K,X,Y)              >ankerp
  152- 153|    5814    1625  |   60: 13   5813    1474  (K,X,Y)                 ctrl
  154- 155| -8495 -15000     |   61: 14   8495/ 15000  (K,X/Y) .5663         sharp
  156- 157|    5870   -1344  |   62: 15   5869    1193  (K,X,Y)              >ankerp
  158- 159|    5970     841  |   63: 13   5969     690  (K,X,Y)                 ctrl
---------|-------------------|--------------------------------------------------
```

```
U003003T.CN                  20.JAN.1992  11:35             SEITE  21

---------|------------------|------------------------------------------------
 WORTNR. |      INHALT      |                  BEDEUTUNG
---------|------------------|------------------------------------------------
   56-  57|   6444    4705  |   15: 13   6443    4553  (K,X,Y)           ctrl
   58-  59|  -6631  -15000  |   16: 14   6631/ 15000  (K,X/Y) .4421      sharp
   60-  61|   5531   -4705  |   17: 15   5530    4553  (K,X,Y)         >ankerp
   62-  63|   4710    4705  |   18: 13   4709    4553  (K,X,Y)           ctrl
   64-  65|  -6601  -15000  |   19: 14   6601/ 15000  (K,X/Y) .4401      sharp
   66-  67|   4710   -5458  |   20: 15   4709    5306  (K,X,Y)         >ankerp
   68-  69|   4710    5767  |   21: 13   4709    5615  (K,X,Y)           ctrl
   70-  71|  -7242  -15000  |   22: 14   7242/ 15000  (K,X/Y) .4828      sharp
   72-  73|   4910   -5967  |   23: 15   4909    5815  (K,X,Y)         >ankerp
   74-  75|   5058   -6115  |   24: 15   5057    5963  (K,X,Y)         >ankerp
   76-  77|   5118    6175  |   25: 13   5117    6023  (K,X,Y)           ctrl
   78-  79|  -7298  -15000  |   26: 14   7298/ 15000  (K,X/Y) .4865      sharp
   80-  81|   5118   -6250  |   27: 15   5117    6098  (K,X,Y)         >ankerp
   82-  83|   5118    6846  |   28: 13   5117    6694  (K,X,Y)           ctrl
   84-  85|  -6070  -15000  |   29: 14   6070/ 15000  (K,X/Y) .4047      sharp
   86-  87|   3765   -6846  |   30: 15   3764    6694  (K,X,Y)         >ankerp
   88-  89|   2624    6846  |   31: 13   2623    6694  (K,X,Y)           ctrl
   90-  91|  -7419  -15000  |   32: 14   7419/ 15000  (K,X/Y) .4946      sharp
   92-  93|   2126   -6136  |   33: 15   2125    5984  (K,X,Y)         >ankerp
   94-  95|   1500    5243  |   34: 13   1499    5091  (K,X,Y)           ctrl
   96-  97|  -7247  -15000  |   35: 14   7247/ 15000  (K,X/Y) .4831      sharp
   98-  99|   1500   -3688  |   36: 15   1499    3536  (K,X,Y)         >ankerp
  100- 101|   1500     695  |   37: 13   1499     543  (K,X,Y)           ctrl
  102- 103|  -7244  -15000  |   38: 14   7244/ 15000  (K,X/Y) .4829      sharp
  104- 105|   3937    -695  |   39: 15   3936     543  (K,X,Y)         >ankerp
  106- 107|   5085     695  |   40: 13   5084     543  (K,X,Y)           ctrl
  108- 109|  -8217  -15000  |   41: 14   8217/ 15000  (K,X/Y) .5478      sharp
  110- 111|   6078   -1689  |   42: 15   6077    1537  (K,X,Y)         >ankerp
---------------------------------------------------------------------------

                          GRAND TOTAL
                          -----------
                                            WORTE        KBYTES
                                            -----        ------
      Laenge der Schrift:                   94276       188.552
      Laenge des Schriftkopfes:              2208         4.416
      Laenge aller Buchstabenkoepfe:        21622        43.244
      Laenge der gesamten Bildinformation:  70446       140.892

            DIGITALISIERUNGEN                         ANZAHL
            -----------------                         ------
            Startpunkte:                               1349
            Kontrollpunkte:                            8455
            Sharpnesses:                               8455
            Ankerpunkte:                              16252
                                                      ======
            Summe:                                    34511
            ---------------------------------------------------
            Buchstaben:                                 712
            Datensaetze (a 2048 Worte):                  47
            ---------------------------------------------------
            Raster:                            15000 X 15000
            ---------------------------------------------------
            Digitalisierungen/Buchstabe:                 48
            Bildinformation/Buchstabe:                  198 Bytes
```

Abb. 187
Darstellung eines
Buchstabens im
QQ-Format mit
Marken für die
Punktarten

```
U003003T.QQ                 20.JAN.1992  11:44            SEITE   15

---------|--------------------|------------------------------------------------
 WORTNR. |      INHALT        |                    BEDEUTUNG
---------|--------------------|------------------------------------------------
    1    |                 0  | Saetze       Laenge des Buchstabens
    2    |               155  | Worte
---------|--------------------|------------------------------------------------
         NAMENSTEIL
         ----------
    3    |                 3  | Laenge des Namensteils
    4    |               301  | Zeichennummer
    5    |                 0  | Folgeteilnummer
---------|--------------------|------------------------------------------------
         SATZINFORMATION
         ----------------
    6    |                12  | Laenge der Satzinformation
    7    |                 1  | Buchstabenart = Buchstabe
    8    |                61  | Anzahl der Digitalisierungen
    9    |              8240  | Dickte (T=L+W+R)
   10    |               799  | Vorbreite (L)
   11    |              7291  | Breite (W)
   12    |               150  | Nachbreite (R)
   13    |                 0  | X-Minimum
   14    |              7291  | X-Maximum
   15    |              -150  | Y-Minimum
   16    |              7153  | Y-Maximum
   17    |                 1  | Masseinheit ist 1 Pixel
---------|--------------------|------------------------------------------------
         KONTURADRESSBUCH
         ----------------
   18    |                 0  | Saetze       Laenge des Konturadressbuches
   19    |                14  | Worte
         |                    |
   20    |                 0  | Satzzeiger der   1. Kontur :      0
   21    |                 3  | Wortzeiger                   :     34
   22    |                -1  | Drehsinn der Kontur = Uhrzeigersinn
   23    |                 0  | Schachtelung: aussen 1. Ordnung
   24    |                 0  | Farbe im Innern : durchsichtig
   25    |                49  | Anzahl der Digitalisierungen
         |                    |
   26    |                 0  | Satzzeiger der   2. Kontur :      0
   27    |               101  | Wortzeiger                   :    132
   28    |                 1  | Drehsinn der Kontur = Gegenuhrzeigersinn
   29    |                 1  | Schachtelung: innen 1. Ordnung
   30    |                 0  | Farbe im Innern : durchsichtig
   31    |                12  | Anzahl der Digitalisierungen
         |                    |
---------|--------------------|------------------------------------------------
         BILDINFORMATION
         ---------------
   32    |                 0  | Saetze       Laenge der Daten
   33    |               124  | Worte
         |                    |
  34-  35|   -7120     1184   |     1. startp.  (K:X,Y) 12:   7119     1033   moveto
  36-  37|   -7292     -941   |     2. anchorp  (K:X,Y) 13:   7291      790   lineto
  38-  39|    6377       49   |     3.    ctrl  (K:X,Y) 14:   6376     -102
  40-  41|    5634      -49   |     4. anchorp  (K:X,Y) 15:   5633     -102   curveto
  42-  43|    5323       49   |     5.    ctrl  (K:X,Y) 14:   5322     -102
  44-  45|    4676      479   |     6.    ctrl  (K:X,Y) 14:   4675      328
  46-  47|    4486    -1284   |     7. anchorp  (K:X,Y) 15:   4485     1133   curveto
---------|--------------------|------------------------------------------------
```

```
U003003T.QQ                 20.JAN.1992  11:44            SEITE  16

---------|------------------|-----------------------------------------------------
 WORTNR. |      INHALT      |                     BEDEUTUNG
---------|------------------|-----------------------------------------------------
   48-  49|   3798     514   |    8.    ctrl (K:X,Y) 14:   3797     363
   50-  51|   2628       1   |    9.    ctrl (K:X,Y) 14:   2627    -150
   52-  53|   2035      -1   |   10. anchorp (K:X,Y) 15:   2034    -150  curveto
   54-  55|   1131       1   |   11.    ctrl (K:X,Y) 14:   1130    -150
   56-  57|      1    1110   |   12.    ctrl (K:X,Y) 14:      0     959
   58-  59|      1   -2023   |   13. anchorp (K:X,Y) 15:      0    1872  curveto
   60-  61|      1    2545   |   14.    ctrl (K:X,Y) 14:      0    2394
   62-  63|    391    3362   |   15.    ctrl (K:X,Y) 14:    390    3211
   64-  65|   1343    3950   |   16.    ctrl (K:X,Y) 14:   1342    3799
   66-  67|   2524   -4147   |   17. anchorp (K:X,Y) 15:   2523    3996  curveto
   68-  69|   2885    4207   |   18.    ctrl (K:X,Y) 14:   2884    4056
   70-  71|   3095   -4245   |   19. anchorp (K:X,Y) 15:   3094    4094  curveto
   72-  73|  -4492   -4497   |   20. anchorp (K:X,Y) 13:   4491    4346   lineto
   74-  75|   4492    6053   |   21.    ctrl (K:X,Y) 14:   4491    5902
   76-  77|   3691    6849   |   22.    ctrl (K:X,Y) 14:   3690    6698
   78-  79|   2860   -6849   |   23. anchorp (K:X,Y) 15:   2859    6698  curveto
   80-  81|   2304    6849   |   24.    ctrl (K:X,Y) 14:   2303    6698
   82-  83|   1722    6500   |   25.    ctrl (K:X,Y) 14:   1721    6349
   84-  85|   1722   -6390   |   26. anchorp (K:X,Y) 15:   1721    6239  curveto
   86-  87|   1722    6337   |   27.    ctrl (K:X,Y) 14:   1721    6186
   88-  89|   1776   -6284   |   28. anchorp (K:X,Y) 15:   1775    6133  curveto
   90-  91|  -1906   -6157   |   29. anchorp (K:X,Y) 13:   1905    6006   lineto
   92-  93|   2104    5964   |   30.    ctrl (K:X,Y) 14:   2103    5813
   94-  95|   2104   -5655   |   31. anchorp (K:X,Y) 15:   2103    5504  curveto
   96-  97|   2104    5334   |   32.    ctrl (K:X,Y) 14:   2103    5183
   98-  99|   1638    4828   |   33.    ctrl (K:X,Y) 14:   1637    4677
  100- 101|   1237   -4828   |   34. anchorp (K:X,Y) 15:   1236    4677  curveto
  102- 103|    844    4828   |   35.    ctrl (K:X,Y) 14:    843    4677
  104- 105|    403    5360   |   36.    ctrl (K:X,Y) 14:    402    5209
  106- 107|    403   -5701   |   37. anchorp (K:X,Y) 15:    402    5550  curveto
  108- 109|    403    6396   |   38.    ctrl (K:X,Y) 14:    402    6245
  110- 111|   1829    7304   |   39.    ctrl (K:X,Y) 14:   1828    7153
  112- 113|   3169   -7304   |   40. anchorp (K:X,Y) 15:   3168    7153  curveto
  114- 115|   4373    7304   |   41.    ctrl (K:X,Y) 14:   4372    7153
  116- 117|   5814    6320   |   42.    ctrl (K:X,Y) 14:   5813    6169
  118- 119|   5814   -4677   |   43. anchorp (K:X,Y) 15:   5813    4526  curveto
  120- 121|  -5814   -2222   |   44. anchorp (K:X,Y) 13:   5813    2071   lineto
  122- 123|   5814    1296   |   45.    ctrl (K:X,Y) 14:   5813    1145
  124- 125|   6120     841   |   46.    ctrl (K:X,Y) 14:   6119     690
  126- 127|   6381    -841   |   47. anchorp (K:X,Y) 15:   6380     690  curveto
  128- 129|   6633     841   |   48.    ctrl (K:X,Y) 14:   6632     690
  130- 131|   7120   -1184   |   49. anchorp (K:X,Y) 15:   7119    1033  curveto
  132- 133|  -4514    4035   |   50. startp. (K:X,Y) 12:   4513    3884   moveto
  134- 135|   2965    3767   |   51.    ctrl (K:X,Y) 14:   2964    3616
  136- 137|   1824    3368   |   52.    ctrl (K:X,Y) 14:   1823    3217
  138- 139|   1390    2677   |   53.    ctrl (K:X,Y) 14:   1389    2526
  140- 141|   1390   -2184   |   54. anchorp (K:X,Y) 15:   1389    2033  curveto
  142- 143|   1390    1593   |   55.    ctrl (K:X,Y) 14:   1389    1442
  144- 145|   2145     822   |   56.    ctrl (K:X,Y) 14:   2144     671
  146- 147|   2738    -822   |   57. anchorp (K:X,Y) 15:   2737     671  curveto
  148- 149|   3397     822   |   58.    ctrl (K:X,Y) 14:   3396     671
  150- 151|   4514    1750   |   59.    ctrl (K:X,Y) 14:   4513    1599
  152- 153|   4514   -2866   |   60. anchorp (K:X,Y) 15:   4513    2715  curveto
  154- 155|  -4514   -4035   |   61. anchorp (K:X,Y) 13:   4513    3884   lineto
          |                  |
---------|------------------|-----------------------------------------------------
```

```
U003003T.QQ              20.JAN.1992  11:44              SEITE   21

-------------------------------------------------------------------------------


                        GRAND TOTAL
                        -----------
                                        WORTE           KBYTES
                                        -----           ------
        Laenge der Schrift:             82336           164.672
        Laenge des Schriftkopfes:        2208             4.416
        Laenge aller Buchstabenkoepfe:  21622            43.244
        Laenge der gesamten Bildinformation:  58506      117.012


            DIGITALISIERUNGEN                   ANZAHL
            -----------------                   ------
                                                ======
            Summe:                              28541
            ---------------------------------------------
            Buchstaben:                           712
            Datensaetze (a 2048 Worte):            41
            ---------------------------------------------
            Raster:                     15000 X 15000
            ---------------------------------------------
            Digitalisierungen/Buchstabe:           40
            Bildinformation/Buchstabe:            164 Bytes



-------------------------------------------------------------------------------
```

Beschreibung des II-Formates

von Jochen Lau

Einleitung

In diesem Anhang wird das URW-eigene II-Format beschrieben. II-Format ist die Abkürzung für »intelligentes IKARUS-Format« oder **»IKARUS-Format mit Instruktionen«**. Beide Begriffe lassen sich unter Beibehaltung der Abkürzung II auch ins englische übersetzen: »intelligent IKARUS format« oder »IKARUS format with instructions« oder auch »instructed IKARUS format«. Das II-Format dient als Ausgangsformat für die Erzeugung intelligenter Maschinenformate wie PostScript Type1, TrueType, etc.

*II heißt:
Ikarus mit
Instruktionen*

Dateiaufbau

Jede II-Schriftdatei ist eine binäre Datei. Es gibt keine Blokkung oder Records, der Zugriff erfolgt random.

Die eigentliche Schriftinformation ist in verschiedene, mit Namen versehene Abschnitte (Sections) gegliedert, die nicht immer alle in einer Schrift präsent sein müssen. Das hat zum einen den Vorteil, daß man in einer II-Schrift z.B. nur IK-Daten ohne Instructions unterbringen kann, zum anderen weitere Abschnitte hinzugefügt werden können, ohne die existierenden Programme, die mit dem II-Format umgehen können, modifizieren zu müssen, da sie nur mit den bisher bekannten Abschnitten arbeiten.

*Binäre Datei,
unterteilt in
mit Namen
versehene
Abschnitte*

Der Zugriff zu den Abschnitten einer II-Schrift erfolgt über den File Address Block (FAB). Zusammen mit einem festen Datensatz von 12 Bytes am Anfang der Datei, der rechnerspezifische Kontrollinformationen enthält, bildet er die Control and Address Section (CASE).

Der detaillierte Aufbau der Abschnitte wird in den folgenden Kapiteln beschrieben.

Folgende Datentypen werden in einer II-Schrift verwendet:

ASCII	vorzeichenlose 8-Bit-Größe zur Darstellung von Text
ubyte	vorzeichenlose 8-Bit-Integer-Größe
short	vorzeichenbehaftete 16-Bit-Integer-Größe
ushort	vorzeichenlose 16-Bit-Integer-Größe
long	vorzeichenbehaftete 32-Bit-Integer-Größe
ulong	vorzeichenlose 32-Bit-Integer-Größe

Folgende Konventionen werden in einer II-Schrift eingehalten:

- Alle Längenangaben erfolgen in Bytes.
- Die Zählung beginnt immer bei 0 (Null).
- Alle Sections beginnen auf einer Vier-Byte-Grenze.
- Alle Adreßangaben (Pointer) sind von Typ ulong und geben eine Byteadresse an.
- Alle Adreßangaben beziehen sich, wenn nicht anders vermerkt, immer auf den Anfang der jeweiligen Section.

Control and Address Section (CASE)

Die **Control and Address Section** besteht aus 12 Bytes rechnerspezifischer Kontrollinformation, 4 Bytes Längenangabe für den FAB und dem File Address Block. Dieser enthält die Namen, die Adressen und die Längen aller in der Schrift vorkommenden Sections. Es gibt keine vorgeschriebene Reihenfolge der Sections in der Datei, die Einträge im FAB müssen nicht in irgendeiner Form sortiert sein. Die CASE-Section steht immer am Anfang des Files.

Byte	Typ	Bedeutung
0, 1	ASCII	Bezeichnung des Formates, hier II.
2, 3	ushort	Bytereihenfolge. »0x0000« bedeutet, daß die Schrift in einer Bytereihenfolge, wie sie z. B. auf Motorola-Prozessoren der sehr bekannten Familie 68xxx üblich ist, erzeugt wurde. »0x0101« gibt an, daß die Bytereihenfolge der auf Vax oder Intel 80x86 entspricht.
4, ... ,7	long	Checksum, die die Summe aller folgenden Bytes der Schrift, interpretiert als vorzeichenbehaftete Größen, wiedergibt. Die Checksum soll von allen Programmen, die die Schrift verändern, beim Schließen aufdatiert werden. Sie dient dazu, beim Kopieren auf andere Rechner eine Kontrolle über die fehlerfreie Ausführung zu erhalten.
8,..., 11	ulong	Länge der Schriftdatei
12,..., 15	ulong	Länge des FAB (Vielfaches von 12, da der Eintrag für eine Section 12 Bytes lang ist.)
		File Address Block (FAB)
16,..., 19	ASCII	Name der ersten Section
20,..., 23	ulong	Adresse der ersten Section
24,..., 27	ulong	Länge der ersten Section (tatsächliche Länge, d.h aufgerundet auf ein Vielfaches von 4 Byte)
28,..., 31	ASCII	Name der zweiten Section
32,..., 35	ulong	Adresse der zweiten Section
36,..., 39	ulong	Länge der zweiten Section
.	.	.
.	.	.
.	.	.

Bisher sind folgende Bezeichnungen für Sections reserviert:
* FDBL   Format Definition Block
* FOHD   Fontheader
* FORT   Font Reference Table

- FOGL   Font Guide Lines
- IKDR   Verzeichnis der IK-Daten der Buchstaben
  (IK Directory)
- IKDT   IK-Daten der Buchstaben (IK Data)
- SCAL   Daten zur Unterstützung des intelligenten
  Fontscaling (NIMBUS)

Format Definition Block (FDBL)

Im **Format Definition Block** werden einige Größen spezifiziert, die entweder in den allgemeinen Angaben am Anfang nicht enthalten waren oder von diesen abweichen.

Byte	Typ	Bedeutung
0, 1	ushort	Versionsnummer des Formates. Das erste Byte gibt dabei die Stelle vor dem Punkt an, das zweite die Stelle hinter dem Punkt. Version 1.1 z.B ist dann in beiden Bytes mit einer 1 kodiert.
2, 3	ushort	Anzahl der Bytes der Buchstabennamen, erlaubt sind 2, 4 oder 6 Bytes.
4, 5	ushort	Anzahl der Bytes, die für die Angabe von Indizes in den Instruktionen verwendet werden. Sind alle bezogenen Punktnummern und Indizes in der FORT kleiner als 256, so können sie mit einem Byte kodiert werden.
6, 7	ushort	Länge des Buchstabenheaders in Bytes (in der aktuellen Version 28).

Fontheader (FOHD)

Der **Fontheader** enthält allgemeine Angaben zur Schrift. Alle Einträge sind von den erzeugenden Programmen auszufüllen. Wenn keine explizite Parametrierung durch den Benutzer erforderlich ist, werden sinnvolle Defaultwerte durch die Software eingetragen.

Byte	Typ	Bedeutung
0, ..., 79	ASCII	Name der Schrift
80, ..., 85	ushort	Erstellungsdatum (jeweils binär Tag, Monat , Jahr)
86, ... 91	ushort	Datum der letzten Änderung (wie oben)
92, ..., 95	long	Kegelhöhe in kleinsten Einheiten (1/100 mm) Die Kegelhöhe sollte von der Software, die Schriften verändert, z. B. dann automatisch hier eingetragen werden, wenn mit einer standardisierten Versalhöhe und variablem Kegel gearbeitet wird, so daß man beim Öffnen einer Schrift immer von korrekten Eintragungen ausgehen kann.
96, ..., 99	long	Versalhöhe in kleinsten Einheiten (1/100 mm)
100, ..., 103	long	Minuskelhöhe in kleinsten Einheiten (1/100 mm)
104, ..., 107	long	Unterlänge in kleinsten Einheiten (1/100 mm)
108, 109	short	Kursivwinkel der Versalien (1/10 Grad)
110, 111	short	Kursivwinkel der Minuskeln (1/10 Grad)
112, ..., 115	long	x-Minimum der Schrift-bounding-box
116, 119	long	x-Maximum der Schrift-bounding-box
120, 123	long	y-Minimum der Schrift-bounding-box
124, 127	long	y-Maximum der Schrift-bounding-box Die Bounding-box muß nach der Veränderung einer Schrift durch die Software automatisch aufdatiert werden.
128, ..., 131	long	Anzahl der vorhandenen Buchstaben

Weitere in verschiedenen Formaten benötigte schriftspezifische Informationen, wie Family Name, Weight etc. in Type1, werden in einer weiteren Sektion beschrieben.

Falls aus irgendwelchen Gründen bestimmte Angaben in der Schrift nicht vorhanden sind, so werden sie durch -1 kodiert, z.B. Minuskelhöhe für Signetschriften oder nichtlateinische Alphabete.

Font Reference Table (FORT)

Die **Font Reference Table** enthält Kontrolldaten, die zur Interpretation der Instructions erforderlich sind. Hier werden Sollbalkenstärken, Sollüberhänge und Toleranzen eingetragen. Auf alle Werte wird über den Index in dieser Tabelle zugegriffen, wobei die Einträge mit 0 beginnend durchnumeriert werden. Jeder Eintrag besteht aus einem Sollwert und einer Toleranz. Der Sollwert und der aus den Schriftdaten berechnete Wert werden beim Rastern in das Zielgitter gerundet. Ist der Betrag der Differenz zwischen den Werten kleiner als die angegebene Toleranz, überschreibt der Sollwert den aus den Daten berechneten Wert.

Sollwerte, die beim Rastern ausgewertet werden.

Die genaue Verwendung der Werte ergibt sich aus der zugehörigen Instruktion.

Byte	Typ	Bedeutung
0, 1	short	Erster Sollwert, Index 0, angegeben in Einheiten der Kegelhöhe .
2, 3	short	Toleranz, angegeben in 1/128 Einheiten des Zielgitters.
4, 5	short	Zweiter Sollwert, Index 1
6, 7	short	Toleranz zum zweiten Wert
.	.	.
.	.	.
.	.	.

Font Guide Lines (FOGL)

Die **Font Guide Line Table** enthält Kontrolldaten, die zur Interpretation der Instructions erforderlich sind. Hier werden die Schriftlinien eingetragen. Auf alle Werte wird über den Index in dieser Tabelle zugegriffen, wobei die Einträge mit 0 beginnend durchnumeriert werden. Jeder Eintrag besteht aus einem Sollwert und einer Toleranz. Die genaue Verwendung der Werte ergibt sich aus der zugehörigen Instruktion.

Schriftlinien wie Versalhöhe

Byte	Typ	Bedeutung
0, 1	short	Erste Schriftlinie (Versalhöhe). Der Wert ist angegeben in Einheiten der Kegelhöhe.
2, 3	short	Toleranz für die erste Schriftlinie
4, 5	short	Zweite Schriftlinie (Minuskelhöhe) Index 1
6, 7	short	Toleranz zum zweiten Wert
8,9	short	Dritte Schriftlinie (Grundlinie) Index 2
10,11	short	Toleranz zum dritten Wert
12,13	short	Vierte Schriftlinie (Unterlänge) Index 3
14,15	short	Toleranz zum viertenWert
.	.	.
.	.	.
.	.	.

In dieser Tabelle tauchen auch die bereits im Fontheader definierten Schriftlinien erneut auf, um für alle indizierten Verweise die gleiche Zugriffstechnik zu erhalten.

Verzeichnis der IK-Daten der Buchstaben (IKDR)

Diese Section enthält die Adressen der in der Schrift enthalten Buchstaben im IK-Format. Für jeden Buchstaben sind (n+8) Bytes vorgesehen, wobei n die im FDBL definierte Länge der Buchstabennummer ist (2, 4 oder 6 Bytes).

Byte	Typ	Bedeutung
0, ... n-1		Buchstabennummer entsprechend der im FDBL angegebenen Länge n
n + 0, ... 3	ulong	Adresse des ersten Buchstabens relativ zum Anfang von IKDT
n + 4, ... 7	ulong	Länge der IK-Daten des ersten Buchstabens
.	.	.
.	.	.
.	.	.

IK-Daten der Buchstaben (IKDT)

In dieser Section werden die IK-Daten der Buchstaben aufgeführt. Der Buchstabenaufbau entspricht weitgehend dem der
IKARUS-Version 4, es wurden im wesentlichen die Längenangaben dem allgemeinen Aufbau einer II-Schrift angepaßt.
Zu jedem Buchstaben gibt es einen Header, das Konturadreßbuch und die Bildinformation sowie die Instruktionen. Diese
folgen unmittelbar als Block im Anschluß an die Bilddaten.

Byte	Typ	Bedeutung
		Buchstabenheader
0, ..., n-1		Buchstabennummer. Wird benötigt, um auch auf gelöschte Buchstabeninformation, auf die nicht mehr aus dem Buchstabenverzeichnis verwiesen wird, zugreifen zu können.
n + 0, ..., 3	ulong	Länge des Buchstabens in Bytes. Verwendung wie oben.
n + 4, 5	ushort	Kontrollwort
n + 6,..,9	ulong	Anzahl der Digitalisierungen
n + 10,11	short	Dickte
n + 12,13	short	Vorbreite
n + 14, 15	short	x-Minimum der Digitalisierungen. X = Xmin ist die rechte Kante der Vorbreite. Üblicherweise ist dieser Wert 0, aber neu zu erstellende Programme sollten nicht davon ausgehen, daß x-Minimum immer gleich 0 ist.
n + 16, 17	short	x-Maximum der Digitalisierungen
n + 18, 19	short	y-Minimum der Digitalisierungen
n + 20, 21	short	y-Maximum der Digitalisierungen
n + 22, 23	short	Einheit. Ist Einheit = 1, werden die vorhergehenden 6 Werte und alle Digitalisierungen des Buchstabens in 1/100 mm bzw. in Pixeln angegeben. Einheit = 2 bedeutet, daß diese Werte vor der Verwendung mit 2 multipliziert werden müssen, ... Dies wird verwendet, um die Digitalisierungen in 16-Bit-Integer-Größen speichern zu können.

Byte	Typ	Bedeutung
		Konturadreßbuch
n + 24,..., 27	ulong	Länge d. Konturadreßbuches in Bytes (k)
n + 28,..., 31	ulong	Index des Startpunktes der Kontur. Der Index (Nr. der Digitalisierung) beginnt bei 0 .
n + 32, 33	short	Drehsinn der ersten Kontur. -1 bedeutet Uhrzeigersinn, 0 bedeutet offene Kontur, 1 bedeutet Gegenuhrzeigersinn.
n + 34, 35	short	Lagehierarchie
n + 36, 37	ushort	Farbe
n + 38, 39	ushort	Anzahl der Digitalisierungen der ersten Kontur
....		weitere Konturen
		Bildinformation
n + k + 0,...,3	long	Länge der Bildinformation (Anzahl Digitalisierungen *4 + 4) in Bytes (b)
n + k + 4,...,7	short	x-/y- Koordinate der 1. Digitalisierung Punktkennung verschlüsselt in den beiden Vorzeichen wie in IKARUS V4 üblich.
....		Weitere Digitalisierungen für den ganzen Buchstaben.
		Instruktionen
n+k+b+0,...,3	long	Länge der Instruktionen in Bytes
n+k+b+4,...,7	short	Instruktions Daten
.	.	.
.	.	.
.	.	.

Instruktions-Daten der Buchstaben

Das II-Format dient nicht primär der Verarbeitung in einem RIP, es ist ein Basisdatenformat. Vielmehr soll es ermöglichen, bekannte Formate wie PostScript Type1 oder TrueType aus diesem Format automatisch generieren zu können. Daher wird der in diesem Buch verfolgte Ansatz weitergeführt, die zu kontrollierenden Buchstaben*teile* zu beschreiben. In einem Maschinenformat können diese häufig durch eine Anweisung behandelt werden. So gibt es zum Beispiel in Intellifont den »Associated Point« und in TrueType die Anweisungen »MDRP« oder »MIRP«, die dazu verwendet werden, relative Balkengrenzen in das Zielgitter zu runden, egal ob es sich um gerade Balken oder Buchstabenweiten handelt.

II ist ein Basisformat zur Ableitung von Maschinenformaten.

Im II-Format werden zur Beschreibung der Buchstabenteile sogenannte Instruction-Blocks verwendet. Ein Instruction-Block besteht aus drei Teilen:

- einer Codenummer, die angibt, um welche Instruction es sich handelt,
- einer Längenangabe für den Instruction-Block,
- der Instruction.

Dieser Aufbau ermöglicht ein flexibles Umgehen mit den Instructions innerhalb der Programme. Der Code ermöglicht die Identifizierung bekannter oder unbekannter Instructions, und die Längenangabe ermöglicht das Überlesen unbekannter Instructions. Dies gewährleistet die Möglichkeit späterer Erweiterungen des Instruction-Sets, so daß auch alte Programmversionen mit dem erweiterten Instruction-Set ohne Programmänderung arbeiten können.

Instruction-Set erweiterbar

Hinter der Längenangabe für den Instruction-Block folgen die Instructions, und zwar jeweils für den gesamten Buchstaben. Beispielsweise folgt nach dem Code für horizontale Kurvenextrema die Längenangabe des Instruction-Blocks und anschließend die Indizes sämtlicher horizontalen Extrempunkte, die im Buchstaben vorhanden sind.

Verweise auf IKDT, FORT und FOGL

Die in den Instructions verwendeten Indizes zeigen je nach Zusammenhang in die Bildinformation des Buchstabens, in die Font Reference Table (FORT) oder auf die Schriftlinien (FOGL). Wohin die Indizes zeigen, ergibt sich aus dem genauen Aufbau der einzelnen Instructions und muß dem Anwendungsprogramm bekannt sein. Alle Indizes beginnen bei 0.

Byte	Typ	Bedeutung
		Instruction-Block
0,1	ushort	Instruction-Code
2,3	ushort	Länge des Instruction-Blocks in Bytes.
4,…, n	ushort	Instructions

Die Länge des Instruction-Blocks ergibt sich dabei aus der Anzahl der vorhandenen Instructions mit dem spezifizierten Code (z.B. Anzahl horizontaler Balken) für diesen Buchstaben multipliziert mit der Anzahl der für diese Instruction benötigten Bytes plus 4 Bytes für die ersten beiden Worte des Instruction-Blocks.

Im folgenden werden die zur Zeit von URW unterstützten Instructions aufgeführt und in ihrem Aufbau beschrieben.

Alle Einträge in den Instruction-Blocks sind vom Typ ushort. Indizes für Punkte zeigen in die Bilddaten, Indizes für die Font Reference Table (FORT) oder in die Font Guide Lines zeigen in diese. Der Eintrag 0xFFFF bedeutet, daß kein Index vorliegt. Die Länge wird in Bytes angegeben.

Code	Länge	Bedeutung	Aufbau der Instruktionen
1	2 Byte	absoluter Querbalkenrand	Index des Punktes
2	2 Byte	absoluter Balkenrand	Index des Punktes
3	4 Byte	relativer Querbalkenrand	Index des Punktes
		bezogen auf eine Schriftlinie	Index in FOGL
4	6 Byte	relativer Querbalkenrand	Index des Punktes
			Index des Bezugspunktes
			Index in FORT (Sollbalkenstärke)
5	6 Byte	relativer Balkenrand	Index des Punktes
			Index des Bezugspunktes
			Index in FORT (Sollbalkenstärke)

Code	Länge	Bedeutung	Aufbau der Instruktionen
6	2 Byte	horizont. Kurvenextremum	Index des Extrempunktes
7	2 Byte	vertikales Kurvenextremum	Index des Extrempunktes
8	4 Byte	relativer Bogenrand bezogen auf eine Schriftlinie	Index des Punktes Index in FOGL
9	6 Byte	relativer Bogenrand	Index des Punktes Index des Bezugspunktes Index in FORT (Sollbalkenstärke)
10	6 Byte	relativer Rundungsrand	Index des Punktes Index des Bezugspunktes Index in FORT (Sollbalkenstärke)
11	6 Byte	relativer horizontaler Punkt	Index des Punktes Index des Bezugspunktes Index in FORT (Sollbalkenstärke)
12	6 Byte	relativer vertikaler Punkt	Index des Punktes Index des Bezugspunktes Index in FORT (Sollbalkenstärke)
13	2 Byte	horizontale Schräge (Slant)	Index der Spitze
14	4 Byte	vertikale Schräge (Slant)	Index der Spitze Index in FOGL
15	8 Byte	Serife	Index y-Anker Index x-Anker (Balkenanbau) Index in FORT (Sollänge) Index in FOGL (Schriftlinie) für den y-Anker
16	6 Byte	Querserife	Index Serifenanfang Index Serifenende Index in FORT (Sollänge)

Code	Länge	Bedeutung	Aufbau der Instruktionen
17	6 Byte	Spannung (schwach gekrümmte Bögen)	Anfangsindex Endindex Index in FORT (Raster, unterhalb dessen eine Gerade erzeugt wird).
18	6 Byte	horizontale Punze	Index des Punktes Index des Bezugspunktes Index in FORT (Sollstärke)
19	6 Byte	vertikale Punze	Index des Punktes Index des Bezugspunktes Index in FORT (Sollstärke)
20	2 Byte	Fleck (links)	Index des zu korrigierenden Punktes: Links oder unterhalb ist schwarz.
21	2 Byte	Fleck (rechts)	Index des zu korrigierenden Punktes: Rechts oder oberhalb ist schwarz.
22.	8 Byte	schräger Balken	Anfangsindex; relativer Rand Endindex des relativen Randes Anfangsindex; absoluter Rand Endindex des absoluten Randes

Die Interpretation der Instructions hängt zum Teil vom Anwendungsprogram ab. NIMBUS wird einen Teil der Instructions anders auswerten als ein Wandelprogramm von II nach Type1, welches eine Uminterpretation der Instructions vornehmen muß, um die PostScript-Hints zu erzeugen.

Daten zur Unterstützung des intelligenten Fontscaling (SCAL)

Diese Section enthält Daten, die von Rasterizern wie NIMBUS ausgewertet oder bei der Formatwandlung in andere Formate (Type1) übernommen werden können.

Byte	Typ	Bedeutung
0, 3	ulong	Identifikationsnummer der Schrift beim Caching, entspricht der Unique ID im PostScript
4, 5	ushort	x-Auflösung des Gitters, an das die Schrift angepaßt wurde. Ist die angegebene Kegelhöhe im Fontheader zum Beipiel 15000, und ist hier 1000 eingetragen, so sind die x-Koordinaten einiger Punkte (z.B. Kurvenextrema) Vielfache von 15000/1000 = 1/5.
6, 7	ushort	y-Auflösung des Gitters, an das die Schrift angepaßt wurde. Ist die angegebene Kegelhöhe im Fontheader zum Beipiel 15000, und ist hier 1000 eingetragen, so sind die y-Koordinaten einiger Punkte (z.B. Kurvenextrema) Vielfache von 15000/1000=15.
8,9	ushort	kanonische Balkenstärke in Einheiten der Kegelhöhe. Diese Größe wird immer ausgewertet unterhalb des in SCAL angebenen Rasters, um die Balkenstärken der Versalien und der Minuskeln auf eine einheitliche Stärke zu zwingen.
10,11	ushort	Toleranz zur kanonischen Balkenstärke in 1/128 des Zielgitters.
12,13	ushort	Anzahl Pixel für das Geviert im Zielgitter, unterhalb der die kanonische Balkenstärke eingesetzt werden soll.
14,15	ushort	Anzahl Pixel für das Geviert im Zielgitter, unterhalb der mit Dropout control gearbeitet werden soll.

Spitze
Spitze
Serifenanfang
Serifenende
abs.
rel.
horizontale
Kurven
abs.
rel.
abs.
Kurvenextremum
auf relativer vertikaler Geraden
absolut   relativ
vertikale Geraden
absolut   relativ
vertikale Kurven

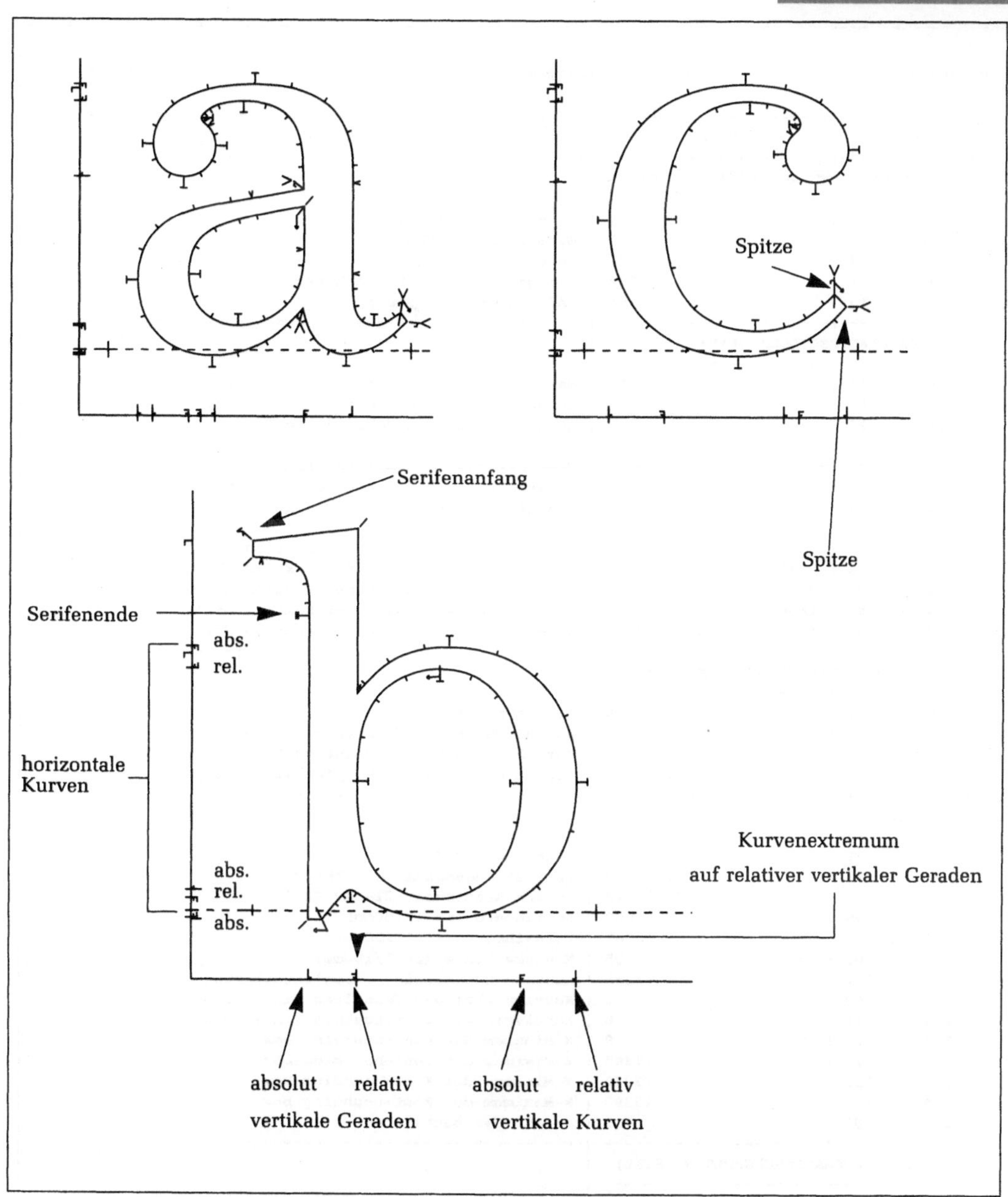

Abb. 188

```
U003003T.II                       21-JAN-92                          SEITE  1

---------------|----------------------|-----------------------------------------------
   BYTENR.     |        INHALT        |                KOMMENTAR
---------------|----------------------|-----------------------------------------------
      KONTROLL- UND ADRESSEKTION (CASE) |
      ---------------------------------- |
    0-      1 |                     II | Datenformat (ASCII)
    2-      3 |                    257 | Byte-Ordnung (VAX)
    4-      7 |                1588781 | Checksum
    8-     11 |                 260256 | Laenge der Schrift (in Bytes)
   12-     15 |                     84 | FAB Laenge (in Bytes)
---------------|----------------------|-----------------------------------------------
      DATEIADRESSBLOCK (FAB)           |
      ----------------------           |
   16-     19 |                   FDBL | Name der ersten Sektion (ASCII)
   20-     23 |                    100 | Adresse der ersten Sektion (in Bytes)
   24-     27 |                      8 | Laenge der ersten Sektion (in Bytes)
            |                      |
   28-     31 |                   FOHD | Name der zweiten Sektion (ASCII)
   32-     35 |                    108 | Adresse der zweiten Sektion (in Bytes)
   36-     39 |                    132 | Laenge der zweiten Sektion (in Bytes)
            |                      |
   40-     51 | FORT    240       300 | Name, Adresse, Laenge der Sektion Nr.:   3
   52-     63 | FOGL    540        16 | Name, Adresse, Laenge der Sektion Nr.:   4
   64-     75 | SCAL    556        16 | Name, Adresse, Laenge der Sektion Nr.:   5
   76-     87 | IKDR    572      7120 | Name, Adresse, Laenge der Sektion Nr.:   6
   88-     99 | IKDT   7692    252564 | Name, Adresse, Laenge der Sektion Nr.:   7
---------------|----------------------|-----------------------------------------------
      FORMATDEFINITIONSBLOCK (FDBL)    |
      -----------------------------    |
    0-      1 |                    256 | Versionsnummer
    2-      3 |                      2 | Anzahl der Bytes fuer Buchstabennamen
    4-      5 |                      2 | Anzahl der Bytes fuer Instruktionsindizes
    6-      7 |                     26 | Laenge des Buchstabenkopfes (in Bytes)
---------------|----------------------|-----------------------------------------------
      SCHRIFTKOPF (FOHD)               |
      ------------------               |
    0-     79 |           U003003T.II | Filename (ASCII)
   80-     85 |              21  1 92 | Herstellungsdatum: 21-JAN-92
   86-     91 |              21  1 92 | Letzte Aenderung: 21-JAN-92
   92-     95 |                  15000 | Kegelhoehe (in 1/100mm)
   96-     99 |                  10005 | Versalhoehe (in 1/100mm)
  100-    103 |                   7005 | Minuskelhoehe (in 1/100mm)
  104-    107 |                  -3255 | Abstand Grundlinie - Kegelunterkante(in 1/100mm)
  108-    109 |                      0 | Kursivwinkel der Versalien (in 1/10 Grad)
  110-    111 |                      0 | Kursivwinkel der Minuskeln (in 1/10 Grad)
  112-    115 |                      0 | X-Minimum der Font-bounding-box
  116-    119 |                  17445 | X-Maximum der Font-bounding-box
  120-    123 |                  -3930 | Y-Minimum der Font-bounding-box
  124-    127 |                  13380 | Y-Maximum der Font-bounding-box
  128-    131 |                    712 | Anzahl der Buchstaben
---------------|----------------------|-----------------------------------------------
      SCHRIFTSKALIERUNGSDATEN (SCAL)   |
      ------------------------------   |
    0-      3 |                      0 | Cache ID
    4-      5 |                   1000 | Geviertaufloesung in X-Richtung
    6-      7 |                   1000 | Geviertaufloesung in Y-Richtung
    8-      9 |                      0 | Fette (Kan. Balkenweite in Kegeleinheiten)
   10-     11 |                      0 | Toleranz der Fette
   12-     13 |                      0 | Zielrasteraufloesung (Fette)
   14-     15 |                      0 | Zielrasteraufloesung (Dropout Kontrolle)
---------------|----------------------|-----------------------------------------------
```

```
U003003T.II                     21-JAN-92                              SEITE  2

---------------|------------------------|-------------------------------------------------
   BYTENR.     |         INHALT         |                    KOMMENTAR
---------------|------------------------|-------------------------------------------------
      SCHRIFTREFERENZTABELLE (FORT)    |
      ------------------------------   |
    0-    1 |                    607 | Balkenbreite (in Kegeleinheiten), Index 0
    2-    3 |                     64 | Toleranzwert (in 1/128 Zielrastereinheiten)
            |                        |
    4-    5 |                   1252 | Balkenbreite (in Kegeleinheiten), Index 1
    6-    7 |                     64 | Toleranzwert (in 1/128 Zielrastereinheiten)
            |                        |
    8-   11 |    1500            64 | Balkenbreite, Toleranzwert, Index   2
   12-   15 |    1552            64 | Balkenbreite, Toleranzwert, Index   3
   16-   19 |    1635            64 | Balkenbreite, Toleranzwert, Index   4
   20-   23 |    1717            64 | Balkenbreite, Toleranzwert, Index   5
   24-   27 |     570            64 | Balkenbreite, Toleranzwert, Index   6
   28-   31 |    1673            64 | Balkenbreite, Toleranzwert, Index   7
   32-   35 |    1942            64 | Balkenbreite, Toleranzwert, Index   8
   36-   39 |    1613            64 | Balkenbreite, Toleranzwert, Index   9
   40-   43 |    1740            64 | Balkenbreite, Toleranzwert, Index  10
   44-   47 |    1238            64 | Balkenbreite, Toleranzwert, Index  11
   48-   51 |     555            64 | Balkenbreite, Toleranzwert, Index  12
   52-   55 |    1373            64 | Balkenbreite, Toleranzwert, Index  13
   56-   59 |     907            64 | Balkenbreite, Toleranzwert, Index  14
   60-   63 |    1118            64 | Balkenbreite, Toleranzwert, Index  15
   64-   67 |     930            64 | Balkenbreite, Toleranzwert, Index  16
   68-   71 |     998            64 | Balkenbreite, Toleranzwert, Index  17
   72-   75 |    1860            64 | Balkenbreite, Toleranzwert, Index  18
   76-   79 |     855            64 | Balkenbreite, Toleranzwert, Index  19
   80-   83 |     383            64 | Balkenbreite, Toleranzwert, Index  20
   84-   87 |     645            64 | Balkenbreite, Toleranzwert, Index  21
   88-   91 |    1013            64 | Balkenbreite, Toleranzwert, Index  22
   92-   95 |     503            64 | Balkenbreite, Toleranzwert, Index  23
   96-   99 |     772            64 | Balkenbreite, Toleranzwert, Index  24
  100-  103 |    1560            64 | Balkenbreite, Toleranzwert, Index  25
  104-  107 |     668            64 | Balkenbreite, Toleranzwert, Index  26
  108-  111 |     848            64 | Balkenbreite, Toleranzwert, Index  27
  112-  115 |    1380            64 | Balkenbreite, Toleranzwert, Index  28
  116-  119 |    1132            64 | Balkenbreite, Toleranzwert, Index  29
  120-  123 |     697            64 | Balkenbreite, Toleranzwert, Index  30
  124-  127 |     750            64 | Balkenbreite, Toleranzwert, Index  31
  128-  131 |    1298            64 | Balkenbreite, Toleranzwert, Index  32
  132-  135 |     443            64 | Balkenbreite, Toleranzwert, Index  33
  136-  139 |    1313            64 | Balkenbreite, Toleranzwert, Index  34
  140-  143 |     802            64 | Balkenbreite, Toleranzwert, Index  35
  144-  147 |    1515            64 | Balkenbreite, Toleranzwert, Index  36
  148-  151 |    1477            64 | Balkenbreite, Toleranzwert, Index  37
  152-  155 |     990            64 | Balkenbreite, Toleranzwert, Index  38
  156-  159 |    1073            64 | Balkenbreite, Toleranzwert, Index  39
  160-  163 |    1770            64 | Balkenbreite, Toleranzwert, Index  40
  164-  167 |    1320            64 | Balkenbreite, Toleranzwert, Index  41
  168-  171 |    1193            64 | Balkenbreite, Toleranzwert, Index  42
  172-  175 |    1057            64 | Balkenbreite, Toleranzwert, Index  43
  176-  179 |     877            64 | Balkenbreite, Toleranzwert, Index  44
  180-  183 |     728            64 | Balkenbreite, Toleranzwert, Index  45
  184-  187 |     915            64 | Balkenbreite, Toleranzwert, Index  46
  188-  191 |     893            64 | Balkenbreite, Toleranzwert, Index  47
  192-  195 |     952            64 | Balkenbreite, Toleranzwert, Index  48
  196-  199 |     413            64 | Balkenbreite, Toleranzwert, Index  49
  200-  203 |     757            64 | Balkenbreite, Toleranzwert, Index  50
---------------|------------------------|-------------------------------------------------
```

```
U003003T.II                        21-JAN-92                            SEITE  3

---------------|-----------------------|-------------------------------------------------
   BYTENR.     |       INHALT          |             KOMMENTAR
---------------|-----------------------|-------------------------------------------------
   204-   207 |      825         64 | Balkenbreite, Toleranzwert, Index  51
   208-   211 |      518         64 | Balkenbreite, Toleranzwert, Index  52
   212-   215 |     1402         64 | Balkenbreite, Toleranzwert, Index  53
   216-   219 |     1665         64 | Balkenbreite, Toleranzwert, Index  54
   220-   223 |     1365         64 | Balkenbreite, Toleranzwert, Index  55
   224-   227 |     1463         64 | Balkenbreite, Toleranzwert, Index  56
   228-   231 |     1425         64 | Balkenbreite, Toleranzwert, Index  57
   232-   235 |      420         64 | Balkenbreite, Toleranzwert, Index  58
   236-   239 |      457         64 | Balkenbreite, Toleranzwert, Index  59
   240-   243 |      308         64 | Balkenbreite, Toleranzwert, Index  60
   244-   247 |      982         64 | Balkenbreite, Toleranzwert, Index  61
   248-   251 |      593         64 | Balkenbreite, Toleranzwert, Index  62
   252-   255 |     1200         64 | Balkenbreite, Toleranzwert, Index  63
   256-   259 |     1335         64 | Balkenbreite, Toleranzwert, Index  64
   260-   263 |     1170         64 | Balkenbreite, Toleranzwert, Index  65
   264-   267 |      720         64 | Balkenbreite, Toleranzwert, Index  66
   268-   271 |      315         64 | Balkenbreite, Toleranzwert, Index  67
   272-   275 |      600         64 | Balkenbreite, Toleranzwert, Index  68
   276-   279 |      540         64 | Balkenbreite, Toleranzwert, Index  69
   280-   283 |     1140         64 | Balkenbreite, Toleranzwert, Index  70
   284-   287 |      840         64 | Balkenbreite, Toleranzwert, Index  71
   288-   291 |      435         64 | Balkenbreite, Toleranzwert, Index  72
   292-   295 |      105         64 | Balkenbreite, Toleranzwert, Index  73
   296-   299 |     1095         64 | Balkenbreite, Toleranzwert, Index  74
---------------|-----------------------|-------------------------------------------------


---------------|-----------------------|-------------------------------------------------
   BYTENR.     |       INHALT          |             KOMMENTAR
---------------|-----------------------|-------------------------------------------------
   SCHRIFTLINIEN (FOGL)                 |
   -------------------------           |
     0-     1 |               10000 | Versalhoehe (in Kegeleinheiten), Index 0
     2-     3 |                   0 | Toleranzwert
               |                     |
     4-     5 |                7000 | Minuskelhoehe (in Kegeleinheiten), Index 1
     6-     7 |                   0 | Toleranzwert
               |                     |
     8-     9 |                   0 | Grundlinie (in Kegeleinheiten), Index 2
    10-    11 |                   0 | Toleranzwert
               |                     |
    12-    13 |               -3250 | Kegelunterkante (in Kegeleinheiten), Index 3
    14-    15 |                   0 | Toleranzwert
---------------|-----------------------|-------------------------------------------------
```

```
U003003T.II                          21-JAN-92                          SEITE  5

---------------|----------------------|---------------------------------------------
   BYTENR.     |        INHALT        |                  KOMMENTAR
---------------|----------------------|---------------------------------------------
     BUCHSTABENADRESSBUCH (IKDR)      |
     ------------------------------   |
    0-      1 |                   101 | Buchstabennummer: 1
    2-      5 |                     0 | Buchstabenadresse relativ zum IK-Datenanfang
    6-      9 |                   316 | Laenge der Buchstabendaten (in Bytes)
              |                       |
   10-     11 |                   102 | Buchstabennummer: 2
   12-     15 |                   316 | Buchstabenadresse relativ zum IK-Datenanfang
   16-     19 |                   458 | Laenge der Buchstabendaten (in Bytes)
              |                       |
   20-     29 |    103       774   310 | Nr., Adresse, Datenlaenge Buchstabe:      3
   30-     39 |    104      1084   322 | Nr., Adresse, Datenlaenge Buchstabe:      4
   40-     49 |    105      1406   352 | Nr., Adresse, Datenlaenge Buchstabe:      5
   50-     59 |    106      1758   338 | Nr., Adresse, Datenlaenge Buchstabe:      6
   60-     69 |    107      2096   400 | Nr., Adresse, Datenlaenge Buchstabe:      7
   70-     79 |    108      2496   448 | Nr., Adresse, Datenlaenge Buchstabe:      8
   80-     89 |    109      2944   252 | Nr., Adresse, Datenlaenge Buchstabe:      9
   90-     99 |    110      3196   248 | Nr., Adresse, Datenlaenge Buchstabe:     10
  100-    109 |    111      3444   422 | Nr., Adresse, Datenlaenge Buchstabe:     11
  110-    119 |    112      3866   266 | Nr., Adresse, Datenlaenge Buchstabe:     12
  120-    129 |    113      4132   374 | Nr., Adresse, Datenlaenge Buchstabe:     13
  130-    139 |    114      4506   302 | Nr., Adresse, Datenlaenge Buchstabe:     14
  140-    149 |    115      4808   274 | Nr., Adresse, Datenlaenge Buchstabe:     15


 1070-   1079 |    281     44282   458 | Nr., Adresse, Datenlaenge Buchstabe:    108
 1080-   1089 |    285     44740   664 | Nr., Adresse, Datenlaenge Buchstabe:    109
 1090-   1099 |    286     45404   464 | Nr., Adresse, Datenlaenge Buchstabe:    110
 1100-   1109 |    287     45868   544 | Nr., Adresse, Datenlaenge Buchstabe:    111
 1110-   1119 |    289     46412   434 | Nr., Adresse, Datenlaenge Buchstabe:    112
 1120-   1129 |    290     46846   424 | Nr., Adresse, Datenlaenge Buchstabe:    113
 1130-   1139 |    291     47270   476 | Nr., Adresse, Datenlaenge Buchstabe:    114
 1140-   1149 |    292     47746   416 | Nr., Adresse, Datenlaenge Buchstabe:    115
 1150-   1159 |    296     48162   480 | Nr., Adresse, Datenlaenge Buchstabe:    116
 1160-   1169 |    297     48642   442 | Nr., Adresse, Datenlaenge Buchstabe:    117
 1170-   1179 |    298     49084   478 | Nr., Adresse, Datenlaenge Buchstabe:    118
 1180-   1189 |    301     49562   504 | Nr., Adresse, Datenlaenge Buchstabe:    119
 1190-   1199 |    302     50066   362 | Nr., Adresse, Datenlaenge Buchstabe:    120
 1200-   1209 |    303     50428   340 | Nr., Adresse, Datenlaenge Buchstabe:    121


 7010-   7019 |   2304    249028   416 | Nr., Adresse, Datenlaenge Buchstabe:    702
 7020-   7029 |   2305    249444   366 | Nr., Adresse, Datenlaenge Buchstabe:    703
 7030-   7039 |   2307    249810   264 | Nr., Adresse, Datenlaenge Buchstabe:    704
 7040-   7049 |   2312    250074   356 | Nr., Adresse, Datenlaenge Buchstabe:    705
 7050-   7059 |   2316    250430   368 | Nr., Adresse, Datenlaenge Buchstabe:    706
 7060-   7069 |   2318    250798   276 | Nr., Adresse, Datenlaenge Buchstabe:    707
 7070-   7079 |   2319    251074   302 | Nr., Adresse, Datenlaenge Buchstabe:    708
 7080-   7089 |   2321    251376   400 | Nr., Adresse, Datenlaenge Buchstabe:    709
 7090-   7099 |   2323    251776   354 | Nr., Adresse, Datenlaenge Buchstabe:    710
 7100-   7109 |   2325    252130   380 | Nr., Adresse, Datenlaenge Buchstabe:    711
---------------|----------------------|---------------------------------------------
```

```
U003003T.II                    21-JAN-92                          SEITE 18

---------------|-----------------------|--------------------------------------------
  BYTENR.      |        INHALT         |                 KOMMENTAR
---------------|-----------------------|--------------------------------------------
    IK-BUCHSTABENDATEN (IKDT)          |
    -------------------------          |
                                       |
    BUCHSTABENKOPF                     |
    --------------                     |
   0-      1 |                     301 | Buchstabennummer
   2-      5 |                     504 | Laenge der Buchstabendaten (in Bytes)
   6-      7 |                       0 | Kontrollwort
   8-     11 |                      73 | Anzahl der Digitalisierungen
  12-     13 |                    8240 | Dickte
  14-     15 |                     799 | Vorbreite
  16-     17 |                       0 | X-Minimum
  18-     19 |                    7298 | X-Maximum
  20-     21 |                    -150 | Y-Minimum
  22-     23 |                    7155 | Y-Maximum
  24-     25 |                       1 | Masseinheit ist 1/100mm
---------------|-----------------------|--------------------------------------------
    KONTURINDEX                        |
    -----------                        |
  26-     29 |                      28 | Laenge des Konturindexes (in Bytes)
             |                         |
  30-     33 |                       0 | Startpunktindex der   1. Kontur
  34-     35 |                      -1 | Drehsinn: im Uhrzeigersinn
  36-     37 |                       0 | Schachtelung: aeussere Kontur  1. Ordung
  38-     39 |                       0 | Farbe: transparent
  40-     41 |                      58 | Anzahl der Digitalisierungen
             |                         |
  42-     45 |                      58 | Startpunktindex der   2. Kontur
  46-     47 |                       1 | Drehsinn: gegen den Uhrzeigersinn
  48-     49 |                       1 | Schachtelung: innere Kontur  1. Ordung
  50-     51 |                       0 | Farbe: transparent
  52-     53 |                      15 | Anzahl der Digitalisierungen
---------------|-----------------------|--------------------------------------------
    BILDINFORMATION                    |
    ---------------                    |
  54-     57 |                     296 | Laenge der Bildinformation (in Bytes)
             |                         |
  58-     61 |   -7127         1185 | 12   7126   1034  (K,X,Y)      0.DIG; Art: STRP
  62-     65 |   -7299         -942 | 13   7298    791  (K,X,Y)      1.DIG; Art: -EP
  66-     69 |    6929          597 | 14   6928    446  (K,X,Y)      2.DIG; Art: .C..
  70-     73 |    6354          221 | 14   6353     70  (K,X,Y)      3.DIG; Art: .C..
  74-     77 |    5654           46 | 14   5653   -105  (K,X,Y)      4.DIG; Art: .C..
  78-     81 |    5216          144 | 14   5215     -7  (K,X,Y)      5.DIG; Art: .C..
  82-     85 |    4791          491 | 14   4790    340  (K,X,Y)      6.DIG; Art: .C..
  86-     89 |    4574          952 | 14   4573    801  (K,X,Y)      7.DIG; Art: .C..
  90-     93 |   -4488        -1285 | 13   4487   1134  (K,X,Y)      8.DIG; Art: -EP-
  94-     97 |    4069          842 | 14   4068    691  (K,X,Y)      9.DIG; Art: .C..
  98-    101 |    3488          406 | 14   3487    255  (K,X,Y)     10.DIG; Art: .C..
 102-    105 |    2724           88 | 14   2723    -63  (K,X,Y)     11.DIG; Art: .C..
 106-    109 |    2036            1 | 14   2035   -150  (K,X,Y)     12.DIG; Art: .C..
 110-    113 |     992          239 | 14    991     88  (K,X,Y)     13.DIG; Art: .C..
 114-    117 |     197         1069 | 14    196    918  (K,X,Y)     14.DIG; Art: .C..
 118-    121 |       1         2025 | 14      0   1874  (K,X,Y)     15.DIG; Art: .C..
 122-    125 |     139         2822 | 14    138   2671  (K,X,Y)     16.DIG; Art: .C..
 126-    129 |     543         3419 | 14    542   3268  (K,X,Y)     17.DIG; Art: .C..
 130-    133 |    1532         3943 | 14   1531   3792  (K,X,Y)     18.DIG; Art: .C..
 134-    137 |    2526         4150 | 14   2525   3999  (K,X,Y)     19.DIG; Art: .C..
---------------|-----------------------|--------------------------------------------
```

```
U003003T.II                          21-JAN-92                          SEITE 20
```

BYTENR.		INHALT		KOMMENTAR
138-	141	3097	-4248	15 3096 4097 (K,X,Y) 20.DIG; Art: >TP<
142-	145	-4494	-4500	13 4493 4349 (K,X,Y) 21.DIG; Art: -EP-
146-	149	4479	5105	14 4478 4954 (K,X,Y) 22.DIG; Art: .C..
150-	153	4417	5719	14 4416 5568 (K,X,Y) 23.DIG; Art: .C..
154-	157	4072	6463	14 4071 6312 (K,X,Y) 24.DIG; Art: .C..
158-	161	3471	6782	14 3470 6631 (K,X,Y) 25.DIG; Art: .C..
162-	165	2863	6856	14 2862 6705 (K,X,Y) 26.DIG; Art: .C..
166-	169	2181	6755	14 2180 6604 (K,X,Y) 27.DIG; Art: .C..
170-	173	1945	6642	14 1944 6491 (K,X,Y) 28.DIG; Art: .C..
174-	177	1805	6531	14 1804 6380 (K,X,Y) 29.DIG; Art: .C..
178-	181	1726	6397	14 1725 6246 (K,X,Y) 30.DIG; Art: .C..
182-	185	1779	6290	14 1778 6139 (K,X,Y) 31.DIG; Art: .C..
186-	189	1907	6163	14 1906 6012 (K,X,Y) 32.DIG; Art: .C..
190-	193	2051	5936	14 2050 5785 (K,X,Y) 33.DIG; Art: .C..
194-	197	2101	5660	14 2100 5509 (K,X,Y) 34.DIG; Art: .C..
198-	201	2004	5267	14 2003 5116 (K,X,Y) 35.DIG; Art: .C..
202-	205	1680	4933	14 1679 4782 (K,X,Y) 36.DIG; Art: .C..
206-	209	1237	4831	14 1236 4680 (K,X,Y) 37.DIG; Art: .C..
210-	213	875	4902	14 874 4751 (K,X,Y) 38.DIG; Art: .C..
214-	217	489	5307	14 488 5156 (K,X,Y) 39.DIG; Art: .C..
218-	221	406	5708	14 405 5557 (K,X,Y) 40.DIG; Art: .C..
222-	225	502	6163	14 501 6012 (K,X,Y) 41.DIG; Art: .C..
226-	229	966	6753	14 965 6602 (K,X,Y) 42.DIG; Art: .C..
230-	233	1905	7170	14 1904 7019 (K,X,Y) 43.DIG; Art: .C..
234-	237	3165	7306	14 3164 7155 (K,X,Y) 44.DIG; Art: .C..
238-	241	4151	7215	14 4150 7064 (K,X,Y) 45.DIG; Art: .C..
242-	245	5042	6837	14 5041 6686 (K,X,Y) 46.DIG; Art: .C..
246-	249	5653	6035	14 5652 5884 (K,X,Y) 47.DIG; Art: .C..
250-	253	5815	5153	14 5814 5002 (K,X,Y) 48.DIG; Art: .C..
254-	257	5821	-4680	15 5820 4529 (K,X,Y) 49.DIG; Art: >TP<
258-	261	5821	-2223	15 5820 2072 (K,X,Y) 50.DIG; Art: >TP<
262-	265	5827	1817	14 5826 1666 (K,X,Y) 51.DIG; Art: .C..
266-	269	5877	1355	14 5876 1204 (K,X,Y) 52.DIG; Art: .C..
270-	273	6079	972	14 6078 821 (K,X,Y) 53.DIG; Art: .C..
274-	277	6401	856	14 6400 705 (K,X,Y) 54.DIG; Art: .C..
278-	281	6755	949	14 6754 798 (K,X,Y) 55.DIG; Art: .C..
282-	285	6979	1086	14 6978 935 (K,X,Y) 56.DIG; Art: .C..
286-	289	-7127	-1185	13 7126 1034 (K,X,Y) 57.DIG; Art: -EP-
290-	293	-4516	4038	12 4515 3887 (K,X,Y) 58.DIG; Art: STRP
294-	297	3231	3792	14 3230 3641 (K,X,Y) 59.DIG; Art: .C..
298-	301	2756	3676	14 2755 3525 (K,X,Y) 60.DIG; Art: .C..
302-	305	2082	3437	14 2081 3286 (K,X,Y) 61.DIG; Art: .C..
306-	309	1562	2931	14 1561 2780 (K,X,Y) 62.DIG; Art: .C..
310-	313	1396	2182	14 1395 2031 (K,X,Y) 63.DIG; Art: .C..
314-	317	1528	1544	14 1527 1393 (K,X,Y) 64.DIG; Art: .C..
318-	321	1996	1013	14 1995 862 (K,X,Y) 65.DIG; Art: .C..
322-	325	2741	811	14 2740 660 (K,X,Y) 66.DIG; Art: .C..
326-	329	3466	964	14 3465 813 (K,X,Y) 67.DIG; Art: .C..
330-	333	4060	1381	14 4059 1230 (K,X,Y) 68.DIG; Art: .C..
334-	337	4354	1827	14 4353 1676 (K,X,Y) 69.DIG; Art: .C..
338-	341	4491	2433	14 4490 2282 (K,X,Y) 70.DIG; Art: .C..
342-	345	4516	-2868	15 4515 2717 (K,X,Y) 71.DIG; Art: >TP<
346-	349	-4516	-4038	13 4515 3887 (K,X,Y) 72.DIG; Art: -EP-

```
U003003T.II                        21-JAN-92                      SEITE 21

---------------|--------------------|------------------------------------------
   BYTENR.     |       INHALT       |                  KOMMENTAR
---------------|--------------------|------------------------------------------
     INSTRUKTIONEN                  |
     -------------                  |
   350-   353  |               154  | Laenge der Instruktionen (in Bytes)
---------------|--------------------|------------------------------------------
   354-   355  |                 2  | Instruktion: absoluter Balkenrand
   356-   357  |                 2  | Laenge des Instruktionsblocks (in Bytes)
               |                    |
   358-   359  |                49  | Punktindex
               |                    |
---------------|--------------------|------------------------------------------
   360-   361  |                 5  | Instruktion: relativer Balkenrand
   362-   363  |                 6  | Laenge des Instruktionsblocks (in Bytes)
               |                    |
   364-   365  |                71  | Punktindex
   366-   367  |                49  | Referenzpunktindex
   368-   369  |                32  | Balkenweitenindex in FORT
               |                    |
---------------|--------------------|------------------------------------------
   370-   371  |                 6  | Instruktion: Horizontales Kurvenextremum
   372-   373  |                 2  | Laenge des Instruktionsblocks (in Bytes)
               |                    |
   374-   375  |                37  | Punktindex
               |                    |
---------------|--------------------|------------------------------------------
   376-   377  |                 7  | Instruktion: Vertikales Kurvenextremum
   378-   379  |                 6  | Laenge des Instruktionsblocks (in Bytes)
               |                    |
   380-   381  |                15  | Punktindex
               |                    |
   382-   383  |                34  | Punktindex
   384-   385  |                40  | Punktindex
---------------|--------------------|------------------------------------------
   386-   387  |                 8  | Instruktion: relativer Kurvenbalken (FOGL)
   388-   389  |                12  | Laenge des Instruktionsblocks (in Bytes)
               |                    |
   390-   391  |                 4  | Punktindex
   392-   393  |                 2  | Referenzlinie:          Grundlinie
               |                    |
   394-   397  |    12           2  | Punktindex, Referenzlinie:    Grundlinie
   398-   401  |    44           1  | Punktindex, Referenzlinie:    Minuskelhoehe
---------------|--------------------|------------------------------------------
   402-   403  |                 9  | Instruktion: rel. horizontaler Kurvenbalken
   404-   405  |                18  | Laenge des Instruktionsblocks (in Bytes)
               |                    |
   406-   407  |                26  | Punktindex
   408-   409  |                44  | Referenzpunktindex
   410-   411  |                33  | Balkenweitenindex in FORT
               |                    |
   412-   417  |    54      4    35  | Punktindex, Referenzpunktindex, FORT Index
   418-   423  |    66     12    35  | Punktindex, Referenzpunktindex, FORT Index
---------------|--------------------|------------------------------------------
   424-   425  |                10  | Instruktion: rel. vertikaler Kurvenbalken
   426-   427  |                12  | Laenge des Instruktionsblocks (in Bytes)
               |                    |
---------------|--------------------|------------------------------------------
```

```
U003003T.II                       21-JAN-92                          SEITE 22

---------------|-----------------------|------------------------------------------------
   BYTENR.     |        INHALT         |                  KOMMENTAR
---------------|-----------------------|------------------------------------------------
   428-   429  |                  30   | Punktindex
   430-   431  |                  40   | Referenzpunktindex
   432-   433  |                  34   | Balkenweitenindex in FORT
               |                       |
   434-   439  |     63     15    13   | Punktindex, Referenzpunktindex, FORT Index
---------------|-----------------------|------------------------------------------------
   440-   441  |                  13   | Instruktion: Horizontale Spitze
   442-   443  |                   4   | Laenge des Instruktionsblocks (in Bytes)
               |                       |
   444-   445  |                   1   | Punktindex
               |                       |
   446-   447  |                  21   | Punktindex
---------------|-----------------------|------------------------------------------------
   448-   449  |                  14   | Instruktion: Vertikale Spitze
   450-   451  |                   8   | Laenge des Instruktionsblocks (in Bytes)
               |                       |
   452-   453  |                   0   | Punktindex
   454-   455  |               65535   | Referenzlinie:                keine Referenz
               |                       |
   456-   459  |      8        65535   | Punktindex, Referenzlinie:    keine Referenz
---------------|-----------------------|------------------------------------------------
   460-   461  |                  20   | Instruktion: Fleck (links/darunter schwarz)
   462-   463  |                  18   | Laenge des Instruktionsblocks (in Bytes)
               |                       |
   464-   465  |                  49   | Punktindex
               |                       |
   466-   467  |                   0   | Punktindex
   468-   469  |                   1   | Punktindex
   470-   471  |                  30   | Punktindex
   472-   473  |                  34   | Punktindex
   474-   475  |                  44   | Punktindex
   476-   477  |                  54   | Punktindex
   478-   479  |                  63   | Punktindex
   480-   481  |                  66   | Punktindex
---------------|-----------------------|------------------------------------------------
   482-   483  |                  21   | Instruktion: Fleck (rechts/darueber schwarz)
   484-   485  |                  18   | Laenge des Instruktionsblocks (in Bytes)
               |                       |
   486-   487  |                  71   | Punktindex
               |                       |
   488-   489  |                   4   | Punktindex
   490-   491  |                   8   | Punktindex
   492-   493  |                  12   | Punktindex
   494-   495  |                  15   | Punktindex
   496-   497  |                  21   | Punktindex
   498-   499  |                  26   | Punktindex
   500-   501  |                  37   | Punktindex
   502-   503  |                  40   | Punktindex
---------------|-----------------------|------------------------------------------------
```

```
U003003T.II                      21-JAN-92                        SEITE 29

---------------------------------------------------------------------------


                            GRAND TOTAL
                            -----------
                                                     KBYTES
                                                     ------
        Laenge der Schrift:                         260.584
        Laenge des Schriftkopfes:                     0.132
        Laenge aller Buchstabenkoepfe:               18.512
        Laenge der gesamten Bildinformation:        138.680

        DIGITALISIERUNGEN                            ANZAHL
        -----------------                            ------
        Startpunkte:                                   1362
        Eckpunkte:                                      7091
        Kurvenpunkte:                                  23437
        Tangentenpunkte:                                2068
                                                     =======
        Summe:                                        33958
        -------------------------------------------------------------
        Buchstaben:                                     712
        Groesse (in KBytes)                         252.890
        -------------------------------------------------------------
        Raster:                              15000 x 15000
        -------------------------------------------------------------
        Digitalisierungen/Buchstabe:                     47
        Bildinformation/Buchstabe:                      194 Bytes

        INSTRUKTIONEN                                ANZAHL
        -------------                                ------
        Gerade Balken:                                 2978
        Kurvenbalken:                                  2202
        Kurvenextrema:                                 1986
        Serifen:                                        480
        Spitzen:                                       1300
        Andere Instruktionen:                          1407
                                                     =======
        Summe:                                        10353
        -------------------------------------------------------------
        Groesse (in KBytes)                          76.506
        -------------------------------------------------------------
        Instruktionen/Buchstabe:                         14
        Groesse/Buchstabe:                              107 Bytes


---------------------------------------------------------------------------
```

Beschreibung des DI-Formates

1. Struktur einer DI-Schrift

Als Struktur einer DI-Schrift wird der im Anhang G beschriebene Aufbau herangezogen.

2. Beschreibung des DI-Formates

Da die meisten graphischen Sichtgeräte und NC-Maschinen (Plotter) von einem Host-Rechner übertragene Geraden- und Kreisfahrbefehle mittels ihrer eingebauten Hard- oder Software entschlüsseln und ausführen können, bieten wir ein allgemeines, binäres **Display-Format** an.

Dieses ist (wie das IKARUS-Format) ein geschlossenes Konturformat, welches die Ränder beliebiger ebener Flächen als Folge von Strecken und Kreisbögen beschreibt.

Für Setzmaschinen mit Kreis- und Geraden-Interpolation sowie für Zeichenmaschinen, welche nur ein bestimmtes Gitter mit ihren Fahrbefehlen adressieren können, wird dieses Format auf Wunsch auch so geliefert, daß alle Endpunkte von Strecken und Kreisbögen auf Punkten dieses Gitters liegen.

Das Display-Format enthält zur Beschreibung eines Randes die Koordinaten der Endpunkte aller Strecken und Kreisbögen sowie Radien und Umlaufsinne der Kreisbögen in binärer Form. Spezielle Befehlskodes und Zahlendarstellungen für einen bestimmten Maschinentyp (z.B. ASCII) können daraus mit Hilfe eines einfachen Umwandlungsprogrammes (mit einem Postprocessor) bequem abgeleitet werden. Ebenso braucht ein solcher Postprocessor nur einfache Formeln der elementaren ebenen Geometrie zu enthalten, um aus den gelieferten Angaben eventuell andere bestimmende Kreisbogenparameter für eine bestimmte Maschine zu erzeugen (z.B. statt Endpunkt und Radius: Winkelintervalle, Startwinkel, Tangentenrichtungen). Jeder Buchstabe hat sein eigenes Koordinatensystem, dessen X-Nullpunkt auf dem X-Minimum des Buchstabens und dessen Y-Nullpunkt auf der Grundlinie liegt.

Geraden werden mit drei Worten als (K, X, Y) beschrieben, wobei die Kennung K = 100 für nicht sichtbare Geraden (anfahren mit gehobenem Stift bei Zeichenautomaten) und K = 200 für sichtbare Geraden genommen wird.

Kreise werden mit vier Worten beschrieben als (K, X, Y, R); K = 300. X und Y bedeuten die absolute X- und Y-Position des Teilkreisendpunktes im Buchstabenkoordinatensystem. R gibt den Radius des Kreises an, gegeben als Doppelwort (INTEGER × 4). Das Vorzeichen von R gibt den Drehsinn des Kreises an: Positives R bedeutet Drehsinn im Gegenuhrzeigersinn (mathematisch rechts).

Das DI-Format wird aus dem IK-Format berechnet. Zum Zwecke der leichten Rückwandlung wird die Kennung K eines Punktes, der auch IK-Punkt war, um die IK-Kennung erhöht.

Also lauten die DI-Kennungen tatsächlich:
K = 112 für Anfangspunkte;
K = 200, 213, 214, 215 für Geradenendpunkte;
K = 300, 313, 314, 315 für Teilkreisendpunkte.
Die Versalhöhe ist standardmäßig auf 100 mm gesetzt.

Jede Gerade und jeder Kreis wird als eine Digitalisierung gezählt.

3. Beispiel eines DI-Formates

Wir bilden zunächst die Kleinbuchstaben a, b, c der Schrift »URW-Antiqua 2015 (normal)« mit Marken ab, anschließend geben wir das zugehörige vollständige Schriftformat als Datenliste wieder.

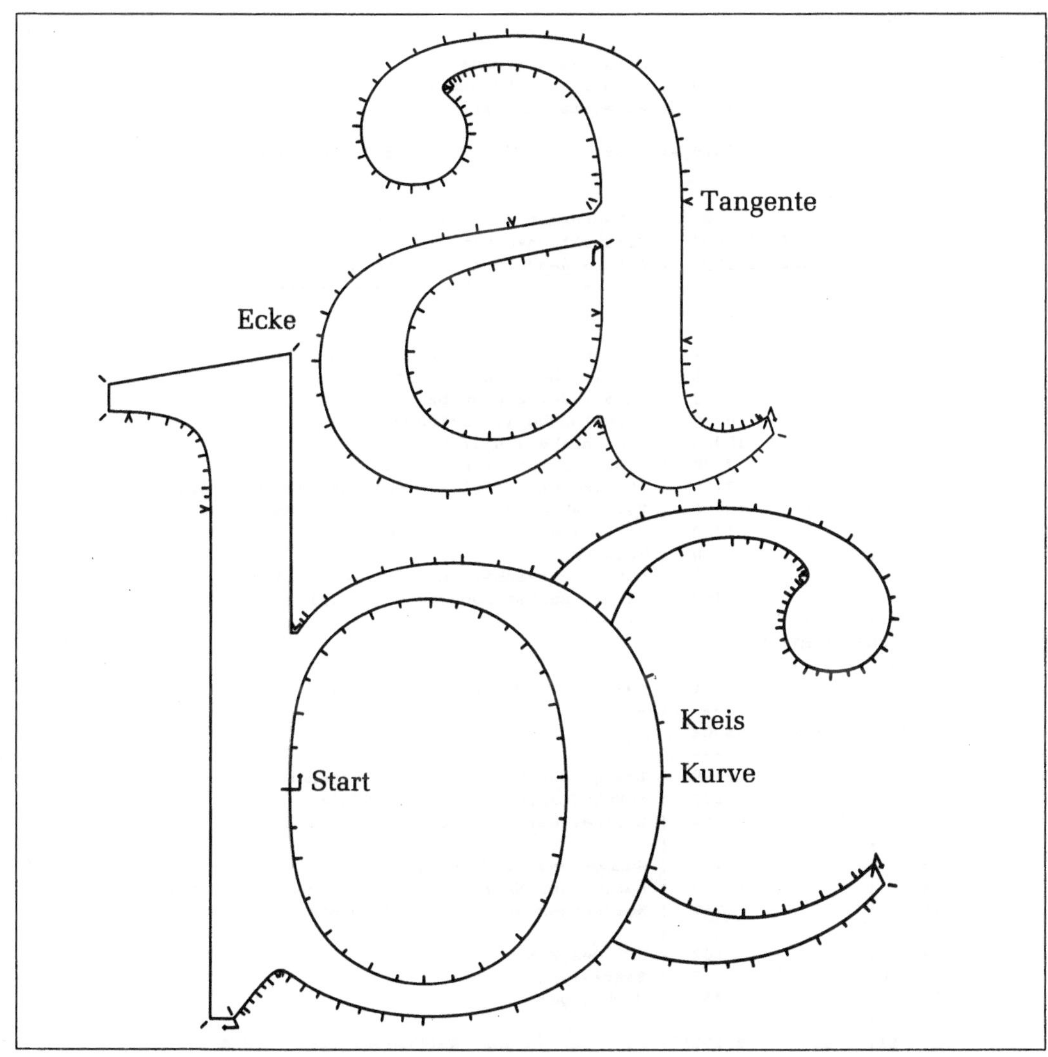

Abb. 189
Darstellung
des DI-Formates

```
U003003T.DI                20.JAN.1992  11:58              SEITE   1

---------|------------------|--------------------------------------------------
WORTNR.  |    INHALT        |                    BEDEUTUNG
---------|------------------|--------------------------------------------------
    1    |           2208   | Schriftkopflaenge
---------|------------------|--------------------------------------------------
         NAMENSTEIL
         ----------
    2    |             55   | Laenge des Namens
    3    |              0   | Nummer auf URW-Liste
  4 - 10 |   U003003T.DI    | Filename (ASCII)
         |                  |
 11 - 49 |URW Antiqua 2015 Regular                 | Schriftname (ASCII)
         |                  |
         |                  |
   50    |             DI   | Datenformat (ASCII)
 51 - 53 |      20  1 1992  | Herstellungsdatum: 20.Jan.1992
 54 - 56 |      20  1 1992  | Letzte Aenderung:  20.Jan.1992
---------|------------------|--------------------------------------------------
         SCHRIFTINFORMATION
         ------------------
   57    |             12   | Laenge der Schriftinformation
   58    |              1   | Kennzeichen fuer Schrift
   59    |            712   | Anzahl der Buchstaben
   60    |          10000   | Versalhoehe (in 1/100mm)
   61    |          15000   | Kegelhoehe (in 1/100mm)
   62    |           7000   | Minuskelhoehe (in 1/100mm)
   63    |           3250   | Abstand Grundlinie - Kegelunterkante(in 1/100mm)
   64    |          15000   | Zeilenabstand fuer Satz (in 1/100mm)
   65    |           1300   | Strichstaerke (in 1/100mm)
   66    |              0   | Kursivwinkel (in 1/10 Grad)
   67    |             12   | opt. Groessenbereich fuer Satz (in p)
   68    |           8462   | mittl. Buchstabenbreite (in 1/100mm)
---------|------------------|--------------------------------------------------
         HIERARCHIETEIL
         --------------
   69    |              1   | Kein Hierarchieteil in diesem Format
---------|------------------|--------------------------------------------------
         BUCHSTABENADRESSBUCH
         --------------------
   70    |           2139   | Laenge des Buchstabenadressbuches
   71    |            147   | SCHRIFTLAENGE IN PHYS. SAETZEN
   72    |            799   | Letztes Wort des letzten Satzes
         |                  |
   73    |            101   | Nummer des  1.Buchstaben
   74    |              2   | Zeiger auf Satz, der Buchstabenanfang enthaelt
   75    |            161   | Wortzeiger auf Buchstabenanfang
         |                  |
   76    |            102   | Nr. des 2.B.
   77    |              2   | Satzzeiger
   78    |            464   | Wortzeiger
         |                  |
  79- 81 |    103     2 1011 | Nr., Satzzeiger, Wortzeiger fuer      3.B.
  82- 84 |    104     2 1399 | Nr., Satzzeiger, Wortzeiger fuer      4.B.
  85- 87 |    105     2 1748 | Nr., Satzzeiger, Wortzeiger fuer      5.B.
  88- 90 |    106     3   59 | Nr., Satzzeiger, Wortzeiger fuer      6.B.
  91- 93 |    107     3  402 | Nr., Satzzeiger, Wortzeiger fuer      7.B.
  94- 96 |    108     3  952 | Nr., Satzzeiger, Wortzeiger fuer      8.B.
  97- 99 |    109     3 1386 | Nr., Satzzeiger, Wortzeiger fuer      9.B.
 100-102 |    110     3 1612 | Nr., Satzzeiger, Wortzeiger fuer     10.B.
---------|------------------|--------------------------------------------------
```

```
U003003T.DI                 20.JAN.1992  11:58            SEITE  15

--------|-----------------|-----------------------------------------------
WORTNR. |     INHALT      |                 BEDEUTUNG
--------|-----------------|-----------------------------------------------
   1    |              0  | Saetze      Laenge des Buchstabens
   2    |            714  | Worte
--------|-----------------|-----------------------------------------------
    NAMENSTEIL
    ----------
   3    |              3  | Laenge des Namensteils
   4    |            301  | Zeichennummer
   5    |              0  | Folgeteilnummer
--------|-----------------|-----------------------------------------------
    SATZINFORMATION
    ---------------
   6    |             12  | Laenge der Satzinformation
   7    |              1  | Buchstabenart = Buchstabe
   8    |            139  | Anzahl der Di-Punkte
   9    |           8240  | Dickte (T=L+W+R)
  10    |            799  | Vorbreite (L)
  11    |           7291  | Breite (W)
  12    |            150  | Nachbreite (R)
  13    |              0  | X-Minimum
  14    |           7291  | X-Maximum
  15    |           -150  | Y-Minimum
  16    |           7153  | Y-Maximum
  17    |              1  | Masseinheit ist 1/100mm
--------|-----------------|-----------------------------------------------
    KONTURADRESSBUCH
    ----------------
  18    |              0  | Saetze      Laenge des Konturadressbuches
  19    |             14  | Worte
        |                 |
  20    |              0  | Satzzeiger der   1. Kontur :      0
  21    |              3  | Wortzeiger                  :     34
  22    |             -1  | Drehsinn der Kontur = Uhrzeigersinn
  23    |              0  | Schachtelung: aussen 1. Ordnung
  24    |              0  | Farbe im Innern : durchsichtig
  25    |            111  | Anzahl der Digitalisierungen
        |                 |
  26    |              0  | Satzzeiger der   2. Kontur :      0
  27    |            548  | Wortzeiger                  :    579
  28    |             -1  | Drehsinn der Kontur = Uhrzeigersinn
  29    |              1  | Schachtelung: innen 1. Ordnung
  30    |              0  | Farbe im Innern : durchsichtig
  31    |             28  | Anzahl der Digitalisierungen
        |                 |
--------|-----------------|-----------------------------------------------
    BILDINFORMATION
    ---------------
  32    |              0  | Saetze      Laenge der Daten
  33    |            683  | Worte
        |                 |
  34-  36| 112   7119  1033              | (K,X,Y);       1. DIG;  Art: STRP
  37-  39| 213   7291   790              | (K,X,Y);       2. DIG;  Art: Gerade
  40-  44| 300   7084   593     -11209   | (K,X,Y,R);     3. DIG;  Art: Kreis
  45-  49| 314   6921   447      -6611   | (K,X,Y,R);     4. DIG;  Art: Kreis
  50-  54| 300   6648   241      -2509   | (K,X,Y,R);     5. DIG;  Art: Kreis
  55-  59| 314   6346    72      -2563   | (K,X,Y,R);     6. DIG;  Art: Kreis
  60-  64| 300   5981   -58      -1951   | (K,X,Y,R);     7. DIG;  Art: Kreis
--------|-----------------------------|-----------------------------------------------
```

```
U003003T.DI                    20.JAN.1992  11:58              SEITE  16

---------|-------------------------------|-------------------------------------
WORTNR.  |              INHALT           |              BEDEUTUNG
---------|-------------------------------|-------------------------------------
   65-  69| 314   5647   -102    -1476 | (K,X,Y,R);    8. DIG;   Art: Kreis
   70-  74| 300   5436    -80     -900 | (K,X,Y,R);    9. DIG;   Art: Kreis
   75-  79| 314   5210     -4    -1145 | (K,X,Y,R);   10. DIG;   Art: Kreis
   80-  84| 300   4966    148    -1125 | (K,X,Y,R);   11. DIG;   Art: Kreis
   85-  89| 314   4787    342     -952 | (K,X,Y,R);   12. DIG;   Art: Kreis
   90-  94| 300   4663    556    -1484 | (K,X,Y,R);   13. DIG;   Art: Kreis
   95-  99| 314   4571    801    -1659 | (K,X,Y,R);   14. DIG;   Art: Kreis
  100- 104| 300   4532    945    -5233 | (K,X,Y,R);   15. DIG;   Art: Kreis
  105- 109| 313   4485   1133    -8805 | (K,X,Y,R);   16. DIG;   Art: Kreis
  110- 114| 300   4240    867   -12207 | (K,X,Y,R);   17. DIG;   Art: Kreis
  115- 119| 314   4066    691    -5724 | (K,X,Y,R);   18. DIG;   Art: Kreis
  120- 124| 300   3804    468    -2752 | (K,X,Y,R);   19. DIG;   Art: Kreis
  125- 129| 314   3485    255    -3423 | (K,X,Y,R);   20. DIG;   Art: Kreis
  130- 134| 300   3106     66    -3102 | (K,X,Y,R);   21. DIG;   Art: Kreis
  135- 139| 314   2722    -63    -2830 | (K,X,Y,R);   22. DIG;   Art: Kreis
  140- 144| 300   2381   -128    -2758 | (K,X,Y,R);   23. DIG;   Art: Kreis
  145- 149| 314   2034   -150    -2772 | (K,X,Y,R);   24. DIG;   Art: Kreis
  150- 154| 300   1475    -87    -2510 | (K,X,Y,R);   25. DIG;   Art: Kreis
  155- 159| 314    991     88    -2103 | (K,X,Y,R);   26. DIG;   Art: Kreis
  160- 164| 300    516    440    -1765 | (K,X,Y,R);   27. DIG;   Art: Kreis
  165- 169| 314    196    917    -1666 | (K,X,Y,R);   28. DIG;   Art: Kreis
  170- 174| 300     51   1369    -2206 | (K,X,Y,R);   29. DIG;   Art: Kreis
  175- 179| 314      0   1873    -2504 | (K,X,Y,R);   30. DIG;   Art: Kreis
  180- 184| 300     37   2298    -2490 | (K,X,Y,R);   31. DIG;   Art: Kreis
  185- 189| 314    138   2669    -2030 | (K,X,Y,R);   32. DIG;   Art: Kreis
  190- 194| 300    314   3008    -1642 | (K,X,Y,R);   33. DIG;   Art: Kreis
  195- 199| 314    542   3266    -1329 | (K,X,Y,R);   34. DIG;   Art: Kreis
  200- 204| 300   1005   3584    -2451 | (K,X,Y,R);   35. DIG;   Art: Kreis
  205- 209| 314   1530   3789    -2477 | (K,X,Y,R);   36. DIG;   Art: Kreis
  210- 214| 300   1957   3890    -8266 | (K,X,Y,R);   37. DIG;   Art: Kreis
  215- 219| 314   2523   3996   -14220 | (K,X,Y,R);   38. DIG;   Art: Kreis
  220- 224| 300   2884   4057    73968 | (K,X,Y,R);   39. DIG;   Art: Kreis
  225- 229| 315   3094   4094    25144 | (K,X,Y,R);   40. DIG;   Art: Kreis
  230- 232| 213   4491   4346          | (K,X,Y);     41. DIG;   Art: Gerade
  233- 237| 300   4484   4688    42604 | (K,X,Y,R);   42. DIG;   Art: Kreis
  238- 242| 314   4476   4950    25034 | (K,X,Y,R);   43. DIG;   Art: Kreis
  243- 247| 300   4454   5275     4981 | (K,X,Y,R);   44. DIG;   Art: Kreis
  248- 252| 314   4414   5563     3944 | (K,X,Y,R);   45. DIG;   Art: Kreis
  253- 257| 300   4272   6015     1825 | (K,X,Y,R);   46. DIG;   Art: Kreis
  258- 262| 314   4069   6306     1025 | (K,X,Y,R);   47. DIG;   Art: Kreis
  263- 267| 300   3823   6488     1016 | (K,X,Y,R);   48. DIG;   Art: Kreis
  268- 272| 314   3467   6624     1581 | (K,X,Y,R);   49. DIG;   Art: Kreis
  273- 277| 300   3168   6679     2476 | (K,X,Y,R);   50. DIG;   Art: Kreis
  278- 282| 314   2859   6698     2555 | (K,X,Y,R);   51. DIG;   Art: Kreis
  283- 287| 300   2491   6671     2512 | (K,X,Y,R);   52. DIG;   Art: Kreis
  288- 292| 314   2176   6597     1942 | (K,X,Y,R);   53. DIG;   Art: Kreis
  293- 297| 300   2063   6552      916 | (K,X,Y,R);   54. DIG;   Art: Kreis
  298- 302| 314   1940   6484     1228 | (K,X,Y,R);   55. DIG;   Art: Kreis
  303- 307| 300   1867   6432      855 | (K,X,Y,R);   56. DIG;   Art: Kreis
  308- 312| 314   1800   6374      838 | (K,X,Y,R);   57. DIG;   Art: Kreis
  313- 317| 300   1736   6292      393 | (K,X,Y,R);   58. DIG;   Art: Kreis
  318- 322| 314   1721   6240      105 | (K,X,Y,R);   59. DIG;   Art: Kreis
  323- 327| 300   1732   6191      105 | (K,X,Y,R);   60. DIG;   Art: Kreis
  328- 332| 314   1775   6133      220 | (K,X,Y,R);   61. DIG;   Art: Kreis
  333- 335| 214   1905   6006          | (K,X,Y);     62. DIG;   Art: Gerade
  336- 340| 300   1988   5905     -596 | (K,X,Y,R);   63. DIG;   Art: Kreis
---------|-------------------------------|-------------------------------------
```

```
U003003T.DI                    20.JAN.1992  11:58              SEITE  17

---------|-------------------------------|-----------------------------------
 WORTNR. |            INHALT             |            BEDEUTUNG
---------|-------------------------------|-----------------------------------
 341- 345| 314    2052    5780     -680  | (K,X,Y,R);    64. DIG;  Art: Kreis
 346- 350| 300    2090    5646     -743  | (K,X,Y,R);    65. DIG;  Art: Kreis
 351- 355| 314    2103    5504     -781  | (K,X,Y,R);    66. DIG;  Art: Kreis
 356- 360| 300    2078    5301     -844  | (K,X,Y,R);    67. DIG;  Art: Kreis
 361- 365| 314    2006    5112     -834  | (K,X,Y,R);    68. DIG;  Art: Kreis
 366- 370| 300    1861    4913     -863  | (K,X,Y,R);    69. DIG;  Art: Kreis
 371- 375| 314    1681    4779     -712  | (K,X,Y,R);    70. DIG;  Art: Kreis
 376- 380| 300    1479    4704     -843  | (K,X,Y,R);    71. DIG;  Art: Kreis
 381- 385| 314    1236    4677    -1086  | (K,X,Y,R);    72. DIG;  Art: Kreis
 386- 390| 300    1031    4697    -1070  | (K,X,Y,R);    73. DIG;  Art: Kreis
 391- 395| 314     873    4748     -694  | (K,X,Y,R);    74. DIG;  Art: Kreis
 396- 400| 300     650    4907     -738  | (K,X,Y,R);    75. DIG;  Art: Kreis
 401- 405| 314     485    5153     -857  | (K,X,Y,R);    76. DIG;  Art: Kreis
 406- 410| 300     423    5347     -957  | (K,X,Y,R);    77. DIG;  Art: Kreis
 411- 415| 314     402    5554    -1003  | (K,X,Y,R);    78. DIG;  Art: Kreis
 416- 420| 300     427    5789    -1159  | (K,X,Y,R);    79. DIG;  Art: Kreis
 421- 425| 314     498    6009    -1113  | (K,X,Y,R);    80. DIG;  Art: Kreis
 426- 430| 300     703    6350    -1601  | (K,X,Y,R);    81. DIG;  Art: Kreis
 431- 435| 314     962    6600    -1307  | (K,X,Y,R);    82. DIG;  Art: Kreis
 436- 440| 300    1394    6849    -2367  | (K,X,Y,R);    83. DIG;  Art: Kreis
 441- 445| 314    1901    7017    -2712  | (K,X,Y,R);    84. DIG;  Art: Kreis
 446- 450| 300    2508    7117    -5432  | (K,X,Y,R);    85. DIG;  Art: Kreis
 451- 455| 314    3162    7153    -6167  | (K,X,Y,R);    86. DIG;  Art: Kreis
 456- 460| 300    3679    7129    -5556  | (K,X,Y,R);    87. DIG;  Art: Kreis
 461- 465| 314    4148    7062    -4662  | (K,X,Y,R);    88. DIG;  Art: Kreis
 466- 470| 300    4643    6910    -2493  | (K,X,Y,R);    89. DIG;  Art: Kreis
 471- 475| 314    5037    6684    -1910  | (K,X,Y,R);    90. DIG;  Art: Kreis
 476- 480| 300    5413    6312    -1883  | (K,X,Y,R);    91. DIG;  Art: Kreis
 481- 485| 314    5646    5881    -1615  | (K,X,Y,R);    92. DIG;  Art: Kreis
 486- 490| 300    5758    5465    -2631  | (K,X,Y,R);    93. DIG;  Art: Kreis
 491- 495| 314    5807    4999    -3124  | (K,X,Y,R);    94. DIG;  Art: Kreis
 496- 500| 300    5811    4801   -11254  | (K,X,Y,R);    95. DIG;  Art: Kreis
 501- 505| 315    5813    4526   -21674  | (K,X,Y,R);    96. DIG;  Art: Kreis
 506- 508| 215    5813    2071           | (K,X,Y);      97. DIG;  Art: Gerade
 509- 513| 300    5815    1861    14368  | (K,X,Y,R);    98. DIG;  Art: Kreis
 514- 518| 314    5819    1661    12974  | (K,X,Y,R);    99. DIG;  Art: Kreis
 519- 523| 300    5836    1406     3341  | (K,X,Y,R);   100. DIG;  Art: Kreis
 524- 528| 314    5869    1193     2390  | (K,X,Y,R);   101. DIG;  Art: Kreis
 529- 533| 300    5950     964      855  | (K,X,Y,R);   102. DIG;  Art: Kreis
 534- 538| 314    6071     807      567  | (K,X,Y,R);   103. DIG;  Art: Kreis
 539- 543| 300    6218     718      443  | (K,X,Y,R);   104. DIG;  Art: Kreis
 544- 548| 314    6393     690      476  | (K,X,Y,R);   105. DIG;  Art: Kreis
 549- 553| 300    6577     717      774  | (K,X,Y,R);   106. DIG;  Art: Kreis
 554- 558| 314    6747     787      759  | (K,X,Y,R);   107. DIG;  Art: Kreis
 559- 563| 300    6849     848     2174  | (K,X,Y,R);   108. DIG;  Art: Kreis
 564- 568| 314    6971     929     3348  | (K,X,Y,R);   109. DIG;  Art: Kreis
 569- 573| 300    7019     963    16067  | (K,X,Y,R);   110. DIG;  Art: Kreis
 574- 578| 313    7119    1033    66650  | (K,X,Y,R);   111. DIG;  Art: Kreis
 579- 581| 112    4513    3884           | (K,X,Y);     112. DIG;  Art: STRP
 582- 584| 215    4513    2715           | (K,X,Y);     113. DIG;  Art: Gerade
 585- 589| 300    4507    2503    -3665  | (K,X,Y,R);   114. DIG;  Art: Kreis
 590- 594| 314    4488    2283    -3991  | (K,X,Y,R);   115. DIG;  Art: Kreis
 595- 599| 300    4428    1930    -3242  | (K,X,Y,R);   116. DIG;  Art: Kreis
 600- 604| 314    4351    1681    -1713  | (K,X,Y,R);   117. DIG;  Art: Kreis
 605- 609| 300    4238    1465    -1159  | (K,X,Y,R);   118. DIG;  Art: Kreis
 610- 614| 314    4056    1237    -1667  | (K,X,Y,R);   119. DIG;  Art: Kreis
---------|-------------------------------|-----------------------------------
```

```
U003003T.DI                    20.JAN.1992  11:58              SEITE  18

---------|------------------------------|---------------------------------------
WORTNR. |             INHALT            |                BEDEUTUNG
---------|------------------------------|---------------------------------------
 615- 619| 300    3781    1002    -1809 | (K,X,Y,R);  120. DIG;   Art: Kreis
 620- 624| 314    3462     823    -1852 | (K,X,Y,R);  121. DIG;   Art: Kreis
 625- 629| 300    3105     709    -1838 | (K,X,Y,R);  122. DIG;   Art: Kreis
 630- 634| 314    2736     671    -1794 | (K,X,Y,R);  123. DIG;   Art: Kreis
 635- 639| 300    2328     725    -1571 | (K,X,Y,R);  124. DIG;   Art: Kreis
 640- 644| 314    1990     872    -1263 | (K,X,Y,R);  125. DIG;   Art: Kreis
 645- 649| 300    1709    1110    -1278 | (K,X,Y,R);  126. DIG;   Art: Kreis
 650- 654| 314    1521    1401    -1132 | (K,X,Y,R);  127. DIG;   Art: Kreis
 655- 659| 300    1423    1707    -1511 | (K,X,Y,R);  128. DIG;   Art: Kreis
 660- 664| 314    1389    2036    -1604 | (K,X,Y,R);  129. DIG;   Art: Kreis
 665- 669| 300    1436    2460    -1968 | (K,X,Y,R);  130. DIG;   Art: Kreis
 670- 674| 314    1555    2782    -1274 | (K,X,Y,R);  131. DIG;   Art: Kreis
 675- 679| 300    1777    3077    -1185 | (K,X,Y,R);  132. DIG;   Art: Kreis
 680- 684| 314    2076    3286    -1160 | (K,X,Y,R);  133. DIG;   Art: Kreis
 685- 689| 300    2368    3408    -2782 | (K,X,Y,R);  134. DIG;   Art: Kreis
 690- 694| 314    2751    3524    -4463 | (K,X,Y,R);  135. DIG;   Art: Kreis
 695- 699| 300    3021    3591   -23798 | (K,X,Y,R);  136. DIG;   Art: Kreis
 700- 704| 314    3226    3639   -13688 | (K,X,Y,R);  137. DIG;   Art: Kreis
 705- 709| 300    3653    3728   -12820 | (K,X,Y,R);  138. DIG;   Art: Kreis
 710- 714| 313    4513    3884   -51513 | (K,X,Y,R);  139. DIG;   Art: Kreis
         |                              |
---------|------------------------------|---------------------------------------
```

```
U003003T.DI                 20.JAN.1992  11:59             SEITE  22

---------|------------------|------------------------------------------------
 WORTNR. |      INHALT      |                 BEDEUTUNG
---------|------------------|------------------------------------------------
    1    |              0   | Saetze      Laenge des Buchstabens
    2    |            466   | Worte
---------|------------------|------------------------------------------------
         NAMENSTEIL
         ----------
    3    |              3   | Laenge des Namensteils
    4    |            303   | Zeichennummer
    5    |              0   | Folgeteilnummer
---------|------------------|------------------------------------------------
         SATZINFORMATION
         ---------------
    6    |             12   | Laenge der Satzinformation
    7    |              1   | Buchstabenart = Buchstabe
    8    |             89   | Anzahl der Di-Punkte
    9    |           7419   | Dickte (T=L+W+R)
   10    |            680   | Vorbreite (L)
   11    |           6443   | Breite (W)
   12    |            296   | Nachbreite (R)
   13    |              0   | X-Minimum
   14    |           6443   | X-Maximum
   15    |           -151   | Y-Minimum
   16    |           7150   | Y-Maximum
   17    |              1   | Masseinheit ist 1/100mm
---------|------------------|------------------------------------------------
         KONTURADRESSBUCH
         ----------------
   18    |              0   | Saetze       Laenge des Konturadressbuches
   19    |              8   | Worte
         |                  |
   20    |              0   | Satzzeiger der   1. Kontur :      0
   21    |              3   | Wortzeiger                  :     28
   22    |             -1   | Drehsinn der Kontur = Uhrzeigersinn
   23    |              0   | Schachtelung: aussen 1. Ordnung
   24    |              0   | Farbe im Innern : durchsichtig
   25    |             89   | Anzahl der Digitalisierungen
         |                  |
---------|------------------|------------------------------------------------
         BILDINFORMATION
         ---------------
   26    |                0 | Saetze      Laenge der Daten
   27    |              441 | Worte
         |                  |
   28- 30| 112  6077  1537            | (K,X,Y);          1. DIG;  Art: STRP
   31- 33| 213  6412  1207            | (K,X,Y);          2. DIG;  Art: Gerade
   34- 38| 300  6224  1015   -16870   | (K,X,Y,R);        3. DIG;  Art: Kreis
   39- 43| 314  6077   870    -9980   | (K,X,Y,R);        4. DIG;  Art: Kreis
   44- 48| 300  5744   583    -3921   | (K,X,Y,R);        5. DIG;  Art: Kreis
   49- 53| 314  5393   344    -3664   | (K,X,Y,R);        6. DIG;  Art: Kreis
   54- 58| 300  4965   128    -3351   | (K,X,Y,R);        7. DIG;  Art: Kreis
   59- 63| 314  4504   -28    -3447   | (K,X,Y,R);        8. DIG;  Art: Kreis
   64- 68| 300  4028  -118    -3586   | (K,X,Y,R);        9. DIG;  Art: Kreis
   69- 73| 314  3483  -151    -4558   | (K,X,Y,R);       10. DIG;  Art: Kreis
   74- 78| 300  2774   -93    -4345   | (K,X,Y,R);       11. DIG;  Art: Kreis
   79- 83| 314  2116    75    -3966   | (K,X,Y,R);       12. DIG;  Art: Kreis
   84- 88| 300  1574   330    -2866   | (K,X,Y,R);       13. DIG;  Art: Kreis
   89- 93| 314  1080   703    -3049   | (K,X,Y,R);       14. DIG;  Art: Kreis
---------|------------------------------------|------------------------------
```

```
U003003T.DI                20.JAN.1992  11:59              SEITE  24

---------|-------------------------------|-------------------------------------
WORTNR. |            INHALT              |              BEDEUTUNG
---------|-------------------------------|-------------------------------------
 372- 376| 314   1679   4990        3306 | (K,X,Y,R);     71. DIG;   Art: Kreis
 377- 381| 300   1545   4279        5801 | (K,X,Y,R);     72. DIG;   Art: Kreis
 382- 386| 314   1499   3543        6031 | (K,X,Y,R);     73. DIG;   Art: Kreis
 387- 391| 300   1544   2851        5187 | (K,X,Y,R);     74. DIG;   Art: Kreis
 392- 396| 314   1676   2214        4564 | (K,X,Y,R);     75. DIG;   Art: Kreis
 397- 401| 300   1934   1597        2771 | (K,X,Y,R);     76. DIG;   Art: Kreis
 402- 406| 314   2287   1139        2078 | (K,X,Y,R);     77. DIG;   Art: Kreis
 407- 411| 300   2620    876        2009 | (K,X,Y,R);     78. DIG;   Art: Kreis
 412- 416| 314   2983    700        1810 | (K,X,Y,R);     79. DIG;   Art: Kreis
 417- 421| 300   3435    584        2648 | (K,X,Y,R);     80. DIG;   Art: Kreis
 422- 426| 314   3936    543        3085 | (K,X,Y,R);     81. DIG;   Art: Kreis
 427- 431| 300   4368    571        3286 | (K,X,Y,R);     82. DIG;   Art: Kreis
 432- 436| 314   4721    647        2295 | (K,X,Y,R);     83. DIG;   Art: Kreis
 437- 441| 300   4993    747        2278 | (K,X,Y,R);     84. DIG;   Art: Kreis
 442- 446| 314   5286    897        2945 | (K,X,Y,R);     85. DIG;   Art: Kreis
 447- 451| 300   5548   1068        3182 | (K,X,Y,R);     86. DIG;   Art: Kreis
 452- 456| 314   5794   1265        3215 | (K,X,Y,R);     87. DIG;   Art: Kreis
 457- 461| 300   5890   1354        3214 | (K,X,Y,R);     88. DIG;   Art: Kreis
 462- 466| 313   6077   1537       12884 | (K,X,Y,R);     89. DIG;   Art: Kreis
         |                               |
---------|-------------------------------|-------------------------------------


                        GRAND TOTAL
                        -----------

                                          WORTE          KBYTES
                                          -----          ------
Laenge der Schrift:                       299807         599.614
Laenge des Schriftkopfes:                   2208           4.416
Laenge aller Buchstabenkoepfe:             21700          43.400
Laenge der gesamten Bildinformation:      275899         551.798


          DIGITALISIERUNGEN                     ANZAHL
          -----------------                     ------
          Startpunkte:                            1362
          Geraden:                                7783
          Kreise:                                49408
                                                 ======
          Summe:                                 58553
          ---------------------------------------------
          Buchstaben:                              712
          Datensaetze (a 2048 Worte):              147
          ---------------------------------------------
          Raster:                         15000 X 15000
          ---------------------------------------------
          Digitalisierungen/Buchstabe:              82
          Bildinformation/Buchstabe:          775 Bytes


---------------------------------------------------------------------------
```

Beschreibung des VC-Formates

1. Struktur einer VC-Schrift

Als Struktur eines **Vector-Circle-Formates** wird der im Anhang
G beschriebene Aufbau übernommen, jedoch der Teil »Schriftinformation« im Schriftkopf wie folgt erweitert:

Erweiterte Schriftinformation im Schriftkopf

Wort	Bedeutung	Kommentar
	Schriftinformation	
I+2	Länge der Schrift- information in Worten	(J)
I+3	Kennzeichen für eine Schrift	= 1
I+4	Anzahl der Buchstaben	
I+5	Versalhöhe	
I+6	Kegelhöhe	
I+7	Minuskelhöhe	
I+8	Lage der Grundlinie, gegeben als Abstand von der Kegelunterkante	gemessen in Bildpunkten
I+9	Zeilenabstand für Satz	
I+10	Strichstärke	
I+11	Optimaler Größenbereich	in p
I+12	Kursivwinkel	in 1/10 Grad
I+13	Mittlere Buchstabenbreite, bezogen auf Versalhöhe	in Bildpunkten
	Neu gegenüber Anhang G	
I+14	X-Ausdehnung eines Bildpunktes	in 1/1000 mm

*Das VC-Format
ist ein komprimiertes
DI-Format.*

Wort	Bedeutung	Kommentar
I+15	Y-Ausdehnung eines Bildpunktes	in 1/1000 mm
I+16	Geviertauflösung in X-Richtung	in Bildpunkten
I+17	Geviertauflösung in Y-Richtung	in Bildpunkten
I+18	Abtastkennung der Bilddaten	siehe unten
I+19	Breite der Druckzelle	
I+20	Höhe der Druckzelle	in Bildpunkten

Die X- und Y-Ausdehnungen lassen sich berechnen aus der Kegelhöhe, geteilt durch die X- bzw. Y-Auflösung des Geviertes. Die Abtastkennung gibt an, an welcher Ecke des Abtastfensters die Aufzeichnung der Daten beginnt, in welcher Richtung eine Abtastzeile verläuft und wo die nächsten Abtastzeilen liegen. Diese Kennung ist wichtig für SC-, BI- und GS-Format und wird dort verwendet.

Dezimaler Wert	Abtastrichtung	Zeilenvorschubrichtung
11	→	
12	→	
21	↑	
22	↑	

Diese Abtastkennungen sind denkbar.

Dezimaler Wert	Abtastrichtung	Zeilenvorschubrichtung
-11	←	← 2 / ← 1 (↑)
-12	←	← 1 / ← 2 (↓)
-21	↓	1 2 ↓↓ ⋯▶
-22	↓	2 1 ◀⋯ ↓↓

Gebräuchlich sind 21 (CRT-Maschinen), 12 (Laserdrucker) und – 21 (Matrixdrucker).

Die Druckzelle ist das Belichtungsfenster, das einer Setzmaschine zur Belichtung eines Buchstabens zur Verfügung steht. Zum Teil haben Laserdrucker kleinere Belichtungsfenster, als für das Geviert in einer Punktgröße nötig wäre. Nur dann werden die Breite und Höhe der Druckzelle ins Datenformat geschrieben. Normalerweise sind die Angaben nicht notwendig.

2. Beschreibung des VC-Formates

Das **Vector-Circle-Format** ist geschaffen worden, um das DI-Format zu komprimieren. Besonders störend am DI-Format sind die Doppelworte für die Radien. Außerdem möchte man für Setzmaschinen ein Konturformat gleich so haben, wie es der maximalen Auflösung der Maschine entspricht. Die ist aber nicht ein 15.000 × 15.000 - Raster für das Geviert, sondern vielleicht nur ein 1000 × 1000 - Raster oder ein noch kleineres.

Es ist angebracht, drei Änderungen gegenüber dem DI-Format einzuführen: die inkrementale Kodierung, die Verwendung von Sehnenhöhen für die Teilkreise anstelle der Radien und die Benutzung von sogenannten Umschaltfunktionen.

Die Erweiterung der Schriftinformation im Schriftkopf soll für
VC-, VE-, SC-, BI- und GS-Format gelten. Die beiden Parameter
für die Druckzelle müssen bei VC- und VE-Format nicht unbedingt besetzt sein, man braucht die Parameter für manche
Laserdrucker. Jeder Buchstabe hat sein eigenes Koordinatensystem, dessen X-Nullpunkt auf dem X-Minimum des Buchstabens und dessen Y-Nullpunkt auf der Grundlinie liegt.

*Abb. 190 + 191
Koordinatensystem
für Rasterungen*

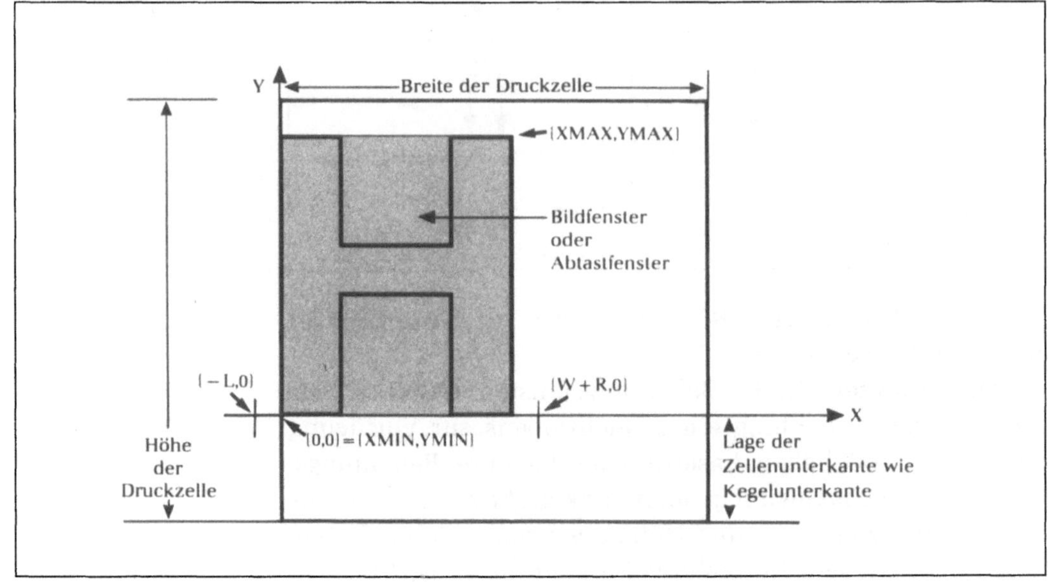

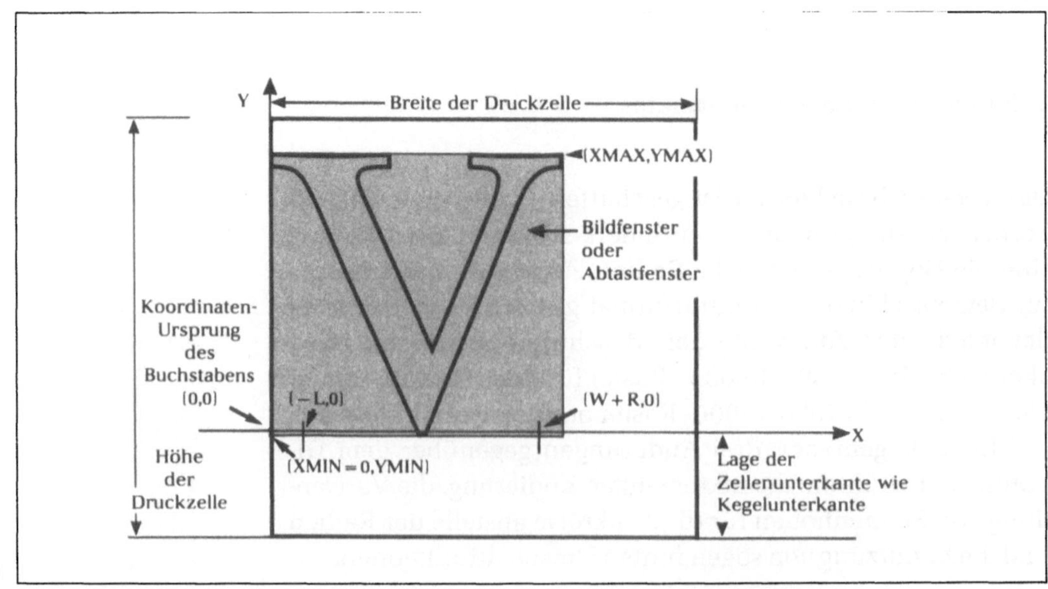

Die Kodierung der Geraden und Kreise beruht auf Bytes.

Die Startpunkte der Konturen werden »mit gehobenem Stift« inkremental angefahren, einem sogenannten Weißvektor.

Der erste Weißvektor eines Buchstabens beginnt im Ursprung (0,0) des zugehörigen Koordinatensystems. Die weiteren Weißvektoren führen zu den folgenden Konturen in der Reihenfolge, wie sie das Konturadreßbuch angibt.

Sichtbare Geraden werden entweder als langer (long) oder als kurzer (short) Vektor inkremental beschrieben, Kreise mit einem Kreisvektor (circle) inkremental. Es gibt also:

	Umschalt-funktion	ΔX	ΔY	ΔS	Länge
W-Vektor		(16 Bit)	(16 Bit)		= 4 Bytes
L-Vektor	127, (7F)	(16 Bit)	(16 Bit)		= 4(5) Bytes
S-Vektor	126, (7E)	(8 Bit)	(8 Bit)		= 2(3) Bytes
C-Vektor	125, (7D)	(8 Bit)	(8 Bit)	(8 Bit)	= 3(4) Bytes

Die Bytes mit den Werten 127, 126 und 125 (in Klammern hexadezimal) sind Umschaltfunktionen. Die damit angeschaltete Vektorart gilt so lange, bis sie umgeschaltet wird.

Ist ein Inkrement nicht mit 16 Bit zu beschreiben, wird es in mit 16 Bit beschreibbare Stücke zerlegt.

Die Worte (16 Bit) und Bytes (8 Bit) sind mit Vorzeichen versehen. Die Worte sind INTEGER $\times$ 2, für die Bytes gilt:

Die Werte 0,...,120 werden positiv;
die Werte 255,...,136 werden negativ ($-$ 1,...,$-$ 120) gezählt.

Die Beträge von ΔX (8 Bit), ΔY (8 Bit), ΔS (8 Bit) sind also kleiner gleich 120 zu halten. Die Maßeinheit für ΔS ist ein Viertelpixel.

Kreise werden in Form von oben genannten C-Vektoren kodiert. ΔS bedeutet dabei die Sehnenhöhe des zugehörigen Teilkreises. Ist ΔS positiv, dreht sich der Kreis im Gegenuhrzeigersinn (mathematisch rechts), ist ΔS negativ, dann dreht er sich im Uhrzeigersinn. Untenstehende Skizze soll die Kreisparameter veranschaulichen:

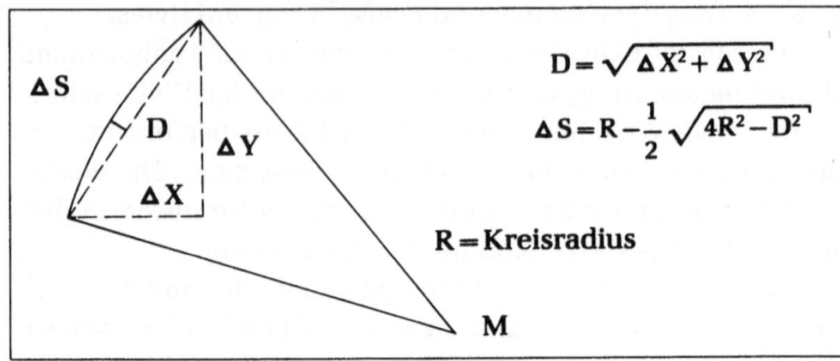

Abb. 192
Definition eines
Kreisstückes
durch Sehnenhöhe

Um von ΔS auf R zu kommen, sollte man eine sogenannte Look-up Table (LUT) benutzen. Dadurch lassen sich schneller die R als Funktion von ΔS und D finden.

Wenn ein Kreis (im DI-Format) mit $\Delta X > 120$ oder $\Delta Y > 120$ vorliegt, werden längs des Teilkreises Hilfspunkte gesetzt, so daß $\Delta X \leq 120$ bzw. $\Delta Y \leq 120$ bleiben.

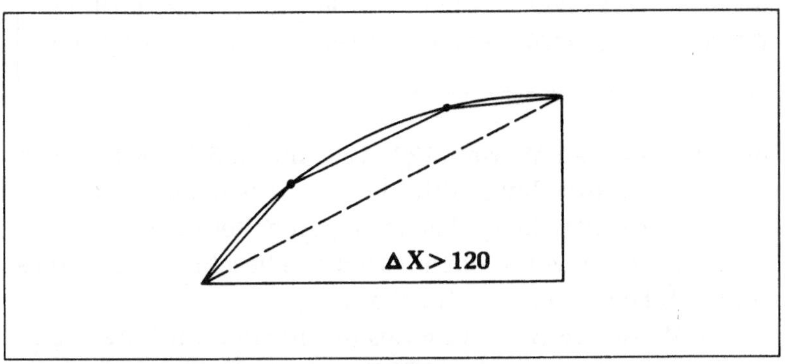

Abb. 193
Vektor-
approximation
für Kreise

Dies kommt so selten vor, daß darauf verzichtet wurde, einen C-Vektor für große Kreise einzuführen.

Am Anfang einer Kontur steht also immer ein Weißvektor, der auf Wortgrenze beginnt. Das Ende der Konturen wird durch die Anzahl der Vektoren (Digitalisierungen) kontrolliert; diese Angabe findet man im Konturadreßbuch. W-, L-, S- und C-Vektoren werden jeweils als eine Digitalisierung gezählt. Das Ende der Buchstaben ist erreicht, wenn alle Konturen verarbeitet sind.

Das Ende einer Schrift kontrolliert man mit dem Buchstabenadreßbuch der Schrift.

3. Beispiel eines VC-Formates

Wir bilden zunächst die Kleinbuchstaben a, b, c der Schrift
»URW-Antiqua 2015 (normal)« mit Marken ab, anschließend
geben wir das zugehörige vollständige Schriftformat als Datenliste wieder. Die Rasterung ist 400 × 400 für das Geviert.

Abb. 194
Darstellung des
VC-Formates

```
U003003T.VC                    20.JAN.1992  12:05              SEITE   1

---------|-----------------|--------------------------------------------------
 WORTNR. |     INHALT      |                 BEDEUTUNG
---------|-----------------|--------------------------------------------------
    1    |          2215   | Schriftkopflaenge
---------|-----------------|--------------------------------------------------
         NAMENSTEIL
         ----------
    2    |            55   | Laenge des Namens
    3    |             0   | Nummer auf URW-Liste
  4 - 10 |  U003003T.VC    | Filename (ASCII)
         |                 |
 11 - 49 |URW Antiqua 2015 Regular                | Schriftname (ASCII)
         |
         |                 |
   50    |            VC   | Datenformat (ASCII)
 51 - 53 |     20  1 1992  | Herstellungsdatum: 20.Jan.1992
 54 - 56 |     20  1 1992  | Letzte Aenderung:  20.Jan.1992
---------|-----------------|--------------------------------------------------
         SCHRIFTINFORMATION
         ------------------
   57    |            19   | Laenge der Schriftinformation
   58    |             1   | Kennzeichen fuer Schrift
   59    |           712   | Anzahl der Buchstaben
   60    |           267   | Versalhoehe (in Pixel)
   61    |           400   | Kegelhoehe (in Pixel)
   62    |           187   | Minuskelhoehe (in Pixel)
   63    |            87   | Abstand Grundlinie - Kegelunterkante (in Pixel)
   64    |           400   | Zeilenabstand fuer Satz (in Pixel)
   65    |            35   | Strichstaerke (in Pixel)
   66    |             0   | Kursivwinkel (in 1/10 Grad)
   67    |            12   | opt. Groessenbereich fuer Satz (in p)
   68    |          8462   | mittl. Buchstabenbreite (in 1/100mm)
   69    |           375   | X-Ausdehnung eines Bildpunktes (in 1/1000mm)
   70    |           375   | Y-Ausdehnung eines Bildpunktes (in 1/1000mm)
   71    |           400   | Geviertaufloesung in X-Richtung (in Pixel)
   72    |           400   | Geviertaufloesung in Y-Richtung (in Pixel)
   73    |            21   | Abtastkennung der Bilddaten
   74    |           400   | Breite der Druckzelle (in Pixel)
   75    |           400   | Hoehe der Druckzelle (in Pixel)
---------|-----------------|--------------------------------------------------
         HIERARCHIETEIL
         --------------
   76    |             1   | Kein Hierarchieteil in diesem Format
---------|-----------------|--------------------------------------------------
         BUCHSTABENADRESSBUCH
         --------------------
   77    |          2139   | Laenge des Buchstabenadressbuches
   78    |            40   | SCHRIFTLAENGE IN PHYS. SAETZEN
   79    |          1817   | Letztes Wort des letzten Satzes
         |                 |
   80    |           101   | Nummer des  1.Buchstaben
   81    |             2   | Zeiger auf Satz, der Buchstabenanfang enthaelt
   82    |           168   | Wortzeiger auf Buchstabenanfang
         |                 |
   83    |           102   | Nr. des 2.B.
   84    |             2   | Satzzeiger
   85    |           261   | Wortzeiger
         |                 |
  86- 88 |   103    2  417 | Nr., Satzzeiger, Wortzeiger fuer     3.B.
---------|-----------------|--------------------------------------------------
```

```
U003003T.VC                    20.JAN.1992  12:05            SEITE  15

---------|------------------|------------------------------------------------
 WORTNR. |     INHALT       |                  BEDEUTUNG
---------|------------------|------------------------------------------------
   1     |               0  | Saetze       Laenge des Buchstabens
   2     |             160  | Worte
---------|------------------|------------------------------------------------

      NAMENSTEIL
      ----------

   3     |               3  | Laenge des Namensteils
   4     |             301  | Zeichennummer
   5     |               0  | Folgeteilnummer
---------|------------------|------------------------------------------------

      SATZINFORMATION
      ---------------

   6     |              12  | Laenge der Satzinformation
   7     |               1  | Buchstabenart = Buchstabe
   8     |              84  | Anzahl der Vektoren
   9     |             220  | Dickte (T=L+W+R)
  10     |              21  | Vorbreite (L)
  11     |             194  | Breite (W)
  12     |               5  | Nachbreite (R)
  13     |               0  | X-Minimum
  14     |             194  | X-Maximum
  15     |              -4  | Y-Minimum
  16     |             191  | Y-Maximum
  17     |               1  | Masseinheit ist 1 Pixel
---------|------------------|------------------------------------------------

      KONTURADRESSBUCH
      ----------------

  18     |               0  | Saetze        Laenge des Konturadressbuches
  19     |              14  | Worte
         |                  |
  20     |               0  | Satzzeiger der   1. Kontur :     0
  21     |               3  | Wortzeiger                :    34
  22     |              -1  | Drehsinn der Kontur = Uhrzeigersinn
  23     |               0  | Schachtelung: aussen 1. Ordnung
  24     |               0  | Farbe im Innern : durchsichtig
  25     |              69  | Anzahl der Digitalisierungen
         |                  |
  26     |               0  | Satzzeiger der   2. Kontur :     0
  27     |             105  | Wortzeiger                :   136
  28     |              -1  | Drehsinn der Kontur = Uhrzeigersinn
  29     |               1  | Schachtelung: innen 1. Ordnung
  30     |               0  | Farbe im Innern : durchsichtig
  31     |              15  | Anzahl der Digitalisierungen
         |                  |
---------|------------------|------------------------------------------------

      BILDINFORMATION
      ---------------

  32     |               0  | Saetze        Laenge der Daten
  33     |             129  | Worte
         |                  |
 34- 135 |      190      28 |        190    28    (dX,dY)         1.DIG W-Vektor
  36 1   | 7E   04   F9     | 126     4   -7      (K,dX,dY)       2.DIG S-Vektor
  37 2   | 7D   F0   F2  FE | 125   -16  -14  -2  (K,dX,dY,dS)    3.DIG C-Vektor
  39 2   |      ED   F7  FD |       -19  -9   -3  (dX,dY,dS)      4.DIG C-Vektor
  41 1   | 7E   F7   FF     | 126    -9  -1      (K,dX,dY)        5.DIG S-Vektor
  42 2   | 7D   F5   03  FD | 125   -11   3   -3  (K,dX,dY,dS)    6.DIG C-Vektor
  44 2   |      F4   0A  FC |       -12  10   -4  (dX,dY,dS)      7.DIG C-Vektor
---------|------------------|------------------------------------------------
```

```
U003003T.VC              20.JAN.1992  12:05            SEITE  16

---------|-----------------|--------------------------------------------------
WORTNR.  |    INHALT       |                    BEDEUTUNG
---------|-----------------|--------------------------------------------------
   46 1  |     FB  0B  FE  |         -5  11  -2  (dX,dY,dS)     8.DIG C-Vektor
   47 2  | 7E  FF  04      | 126   -1   4       (K,dX,dY)      9.DIG S-Vektor
   49 1  |     FF  05      |        -1   5       (dX,dY)       10.DIG S-Vektor
   50 1  | 7D  EE  EF  FE  | 125  -18 -17  -2  (K,dX,dY,dS)   11.DIG C-Vektor
   52 1  |     ED  F5  FD  |       -19 -11  -3   (dX,dY,dS)    12.DIG C-Vektor
   53 2  |     ED  FB  FD  |       -19  -5  -3   (dX,dY,dS)    13.DIG C-Vektor
   55 1  | 7E  F6  FF      | 126  -10  -1       (K,dX,dY)     14.DIG S-Vektor
   56 2  | 7D  F1  02  FE  | 125  -15   2  -2  (K,dX,dY,dS)   15.DIG C-Vektor
   58 2  |     F4  04  FE  |       -12   4  -2   (dX,dY,dS)    16.DIG C-Vektor
   60 1  |     F3  09  FD  |       -13   9  -3   (dX,dY,dS)    17.DIG C-Vektor
   61 2  |     F7  0E  FD  |        -9  14  -3   (dX,dY,dS)    18.DIG C-Vektor
   63 1  |     FB  19  FB  |        -5  25  -5   (dX,dY,dS)    19.DIG C-Vektor
   64 2  |     04  16  FC  |         4  22  -4   (dX,dY,dS)    20.DIG C-Vektor
   66 1  |     0A  0F  FB  |        10  15  -5   (dX,dY,dS)    21.DIG C-Vektor
   67 2  |     0C  08  FE  |        12   8  -2   (dX,dY,dS)    22.DIG C-Vektor
   69 1  |     0F  06  FE  |        15   6  -2   (dX,dY,dS)    23.DIG C-Vektor
   70 2  | 7E  0C  03      | 126   12   3       (K,dX,dY)     24.DIG S-Vektor
   72 1  |     0F  03      |        15   3       (dX,dY)       25.DIG S-Vektor
   73 1  |     08  01      |         8   1       (dX,dY)       26.DIG S-Vektor
   74 1  |     06  01      |         6   1       (dX,dY)       27.DIG S-Vektor
   75 1  |     26  07      |        38   7       (dX,dY)       28.DIG S-Vektor
   76 1  | 7D  FE  20  02  | 125   -2  32   2  (K,dX,dY,dS)   29.DIG C-Vektor
   78 1  |     FC  0C  02  |        -4  12   2   (dX,dY,dS)    30.DIG C-Vektor
   79 2  |     FA  09  02  |        -6   9   2   (dX,dY,dS)    31.DIG C-Vektor
   81 1  |     F0  08  05  |       -16   8   5   (dX,dY,dS)    32.DIG C-Vektor
   82 2  |     F1  02  02  |       -15   2   2   (dX,dY,dS)    33.DIG C-Vektor
   84 1  |     ED  FD  03  |       -19  -3   3   (dX,dY,dS)    34.DIG C-Vektor
   85 2  |     F7  FB  02  |        -9  -5   2   (dX,dY,dS)    35.DIG C-Vektor
   87 1  |     FD  FC  02  |        -3  -4   2   (dX,dY,dS)    36.DIG C-Vektor
   88 2  | 7E  00  FE      | 126    0  -2       (K,dX,dY)     37.DIG S-Vektor
   90 1  |     02  FE      |         2  -2       (dX,dY)       38.DIG S-Vektor
   91 1  |     03  FD      |         3  -3       (dX,dY)       39.DIG S-Vektor
   92 1  | 7D  04  FA  FE  | 125    4  -6  -2  (K,dX,dY,dS)   40.DIG C-Vektor
   94 1  | 7E  01  FC      | 126    1  -4       (K,dX,dY)     41.DIG S-Vektor
   95 2  |     00  FC      |         0  -4       (dX,dY)       42.DIG S-Vektor
   96 2  | 7D  FE  F7  FD  | 125   -2  -9  -3  (K,dX,dY,dS)   43.DIG C-Vektor
   98 2  |     F6  F6  FC  |       -10 -10  -4   (dX,dY,dS)    44.DIG C-Vektor
  100 1  |     F4  FE  FD  |       -12  -2  -3   (dX,dY,dS)    45.DIG C-Vektor
  101 2  |     F7  02  FE  |        -9   2  -2   (dX,dY,dS)    46.DIG C-Vektor
  103 1  |     F6  0A  FB  |       -10  10  -5   (dX,dY,dS)    47.DIG C-Vektor
  104 2  |     FE  0C  FE  |        -2  12  -2   (dX,dY,dS)    48.DIG C-Vektor
  106 1  |     02  0B  FD  |         2  11  -3   (dX,dY,dS)    49.DIG C-Vektor
  107 2  |     0D  10  FB  |        13  16  -5   (dX,dY,dS)    50.DIG C-Vektor
  109 1  |     18  0B  FA  |        24  11  -6   (dX,dY,dS)    51.DIG C-Vektor
  110 2  |     22  04  FC  |        34   4  -4   (dX,dY,dS)    52.DIG C-Vektor
  112 1  |     1B  FD  FD  |        27  -3  -3   (dX,dY,dS)    53.DIG C-Vektor
  113 2  |     18  F6  FA  |        24 -10  -6   (dX,dY,dS)    54.DIG C-Vektor
  115 1  |     09  F7  FE  |         9  -9  -2   (dX,dY,dS)    55.DIG C-Vektor
  116 2  |     07  F3  FE  |         7 -13  -2   (dX,dY,dS)    56.DIG C-Vektor
  118 1  |     04  E9  FC  |         4 -23  -4   (dX,dY,dS)    57.DIG C-Vektor
  119 2  | 7E  00  FB      | 126    0  -5       (K,dX,dY)     58.DIG S-Vektor
  121 1  |     00  F8      |         0  -8       (dX,dY)       59.DIG S-Vektor
  122 1  |     00  C0      |         0 -64       (dX,dY)       60.DIG S-Vektor
  123 1  |     00  FA      |         0  -6       (dX,dY)       61.DIG S-Vektor
  124 1  | 7D  02  ED  02  | 125    2 -19   2  (K,dX,dY,dS)   62.DIG C-Vektor
  126 1  |     04  F7  04  |         4  -9   4   (dX,dY,dS)    63.DIG C-Vektor
---------|-----------------|--------------------------------------------------
```

```
U003003T.VC              20.JAN.1992  12:05              SEITE  17

---------|--------------------|-----------------------------------------------
 WORTNR. |      INHALT        |                    BEDEUTUNG
---------|--------------------|-----------------------------------------------
  127 2  |       09   FC  04  |          9   -4    4   (dX,dY,dS)   64.DIG C-Vektor
  129 1  |       0A   03  02  |         10    3    2   (dX,dY,dS)   65.DIG C-Vektor
  130 2  |  7E   03   02      |  126     3    2       (K,dX,dY)    66.DIG S-Vektor
  132 1  |       02   01      |          2    1        (dX,dY)     67.DIG S-Vektor
  133 1  |       03   02      |          3    2        (dX,dY)     68.DIG S-Vektor
  134 1  |       02   02      |          2    2        (dX,dY)     69.DIG S-Vektor
  136- 160|      -70      76  |        -70        76   (dX,dY)     70.DIG W-Vektor
  138 1  |  7E   00   E1      |  126     0  -31       (K,dX,dY)    71.DIG S-Vektor
  139 2  |  7D   FE   EA  FE  |  125    -2  -22   -2  (K,dX,dY,dS) 72.DIG C-Vektor
  141 2  |       FB   F4  FE  |         -5  -12   -2   (dX,dY,dS)  73.DIG C-Vektor
  143 1  |       F3   F3  FD  |        -13  -13   -3   (dX,dY,dS)  74.DIG C-Vektor
  144 2  |       EF   F9  FC  |        -17   -7   -4   (dX,dY,dS)  75.DIG C-Vektor
  146 1  |  7E   F5   FF      |  126   -11   -1       (K,dX,dY)    76.DIG S-Vektor
  147 2  |  7D   ED   05  FA  |  125   -19    5   -6  (K,dX,dY,dS) 77.DIG C-Vektor
  149 2  |       F3   0F  FA  |        -13   15   -6   (dX,dY,dS)  78.DIG C-Vektor
  151 1  |       FD   10  FC  |         -3   16   -4   (dX,dY,dS)  79.DIG C-Vektor
  152 2  |       05   15  FB  |          5   21   -5   (dX,dY,dS)  80.DIG C-Vektor
  154 1  |       05   07  FE  |          5    7   -2   (dX,dY,dS)  81.DIG C-Vektor
  155 2  |       09   06  FE  |          9    6   -2   (dX,dY,dS)  82.DIG C-Vektor
  157 1  |       11   06  FE  |         17    6   -2   (dX,dY,dS)  83.DIG C-Vektor
  158 2  |       30   0A  FE  |         48   10   -2   (dX,dY,dS)  84.DIG C-Vektor
         |                    |
---------|--------------------|-----------------------------------------------
```

```
U003003T.VC                 20.JAN.1992  12:05              SEITE  18

---------|------------------|--------------------------------------------------
WORTNR.  |     INHALT       |                        BEDEUTUNG
---------|------------------|--------------------------------------------------
   1     |              0   | Saetze        Laenge des Buchstabens
   2     |            132   | Worte
---------|------------------|--------------------------------------------------
         NAMENSTEIL
         ----------
   3     |              3   | Laenge des Namensteils
   4     |            302   | Zeichennummer
   5     |              0   | Folgeteilnummer
---------|------------------|--------------------------------------------------
         SATZINFORMATION
         ---------------
   6     |             12   | Laenge der Satzinformation
   7     |              1   | Buchstabenart = Buchstabe
   8     |             66   | Anzahl der Vektoren
   9     |            251   | Dickte (T=L+W+R)
  10     |             -1   | Vorbreite (L)
  11     |            234   | Breite (W)
  12     |             18   | Nachbreite (R)
  13     |              0   | X-Minimum
  14     |            234   | X-Maximum
  15     |             -5   | Y-Minimum
  16     |            276   | Y-Maximum
  17     |              1   | Masseinheit ist 1 Pixel
---------|------------------|--------------------------------------------------
         KONTURADRESSBUCH
         ----------------
  18     |              0   | Saetze        Laenge des Konturadressbuches
  19     |             14   | Worte
         |                  |
  20     |              0   | Satzzeiger der   1. Kontur :      0
  21     |              3   | Wortzeiger                  :     34
  22     |             -1   | Drehsinn der Kontur = Uhrzeigersinn
  23     |              0   | Schachtelung: aussen 1. Ordnung
  24     |              0   | Farbe im Innern : durchsichtig
  25     |             42   | Anzahl der Digitalisierungen
         |                  |
  26     |              0   | Satzzeiger der   2. Kontur :      0
  27  )  |             64   | Wortzeiger                  :     95
  28     |             -1   | Drehsinn der Kontur = Uhrzeigersinn
  29     |              1   | Schachtelung: innen 1. Ordnung
  30     |              0   | Farbe im Innern : durchsichtig
  31     |             24   | Anzahl der Digitalisierungen
         |                  |
---------|------------------|--------------------------------------------------
         BILDINFORMATION
         ---------------
  32     |              0   | Saetze        Laenge der Daten
  33     |            101   | Worte
         |                  |
 34-  94 |       51    -5   |        51     -5      (dX,dY)          1.DIG W-Vektor
  36 1   | 7E   F6   00     | 126   -10    0        (K,dX,dY)        2.DIG S-Vektor
  37 2   | 7F    0   219    | 127     0   219       (K,dX,dY)        3.DIG L-Vektor
  40 1   | 7E   00   04     | 126     0    4        (K,dX,dY)        4.DIG S-Vektor
  41 2   | 7D   FE   13 02  | 125    -2   19    2   (K,dX,dY,dS)     5.DIG C-Vektor
  43 2   |      FB   0A 04  |        -5   10    4   (dX,dY,dS)       6.DIG C-Vektor
  45 1   |      F4   06 03  |       -12    6    3   (dX,dY,dS)       7.DIG C-Vektor
---------|------------------|--------------------------------------------------
```

```
U003003T.VC                 20.JAN.1992  12:06            SEITE  23
-----------------------------------------------------------------------------


                          GRAND TOTAL
                          -----------
                                            WORTE          KBYTES
                                            -----          ------
          Laenge der Schrift:               81689         163.378
          Laenge des Schriftkopfes:          2215           4.430
          Laenge aller Buchstabenkoepfe:    21700          43.400
          Laenge der gesamten Bildinformation: 57774      115.548


              DIGITALISIERUNGEN                      ANZAHL
              -----------------                      ------
              Weissvektoren:                           1362
              L-Vektoren:                              1147
              S-Vektoren:                             13606
              C-Vektoren:                             21297
                                                     ======
              Summe:                                  37412
              ----------------------------------------------
              Buchstaben:                               712
              Datensaetze (a 2048 Worte):                40
              ----------------------------------------------
              Raster:                            400 X 400
              ----------------------------------------------
              Digitalisierungen/Buchstabe:               53
              Bildinformation/Buchstabe:                162 Bytes


-----------------------------------------------------------------------------



                  VC - SEHNENHOEHEN - STATISTIK

                  (Einheiten in Viertel-Pixel)


              Anzahl der Sehnen der Hoehe   2 =    3487
              Anzahl der Sehnen der Hoehe   3 =    1748
              Anzahl der Sehnen der Hoehe   4 =     935
              Anzahl der Sehnen der Hoehe   5 =     476
              Anzahl der Sehnen der Hoehe   6 =     103
              Anzahl der Sehnen der Hoehe   7 =       8
              Anzahl der Sehnen der Hoehe   8 =       6
              Anzahl der Sehnen der Hoehe  -2 =    6571
              Anzahl der Sehnen der Hoehe  -3 =    4032
              Anzahl der Sehnen der Hoehe  -4 =    2214
              Anzahl der Sehnen der Hoehe  -5 =    1160
              Anzahl der Sehnen der Hoehe  -6 =     515
              Anzahl der Sehnen der Hoehe  -7 =      23
              Anzahl der Sehnen der Hoehe  -8 =      17
              Anzahl der Sehnen der Hoehe  -9 =       2
```

Beschreibung des BS-Formates

1. Struktur des BS-Formates

Die Struktur des **Bézier Scaling Formates** lehnt sich an das VC-Format an, weist aber viele Besonderheiten auf und wird deshalb eingehend dargestellt.

2. Beschreibung des BS-Formates

Eine Schrift wird als Datensatz für den direkten Zugriff mit einer Rekordlänge von 512 Bytes gespeichert. Die meisten Pointer auf Daten sind 16 Bit-Integergrößen und zeigen auf Bytes. Das erste Byte im Datensatz hat die Adresse Null. Der Schriftdatensatz ist in drei Teile gegliedert, jedes beginnt auf Wortgrenze (1 Wort = 2 Bytes). Es gibt:

Das BS-Format enthält Instruktionen.

- Schriftkopf,
- Buchstabenadreßbuch und
- Buchstabendaten.

Schriftkopf

Byte	Bedeutung
0 - 3	Länge der Schrift in Bytes
4 - 5	Rechnerkennnzeichen (0 = Mac, 257 = VAX)
6 - 7	lt = Länge des Schriftkopfes (aktuell ≥ 152)
8 - 19	Dateiname (12 Bytes) [ASCII]
20 - 97	Schriftname [ASCII]
98 - 99	Format Extension [ASCII]
100 - 105	Produktionsdatum
106 - 111	Datum des letzten Updates
112 - 113	Anzahl Buchstaben

Byte	Bedeutung
114-115	Kegelhöhe
116-117	Versalhöhe
118-119	Minuskelhöhe
120-121	Unterlänge (negativ, die Grundlinie befindet sich bei 0)
122-123	Kursivwinkel
124-125	Geviertauflösung für X pro Buchstabe
126-127	Geviertauflösung für Y
128-129	X-Minimum der Bounding Box der Schrift
130-131	X-Maximum der Bounding Box der Schrift
132-133	Y-Minimum der Bounding Box der Schrift
134-135	Y-Maximum der Bounding Box der Schrift
136-137	Maximale Anzahl von Serifen pro Buchstabe
138-139	Maximale Anzahl von Spitzen pro Buchstabe
140-141	Maximale Anzahl von Kurven pro Buchstabe
142-143	Maximale Anzahl horizontaler Kurvenextrema
144-145	Maximale Anzahl vertikaler Kurvenextrema pro Buchstabe
146-147	Maximale Anzahl von Konturen pro Buchstabe
148-149	Anzahl zusätzlicher nicht sichtbarer horizontaler Linien
150-151	Position der ersten zusätzlichen nicht sichtbaren horizontalen Linie
...-...	Gesamtanzahl nicht sichtbarer vertikaler Linien
...-...	Position der ersten nicht sichtbaren vertikalen Linie
	Platz für Erweiterungen

Buchstabenadreßbuch

Byte	Bedeutung
lt + 0,1,2,3	ld = Länge des Buchstabenadreßbuchs
lt + 4,5	Nummer des ersten Buchstabens
lt + 6,7,8,9	Zeiger auf Bildinformation des 1. Buchstabens

Byte	Bedeutung
lt + 10,11	Länge der Bildinformation des ersten Buchstabens
lt + 12,13	Nummer des zweiten Buchstabens
lt + 14,15,16,17	Zeiger auf zweiten Buchstaben
lt + 18,19	Länge des zweiten Buchstabens
lt + 20,21	Nummer des dritten Buchstabens
.	.
etc.	etc.

Buchstabennummern sind vorzeichenlose zwei-Byte-Größen mit einem Wertebereich von 1 bis 65.535.

Buchstabendaten

Die Buchstabendaten gliedern sich in vier Teile. Jeweils beginnend auf Wortgrenze gibt es:

- Buchstabenkopf,
- Balkenblock,
- Konturadreßbuch und
- Bildinformation.

Buchstabenkopf

Die Buchstabendaten starten auf der Byteposition, die im Buchstabenadreßbuch verzeichnet ist. Relativ dazu werden im folgenden die Byteadressen gegeben. Der Buchstabenkopf hat eine feste Länge von 14 Bytes.

Byte	Bedeutung
0, 1	Kontrollwort
	Bit 0 gesetzt: Großbuchstabe
	Bit 1 gesetzt: Kleinbuchstabe
	Bit 2 - 15 nicht benutzt
2, 3	Anzahl der Digitalisierungen
4, 5	Dickte
6, 7	Vorbreite

Byte	Bedeutung
8, 9	Breite
10, 11	Y-Minimum
12, 13	Y-Maximum
	lb = 14, feste Länge des Buchstabenkopfes

Bemerkungen

Alle Angaben im Buchstabenkopf sind zwei-Byte-Größen. X-Minimum ist immer gleich Null per definitionem, X-Maximum entspricht der Breite.

Balkenblock

Der Balkenblock kann aus mehreren Teilen entsprechend mehrere Konturgruppen bestehen. Diese Gruppen werden so gebildet, daß alle inneren Konturen zu einer äußeren dieser folgen. Die Anzahl der Konturen einer Gruppe steht im Balkenblock. Wenn die erste Gruppe aus zwei Konturen besteht, werden sie mit 1, 2 bezeichnet. Wenn die nächste Gruppe in einem Buchstaben drei Konturen enthält, werden sie mit 3, 4, 5 benannt.

Byte	Bedeutung
lb + 0, 1	ls = Länge des Balkenblockes
lb + 2	Anzahl Konturen in der 1. Gruppe (1 Byte)
+3	Anzahl sichtbarer vertikaler Geraden (1 Byte)
+4, 5	Index der ersten sichtbaren vertikalen Geraden (2 Bytes)
+6, 7	Index der zweiten sichtbaren vertikalen Geraden, (wenn vorhanden, 2 Bytes)
…	…
…	Anzahl sichtbarer horizontaler Geraden (1 Byte)
…	Index der ersten horizontalen Geraden (2 Bytes)
…	Index der zweiten horizontalen Geraden (wenn vorhanden, 2 Bytes)

Weitere Teile können folgen, wenn es weitere Konturgruppen gibt und die aktuelle Byteadresse kleiner als »ls« ist.

Bemerkungen

Wenn ein Buchstabe keine Geraden enthält, ist die Zahl der Konturen negativ kodiert. Dann folgen auch keine weiteren Angaben. Die Anzahl von Geraden wird immer mit einem Byte, die Indizes der Geraden mit zwei Bytes kodiert. Der Balkenblock enthält nur sichtbare Linien. Unsichtbare Linien wie Grundlinie, Ober-, Unterlänge, Kleinbuchstabenhöhe, Versalhöhe werden im Schriftkopf angegeben.

Sichtbare Geraden sind zum Beispiel Balkengrenzen, ihre Indizes werden mit zwei Bytes wie folgt kodiert:

Bit 15	0 für absolute Position
	1 für relative Position
Bit 14, 13	Farbe des zugehörigen Balkens
	00 = grau
	10 = links oder unterhalb ist schwarz
	01 = links oder unterhalb ist weiß
Bit 12,...,0	Adresse der Digitalisierung, die die Gerade
	bestimmt (Daher ist die Zahl der Digitalisie-
	rungen auf 8192 begrenzt.)

Bei relativen Geraden (Bit 15 = 1) folgt ein weiterer Index, der die zugehörige, absolute Gerade angibt. Dieser Index wird mit einem oder zwei Byte kodiert, abhängig von der Zahl der Digitalisierungen und der Zahl der unsichtbaren Linien. Es sind auch Zugehörigkeiten zu unsichtbaren Linien möglich (siehe auch später im Beispiel für Kodierung von Bildinformation).

Konturindex

lb + ls + 0, 1   lc = Länge des Konturadreßbuches

Für normale Konturen gibt es das normale Konturadreßbuch in der Bildinformation, aber keinen Eintrag hier im Balkenblock. Nur, wenn wir einen Pointer auf ein anderes Element, Akzent oder Buchstaben haben, dann wird ein Konturindex - analog zum II-Format - angegeben.

Der Konturindex besteht aus 12 Bytes mit der Bedeutung:

0, 1	Buchstabennummer
2, 3	X-Position der linken, unteren Ecke der Bounding Box
4, 5	Y-Position der linken, unteren Ecke der Bounding Box
6, 7	X-Faktor
8, 9	Y-Faktor
10, 11	Drehwinkel (oder Kennzeichen für Spiegelung)

Die X- und Y-Faktoren sind Festpunkt-Zahlen:

Bit 12 - 15	bilden den ganzzahligen Teil (vor dem Komma)
Bit 0 -11	bilden die Bruchziffer (nach dem Komma).

Der Drehwinkel wird in Einheiten von 1/50 Grad kodiert und ist größer Null. Wenn der Drehwinkel negativ ist, dann wird ein Kennzeichen für Spiegeln gegeben, und zwar bedeutet:

−1	Spiegelung links/rechts
−2	Spiegelung oben/unten
−3	beide Spiegelungen gleichzeitig.

Die Spiegeloperation erfolgt in der Bounding Box des Elementes. Der Umlaufsinn (Drehsinn) einer Kontur ist stets so gegeben, daß sich schwarz rechts in Fahrtrichtung befindet.

Bildinformation

Byte	Kommentar
lb + ls + lc + 0, 1	Länge der Bildinformation

Jede Digitalisierung wird allgemein wie folgt kodiert:

1. Byte	Kontrollbyte
2. Byte	X-Komponente
3. Byte	Y-Komponente
4. Byte	Instruktion für »intelligent scaling«
5. Byte	Index des zugehörigen Punktes

Alle Koordinaten werden relativ zum Vorgänger kodiert. X- und Y-Komponenten entfallen, wenn sie gleich Null sind, im übrigen sind sie vorzeichenlose Integer (Vorzeichen stehen im

Kontrollbyte). Byte 4 und 5 kommen nur vor, wenn durch das Kontrollbyte angezeigt. Die Startposition einer Kontur wird nur einmal gegeben. Da alle Konturen geschlossen sind, muß die letzte Position noch mit der Startposition verbunden werden.

Die Kontur wird durch Geraden und Bézierkurven beschrieben. Eine Bézierkurve wird im BS-Format durch zwei Ankerpunkte (Punkte auf der Kontur) und zwei Kontrollpunkte (Punkte nicht auf der Kontur) gekennzeichnet. Ob ein Punkt ein Bézier-Kontrollpunkt ist, wird im Kontrollbyte (Bit 7 = 1) angezeigt.

Die Position der Konturanfänge wird durch einen Weißvektor beschrieben. Der erste Weißvektor ist absolut, alle folgenden sind relativ kodiert, d.h. sie zeigen vom Anfangspunkt einer Kontur zum Anfangspunkt der folgenden.

Das erste Byte ist das Kontrollbyte:

Bit 0 = 1	X = 0
Bit 1 = 1	Y = 0
Bit 0 = 1 und	die folgenden Bytes bilden einen Pointer
Bit 2 = 1	auf einen Buchstaben
Bit 2 = 1	X kodiert mit 2 Bytes
Bit 3 = 1	Y kodiert mit 2 Bytes
Bit 4 = 1	X negativ
Bit 5 = 1	Y negativ
Bit 6 = 1	Digitalisierung hat Instruktion
Bit 7 = 1	Digitalisierung liegt nicht auf einer Buchstabenkontur

Jeder Weißvektor hat zwei Kontrollbytes, das erste ist 0xFF.

Zukünftige Erweiterungen können mit folgenden zwei Bits (kombiniert) beschrieben werden.

Bit 6 + 7, Bit 1 + 3, Bit 0 + 4, Bit 1 + 5.

Das Instruktionsbyte enthält folgendes:

Bit 7 = 1	weiteres Instruktionsbyte folgt
Bit 6 = 1	Kurvenextremum
Bit 5 = 1	Serife
Bit 4 = 1	Spitze
Bit 3 = 1	Digitalisierung muß relativ zu einer anderen skaliert werden.
Bit 2 = 1	Relative Skalierung in X, sonst in Y

Bit 1, 0   Farbinformation:
00 = grau
10 = links oder unterhalb ist schwarz
01 = links oder unterhalb ist weiß.

Bit 5 = 1 und
Bit 2 = 1   Ende einer Serife,

Bit 5 = 1 und
Bit 2 = 0   Anfang einer Serife.

Das Ende einer und der Anfang der nächsten Kurve bei demselben Digitalisierungspunkt wird durch Setzen von Bit 4 = 1 (Spitze) angezeigt. Wenn Bit 3 = 1 gesetzt ist, dann folgt der Index der zugehörigen Digitalisierung unmittelbar als ein- oder zwei-Byte-Größe.

Ob eine ein- oder zwei-Byte-Größe genommen wird, hängt von der Anzahl der Digitalisierungen und Zahl der unsichtbaren Linien ab, die im Schriftkopf gegeben werden. Diese Indizes werden nur dann mit zwei Bytes kodiert, wenn die Anzahl der Digitalisierungen plus der Anzahl der unsichtbaren horizontalen oder vertikalen Linien größer als 255 ist.

zwei Byte	ein Byte	Kommentar
65535	255	Index für Grundlinie oder 1. unsichtbare vertikale Linie
65534	254	Index für Versalhöhe oder 2. unsichtbare vertikale Linie
65533	253	Index für Minuskelhöhe oder 3. unsichtbare vertikale Linie
65532	252	Index für Unterlänge oder 4. unsichtbare vertikale Linie
65531	251	Index für erste zusätzliche unsichtbare horizontale Linie oder 5. unsichtbare vertikale Linie
$65532 - n$	$252 - n$	Index der n-ten zusätzlichen unsichtbaren horizontalen Linien oder $(n + 4)$te unsichtbare vertikale Linie

Alle anderen Indizes beziehen sich auf gegebene Digitalisierungspunkte.

Kommentar

Alle Digitalisierungspunkte, die als Spitze, Y-Ankerpunkt einer Serife oder Kurvenextremum gekennzeichnet sind, sollten eine Farbinformation haben, damit NIMBUS effektiver rastern kann:

Bit 2 = 1   Bei Spitzen und Kurvenextrema bezieht sich die Farbinformation auf die linke Seite der Digitalisierung.

Bit 2 = 0   Bei Spitzen, Kurvenextrema und Ankerpunkten von Serifen bezieht sich die Farbinformation auf die untere Seite der Digitalisieung.

Wenn die ganze Kontur rund ist (ohne jede Gerade und Ecke), dann zeigt der Weißvektor auf einen Kurvenpunkt.
Es ist verboten, daß

- ein Weißvektor auf eine Serife zeigt,
- ein Weißvektor auf einen Kurvenpunkt zeigt, der nicht extrem liegt,
- Digitalisierungen innerhalb einer Serife liegen, die als Spitze oder als Kurvenextremum gekennzeichnet sind,
- Digitalisierungen innerhalb einer Kurve liegen, die als Spitze oder als Serifenankerpunkt gekennzeichnet sind.

Nur eines der Bits 4, 5, 6 kann bei einer Digitalisierung gesetzt sein.

Wenn ein Weißvektor als Serifenpunkt gekennzeichnet ist, dann bedeutet das für NIMBUS, daß diese Instruktion für den Endpunkt der zugehörigen Kontur gilt. Auf diese Weise endet eine Serife auf dem Startpunkt einer Kontur, wenn dieser als Serifenpunkt markiert ist. Erst auf die nächstfolgende Serifeninstruktion nach dem Weißvektor startet die erste Serife.

3. Beispiel eines BS-Formates

Wir bilden zunächst die Kleinbuchstaben a, b, c der Schrift »URW Antiqua 2015 (normal)« als Konturzeichnungen mit Symbolen für die Instruktionen ab, anschließend geben wir das zugehörige, vollständige Schriftformat als Datenliste wieder. Die Auflösung beträgt 1024 × 1024 Einheiten pro Geviert.

Spitze
Spitze
Serifenanfang
Serifenende
abs.
rel.
horizontale
Kurven
abs.
rel.
abs.
Kurvenextremum
auf relativer
vertikaler Geraden
absolut
relativ
vertikale Geraden
absolut
relativ
vertikale Kurven

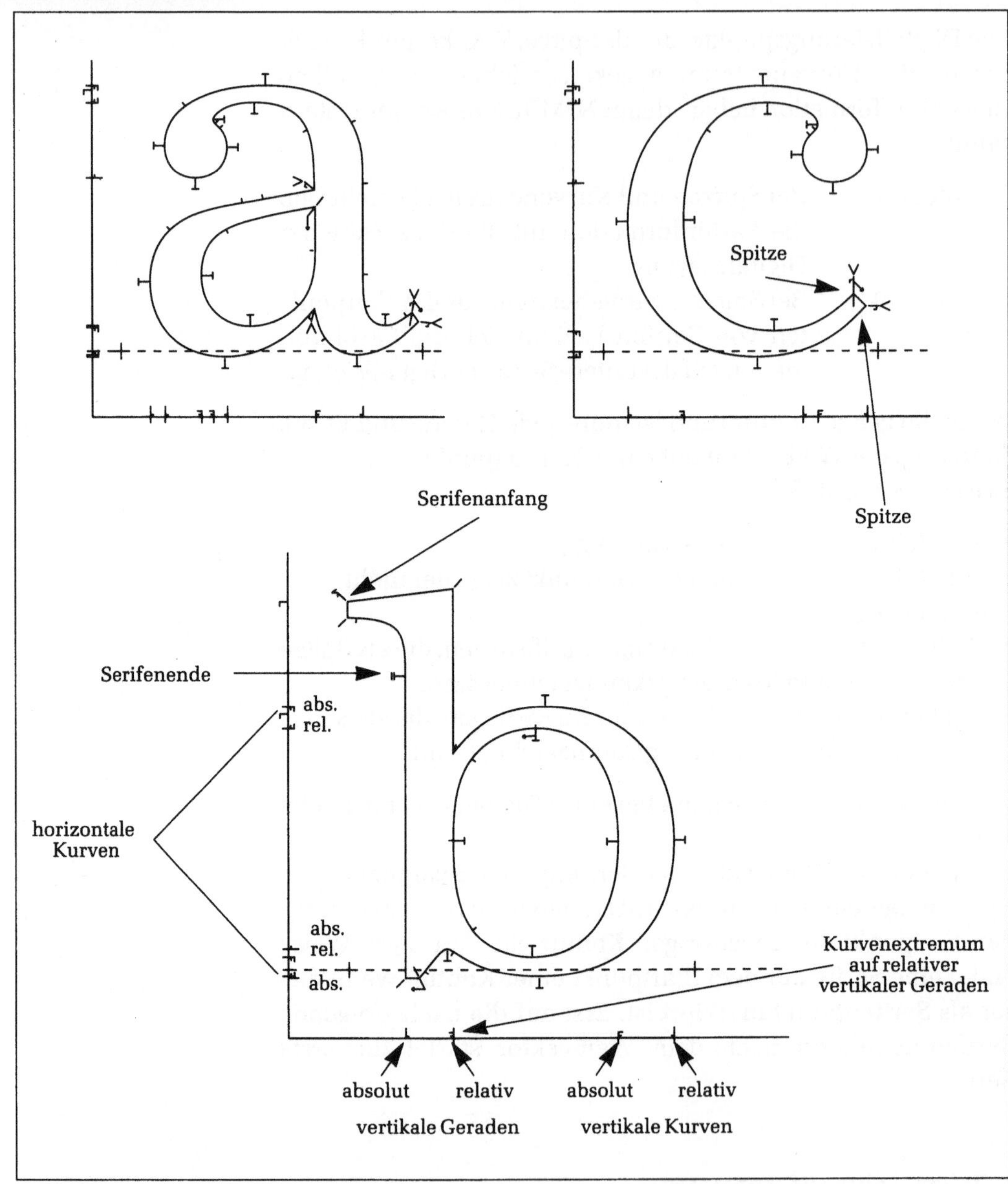

Abb. 195

```
U003003T.BS                         3-FEB-92                           SEITE  1
-------------|------------------------------|-------------------------------------------------
   BYTENR.   |          INHALT              |             KOMMENTAR
-------------|------------------------------|-------------------------------------------------
    SCHRIFTKOPF                             |
    -----------                            |
   0-      3 |                      113662 | Schriftlaenge (in Bytes)
   4-      5 |                         257 | Bytereihenfolge    (VAX)
   6-      7 |                         152 | Schriftkopflaenge (in Bytes)
   8-     19 |                 U003003T.BS | Filename (ASCII)
  20-     97 |        URW-Antiqua 2000               | Schriftname (ASCII)
                        normal                       |
  98-     99 |                          BS | Datenformat (ASCII)
 100-    105 |                  30  1 92 | Herstellungsdatum: 30-JAN-92
 106-    111 |                  30  1 92 | Letzte Aenderung: 30-JAN-92
             |                             |
 112-    113 |                         709 | Anzahl der Buchstaben
 114-    115 |                        1000 | Kegelhoehe
 116-    117 |                         667 | Versalhoehe
 118-    119 |                         467 | Minuskelhoehe
 120-    121 |                        -217 | Abstand Grundlinie - Kegelunterkante
 122-    123 |                           0 | Kursivwinkel (in 1/10 Grad)
 124-    125 |                        1000 | X-Aufloesung
 126-    127 |                        1000 | Y-Aufloesung
 128-    129 |                           0 | X-Minimum der Schrift-bounding box
 130-    131 |                        1163 | X-Maximum der Schrift-bounding box
 132-    133 |                        -262 | Y-Minimum der Schrift-bounding box
 134-    135 |                         892 | Y-Maximum der Schrift-bounding box
             |                             |
 136-    137 |                           8 | Max. Anzahl Serifen pro Buchstabe
 138-    139 |                          16 | Max. Anzahl Spitzen pro Buchstabe
 140-    141 |                          13 | Max. Anzahl Kurven pro Buchstabe
 142-    143 |                          12 | Max. Anzahl horiz. Kurvenextrema pro Buchstabe
 144-    145 |                          14 | Max. Anzahl vert. Kurvenextrema pro Buchstabe
 146-    147 |                          25 | Max. Anzahl Konturen pro Buchstabe
             |                             |
 148-    149 |                           0 | Anzahl zusaetzlicher unsichtbarer horiz. Linien
             |                             |
 150-    151 |                           0 | Anzahl unsichtbarer vertikaler Linien
-------------|------------------------------|-------------------------------------------------
    BUCHSTABENADRESSBUCH                    |
    --------------------                    |
 152-    153 |                        5676 | Laenge des Buchstabenadressbuches (in Bytes)
             |                             |
 154-    155 |                         101 | Nummer des  1. Buchstabens
 156-    159 |                        5828 | Zeiger auf den 1. Buchstaben
 160-    161 |                         151 | Laenge des 1. Buchstabens
             |                             |
 162-    169 |     102    5980         169 | Nr., Zeiger, Laenge des    2. Buchstabens
 170-    177 |     103    6150         132 | Nr., Zeiger, Laenge des    3. Buchstabens
 178-    185 |     104    6282         122 | Nr., Zeiger, Laenge des    4. Buchstabens
 186-    193 |     105    6404         178 | Nr., Zeiger, Laenge des    5. Buchstabens
 194-    201 |     106    6582         162 | Nr., Zeiger, Laenge des    6. Buchstabens
 202-    209 |     107    6744         186 | Nr., Zeiger, Laenge des    7. Buchstabens
 210-    217 |     108    6930         208 | Nr., Zeiger, Laenge des    8. Buchstabens
 218-    225 |     109    7138         112 | Nr., Zeiger, Laenge des    9. Buchstabens
 226-    233 |     110    7250          96 | Nr., Zeiger, Laenge des   10. Buchstabens
 234-    241 |     111    7346         208 | Nr., Zeiger, Laenge des   11. Buchstabens
 242-    249 |     112    7554         119 | Nr., Zeiger, Laenge des   12. Buchstabens
 250-    257 |     113    7674         171 | Nr., Zeiger, Laenge des   13. Buchstabens
 258-    265 |     114    7846         138 | Nr., Zeiger, Laenge des   14. Buchstabens
 266-    273 |     115    7984          97 | Nr., Zeiger, Laenge des   15. Buchstabens
-------------|------------------------------|-------------------------------------------------
```

```
U003003T.BS                          3-JAN-92                                    SEITE 14
--------------|---------------------------------|------------------------------------------------
   BYTENR.    |            INHALT               |                     KOMMENTAR
--------------|---------------------------------|------------------------------------------------
   BUCHSTABEN DATEN                              |
   ----------------                             |
   SATZINFORMATION                              |
   ---------------                              |
    0-     1 |                               1 | Buchstabenart: Grossbuchstabe
    2-     3 |                              63 | Anzahl der Digitalisierungen
    4-     5 |                             549 | Dickte
    6-     7 |                              53 | Vorbreite
    8-     9 |                             487 | Breite
   10-    11 |                             -10 | Y-Minimum der Digitalisierungen
   12-    13 |                             477 | Y-Maximum der Digitalisierungen
--------------|---------------------------------|------------------------------------------------
   BALKENINFORMATION                            |
   -----------------                            |
   14-    15 |                              10 | Laenge der Balkeninformation (in Bytes)
             |                                 |
   16        |                               2 | Anzahl der Konturen der  1. Konturgruppe
             |                                 |
   17        |                               2 | Anzahl der vertikalen Balken
   18-    19 |            44                   | Index            (absoluter Balken, schwarz)
   20-    22 |            61                 44 | Index, Referenz (relativer Balken, weiss  )
             |                                 |
   23        |                               0 | Anzahl der horizontalen Balken
--------------|---------------------------------|------------------------------------------------
   KONTURADRESSBUCH                             |
   ----------------                             |
   24-    25 |                               2 | Laenge des Konturadressbuches (in Bytes)
--------------|---------------------------------|------------------------------------------------
   BILDINFORMATION                              |
   ----------------                             |
   26-    27 |                             184 | Laenge der Bildinformation (in Bytes)
             |                                 |
   28-    32 | 01000100      475          69 |    475          69   (X,Y)        1. DIG: W-Vektor
   33        | 00010110                        | Vert. Spitze              schwarz
   34-    36 | 01100000       12         -16 |    487          53   (X,Y)        2. DIG
   37        | 00010010                        | Horiz. Spitze             schwarz
   38-    40 | 10110000      -44         -43 |    443          10   (X,Y)        3. DIG
   41-    43 | 10110000      -31         -17 |    412          -7   (X,Y)        4. DIG
   44-    45 | 01010010      -35           0 |    377          -7   (X,Y)        5. DIG
   46-    47 | 01001001                   255 | Rel. Horiz. Kurv. Extr. weiss    Grundlinie
   48-    49 | 10010010      -41           0 |    336          -7   (X,Y)        6. DIG
   50-    52 | 10010000      -23          24 |    313          17   (X,Y)        7. DIG
   53-    55 | 01010000      -14          59 |    299          76   (X,Y)        8. DIG
   56        | 00010101                        | Vert. Spitze              weiss
   57-    59 | 10110000      -54         -61 |    245          15   (X,Y)        9. DIG
   60-    62 | 10110000      -47         -25 |    198         -10   (X,Y)       10. DIG
   63-    64 | 01010010      -62           0 |    136         -10   (X,Y)       11. DIG
   65-    66 | 01001001                   255 | Rel. Horiz. Kurv. Extr. weiss    Grundlinie
   67-    68 | 10010010      -82           0 |     54         -10   (X,Y)       12. DIG
   69-    71 | 10010000      -54          53 |      0          43   (X,Y)       13. DIG
   72-    73 | 01000001        0          82 |      0         125   (X,Y)       14. DIG
   74        | 01000101                        | Abs. Vert. Kurv. Extr.  weiss
   75-    76 | 10000001        0          84 |      0         209   (X,Y)       15. DIG
   77-    79 | 10000000       44          37 |     44         246   (X,Y)       16. DIG
   80-    82 | 00000000      124          21 |    168         267   (X,Y)       17. DIG
   83-    85 | 10000000       16           2 |    184         269   (X,Y)       18. DIG
--------------|---------------------------------|------------------------------------------------
```

```
U003003T.BS                        3-JAN-92                              SEITE 16
-------------|------------------------------|-------------------------------------------
   BYTENR.   |            INHALT            |                  KOMMENTAR
-------------|------------------------------|-------------------------------------------
      SATZINFORMATION                       |
      ---------------                        |
   0-     1 |                             1 | Buchstabenart: Grossbuchstabe
   2-     3 |                            41 | Anzahl der Digitalisierungen
   4-     5 |                           628 | Dickte
   6-     7 |                            -3 | Vorbreite
   8-     9 |                           586 | Breite
  10-    11 |                           -13 | Y-Minimum der Digitalisierungen
  12-    13 |                           690 | Y-Maximum der Digitalisierungen
-------------|------------------------------|-------------------------------------------
      BALKENINFORMATION                     |
      -----------------                      |
  14-    15 |                            12 | Laenge der Balkeninformation (in Bytes)
             |                              |
  16         |                             2 | Anzahl der Konturen der  1. Konturgruppe
             |                              |
  17         |                             2 | Anzahl der vertikalen Balken
  18-    19 |             1                | Index          (absoluter Balken, weiss  )
  20-    22 |             8                1 | Index, Referenz (relativer Balken, schwarz)
             |                              |
  23         |                             1 | Anzahl der horizontalen Balken
  24-    25 |            27                | Index          (absoluter Balken, weiss  )
-------------|------------------------------|-------------------------------------------
      KONTURADRESSBUCH                      |
      ----------------                       |
  26-    27 |                             2 | Laenge des Konturadressbuches (in Bytes)
-------------|------------------------------|-------------------------------------------
      BILDINFORMATION                       |
      ---------------                        |
  28-    29 |                           118 | Laenge der Bildinformation (in Bytes)
             |                              |
  30-    33 | 00100000       127       -13 |    399       147    (X,Y)      1. DIG: W-Vektor
  34-    35 | 00010010       -25         0 |    374       147    (X,Y)      2. DIG
  36-    38 | 01001001         0       546 |    374       693    (X,Y)      3. DIG
  39         | 00100100                     | Serifen Ende               grau
  40-    41 | 10000001         0        87 |    374       780    (X,Y)      4. DIG
  42-    44 | 10010000       -13        15 |    361       795    (X,Y)      5. DIG
  45-    47 | 00010000       -74         3 |    287       798    (X,Y)      6. DIG
  48-    49 | 00010010       -15         0 |    272       798    (X,Y)      7. DIG
  50-    51 | 01000001         0        29 |    272       827    (X,Y)      8. DIG
  52-    53 | 00101010                 254 | Serifen Start            schwarz Versalhoehe
  54-    56 | 00000000       189        23 |    461       850    (X,Y)      9. DIG
  57-    59 | 00101001         0      -296 |    461       554    (X,Y)     10. DIG
  60-    62 | 10000000        47        60 |    508       614    (X,Y)     11. DIG
  63-    65 | 10000000        46        23 |    554       637    (X,Y)     12. DIG
  66-    67 | 01000010        73         0 |    627       637    (X,Y)     13. DIG
  68-    69 | 01001010                 253 | Rel. Horiz. Kurv. Extr. schwarz Minuskelhoehe
  70-    71 | 10000010       141         0 |    768       637    (X,Y)     14. DIG
  72-    74 | 10100000        90       -94 |    858       543    (X,Y)     15. DIG
  75-    76 | 01100001         0      -147 |    858       396    (X,Y)     16. DIG
  77         | 01000110                     | Abs. Vert. Kurv. Extr.  schwarz
  78-    79 | 10100001         0      -154 |    858       242    (X,Y)     17. DIG
  80-    82 | 10110000       -91       -92 |    767       150    (X,Y)     18. DIG
  83-    84 | 01010010      -151         0 |    616       150    (X,Y)     19. DIG
  85-    86 | 01001001                 255 | Rel. Horiz. Kurv. Extr. weiss   Grundlinie
  87-    88 | 10010010       -66         0 |    550       150    (X,Y)     20. DIG
-------------|------------------------------|-------------------------------------------
```

```
U003003T.BS                         3-JAN-92                              SEITE 18
-------------|-------------------------------|----------------------------------------
   BYTENR.   |            INHALT             |                 KOMMENTAR
-------------|-------------------------------|----------------------------------------
      SATZINFORMATION                        |
      ---------------                        |
   0-     1 |                            1 | Buchstabenart: Grossbuchstabe
   2-     3 |                           38 | Anzahl der Digitalisierungen
   4-     5 |                          495 | Dickte
   6-     7 |                           45 | Vorbreite
   8-     9 |                          430 | Breite
  10-    11 |                          -10 | Y-Minimum der Digitalisierungen
  12-    13 |                          477 | Y-Maximum der Digitalisierungen
-------------|-------------------------------|----------------------------------------
      BALKENINFORMATION                      |
      -----------------                      |
  14-    15 |                            4 | Laenge der Balkeninformation (in Bytes)
             |                              |
  16         |                           -1 | Anzahl der Konturen der  1. Konturgruppe
             |                              |
             |                            0 | Anzahl der vertikalen Balken
             |                            0 | Anzahl der horizontalen Balken
-------------|-------------------------------|----------------------------------------
      KONTURADRESSBUCH                       |
      ----------------                       |
  18-    19 |                            2 | Laenge des Konturadressbuches (in Bytes)
-------------|-------------------------------|----------------------------------------
      BILDINFORMATION                        |
      ---------------                        |
  20-    21 |                          113 | Laenge der Bildinformation (in Bytes)
             |                              |
  22-    26 | 01000100        405      103 |   1153       756    (X,Y)     1. DIG: W-Vektor
  27         | 00010110                      | Vert. Spitze              schwarz
  28-    30 | 01100000         22      -22 |   1175       734    (X,Y)     2. DIG
  31         | 00010010                      | Horiz. Spitze             schwarz
  32-    34 | 10110000        -64      -68 |   1111       666    (X,Y)     3. DIG
  35-    37 | 10110000        -51      -23 |   1060       643    (X,Y)     4. DIG
  38-    39 | 01010010        -80        0 |    980       643    (X,Y)     5. DIG
  40-    41 | 01001001                  255 | Rel. Horiz. Kurv. Extr. weiss   Grundlinie
  42-    43 | 10010010       -142        0 |    838       643    (X,Y)     6. DIG
  44-    46 | 10010000        -90       95 |    748       738    (X,Y)     7. DIG
  47-    48 | 01000001          0      149 |    748       887    (X,Y)     8. DIG
  49         | 01000101                      | Abs. Vert. Kurv. Extr.   weiss
  50-    51 | 10000001          0      154 |    748      1041    (X,Y)     9. DIG
  52-    54 | 10000000         90       89 |    838      1130    (X,Y)    10. DIG
  55-    56 | 01000010        154        0 |    992      1130    (X,Y)    11. DIG
  57-    58 | 01001010                  253 | Rel. Horiz. Kurv. Extr. schwarz Minuskelhoehe
  59-    60 | 10000010        108        0 |   1100      1130    (X,Y)    12. DIG
  61-    63 | 10100000         78      -48 |   1178      1082    (X,Y)    13. DIG
  64-    65 | 01100001          0      -67 |   1178      1015    (X,Y)    14. DIG
  66         | 01000110                      | Abs. Vert. Kurv. Extr.   schwarz
  67-    68 | 10100001          0      -34 |   1178       981    (X,Y)    15. DIG
  69-    71 | 10110000        -25      -24 |   1153       957    (X,Y)    16. DIG
  72-    73 | 01010010        -36        0 |   1117       957    (X,Y)    17. DIG
  74         | 01000001                      | Abs. Horiz. Kurv. Extr. weiss
  75-    76 | 10010010        -32        0 |   1085       957    (X,Y)    18. DIG
  77-    79 | 10010000        -23       21 |   1062       978    (X,Y)    19. DIG
  80-    81 | 01000001          0       30 |   1062      1008    (X,Y)    20. DIG
  82         | 01000101                      | Abs. Vert. Kurv. Extr.   weiss
  83-    84 | 10000001          0       18 |   1062      1026    (X,Y)    21. DIG
-------------|-------------------------------|----------------------------------------
```

```
U003003T.BS                          3-FEB-92                          SEITE 21
--------------------------------------------------------------------------------

                              GRAND TOTAL
                              -----------
                                                      KBYTES
                                                      ------
            Laenge der Schrift:                       113.662
            Laenge des Schriftkopfes:                   0.152
            Laenge aller Buchstabenkoepfe:              9.926
            Laenge aller Bildinformationen:            84.433

            DIGITALISIERUNGEN                         ANZAHL
            -----------------                         ------
            Serifen Startpunkte:                        1151
            Serifen Endpunkte:                           725
            Horizontale Spitzen:                         838
            Vertikale Spitzen:                           699
            Horizontale Kurvenextrema:                  2402
            Vertikale Kurvenextrema:                    2147
            Weitere Digitalisierungen:                 21134
                                                      ======
            Summe:                                     29096
            ----------------------------------------------------
            Buchstaben:                                  709
            Groesse (in KBytes)                      107.507
            ----------------------------------------------------
            Raster:                              1000 x 1000
            ----------------------------------------------------
            Digitalisierungen/Buchstabe:                  41
            Bildinformation/Buchstabe:                   119 Bytes



--------------------------------------------------------------------------------
```

Beschreibung des VE-Formates

1. Struktur einer VE-Schrift

Als Struktur einer VE-Schrift wird der im Anhang G beschriebene und im Anhang L erweiterte Aufbau herangezogen.

2. Beschreibung des VE-Formates

Das **Vektor-Format** ist eine vereinfachte Form des VC-Formates. Die Kreise werden nicht mehr als Kreise wiedergegeben, sondern in kleine Geraden (Vektoren) aufgelöst und dargestellt. Die kurvigen Teile in einer IK-Schrift machen mehr als 90% der Bildinformation aus. Wie bereits erwähnt (Kapitel 5.1.4.), kommen in Rasterbildern selten längere, gerade Stücke mit mehr als 13 Bildpunkten vor.

Diese Tatsache hat zu einer inkrementalen Kodierung geführt, die mit einem 8-Bit-Byte für einen Vektor auskommt. Solche Vektoren werden als V-Vektoren bezeichnet. Die linken (höherwertigen) 4 Bit beschreiben das X-Inkrement des V-Vektors, die rechten (niederwertigen) 4 Bit das Y-Inkrement.

Die Beträge von ΔX und ΔY der V-Vektoren sind kleiner 14 gehalten. Welches Vorzeichen sie haben, wird gesondert bestimmt. Wie beim VC-Format gibt es noch Weißvektoren, die zu den Startpunkten der Konturen »mit gehobenem Stift« führen. Sie stehen immer auf Wortgrenze am Anfang der Konturdaten. Die zugehörigen ΔX und ΔY sind INTEGER $\times$ 2 mit Vorzeichen. Der erste Weißvektor beginnt im Nullpunkt des zugehörigen Koordinatensystems des Buchstabens. Die weiteren Weißvektoren führen zu den nächsten Konturen in der Reihenfolge, die durch das Konturadreßbuch gegeben ist.
Längere Geraden können natürlich nicht mit kurzen V-Vektoren beschrieben werden, deshalb haben wir folgende Vereinbarungen eingeführt (hexadezimal notiert):

Das VE-Format hat wie das VC-Format eine (möglicherweise) begrenzte Auflösung (kleiner als 15.000/em).

343

Die Vektoren E0,...,ED kündigen an, daß erst im folgenden Byte die X-Komponente beschrieben wird. Hierbei gilt, daß die Byte-Werte 1,...,120 positiv und die Werte 255,...,136 negativ als $-1,...,-120$ gezählt werden. Wir nennen dies S-Vektordarstellung.

Von nun ab haben die X-Komponenten der Vektoren das hier gegebene Vorzeichen. Die Vektoren F0,...,FD bewirken dasselbe und zusätzlich Vorzeichenwechsel für die nachfolgenden Y-Komponenten.

Ist das Folgebyte mit 80 kodiert, folgt erst in den unmittelbar nächsten zwei Bytes (16 Bit) die Kodierung als INTEGER $\times$ 2 mit Vorzeichen. Wir nennen dies L-Vektordarstellung. Das Vorzeichen der Komponente gilt auch für folgende V-Vektoren. Analog kündigen die Vektoren 0E,...,DE bzw. 0F,...,DF an, daß erst im folgenden Byte oder in den folgenden 3 Bytes die Y-Komponente beschrieben wird.

Das Byte EE kündigt an, daß in oben beschriebener Weise erst die X- und dann die Y-Komponente beschrieben wird.

Das Umschalten der Vorzeichen für die kurzen Inkremente Δ X und Δ Y der V-Vektoren geschieht durch das Aufrufen der längeren Darstellungen (entweder 8 oder 16 Bit) für eine oder sogar beide Komponenten. Durch die Angaben F0,...,FD bzw. 0F,...,DF kann gleichzeitig das Vorzeichen der jeweils anderen Komponente umgeschaltet werden. Diese Umschaltung gilt jedoch erst ab dem nächsten V-Vektor und noch nicht für die aktuelle zugeordnete Vektorkomponente.

Kodierungsbeispiel:
Folge von
Inkrementen

Inkremente	hexadezimal) (INTEGER x 2	Stand der Vor zeichen XY		Kommentar
5,5	55	+	+	normaler V-Vektor
$-10,0$	E0,F6	$-$	+	Vorzeichenwechsel in X
$-14,10$	EA,F2	$-$	+	S-Vektordarstellung für X
$-10,14$	AE,0E	$-$	+	S-Vektordarstellung für Y
$-1000,0$	E0,80,(-1000)	$-$	+	L-Vektordarstellung für X

Inkremente	hexadezimal) (INTEGER x 2)	Stand der Vorzeichen XY	Kommentar
− 10, −1000	AF,80, (− 1000)	− −	L-Vektordarstellung für Y
		+ −	Vorzeichenwechsel für X
10, 10	AE,0A	+ +	Vorzeichenwechsel für Y
200, 200	FF,80,(200), FF,80,(200)	+ +	L-Darstellung für X und Y
		− −	mit doppeltem Vorzeichenwechsel
− 10, − 10	AA		
5, − 5	F5,05	+ −	Vorzeichenwechsel in X
		+ +	Vorzeichenwechsel in Y
4, 4	4F,04		
−3, 3	33	− +	Vorzeichenwechsel in X

Die Umschaltung der jeweils anderen Komponente bei einer langen Komponente ist besonders günstig für die Darstellung von Kurven, denn in den Extrema ist eine Komponente lang, während die andere kurz ist und oft ihr Vorzeichen wechselt.

Das Ende der Konturen wird durch die Anzahl der Vektoren (Digitalisierungen) kontrolliert, diese Angabe findet man im Konturadreßbuch. W-, S-, L- und V-Darstellungen werden jeweils als eine Digitalisierung gezählt. Das Ende eines Buchstabens ist erreicht, wenn alle Konturen verarbeitet sind.

Das Ende einer Schrift kontrolliert man mit dem Buchstabenadreßbuch der Schrift.

3. Beispiel eines VE-Formates

Wir bilden zunächst die Kleinbuchstaben a, b, c der Schrift
»URW-Antiqua 2015 (normal)« mit Marken ab, anschließend
geben wir das zugehörige vollständige Schriftformat als Datenliste wieder. Die Rasterung beträgt 400 × 400 für das Geviert.

Abb. 196
Darstellung
des VE-Formates

```
U003003T.VE                 20.JAN.1992  11:06              SEITE   1

---------|-------------------|---------------------------------------------
  WORTNR. |      INHALT       |                  BEDEUTUNG
---------|-------------------|---------------------------------------------
    1    |             2215 | Schriftkopflaenge
---------|-------------------|---------------------------------------------
         NAMENSTEIL
         ----------
    2    |               55 | Laenge des Namens
    3    |                0 | Nummer auf URW-Liste
  4 - 10 |  U003003T.VE      | Filename (ASCII)
         |                   |
 11 - 49 |URW Antiqua 2015 Regular                 | Schriftname (ASCII)
         |                   |
         |                   |
   50    |               VE | Datenformat (ASCII)
 51 - 53 |       20  1 1992 | Herstellungsdatum: 20.Jan.1992
 54 - 56 |       20  1 1992 | Letzte Aenderung:   20.Jan.1992
---------|-------------------|---------------------------------------------
         SCHRIFTINFORMATION
         ------------------
   57    |               19 | Laenge der Schriftinformation
   58    |                1 | Kennzeichen fuer Schrift
   59    |              712 | Anzahl der Buchstaben
   60    |              267 | Versalhoehe (in Pixel)
   61    |              400 | Kegelhoehe (in Pixel)
   62    |              187 | Minuskelhoehe (in Pixel)
   63    |               87 | Abstand Grundlinie - Kegelunterkante (in Pixel)
   64    |              400 | Zeilenabstand fuer Satz (in Pixel)
   65    |               35 | Strichstaerke (in Pixel)
   66    |                0 | Kursivwinkel (in 1/10 Grad)
   67    |               12 | opt. Groessenbereich fuer Satz (in p)
   68    |             8462 | mittl. Buchstabenbreite (in 1/100mm)
   69    |              375 | X-Ausdehnung eines Bildpunktes (in 1/1000mm)
   70    |              375 | Y-Ausdehnung eines Bildpunktes (in 1/1000mm)
   71    |              400 | Geviertaufloesung in X-Richtung (in Pixel)
   72    |              400 | Geviertaufloesung in Y-Richtung (in Pixel)
   73    |               21 | Abtastkennung der Bilddaten
   74    |              400 | Breite der Druckzelle (in Pixel)
   75    |              400 | Hoehe der Druckzelle (in Pixel)
---------|-------------------|---------------------------------------------
         HIERARCHIETEIL
         --------------
   76    |                1 | Kein Hierarchieteil in diesem Format
---------|-------------------|---------------------------------------------
         BUCHSTABENADRESSBUCH
         --------------------
   77    |             2139 | Laenge des Buchstabenadressbuches
   78    |               33 | SCHRIFTLAENGE IN PHYS. SAETZEN
   79    |             1194 | Letztes Wort des letzten Satzes
         |                   |
   80    |              101 | Nummer des  1.Buchstaben
   81    |                2 | Zeiger auf Satz, der Buchstabenanfang enthaelt
   82    |              168 | Wortzeiger auf Buchstabenanfang
         |                   |
   83    |              102 | Nr. des 2.B.
   84    |                2 | Satzzeiger
   85    |              247 | Wortzeiger
         |                   |
  86- 88|    103    2  372 | Nr., Satzzeiger, Wortzeiger fuer    3.B.
---------|-------------------|---------------------------------------------
```

```
U003003T.VE                 20.JAN.1992  11:06            SEITE    2

---------|-------------------|-------------------------------------------
WORTNR.  |     INHALT        |                    BEDEUTUNG
---------|-------------------|-------------------------------------------
  89-  91|   104      2  475 | Nr., Satzzeiger, Wortzeiger fuer     4.B.
  92-  94|   105      2  574 | Nr., Satzzeiger, Wortzeiger fuer     5.B.
  95-  97|   106      2  655 | Nr., Satzzeiger, Wortzeiger fuer     6.B.
  98- 100|   107      2  732 | Nr., Satzzeiger, Wortzeiger fuer     7.B.
 101- 103|   108      2  848 | Nr., Satzzeiger, Wortzeiger fuer     8.B.
 104- 106|   109      2  940 | Nr., Satzzeiger, Wortzeiger fuer     9.B.
 107- 109|   110      2  999 | Nr., Satzzeiger, Wortzeiger fuer    10.B.
 110- 112|   111      2 1059 | Nr., Satzzeiger, Wortzeiger fuer    11.B.
 113- 115|   112      2 1148 | Nr., Satzzeiger, Wortzeiger fuer    12.B.
 116- 118|   113      2 1211 | Nr., Satzzeiger, Wortzeiger fuer    13.B.
 119- 121|   114      2 1301 | Nr., Satzzeiger, Wortzeiger fuer    14.B.
 122- 124|   115      2 1380 | Nr., Satzzeiger, Wortzeiger fuer    15.B.
 125- 127|   116      2 1496 | Nr., Satzzeiger, Wortzeiger fuer    16.B.
 128- 130|   117      2 1594 | Nr., Satzzeiger, Wortzeiger fuer    17.B.
 131- 133|   118      2 1733 | Nr., Satzzeiger, Wortzeiger fuer    18.B.
 134- 136|   119      2 1853 | Nr., Satzzeiger, Wortzeiger fuer    19.B.
 137- 139|   120      2 1964 | Nr., Satzzeiger, Wortzeiger fuer    20.B.
 140- 142|   121      2 2033 | Nr., Satzzeiger, Wortzeiger fuer    21.B.


 404- 406|   285      7 1446 | Nr., Satzzeiger, Wortzeiger fuer   109.B.
 407- 409|   286      7 1597 | Nr., Satzzeiger, Wortzeiger fuer   110.B.
 410- 412|   287      7 1724 | Nr., Satzzeiger, Wortzeiger fuer   111.B.
 413- 415|   289      7 1871 | Nr., Satzzeiger, Wortzeiger fuer   112.B.
 416- 418|   290      7 1982 | Nr., Satzzeiger, Wortzeiger fuer   113.B.
 419- 421|   291      8   38 | Nr., Satzzeiger, Wortzeiger fuer   114.B.
 422- 424|   292      8  148 | Nr., Satzzeiger, Wortzeiger fuer   115.B.
 425- 427|   296      8  250 | Nr., Satzzeiger, Wortzeiger fuer   116.B.
 428- 430|   297      8  365 | Nr., Satzzeiger, Wortzeiger fuer   117.B.
 431- 433|   298      8  465 | Nr., Satzzeiger, Wortzeiger fuer   118.B.
 434- 436|   301      8  599 | Nr., Satzzeiger, Wortzeiger fuer   119.B.
 437- 439|   302      8  719 | Nr., Satzzeiger, Wortzeiger fuer   120.B.
 440- 442|   303      8  828 | Nr., Satzzeiger, Wortzeiger fuer   121.B.


2171-2173|  2121     32 1768 | Nr., Satzzeiger, Wortzeiger fuer   698.B.
2174-2176|  2124     32 1905 | Nr., Satzzeiger, Wortzeiger fuer   699.B.
2177-2179|  2301     32 2029 | Nr., Satzzeiger, Wortzeiger fuer   700.B.
2180-2182|  2302     33   95 | Nr., Satzzeiger, Wortzeiger fuer   701.B.
2183-2185|  2304     33  217 | Nr., Satzzeiger, Wortzeiger fuer   702.B.
2186-2188|  2305     33  343 | Nr., Satzzeiger, Wortzeiger fuer   703.B.
2189-2191|  2307     33  444 | Nr., Satzzeiger, Wortzeiger fuer   704.B.
2192-2194|  2312     33  514 | Nr., Satzzeiger, Wortzeiger fuer   705.B.
2195-2197|  2316     33  595 | Nr., Satzzeiger, Wortzeiger fuer   706.B.
2198-2200|  2318     33  679 | Nr., Satzzeiger, Wortzeiger fuer   707.B.
2201-2203|  2319     33  778 | Nr., Satzzeiger, Wortzeiger fuer   708.B.
2204-2206|  2321     33  841 | Nr., Satzzeiger, Wortzeiger fuer   709.B.
2207-2209|  2323     33  970 | Nr., Satzzeiger, Wortzeiger fuer   710.B.
2210-2212|  2325     33 1067 | Nr., Satzzeiger, Wortzeiger fuer   711.B.
2213-2215| 20392     33 1165 | Nr., Satzzeiger, Wortzeiger fuer   712.B.
---------|-------------------|-------------------------------------------
```

```
U003003T.VE                  20.JAN.1992  11:07              SEITE  15

---------|------------------|--------------------------------------------------
  WORTNR. |     INHALT       |                    BEDEUTUNG
---------|------------------|--------------------------------------------------
    1    |               0  | Saetze       Laenge des Buchstabens
    2    |             120  | Worte
---------|------------------|--------------------------------------------------

      NAMENSTEIL
      ----------

    3    |               3  | Laenge des Namensteils
    4    |             301  | Zeichennummer
    5    |               0  | Folgeteilnummer
---------|------------------|--------------------------------------------------

      SATZINFORMATION
      ---------------

    6    |              12  | Laenge der Satzinformation
    7    |               1  | Buchstabenart = Buchstabe
    8    |             140  | Anzahl der Vektoren
    9    |             220  | Dickte (T=L+W+R)
   10    |              21  | Vorbreite (L)
   11    |             194  | Breite (W)
   12    |               5  | Nachbreite (R)
   13    |               0  | X-Minimum
   14    |             194  | X-Maximum
   15    |              -4  | Y-Minimum
   16    |             191  | Y-Maximum
   17    |               1  | Masseinheit ist 1 Pixel
---------|------------------|--------------------------------------------------

      KONTURADRESSBUCH
      ----------------

   18    |               0  | Saetze       Laenge des Konturadressbuches
   19    |              14  | Worte
         |                  |
   20    |               0  | Satzzeiger der   1. Kontur :      0
   21    |               3  | Wortzeiger                  :     34
   22    |              -1  | Drehsinn der Kontur = Uhrzeigersinn
   23    |               0  | Schachtelung: aussen 1. Ordnung
   24    |               0  | Farbe im Innern : durchsichtig
   25    |             108  | Anzahl der Digitalisierungen
         |                  |
   26    |               0  | Satzzeiger der   2. Kontur :      0
   27    |              70  | Wortzeiger                  :    101
   28    |              -1  | Drehsinn der Kontur = Uhrzeigersinn
   29    |               1  | Schachtelung: innen 1. Ordnung
   30    |               0  | Farbe im Innern : durchsichtig
   31    |              32  | Anzahl der Digitalisierungen
         |                  |
---------|------------------|--------------------------------------------------

      BILDINFORMATION
      ---------------

   32    |               0  | Saetze       Laenge der Daten
   33    |              89  | Worte
         |                  |
 34- 100|      190     28  |    190     28 (dX,dY)      1.DIG  W-Vektor
   36 1  |4F F9            |      4      -7 (dx,dY)      2.DIG  S-Vektor
   37 1  |99               |     -9      -9 (dx,dy)      3.DIG  V-Vektor
   37 2  |86               |     -8      -6 (dx,dy)      4.DIG  V-Vektor
   38 1  |84               |     -8      -4 (dx,dy)      5.DIG  V-Vektor
   38 2  |A4               |    -10      -4 (dx,dy)      6.DIG  V-Vektor
   39 1  |F1 F8            |     -8      -1 (dX,dy)      7.DIG  S-Vektor
---------|------------------|--------------------------------------------------
```

```
U003003T.VE                20.JAN.1992  11:07             SEITE  16

---------|-----------------------|--------------------------------------------
WORTNR.  |         INHALT        |              BEDEUTUNG
---------|-----------------------|--------------------------------------------
   40 1  |61                     |     -6      1 (dx,dy)      8.DIG   V-Vektor
   40 2  |62                     |     -6      2 (dx,dy)      9.DIG   V-Vektor
   41 1  |74                     |     -7      4 (dx,dy)     10.DIG   V-Vektor
   41 2  |45                     |     -4      5 (dx,dy)     11.DIG   V-Vektor
   42 1  |46                     |     -4      6 (dx,dy)     12.DIG   V-Vektor
   42 2  |26                     |     -2      6 (dx,dy)     13.DIG   V-Vektor
   43 1  |F9 FE                  |     -2      9 (dX,dy)     14.DIG   S-Vektor
   44 1  |CC                     |    -12    -12 (dx,dy)     15.DIG   V-Vektor
   44 2  |76                     |     -7     -6 (dx,dy)     16.DIG   V-Vektor
   45 1  |85                     |     -8     -5 (dx,dy)     17.DIG   V-Vektor
   45 2  |A5                     |    -10     -5 (dx,dy)     18.DIG   V-Vektor
   46 1  |A4                     |    -10     -4 (dx,dy)     19.DIG   V-Vektor
   46 2  |A1                     |    -10     -1 (dx,dy)     20.DIG   V-Vektor
   47 1  |F1 F7                  |     -9     -1 (dX,dy)     21.DIG   S-Vektor
   48 1  |71                     |     -7      1 (dx,dy)     22.DIG   V-Vektor
   48 2  |81                     |     -8      1 (dx,dy)     23.DIG   V-Vektor
   49 1  |72                     |     -7      2 (dx,dy)     24.DIG   V-Vektor
   49 2  |62                     |     -6      2 (dx,dy)     25.DIG   V-Vektor
   50 1  |86                     |     -8      6 (dx,dy)     26.DIG   V-Vektor
   50 2  |44                     |     -4      4 (dx,dy)     27.DIG   V-Vektor
   51 1  |56                     |     -5      6 (dx,dy)     28.DIG   V-Vektor
   51 2  |46                     |     -4      6 (dx,dy)     29.DIG   V-Vektor
   52 1  |26                     |     -2      6 (dx,dy)     30.DIG   V-Vektor
   52 2  |27                     |     -2      7 (dx,dy)     31.DIG   V-Vektor
   53 1  |1F 0D                  |     -1     13 (dx,dY)     32.DIG   S-Vektor
   54 1  |1B                     |      1     11 (dx,dy)     33.DIG   V-Vektor
   54 2  |3A                     |      3     10 (dx,dy)     34.DIG   V-Vektor
   55 1  |25                     |      2      5 (dx,dy)     35.DIG   V-Vektor
   55 2  |24                     |      2      4 (dx,dy)     36.DIG   V-Vektor
   56 1  |34                     |      3      4 (dx,dy)     37.DIG   V-Vektor
   56 2  |33                     |      3      3 (dx,dy)     38.DIG   V-Vektor
   57 1  |75                     |      7      5 (dx,dy)     39.DIG   V-Vektor
   57 2  |64                     |      6      4 (dx,dy)     40.DIG   V-Vektor
   58 1  |73                     |      7      3 (dx,dy)     41.DIG   V-Vektor
   58 2  |72                     |      7      2 (dx,dy)     42.DIG   V-Vektor
   59 1  |B3                     |     11      3 (dx,dy)     43.DIG   V-Vektor
   59 2  |E3 0F                  |     15      3 (dX,dy)     44.DIG   S-Vektor
   60 2  |E2 10                  |     16      2 (dX,dy)     45.DIG   S-Vektor
   61 2  |EF 25        07        |     37      7 (dX,dY)     46.DIG   S-Vektor
   63 1  |1E 10                  |     -1     16 (dx,dY)     47.DIG   S-Vektor
   64 1  |09                     |      0      9 (dx,dy)     48.DIG   V-Vektor
   64 2  |17                     |     -1      7 (dx,dy)     49.DIG   V-Vektor
   65 1  |4C                     |     -4     12 (dx,dy)     50.DIG   V-Vektor
   65 2  |35                     |     -3      5 (dx,dy)     51.DIG   V-Vektor
   66 1  |23                     |     -2      3 (dx,dy)     52.DIG   V-Vektor
   66 2  |43                     |     -4      3 (dx,dy)     53.DIG   V-Vektor
   67 1  |32                     |     -3      2 (dx,dy)     54.DIG   V-Vektor
   67 2  |A4                     |    -10      4 (dx,dy)     55.DIG   V-Vektor
   68 1  |F2 F0                  |    -16      2 (dX,dy)     56.DIG   S-Vektor
   69 1  |A1                     |    -10     -1 (dx,dy)     57.DIG   V-Vektor
   69 2  |82                     |     -8     -2 (dx,dy)     58.DIG   V-Vektor
   70 1  |63                     |     -6     -3 (dx,dy)     59.DIG   V-Vektor
   70 2  |43                     |     -4     -3 (dx,dy)     60.DIG   V-Vektor
   71 1  |22                     |     -2     -2 (dx,dy)     61.DIG   V-Vektor
   71 2  |0F FD                  |      0     -3 (dx,dY)     62.DIG   S-Vektor
   72 2  |55                     |      5     -5 (dx,dy)     63.DIG   V-Vektor
---------|-----------------------|--------------------------------------------
```

```
U003003T.VE              20.JAN.1992  11:07           SEITE  17

---------|-----------------------|-----------------------------------------
WORTNR. |        INHALT         |               BEDEUTUNG
---------|-----------------------|-----------------------------------------
  73 1  |46                     |     4    -6 (dx,dy)       64.DIG  V-Vektor
  73 2  |13                     |     1    -3 (dx,dy)       65.DIG  V-Vektor
  74 1  |0F FC                  |     0    -4 (dx,dY)       66.DIG  S-Vektor
  75 1  |16                     |    -1    -6 (dx,dy)       67.DIG  V-Vektor
  75 2  |25                     |    -2    -5 (dx,dy)       68.DIG  V-Vektor
  76 1  |35                     |    -3    -5 (dx,dy)       69.DIG  V-Vektor
  76 2  |54                     |    -5    -4 (dx,dy)       70.DIG  V-Vektor
  77 1  |62                     |    -6    -2 (dx,dy)       71.DIG  V-Vektor
  77 2  |F0 F4                  |   -12     0 (dX,dy)       72.DIG  S-Vektor
  78 2  |42                     |    -4     2 (dx,dy)       73.DIG  V-Vektor
  79 1  |64                     |    -6     4 (dx,dy)       74.DIG  V-Vektor
  79 2  |46                     |    -4     6 (dx,dy)       75.DIG  V-Vektor
  80 1  |26                     |    -2     6 (dx,dy)       76.DIG  V-Vektor
  80 2  |0F 0B                  |     0    11 (dx,dY)       77.DIG  S-Vektor
  81 2  |26                     |     2     6 (dx,dy)       78.DIG  V-Vektor
  82 1  |35                     |     3     5 (dx,dy)       79.DIG  V-Vektor
  82 2  |34                     |     3     4 (dx,dy)       80.DIG  V-Vektor
  83 1  |77                     |     7     7 (dx,dy)       81.DIG  V-Vektor
  83 2  |64                     |     6     4 (dx,dy)       82.DIG  V-Vektor
  84 1  |53                     |     5     3 (dx,dy)       83.DIG  V-Vektor
  84 2  |E4 0E                  |    14     4 (dX,dy)       84.DIG  S-Vektor
  85 2  |E3 10                  |    16     3 (dX,dy)       85.DIG  S-Vektor
  86 2  |F1 11                  |    17     1 (dX,dy)       86.DIG  S-Vektor
  87 2  |E1 0E                  |    14    -1 (dX,dy)       87.DIG  S-Vektor
  88 2  |D2                     |    13    -2 (dx,dy)       88.DIG  V-Vektor
  89 1  |72                     |     7    -2 (dx,dy)       89.DIG  V-Vektor
  89 2  |62                     |     6    -2 (dx,dy)       90.DIG  V-Vektor
  90 1  |63                     |     6    -3 (dx,dy)       91.DIG  V-Vektor
  90 2  |43                     |     4    -3 (dx,dy)       92.DIG  V-Vektor
  91 1  |76                     |     7    -6 (dx,dy)       93.DIG  V-Vektor
  91 2  |34                     |     3    -4 (dx,dy)       94.DIG  V-Vektor
  92 1  |46                     |     4    -6 (dx,dy)       95.DIG  V-Vektor
  92 2  |35                     |     3    -5 (dx,dy)       96.DIG  V-Vektor
  93 1  |3B                     |     3   -11 (dx,dy)       97.DIG  V-Vektor
  93 2  |1D                     |     1   -13 (dx,dy)       98.DIG  V-Vektor
  94 1  |0E A7                  |     0   -89 (dx,dY)       99.DIG  S-Vektor
  95 1  |2C                     |     2   -12 (dx,dy)      100.DIG  V-Vektor
  95 2  |26                     |     2    -6 (dx,dy)      101.DIG  V-Vektor
  96 1  |34                     |     3    -4 (dx,dy)      102.DIG  V-Vektor
  96 2  |43                     |     4    -3 (dx,dy)      103.DIG  V-Vektor
  97 1  |F1 04                  |     4    -1 (dX,dy)      104.DIG  S-Vektor
  98 1  |51                     |     5     1 (dx,dy)      105.DIG  V-Vektor
  98 2  |52                     |     5     2 (dx,dy)      106.DIG  V-Vektor
  99 1  |64                     |     6     4 (dx,dy)      107.DIG  V-Vektor
  99 2  |43                     |     4     3 (dx,dy)      108.DIG  V-Vektor
101- 120|       -70        76   |   -70    76 (dX,dY)      109.DIG  W-Vektor
 103 1  |0E D5                  |     0   -43 (dx,dY)      110.DIG  S-Vektor
 104 1  |2A                     |    -2   -10 (dx,dy)      111.DIG  V-Vektor
 104 2  |26                     |    -2    -6 (dx,dy)      112.DIG  V-Vektor
 105 1  |36                     |    -3    -6 (dx,dy)      113.DIG  V-Vektor
 105 2  |56                     |    -5    -6 (dx,dy)      114.DIG  V-Vektor
 106 1  |76                     |    -7    -6 (dx,dy)      115.DIG  V-Vektor
 106 2  |95                     |    -9    -5 (dx,dy)      116.DIG  V-Vektor
 107 1  |52                     |    -5    -2 (dx,dy)      117.DIG  V-Vektor
 107 2  |41                     |    -4    -1 (dx,dy)      118.DIG  V-Vektor
 108 1  |A1                     |   -10    -1 (dx,dy)      119.DIG  V-Vektor
---------|-----------------------|-----------------------------------------
```

```
U003003T.VE              20.JAN.1992  11:07           SEITE  18

---------|-----------------------|---------------------------------------------
WORTNR. |         INHALT         |                  BEDEUTUNG
---------|-----------------------|---------------------------------------------
   108 2 |F0 FB                  |     -5      0 (dX,dy)      120.DIG   S-Vektor
   109 2 |61                     |     -6      1 (dx,dy)      121.DIG   V-Vektor
   110 1 |52                     |     -5      2 (dx,dy)      122.DIG   V-Vektor
   110 2 |42                     |     -4      2 (dx,dy)      123.DIG   V-Vektor
   111 1 |77                     |     -7      7 (dx,dy)      124.DIG   V-Vektor
   111 2 |34                     |     -3      4 (dx,dy)      125.DIG   V-Vektor
   112 1 |23                     |     -2      3 (dx,dy)      126.DIG   V-Vektor
   112 2 |39                     |     -3      9 (dx,dy)      127.DIG   V-Vektor
   113 1 |18                     |     -1      8 (dx,dy)      128.DIG   V-Vektor
   113 2 |0F 05                  |      0      5 (dx,dY)      129.DIG   S-Vektor
   114 2 |17                     |      1      7 (dx,dy)      130.DIG   V-Vektor
   115 1 |14                     |      1      4 (dx,dy)      131.DIG   V-Vektor
   115 2 |24                     |      2      4 (dx,dy)      132.DIG   V-Vektor
   116 1 |35                     |      3      5 (dx,dy)      133.DIG   V-Vektor
   116 2 |33                     |      3      3 (dx,dy)      134.DIG   V-Vektor
   117 1 |54                     |      5      4 (dx,dy)      135.DIG   V-Vektor
   117 2 |32                     |      3      2 (dx,dy)      136.DIG   V-Vektor
   118 1 |83                     |      8      3 (dx,dy)      137.DIG   V-Vektor
   118 2 |A3                     |     10      3 (dx,dy)      138.DIG   V-Vektor
   119 1 |D3                     |     13      3 (dx,dy)      139.DIG   V-Vektor
   119 2 |E7 22                  |     34      7 (dX,dy)      140.DIG   S-Vektor
        |                       |
---------|-----------------------|---------------------------------------------
```

```
U003003T.VE                 20.JAN.1992  11:07              SEITE   19

---------|-----------------|---------------------------------------------------
  WORTNR. |     INHALT      |                   BEDEUTUNG
---------|-----------------|---------------------------------------------------
     1   |               0 | Saetze      Laenge des Buchstabens
     2   |             109 | Worte
---------|-----------------|---------------------------------------------------
         NAMENSTEIL
         ----------
     3   |               3 | Laenge des Namensteils
     4   |             302 | Zeichennummer
     5   |               0 | Folgeteilnummer
---------|-----------------|---------------------------------------------------
         SATZINFORMATION
         ---------------
     6   |              12 | Laenge der Satzinformation
     7   |               1 | Buchstabenart = Buchstabe
     8   |             116 | Anzahl der Vektoren
     9   |             251 | Dickte (T=L+W+R)
    10   |              -1 | Vorbreite (L)
    11   |             234 | Breite (W)
    12   |              18 | Nachbreite (R)
    13   |               0 | X-Minimum
    14   |             234 | X-Maximum
    15   |              -5 | Y-Minimum
    16   |             276 | Y-Maximum
    17   |               1 | Masseinheit ist 1 Pixel
---------|-----------------|---------------------------------------------------
         KONTURADRESSBUCH
         ----------------
    18   |               0 | Saetze       Laenge des Konturadressbuches
    19   |              14 | Worte
         |                 |
    20   |               0 | Satzzeiger der   1. Kontur :     0
    21   |               3 | Wortzeiger                 :    34
    22   |              -1 | Drehsinn der Kontur = Uhrzeigersinn
    23   |               0 | Schachtelung: aussen 1. Ordnung
    24   |               0 | Farbe im Innern : durchsichtig
    25   |              63 | Anzahl der Digitalisierungen
         |                 |
    26   |               0 | Satzzeiger der   2. Kontur :     0
    27   |              46 | Wortzeiger                 :    77
    28   |              -1 | Drehsinn der Kontur = Uhrzeigersinn
    29   |               1 | Schachtelung: innen 1. Ordnung
    30   |               0 | Farbe im Innern : durchsichtig
    31   |              53 | Anzahl der Digitalisierungen
         |                 |
---------|-----------------|---------------------------------------------------
         BILDINFORMATION
         ---------------
    32   |               0 | Saetze       Laenge der Daten
    33   |              78 | Worte
         |                 |
  34- 76|      51      -5  |     51      -5 (dX,dY)     1.DIG  W-Vektor
    36 1 |E0 F6            |    -10       0 (dX,dy)     2.DIG  S-Vektor
    37 1 |0E 80     227   |      0     227 (dx,dY)     3.DIG  L-Vektor
    39 1 |18              |     -1       8 (dx,dy)     4.DIG  V-Vektor
    39 2 |16              |     -1       6 (dx,dy)     5.DIG  V-Vektor
    40 1 |27              |     -2       7 (dx,dy)     6.DIG  V-Vektor
    40 2 |34              |     -3       4 (dx,dy)     7.DIG  V-Vektor
---------|-----------------|---------------------------------------------------
```

```
U003003T.VE              20.JAN.1992  11:07           SEITE  25

--------------------------------------------------------------------------------


                        GRAND TOTAL
                        -----------
                                              WORTE         KBYTES
                                              -----         ------
        Laenge der Schrift:                   66730        133.460
        Laenge des Schriftkopfes:              2215          4.430
        Laenge aller Buchstabenkoepfe:        21700         43.400
        Laenge der gesamten Bildinformation:  42815         85.630


            DIGITALISIERUNGEN                        ANZAHL
            -----------------                        ------
            Weissvektoren:                             1362
            L-Vektoren:                                1201
            S-Vektoren:                               13612
            V-Vektoren:                               41313
                                                      ======
            Summe:                                    57488
            ------------------------------------------------
            Buchstaben:                                 712
            Datensaetze (a 2048 Worte):                  33
            ------------------------------------------------
            Raster:                             400 X 400
            ------------------------------------------------
            Digitalisierungen/Buchstabe:                 81
            Bildinformation/Buchstabe:               120 Bytes



--------------------------------------------------------------------------------
```

Beschreibung des SC-Formates

1. Struktur einer SC-Schrift

Als Struktur einer SC-Schrift wird der im Anhang G beschriebene und im Anhang L erweiterte Aufbau herangezogen.

2. Beschreibung des SC-Formates

Für die Scan-Line-Formate wird durch die Abtastkennung (Wortnummer I + 18 im Schriftkopf) festgelegt, in welcher Richtung eine Zeile fortschreitet und wo die folgenden Zeilen liegen. Der Bildlinienstart befindet sich je nach Abtastkennung auf einer der Seiten des Abtastfensters, das durch die Größen XMIN, XMAX, YMIN und YMAX (Worte N1 + 10 bis N1 + 13) gegeben ist. Die Normierung erfolgt so, daß stets XMIN den Wert 0 Pixel hat, sowie YMIN und YMAX bezogen auf die Grundlinie und in Pixel gegeben sind (siehe auch Skizzen im Anhang L).

Pixel werden zu Lauflängen zusammengefaßt.

Die Zeilen, sogenannte Scanlines, queren das Abtastfenster und stoßen abwechselnd auf Übergänge vom Weißen ins Schwarze und umgekehrt. Wir nennen die Entfernung von einem Übergang zum nächsten Lauflänge (run length). Wir nehmen an, daß die erste Lauflänge jeder Zeile ein weißes Gebiet durchquert. Es ist daher ganz natürlich, die Lauflänge 0 ausnahmsweise am Anfang einer Zeile zuzulassen für den Fall, daß die Zeile mit einer »schwarzen« Lauflänge beginnt. Mitten in der Zeile gibt es nur Lauflängen ≠ 0. Dort bedeutet eine Lauflänge = 0 das Zeilenende, also bedeuten die Bytes 00 00, daß eine Leerbildlinie vorliegt.

Die Lauflängen werden mit 7 Bit, 14 Bit oder 22 Bit wie folgt kodiert: Lauflängen bis 127 mit einem Byte 00,...,7F; Lauflängen bis 16.383 mit zwei Bytes, wobei die höherwertigen 7 Bit im ersten Byte von 80 bis FF kodiert sind. Das höchstwertige (linke) Bit zeigt an, daß ein weiteres Byte folgt mit den niederwertigen 7 Bit, kodiert als 00,...,7F. Die beiden 7-Bit-Gruppen bilden die 14-Bit-Darstellung der Lauflänge.

Noch größere Lauflängen werden mit 22 Bit kodiert und beschreiben Längen bis theoretisch 4.194.303 Bildpunkten. Sie werden durch das zweite Byte mit den Kodierungen 80,...,FF angezeigt. Das höchstwertige (linke) Bit zeigt an, daß ein weiteres Byte folgt. Also sind dann 7 + 7 + 8 Bit zur Kodierung verfügbar. Das erste Byte liefert die Bits 21,...,15, das zweite die Bits 14,...,8 und das dritte die Bits 7,...,0 für die 22-Bit-Darstellung.

Bytes	Kodierte Lauflänge	Kommentar
00	0	entweder schwarzer Zeilenanfang (nichts Weißes) oder Bildlinienende
00 00	0	Leerbildlinie
01	1	7-Bit-Lauflänge
0F	15	7-Bit-Lauflänge
7F	127	7-Bit-Lauflänge
81 00	128	14-Bit-Lauflänge
81 7F	255	14-Bit-Lauflänge
FF 7F	16 383	14-Bit-Lauflänge
80 C0 00	16 384	22-Bit-Lauflänge
82 80 00	65 536	22-Bit-Lauflänge
FF FF FF	4 194 303	22-Bit-Lauflänge

Kodierungsbeispiele

Die Anzahl der Bildlinienwiederholungen wird gegebenenfalls direkt hinter die Lauflängen einer Scanlinie geschrieben. Da eine Scanlinie immer eine gerade Anzahl von Lauflängen haben muß, führt die Angabe der Wiederholungen zu einer ungeraden Anzahl und kann daran erkannt werden.

Das Buchstabenende wird durch das Zeilenadreßbuch überwacht, analog das Schriftende durch das Buchstabenadreßbuch.

Eine Lauflänge, gleich ob 7, 14 oder 22 Bit lang, wird als eine Digitalisierung gezählt.

3. Beispiel eines SC-Formates

Wir bilden die Kleinbuchstaben a, b, c der Schrift »URW-Antiqua 2015 (normal)« als Rasterbild ab. Die Abtastkennung ist 21 (CRT-Maschinen). Die Rasterung ist 100 × 100 für das Geviert.

Abb. 197
Darstellung
eines SC-Formates

```
U003003T.SC                20.JAN.1992  11:14              SEITE   1

--------- |------------------- |------------------------------------------------
 WORTNR.  |     INHALT         |                 BEDEUTUNG
--------- |------------------- |------------------------------------------------
    1     |           2215     | Schriftkopflaenge
--------- |------------------- |------------------------------------------------
          NAMENSTEIL
          ----------
    2     |             55     | Laenge des Namens
    3     |              0     | Nummer auf URW-Liste
 4 - 10   | U003003T.SC        | Filename (ASCII)
          |                    |
11 - 49   |URW Antiqua 2015 Regular             | Schriftname (ASCII)
          |                    |
   50     |             SC     | Datenformat (ASCII)
51 - 53   |      20  1 1992    | Herstellungsdatum: 20.Jan.1992
54 - 56   |      20  1 1992    | Letzte Aenderung:  20.Jan.1992
--------- |------------------- |------------------------------------------------
          SCHRIFTINFORMATION
          ------------------
   57     |             19     | Laenge der Schriftinformation
   58     |              1     | Kennzeichen fuer Schrift
   59     |            712     | Anzahl der Buchstaben
   60     |             67     | Versalhoehe (in Pixel)
   61     |            100     | Kegelhoehe (in Pixel)
   62     |             47     | Minuskelhoehe (in Pixel)
   63     |             22     | Abstand Grundlinie - Kegelunterkante (in Pixel)
   64     |            100     | Zeilenabstand fuer Satz (in Pixel)
   65     |              9     | Strichstaerke (in Pixel)
   66     |              0     | Kursivwinkel (in 1/10 Grad)
   67     |             12     | opt. Groessenbereich fuer Satz (in p)
   68     |           8462     | mittl. Buchstabenbreite (in 1/100mm)
   69     |           1500     | X-Ausdehnung eines Bildpunktes (in 1/1000mm)
   70     |           1500     | Y-Ausdehnung eines Bildpunktes (in 1/1000mm)
   71     |            100     | Geviertaufloesung in X-Richtung (in Pixel)
   72     |            100     | Geviertaufloesung in Y-Richtung (in Pixel)
   73     |             21     | Abtastkennung der Bilddaten
   74     |            100     | Breite der Druckzelle (in Pixel)
   75     |            100     | Hoehe der Druckzelle (in Pixel)
--------- |------------------- |------------------------------------------------
          HIERARCHIETEIL
          --------------
   76     |              1     | Kein Hierarchieteil in diesem Format
--------- |------------------- |------------------------------------------------
          BUCHSTABENADRESSBUCH
          --------------------
   77     |           2139     | Laenge des Buchstabenadressbuches
   78     |             39     | SCHRIFTLAENGE IN PHYS. SAETZEN
   79     |           1011     | Letztes Wort des letzten Satzes
          |                    |
   80     |            101     | Nummer des  1.Buchstaben
   81     |              2     | Zeiger auf Satz, der Buchstabenanfang enthaelt
   82     |            168     | Wortzeiger auf Buchstabenanfang
          |                    |
   83     |            102     | Nr. des 2.B.
   84     |              2     | Satzzeiger
   85     |            334     | Wortzeiger
          |                    |
86- 88    |    103    2  451   | Nr., Satzzeiger, Wortzeiger fuer    3.B.
--------- |------------------- |------------------------------------------------
```

```
U003003T.SC                20.JAN.1992  11:14              SEITE   2

---------|------------------|-------------------------------------------
 WORTNR. |     INHALT       |                 BEDEUTUNG
---------|------------------|-------------------------------------------
   89-  91|  104    2  590  | Nr., Satzzeiger, Wortzeiger fuer    4.B.
   92-  94|  105    2  701  | Nr., Satzzeiger, Wortzeiger fuer    5.B.
   95-  97|  106    2  816  | Nr., Satzzeiger, Wortzeiger fuer    6.B.
   98- 100|  107    2  908  | Nr., Satzzeiger, Wortzeiger fuer    7.B.
  101- 103|  108    2 1070  | Nr., Satzzeiger, Wortzeiger fuer    8.B.
  104- 106|  109    2 1169  | Nr., Satzzeiger, Wortzeiger fuer    9.B.
  107- 109|  110    2 1222  | Nr., Satzzeiger, Wortzeiger fuer   10.B.
  110- 112|  111    2 1290  | Nr., Satzzeiger, Wortzeiger fuer   11.B.
  113- 115|  112    2 1454  | Nr., Satzzeiger, Wortzeiger fuer   12.B.
  116- 118|  113    2 1525  | Nr., Satzzeiger, Wortzeiger fuer   13.B.
  119- 121|  114    2 1691  | Nr., Satzzeiger, Wortzeiger fuer   14.B.
  122- 124|  115    2 1833  | Nr., Satzzeiger, Wortzeiger fuer   15.B.
  125- 127|  116    2 1987  | Nr., Satzzeiger, Wortzeiger fuer   16.B.
  128- 130|  117    3   46  | Nr., Satzzeiger, Wortzeiger fuer   17.B.
  131- 133|  118    3  262  | Nr., Satzzeiger, Wortzeiger fuer   18.B.
  134- 136|  119    3  389  | Nr., Satzzeiger, Wortzeiger fuer   19.B.
  137- 139|  120    3  546  | Nr., Satzzeiger, Wortzeiger fuer   20.B.
  140- 142|  121    3  635  | Nr., Satzzeiger, Wortzeiger fuer   21.B.


  404- 406|  285   10 1135  | Nr., Satzzeiger, Wortzeiger fuer  109.B.
  407- 409|  286   10 1302  | Nr., Satzzeiger, Wortzeiger fuer  110.B.
  410- 412|  287   10 1501  | Nr., Satzzeiger, Wortzeiger fuer  111.B.
  413- 415|  289   10 1697  | Nr., Satzzeiger, Wortzeiger fuer  112.B.
  416- 418|  290   10 1866  | Nr., Satzzeiger, Wortzeiger fuer  113.B.
  419- 421|  291   10 1996  | Nr., Satzzeiger, Wortzeiger fuer  114.B.
  422- 424|  292   11   81  | Nr., Satzzeiger, Wortzeiger fuer  115.B.
  425- 427|  296   11  259  | Nr., Satzzeiger, Wortzeiger fuer  116.B.
  428- 430|  297   11  416  | Nr., Satzzeiger, Wortzeiger fuer  117.B.
  431- 433|  298   11  527  | Nr., Satzzeiger, Wortzeiger fuer  118.B.
  434- 436|  301   11  739  | Nr., Satzzeiger, Wortzeiger fuer  119.B.
  437- 439|  302   11  878  | Nr., Satzzeiger, Wortzeiger fuer  120.B.
  440- 442|  303   11  995  | Nr., Satzzeiger, Wortzeiger fuer  121.B.


 |2171-2173|  2121   38 1369  | Nr., Satzzeiger, Wortzeiger fuer  698.B.
  2174-2176|  2124   38 1544  | Nr., Satzzeiger, Wortzeiger fuer  699.B.
  2177-2179|  2301   38 1752  | Nr., Satzzeiger, Wortzeiger fuer  700.B.
  2180-2182|  2302   38 1882  | Nr., Satzzeiger, Wortzeiger fuer  701.B.
  2183-2185|  2304   38 2004  | Nr., Satzzeiger, Wortzeiger fuer  702.B.
  2186-2188|  2305   39  112  | Nr., Satzzeiger, Wortzeiger fuer  703.B.
  2189-2191|  2307   39  224  | Nr., Satzzeiger, Wortzeiger fuer  704.B.
  2192-2194|  2312   39  292  | Nr., Satzzeiger, Wortzeiger fuer  705.B.
  2195-2197|  2316   39  370  | Nr., Satzzeiger, Wortzeiger fuer  706.B.
  2198-2200|  2318   39  470  | Nr., Satzzeiger, Wortzeiger fuer  707.B.
  2201-2203|  2319   39  583  | Nr., Satzzeiger, Wortzeiger fuer  708.B.
  2204-2206|  2321   39  657  | Nr., Satzzeiger, Wortzeiger fuer  709.B.
  2207-2209|  2323   39  788  | Nr., Satzzeiger, Wortzeiger fuer  710.B.
  2210-2212|  2325   39  882  | Nr., Satzzeiger, Wortzeiger fuer  711.B.
  2213-2215| 20392   39  991  | Nr., Satzzeiger, Wortzeiger fuer  712.B.
---------|------------------|-------------------------------------------
```

```
U003003T.SC                 20.JAN.1992  11:14            SEITE   15

---------|-------------------|------------------------------------------------
WORTNR. |     INHALT        |                 BEDEUTUNG
---------|-------------------|------------------------------------------------
   1    |               0   | Saetze      Laenge des Buchstabens
   2    |             139   | Worte
---------|-------------------|------------------------------------------------
        NAMENSTEIL
        ----------
   3    |               3   | Laenge des Namensteils
   4    |             301   | Zeichennummer
   5    |               0   | Folgeteilnummer
---------|-------------------|------------------------------------------------
        SATZINFORMATION
        ---------------
   6    |              12   | Laenge der Satzinformation
   7    |               1   | Buchstabenart = Buchstabe
   8    |             198   | Anzahl der Uebergaenge
   9    |              55   | Dickte (T=L+W+R)
  10    |               5   | Vorbreite (L)
  11    |              48   | Breite (W)
  12    |               2   | Nachbreite (R)
  13    |               1   | X-Minimum
  14    |              48   | X-Maximum
  15    |               0   | Y-Minimum
  16    |              48   | Y-Maximum
  17    |               1   | Masseinheit ist 1 Pixel
---------|-------------------|------------------------------------------------
        ZEILENADRESSBUCH
        ----------------
  18    |               0   | Saetze
  19    |               2   | Worte    Kein Zeilenadressbuch in diesem Format
        |                   |
---------|-------------------|------------------------------------------------
        BILDINFORMATION
        ---------------
  20    |                 0 | Saetze       Laenge der Daten
  21    |               120 | Worte
        |                   |
        |                   | Lauflaengen:
 22-  23| 09 08 00          | 10 18                                      1.Z.
 23-  24| 07 0D 00          | 8 21                                       2.Z.
 25-  26| 05 11 00          | 6 23                                       3.Z.
 26-  28| 04 13 0C 06 00    | 5 24 36 42                                 4.Z.
 29-  31| 03 14 0B 09 00    | 4 24 35 44                                 5.Z.
 31-  33| 02 16 09 0B 00    | 3 25 34 45                                 6.Z.
 34-  36| 02 17 07 0D 00    | 3 26 33 46                                 7.Z.
 36-  38| 01 18 07 0E 00    | 2 26 33 47                                 8.Z.
 39-  41| 01 19 06 0E 00    | 2 27 33 47                                 9.Z.
 41-  44| 00 0C 05 09 06 0F 00 | 1 13 18 27 33 48                       10.Z.
 45-  48| 00 0A 0A 06 07 0E 00 | 1 11 21 27 34 48                       11.Z.
 48-  52| 00 08 0D 06 06 09 01 04 00 | 1 9 22 28 34 43 44 48            12.Z.
 53-  57| 00 07 0F 05 07 07 03 04 00 | 1 8 23 28 35 42 45 49            13.Z.
 57-  61| 00 07 10 04 08 05 05 03 00 | 1 8 24 28 36 41 46 49            14.Z.
 62-  65| 00 06 11 04 12 03 00 | 1 7 24 28 46 49                        15.Z.
 65-  68| 00 06 12 03 12 03 00 | 1 7 25 28 46 49                        16.Z.
 69-  72| 00 06 12 04 11 03 00 | 1 7 25 29 46 49                        17.Z.
 72-  75| 00 05 13 04 12 03 00 | 1 6 25 29 47 50                        18.Z.
 76-  79| 01 04 14 03 12 03 00 | 2 6 26 29 47 50                        19.Z.
 79-  83| 01 05 13 03 12 03 | 2 7 26 29 47 50                           20.Z.
---------|-------------------------------|--------------------------------------
```

```
U003003T.SC                 20.JAN.1992  11:14              SEITE  16

---------|---------------------------------|---------------------------------
WORTNR.  |            INHALT               |            BEDEUTUNG
---------|---------------------------------|---------------------------------
         | 01 00                           |      1 Wiederholungszeile
   83-  86| 02 04 13 03 11 04 00           | 3 7 26 29 46 50              22.Z.
   87-  90| 02 04 13 04 10 04 00           | 3 7 26 30 46 50              23.Z.
   90-  93| 03 04 13 03 10 04 00           | 4 8 27 30 46 50              24.Z.
   94-  97| 04 03 13 03 10 04 00           | 5 8 27 30 46 50              25.Z.
   97- 100| 04 04 12 03 0F 04 00           | 5 9 27 30 45 49              26.Z.
  101- 104| 05 04 11 03 0F 04 00           | 6 10 27 30 45 49             27.Z.
  104- 107| 06 04 10 04 0D 05 00           | 7 11 27 31 44 49             28.Z.
  108- 111| 07 04 10 03 0B 07 00           | 8 12 28 31 42 49             29.Z.
  111- 114| 08 06 0D 03 08 0A 00           | 9 15 28 31 39 49             30.Z.
  115- 116| 06 29 00                       | 7 48                         31.Z.
  116- 117| 04 2B 00                       | 5 48                         32.Z.
  118- 119| 03 2B 00                       | 4 47                         33.Z.
  119- 120| 02 2C 00                       | 3 47                         34.Z.
  121- 122| 01 2C 00                       | 2 46                         35.Z.
  122- 123| 01 2B 00                       | 2 45                         36.Z.
  124- 125| 00 2A 00                       | 1 43                         37.Z.
  125- 126| 00 29 00                       | 1 42                         38.Z.
  127- 128| 00 25 00                       | 1 38                         39.Z.
  128- 129| 01 07 00                       | 2 9                          40.Z.
  130- 131| 01 05                          | 2 7                          41.Z.
         | 01 00                           |      1 Wiederholungszeile
  132- 133| 02 04                          | 3 7                          43.Z.
         | 01 00                           |      1 Wiederholungszeile
  134- 135| 03 03 00                       | 4 7                          45.Z.
  135- 136| 03 04 00                       | 4 8                          46.Z.
  137- 138| 04 03 00                       | 5 8                          47.Z.
  138- 139| 05 03 00                       | 6 9                          48.Z.
---------|---------------------------------|---------------------------------


---------|------------------|---------------------------------------------
WORTNR.  |     INHALT       |                 BEDEUTUNG
---------|------------------|---------------------------------------------
    1    |               0  | Saetze       Laenge des Buchstabens
    2    |             117  | Worte
---------|------------------|---------------------------------------------
     NAMENSTEIL
     ----------
    3    |               3  | Laenge des Namensteils
    4    |             302  | Zeichennummer
    5    |               0  | Folgeteilnummer
---------|------------------|---------------------------------------------
     SATZINFORMATION
     ---------------
    6    |              12  | Laenge der Satzinformation
    7    |               1  | Buchstabenart = Buchstabe
    8    |             178  | Anzahl der Uebergaenge
    9    |              63  | Dickte (T=L+W+R)
   10    |               0  | Vorbreite (L)
   11    |              59  | Breite (W)
   12    |               4  | Nachbreite (R)
   13    |               1  | X-Minimum
   14    |              59  | X-Maximum
   15    |               0  | Y-Minimum
   16    |              69  | Y-Maximum
   17    |               1  | Masseinheit ist 1 Pixel
---------|------------------|---------------------------------------------
```

```
---------------------------------------------------------------------------
        BILDINFORMATION
        ---------------
 20    |                          0  | Saetze         Laenge der Daten
 21    |                         98  | Worte
       |                             |
       |                             | Lauflaengen:
 22-  23| 41 03                      | 66 69                            1.Z.
       | 03 00                       |    3 Wiederholungszeilen
 24-  25| 40 04                      | 65 69                            5.Z.
       | 02 00                       |    2 Wiederholungszeilen
 26-  27| 40 05 00                   | 65 70                            8.Z.
 27-  28| 3F 06 00                   | 64 70                            9.Z.
 29-  30| 3D 08 00                   | 62 70                           10.Z.
 30-  32| 00 45                      | 1 70                            11.Z.
       | 02 00                       |    2 Wiederholungszeilen
 32-  33| 01 44 00                   | 2 70                            14.Z.
 34-  35| 02 43 00                   | 3 70                            15.Z.
 35-  36| 03 43 00                   | 4 71                            16.Z.
 37-  38| 04 42 00                   | 5 71                            17.Z.
 38-  40| 05 41                      | 6 71                            18.Z.
       | 01 00                       |    1 Wiederholungszeile
 40-  42| 04 0B 12 08 00             | 5 16 34 42                      20.Z.
 43-  45| 03 09 18 06 00             | 4 13 37 43                      21.Z.
 45-  47| 03 07 1C 05 00             | 4 11 39 44                      22.Z.
 48-  50| 02 06 20 04 00             | 3 9 41 45                       23.Z.
 50-  52| 02 05 22 04 00             | 3 8 42 46                       24.Z.
 53-  55| 02 04 24 04 00             | 3 7 43 47                       25.Z.
 55-  57| 01 05 24 04 00             | 2 7 43 47                       26.Z.
 58-  60| 01 04 26 04                | 2 6 44 48                       27.Z.
       | 01 00                       |    1 Wiederholungszeile
 61-  63| 00 04 28 04                | 1 5 45 49                       29.Z.
       | 02 00                       |    2 Wiederholungszeilen
 64-  66| 00 04 29 03 00             | 1 5 46 49                       32.Z.
 66-  69| 00 03 2A 04                | 1 4 46 50                       33.Z.
       | 01 00                       |    1 Wiederholungszeile
 69-  72| 00 04 29 04                | 1 5 46 50                       35.Z.
       | 02 00                       |    2 Wiederholungszeilen
 72-  74| 00 04 28 05 00             | 1 5 45 50                       38.Z.
 75-  77| 00 05 27 05 00             | 1 6 45 50                       39.Z.
 77-  79| 00 05 27 04 00             | 1 6 45 49                       40.Z.
 80-  82| 01 04 26 05 00             | 2 6 44 49                       41.Z.
 82-  84| 01 05 25 05 00             | 2 7 44 49                       42.Z.
 85-  87| 01 06 23 06 00             | 2 8 43 49                       43.Z.
 87-  89| 01 07 21 06 00             | 2 9 42 48                       44.Z.
 90-  92| 02 07 1F 07 00             | 3 10 41 48                      45.Z.
 92-  94| 02 09 1B 09 00             | 3 12 39 48                      46.Z.
 95-  97| 02 0A 18 0A 00             | 3 13 37 47                      47.Z.
 97-  99| 03 0C 13 0C 00             | 4 16 35 47                      48.Z.
100- 102| 04 13 03 13 00            | 5 24 27 46                      49.Z.
102- 103| 04 29 00                   | 5 46                            50.Z.
104- 105| 05 27 00                   | 6 45                            51.Z.
105- 106| 06 25 00                   | 7 44                            52.Z.
107- 108| 07 23 00                   | 8 43                            53.Z.
108- 109| 08 21 00                   | 9 42                            54.Z.
110- 111| 0A 1D 00                   | 11 40                           55.Z.
111- 112| 0B 1B 00                   | 12 39                           56.Z.
113- 114| 0D 17 00                   | 14 37                           57.Z.
114- 115| 10 11 00                   | 17 34                           58.Z.
116- 117| 17 03 00                   | 24 27                           59.Z.
---------|----------------------------|----------------------------------------
```

U003003T.SC   20.JAN.1992 11:14   SEITE 19

```
---------|------------------|------------------------------------------------
WORTNR.  |      INHALT      |                 BEDEUTUNG
---------|------------------|------------------------------------------------
   1     |               0  | Saetze      Laenge des Buchstabens
   2     |             110  | Worte
---------|------------------|------------------------------------------------
         NAMENSTEIL
         ----------
   3     |               3  | Laenge des Namensteils
   4     |             303  | Zeichennummer
   5     |               0  | Folgeteilnummer
---------|------------------|------------------------------------------------
         SATZINFORMATION
         ---------------
   6     |              12  | Laenge der Satzinformation
   7     |               1  | Buchstabenart = Buchstabe
   8     |             156  | Anzahl der Uebergaenge
   9     |              50  | Dickte (T=L+W+R)
  10     |               5  | Vorbreite (L)
  11     |              43  | Breite (W)
  12     |               2  | Nachbreite (R)
  13     |               1  | X-Minimum
  14     |              43  | X-Maximum
  15     |               0  | Y-Minimum
  16     |              48  | Y-Maximum
  17     |               1  | Masseinheit ist 1 Pixel
---------|------------------|------------------------------------------------
         ZEILENADRESSBUCH
         ----------------
  18     |               0  | Saetze
  19     |               2  | Worte    Kein Zeilenadressbuch in diesem Format
         |                  |
---------|------------------|------------------------------------------------
         BILDINFORMATION
         ---------------
  20     |               0  | Saetze      Laenge der Daten
  21     |              91  | Worte
         |                  |
         |                  | Lauflaengen:
22-  23| 13 0B 00           | 20 31                                     1.Z.
23-  24| 0F 13 00           | 16 35                                     2.Z.
25-  26| 0C 19 00           | 13 38                                     3.Z.
26-  27| 0A 1D 00           | 11 40                                     4.Z.
28-  29| 09 1F 00           | 10 41                                     5.Z.
29-  30| 07 22 00           | 8 42                                      6.Z.
31-  32| 06 24 00           | 7 43                                      7.Z.
32-  33| 05 26 00           | 6 44                                      8.Z.
34-  35| 05 27 00           | 6 45                                      9.Z.
35-  36| 04 29 00           | 5 46                                     10.Z.
37-  39| 03 10 0C 0E 00     | 4 20 32 46                               11.Z.
39-  41| 03 0C 14 0B 00     | 4 16 36 47                               12.Z.
42-  44| 02 0A 1A 08 00     | 3 13 39 47                               13.Z.
44-  46| 02 09 1D 07 00     | 3 12 41 48                               14.Z.
47-  49| 01 08 20 06 00     | 2 10 42 48                               15.Z.
49-  51| 01 07 22 06 00     | 2 9 43 49                                16.Z.
52-  54| 01 07 23 05 00     | 2 9 44 49                                17.Z.
54-  56| 01 06 25 04 00     | 2 8 45 49                                18.Z.
57-  59| 00 06 26 04 00     | 1 7 45 49                                19.Z.
59-  61| 00 06 27 03 00     | 1 7 46 49                                20.Z.
---------|------------------------------|----------------------------------------
```

```
U003003T.SC                    20.JAN.1992  11:14              SEITE   20

---------|-------------------------|-----------------------------------------
WORTNR.  |          INHALT         |              BEDEUTUNG
---------|-------------------------|-----------------------------------------
  62-  64| 00 05 28 03 00          | 1  6 46 49                        21.Z.
  64-  67| 00 05 28 04             | 1  6 46 50                        22.Z.
         | 01 00                   |      1 Wiederholungszeile
  67-  70| 00 05 29 03             | 1  6 47 50                        24.Z.
         | 03 00                   |      3 Wiederholungszeilen
  70-  72| 00 05 28 04 00          | 1  6 46 50                        28.Z.
  73-  75| 00 05 28 03 00          | 1  6 46 49                        29.Z.
  75-  78| 01 04 28 03             | 2  6 46 49                        30.Z.
         | 01 00                   |      1 Wiederholungszeile
  78-  81| 01 04 1E 02 07 04 00    | 2  6 36 38 45 49                  32.Z.
  82-  85| 02 04 1B 07 04 04 00    | 3  7 34 41 45 49                  33.Z.
  85-  88| 02 04 1A 09 02 04 00    | 3  7 33 42 44 48                  34.Z.
  89-  91| 02 05 19 0F 00          | 3  8 33 48                        35.Z.
  91-  93| 03 04 18 10 00          | 4  8 32 48                        36.Z.
  94-  96| 04 04 17 0F 00          | 5  9 32 47                        37.Z.
  96-  98| 04 05 16 0F 00          | 5 10 32 47                        38.Z.
  99- 101| 05 04 17 0D 00          | 6 10 33 46                        39.Z.
 101- 103| 06 04 16 0C 00          | 7 11 33 45                        40.Z.
 104- 106| 07 04 15 0B 00          | 8 12 33 44                        41.Z.
 106- 108| 08 02 17 09 00          | 9 11 34 43                        42.Z.
 109- 110| 23 05 00                | 36 41                             43.Z.
         |                         |
---------|-------------------------|-----------------------------------------


                        GRAND TOTAL
                        -----------

                                      WORTE          KBYTES
                                      -----          ------
Laenge der Schrift:                   78835         157.670
Laenge des Schriftkopfes:              2215           4.430
Laenge aller Buchstabenkoepfe:        13528          27.056
Laenge der gesamten Bildinformation:  63092         126.184


        DIGITALISIERUNGEN                     ANZAHL
        -----------------                     ------
        Zeilen:                                33826
        Summe aller Uebergaenge:              128955
        ----------------------------------------------
        Buchstaben:                              712
        Datensaetze (a 2048 Worte):               39
        ----------------------------------------------
        Raster:                             100 X 100
        ----------------------------------------------
        Digitalisierungen/Zeile:                3.82
        Zeilen/Buchstabe:                         48
        Bildinformation/Buchstabe:             177 Bytes
```

Beschreibung des SN-Formates

1. Struktur einer SN-Schrift

Als Struktur einer SN-Schrift wird der im Anhang G beschriebene und im Anhang L erweiterte Aufbau herangezogen.

2. Beschreibung des SN-Formates

Das **Scanline Nibble-Format** ist eine Verfeinerung des SC-Formates und speziell für Rasterungen im Bereich 30 × 30 bis 140 × 140 Pixel pro Geviert geeignet. Wir schlagen dieses Format für Laserdrucker vor, die bisher Bitmaps einsetzen und keine Outline-Verarbeitung durchführen sollen. Es benötigt weniger Speicherplatz (vergleiche die Grand Totals vom SC- und SN-Format).

Im SN-Format wird ein Byte durch ein Halbbyte (NIBBLE) ersetzt. Damit kann man die häufig vorkommenden kurzen Lauflängen von 1 bis 7 Pixel beschreiben. Die Halbbytes 8,...,F kündigen an, daß die höherwertigen 3 Bits in diesem Halbbyte stehen und die niederwertigen nächsten 3 Bits im folgenden Halbbyte. Man fährt so fort und benutzt sukzessive weitere Halbbytes zusammen mit einer Ankündigung im vorstehenden Halbbyte. Je später ein Halbbyte folgt, je tiefer ist die Wertigkeit.

Kodierungsbeispiele

Halbbytes (Nibbles)	kodierte Lauflänge in Pixel	Kommentar
0	0	entweder Start einer schwarzen Zeile oder Zeilenende
00	0	leere Scanzeile
1	1	3 Bit Lauflänge
7	7	3 Bit Lauflänge
90	8	6 Bit Lauflänge
F7	63	6 Bit Lauflänge
980	64	9 Bit Lauflänge
FF7	511	9 Bit Lauflänge
9880	512	12 Bit Lauflänge
FFF7	4095	12 Bit Lauflänge
98880	4096	15 Bit Lauflänge
.	.	.
.	.	.
.	.	.
etc.	etc.	etc.

Die Zahl der Bildlinienwiederholungen steht direkt angeschlossen an die Lauflängen einer Zeile. Da eine Bildlinie immer aus einer geraden Zahl von Lauflängen besteht (ein Vielfaches von Weiß-, Schwarzpaaren), bedeutet eine ungerade Zahl von »Lauflängen«, daß eine Bildlinienwiederholung angegeben worden ist.

Das Ende der Bildinformation erkennt man durch die Angabe ihrer Länge, die am Anfang steht. Eine Lauflänge wird als eine Digitalisierung gezählt ohne Rücksicht auf eine Kodierung mit 3, 6, 9, 12 oder 15 Bits.

3. Beispiel eines SN-Formates

Wir bilden zunächst die Kleinbuchstaben a, b, c der Schrift
»URW-Antiqua 2015 (normal)« als Rasterbilder ab, anschlie-
ßend geben wir das zugehörige vollständige Schriftformat als
Datenliste wieder. Die Rasterung beträgt 100 × 100 Pixel pro
Geviert, die Abtastkennung ist 21 (CRT-Maschinen).

Abb. 198
Darstellung
des SN-Formates

```
U003003T.SN                 20.JAN.1992  11:23           SEITE   1

---------|-----------------|-----------------------------------------------------
 WORTNR. |     INHALT      |                    BEDEUTUNG
---------|-----------------|-----------------------------------------------------
    1    |          2215   | Schriftkopflaenge
---------|-----------------|-----------------------------------------------------
         NAMENSTEIL
         ----------
    2    |            55   | Laenge des Namens
    3    |             0   | Nummer auf URW-Liste
  4 - 10 |  U003003T.SN    | Filename (ASCII)
         |                 |
 11 - 49 |URW Antiqua 2015 Regular                  | Schriftname (ASCII)
         |
         |                 |
   50    |            SN   | Datenformat (ASCII)
 51 - 53 |     20  1 1992  | Herstellungsdatum: 20.Jan.1992
 54 - 56 |     20  1 1992  | Letzte Aenderung:  20.Jan.1992
---------|-----------------|-----------------------------------------------------
         SCHRIFTINFORMATION
         ------------------
   57    |            19   | Laenge der Schriftinformation
   58    |             1   | Kennzeichen fuer Schrift
   59    |           712   | Anzahl der Buchstaben
   60    |            67   | Versalhoehe (in Pixel)
   61    |           100   | Kegelhoehe (in Pixel)
   62    |            47   | Minuskelhoehe (in Pixel)
   63    |            22   | Abstand Grundlinie - Kegelunterkante (in Pixel)
   64    |           100   | Zeilenabstand fuer Satz (in Pixel)
   65    |             9   | Strichstaerke (in Pixel)
   66    |             0   | Kursivwinkel (in 1/10 Grad)
   67    |            12   | opt. Groessenbereich fuer Satz (in p)
   68    |          8462   | mittl. Buchstabenbreite (in 1/100mm)
   69    |          1500   | X-Ausdehnung eines Bildpunktes (in 1/1000mm)
   70    |          1500   | Y-Ausdehnung eines Bildpunktes (in 1/1000mm)
   71    |           100   | Geviertaufloesung in X-Richtung (in Pixel)
   72    |           100   | Geviertaufloesung in Y-Richtung (in Pixel)
   73    |            21   | Abtastkennung der Bilddaten
   74    |           100   | Breite der Druckzelle (in Pixel)
   75    |           100   | Hoehe der Druckzelle (in Pixel)
---------|-----------------|-----------------------------------------------------
         HIERARCHIETEIL
         --------------
   76    |             1   | Kein Hierarchieteil in diesem Format
---------|-----------------|-----------------------------------------------------
         BUCHSTABENADRESSBUCH
         --------------------
   77    |          2139   | Laenge des Buchstabenadressbuches
   78    |            30   | SCHRIFTLAENGE IN PHYS. SAETZEN
   79    |           698   | Letztes Wort des letzten Satzes
         |                 |
   80    |           101   | Nummer des  1.Buchstaben
   81    |             2   | Zeiger auf Satz, der Buchstabenanfang enthaelt
   82    |           168   | Wortzeiger auf Buchstabenanfang
         |                 |
   83    |           102   | Nr. des 2.B.
   84    |             2   | Satzzeiger
   85    |           290   | Wortzeiger
         |                 |
 86- 88  |    103    2 380 | Nr., Satzzeiger, Wortzeiger fuer    3.B.
---------|-----------------|-----------------------------------------------------
```

```
U003003T.SN                20.JAN.1992  11:23           SEITE    2

---------|------------------|-------------------------------------------
 WORTNR. |     INHALT       |                    BEDEUTUNG
---------|------------------|-------------------------------------------
  89-  91|    104     2  484 | Nr., Satzzeiger, Wortzeiger fuer    4.B.
  92-  94|    105     2  567 | Nr., Satzzeiger, Wortzeiger fuer    5.B.
  95-  97|    106     2  653 | Nr., Satzzeiger, Wortzeiger fuer    6.B.
  98- 100|    107     2  723 | Nr., Satzzeiger, Wortzeiger fuer    7.B.
 101- 103|    108     2  843 | Nr., Satzzeiger, Wortzeiger fuer    8.B.
 104- 106|    109     2  915 | Nr., Satzzeiger, Wortzeiger fuer    9.B.
 107- 109|    110     2  956 | Nr., Satzzeiger, Wortzeiger fuer   10.B.
 110- 112|    111     2 1013 | Nr., Satzzeiger, Wortzeiger fuer   11.B.
 113- 115|    112     2 1134 | Nr., Satzzeiger, Wortzeiger fuer   12.B.
 116- 118|    113     2 1185 | Nr., Satzzeiger, Wortzeiger fuer   13.B.
 119- 121|    114     2 1309 | Nr., Satzzeiger, Wortzeiger fuer   14.B.
 122- 124|    115     2 1419 | Nr., Satzzeiger, Wortzeiger fuer   15.B.
 125- 127|    116     2 1536 | Nr., Satzzeiger, Wortzeiger fuer   16.B.
 128- 130|    117     2 1619 | Nr., Satzzeiger, Wortzeiger fuer   17.B.
 131- 133|    118     2 1790 | Nr., Satzzeiger, Wortzeiger fuer   18.B.
 134- 136|    119     2 1886 | Nr., Satzzeiger, Wortzeiger fuer   19.B.
 137- 139|    120     2 2009 | Nr., Satzzeiger, Wortzeiger fuer   20.B.
 140- 142|    121     3   29 | Nr., Satzzeiger, Wortzeiger fuer   21.B.


 404- 406|    285     8  831 | Nr., Satzzeiger, Wortzeiger fuer  109.B.
 407- 409|    286     8  960 | Nr., Satzzeiger, Wortzeiger fuer  110.B.
 410- 412|    287     8 1111 | Nr., Satzzeiger, Wortzeiger fuer  111.B.
 413- 415|    289     8 1262 | Nr., Satzzeiger, Wortzeiger fuer  112.B.
 416- 418|    290     8 1388 | Nr., Satzzeiger, Wortzeiger fuer  113.B.
 419- 421|    291     8 1486 | Nr., Satzzeiger, Wortzeiger fuer  114.B.
 422- 424|    292     8 1588 | Nr., Satzzeiger, Wortzeiger fuer  115.B.
 425- 427|    296     8 1719 | Nr., Satzzeiger, Wortzeiger fuer  116.B.
 428- 430|    297     8 1835 | Nr., Satzzeiger, Wortzeiger fuer  117.B.
 431- 433|    298     8 1919 | Nr., Satzzeiger, Wortzeiger fuer  118.B.
 434- 436|    301     9   23 | Nr., Satzzeiger, Wortzeiger fuer  119.B.
 437- 439|    302     9  121 | Nr., Satzzeiger, Wortzeiger fuer  120.B.
 440- 442|    303     9  208 | Nr., Satzzeiger, Wortzeiger fuer  121.B.


2171-2173|   2121    29 1455 | Nr., Satzzeiger, Wortzeiger fuer  698.B.
2174-2176|   2124    29 1589 | Nr., Satzzeiger, Wortzeiger fuer  699.B.
2177-2179|   2301    29 1735 | Nr., Satzzeiger, Wortzeiger fuer  700.B.
2180-2182|   2302    29 1830 | Nr., Satzzeiger, Wortzeiger fuer  701.B.
2183-2185|   2304    29 1929 | Nr., Satzzeiger, Wortzeiger fuer  702.B.
2186-2188|   2305    29 2048 | Nr., Satzzeiger, Wortzeiger fuer  703.B.
2189-2191|   2307    30   82 | Nr., Satzzeiger, Wortzeiger fuer  704.B.
2192-2194|   2312    30  136 | Nr., Satzzeiger, Wortzeiger fuer  705.B.
2195-2197|   2316    30  198 | Nr., Satzzeiger, Wortzeiger fuer  706.B.
2198-2200|   2318    30  272 | Nr., Satzzeiger, Wortzeiger fuer  707.B.
2201-2203|   2319    30  356 | Nr., Satzzeiger, Wortzeiger fuer  708.B.
2204-2206|   2321    30  412 | Nr., Satzzeiger, Wortzeiger fuer  709.B.
2207-2209|   2323    30  518 | Nr., Satzzeiger, Wortzeiger fuer  710.B.
2210-2212|   2325    30  595 | Nr., Satzzeiger, Wortzeiger fuer  711.B.
2213-2215|  20392    30  678 | Nr., Satzzeiger, Wortzeiger fuer  712.B.
---------|------------------|-------------------------------------------
```

```
U003003T.SN                    20.JAN.1992  11:24              SEITE  15

---------|-------------------|-------------------------------------------------
WORTNR. |      INHALT        |                    BEDEUTUNG
---------|-------------------|-------------------------------------------------
   1    |                 0  | Saetze       Laenge des Buchstabens
   2    |                98  | Worte
---------|-------------------|-------------------------------------------------
         NAMENSTEIL
         ----------
   3    |                 3  | Laenge des Namensteils
   4    |               301  | Zeichennummer
   5    |                 0  | Folgeteilnummer
---------|-------------------|-------------------------------------------------
         SATZINFORMATION
         ---------------
   6    |                12  | Laenge der Satzinformation
   7    |                 1  | Buchstabenart = Buchstabe
   8    |               198  | Anzahl der Uebergaenge
   9    |                55  | Dickte (T=L+W+R)
  10    |                 5  | Vorbreite (L)
  11    |                48  | Breite (W)
  12    |                 2  | Nachbreite (R)
  13    |                 1  | X-Minimum
  14    |                48  | X-Maximum
  15    |                 0  | Y-Minimum
  16    |                48  | Y-Maximum
  17    |                 1  | Masseinheit ist 1 Pixel
---------|-------------------|-------------------------------------------------
         ZEILENADRESSBUCH
         ----------------
  18    |                 0  | Saetze
  19    |                 2  | Worte     Kein Zeilenadressbuch in diesem Format
        |                    |
---------|-------------------|-------------------------------------------------
         BILDINFORMATION
         ---------------
  20    |                 0  | Saetze       Laenge der Daten
  21    |                79  | Worte
        |                    |
        |                    | Lauflaengen:
 22-  23| 91 90 0            | 10 18                                      1.Z.
 23-  24| 7  95 0            | 8 21                                       2.Z.
 24-  25| 5  A1 0            | 6 23                                       3.Z.
 25-  26| 4  A3 94 6  0      | 5 24 36 42                                 4.Z.
 27-  28| 3  A4 93 91 0      | 4 24 35 44                                 5.Z.
 29-  30| 2  A6 91 93 0      | 3 25 34 45                                 6.Z.
 31-  32| 2  A7 7  95 0      | 3 26 33 46                                 7.Z.
 32-  34| 1  B0 7  96 0      | 2 26 33 47                                 8.Z.
 34-  36| 1  B1 6  96 0      | 2 27 33 47                                 9.Z.
 36-  38| 0  94 5  91 6  97 0| 1 13 18 27 33 48                          10.Z.
 38-  41| 0  92 92 6  7  96 0| 1 11 21 27 34 48                          11.Z.
 41-  44| 0  90 95 6  6  91 1  4  0| 1 9 22 28 34 43 44 48               12.Z.
 44-  46| 0  7  97 5  7  7  3  4  0| 1 8 23 28 35 42 45 49               13.Z.
 46-  49| 0  7  A0 4  90 5  5  3  0| 1 8 24 28 36 41 46 49               14.Z.
 49-  51| 0  6  A1 4  A2 3  0| 1 7 24 28 46 49                           15.Z.
 51-  53| 0  6  A2 3  A2 3  0| 1 7 25 28 46 49                           16.Z.
 54-  56| 0  6  A2 4  A1 3  0| 1 7 25 29 46 49                           17.Z.
 56-  58| 0  5  A3 4  A2 3  0| 1 6 25 29 47 50                           18.Z.
 58-  60| 1  4  A4 3  A2 3  0| 2 6 26 29 47 50                           19.Z.
 60-  63| 1  5  A3 3  A2 3   | 2 7 26 29 47 50                           20.Z.
---------|-------------------|-------------------------------------------------
```

```
U003003T.SN              20.JAN.1992  11:24           SEITE  16

---------|-----------------------------|-----------------------------------------
 WORTNR. |            INHALT           |                BEDEUTUNG
---------|-----------------------------|-----------------------------------------
         | 1  0                        |        1 Wiederholungszeile
  63-  65| 2  4  A3 3  A1 4  0         | 3  7 26 29 46 50                   22.Z.
  65-  67| 2  4  A3 4  A0 4  0         | 3  7 26 30 46 50                   23.Z.
  67-  69| 3  4  A3 3  A0 4  0         | 4  8 27 30 46 50                   24.Z.
  70-  72| 4  3  A3 3  A0 4  0         | 5  8 27 30 46 50                   25.Z.
  72-  74| 4  4  A2 3  97 4  0         | 5  9 27 30 45 49                   26.Z.
  74-  76| 5  4  A1 3  97 4  0         | 6 10 27 30 45 49                   27.Z.
  76-  78| 6  4  A0 4  95 5  0         | 7 11 27 31 44 49                   28.Z.
  79-  81| 7  4  A0 3  93 7  0         | 8 12 28 31 42 49                   29.Z.
  81-  83| 90 6  95 3  90 92 0         | 9 15 28 31 39 49                   30.Z.
  84-  84| 6  D1 0                     | 7 48                              31.Z.
  85-  85| 4  D3 0                     | 5 48                              32.Z.
  86-  86| 3  D3 0                     | 4 47                              33.Z.
  87-  87| 2  D4 0                     | 3 47                              34.Z.
  88-  88| 1  D4 0                     | 2 46                              35.Z.
  89-  89| 1  D3 0                     | 2 45                              36.Z.
  90-  90| 0  D2 0                     | 1 43                              37.Z.
  91-  91| 0  D1 0                     | 1 42                              38.Z.
  92-  92| 0  C5 0                     | 1 38                              39.Z.
  93-  93| 1  7  0                     | 2 9                               40.Z.
  93-  94| 1  5                        | 2 7                               41.Z.
         | 1  0                        |        1 Wiederholungszeile
  94-  95| 2  4                        | 3 7                               43.Z.
         | 1  0                        |        1 Wiederholungszeile
  95-  96| 3  3  0                     | 4 7                               45.Z.
  96-  97| 3  4  0                     | 4 8                               46.Z.
  97-  97| 4  3  0                     | 5 8                               47.Z.
  98-  98| 5  3  0                     | 6 9                               48.Z.
         |                             |
---------|-----------------------------|-----------------------------------------
```

```
U003003T.SN                20.JAN.1992  11:24            SEITE  17

---------|------------------|-------------------------------------------
WORTNR. |      INHALT       |                BEDEUTUNG
---------|------------------|-------------------------------------------
   1     |               0  | Saetze       Laenge des Buchstabens
   2     |              87  | Worte
---------|------------------|-------------------------------------------
         NAMENSTEIL
         ----------
   3     |               3  | Laenge des Namensteils
   4     |             302  | Zeichennummer
   5     |               0  | Folgeteilnummer
---------|------------------|-------------------------------------------
         SATZINFORMATION
         ---------------
   6     |              12  | Laenge der Satzinformation
   7     |               1  | Buchstabenart = Buchstabe
   8     |             178  | Anzahl der Uebergaenge
   9     |              63  | Dickte (T=L+W+R)
  10     |               0  | Vorbreite (L)
  11     |              59  | Breite (W)
  12     |               4  | Nachbreite (R)
  13     |               1  | X-Minimum
  14     |              59  | X-Maximum
  15     |               0  | Y-Minimum
  16     |              69  | Y-Maximum
  17     |               1  | Masseinheit ist 1 Pixel
---------|------------------|-------------------------------------------
         ZEILENADRESSBUCH
         ----------------
  18     |               0  | Saetze
  19     |               2  | Worte    Kein Zeilenadressbuch in diesem Format
         |                  |
---------|------------------|-------------------------------------------
         BILDINFORMATION
         ---------------
  20     |                       0 | Saetze       Laenge der Daten
  21     |                      68 | Worte
         |                         |
         |                         | Lauflaengen:
  22-  23| 98  3                   | 66 69                              1.Z.
         |  3  0                   |    3 Wiederholungszeilen
  23-  24| 98  4                   | 65 69                              5.Z.
         |  2  0                   |    2 Wiederholungszeilen
  25-  26| 98  5  0                | 65 70                              8.Z.
  26-  27| F7  6  0                | 64 70                              9.Z.
  27-  28| F5 90  0                | 62 70                             10.Z.
  28-  29|  0 98                   | 1 70                              11.Z.
         |  2  0                   |    2 Wiederholungszeilen
  30-  31|  1 98  0                | 2 70                              14.Z.
  31-  32|  2 98  0                | 3 70                              15.Z.
  32-  33|  3 98  0                | 4 71                              16.Z.
  33-  34|  4 98  0                | 5 71                              17.Z.
  35-  36|  5 98                   | 6 71                              18.Z.
         |  1  0                   |    1 Wiederholungszeile
  36-  38|  4 93 A2 90  0          | 5 16 34 42                        20.Z.
  38-  40|  3 91 B0  6  0          | 4 13 37 43                        21.Z.
  40-  41|  3  7 B4  5  0          | 4 11 39 44                        22.Z.
  41-  43|  2  6 C0  4  0          | 3  9 41 45                        23.Z.
  43-  44|  2  5 C2  4  0          | 3  8 42 46                        24.Z.
---------|------------------------|-----------------------------------------
```

U003003T.SN   20.JAN.1992 11:24   SEITE 18

```
---------|------------------------------|-------------------------------------
WORTNR.  |            INHALT            |            BEDEUTUNG
---------|------------------------------|-------------------------------------
  44-  46| 2    4    C4  4    0          | 3  7  43  47                   25.Z.
  46-  47| 1    5    C4  4    0          | 2  7  43  47                   26.Z.
  47-  49| 1    4    C6  4               | 2  6  44  48                   27.Z.
         | 1    0                        |      1 Wiederholungszeile
  49-  51| 0    4    D0  4               | 1  5  45  49                   29.Z.
         | 2    0                        |      2 Wiederholungszeilen
  51-  52| 0    4    D1  3    0          | 1  5  46  49                   32.Z.
  52-  54| 0    3    D2  4               | 1  4  46  50                   33.Z.
         | 1    0                        |      1 Wiederholungszeile
  54-  56| 0    4    D1  4               | 1  5  46  50                   35.Z.
         | 2    0                        |      2 Wiederholungszeilen
  56-  57| 0    4    D0  5    0          | 1  5  45  50                   38.Z.
  57-  59| 0    5    C7  5    0          | 1  6  45  50                   39.Z.
  59-  60| 0    5    C7  4    0          | 1  6  45  49                   40.Z.
  60-  62| 1    4    C6  5    0          | 2  6  44  49                   41.Z.
  62-  63| 1    5    C5  5    0          | 2  7  44  49                   42.Z.
  63-  65| 1    6    C3  6    0          | 2  8  43  49                   43.Z.
  65-  66| 1    7    C1  6    0          | 2  9  42  48                   44.Z.
  66-  68| 2    7    B7  7    0          | 3  10 41  48                   45.Z.
  68-  70| 2    91   B3  91   0          | 3  12 39  48                   46.Z.
  70-  72| 2    92   B0  92   0          | 3  13 37  47                   47.Z.
  72-  74| 3    94   A3  94   0          | 4  16 35  47                   48.Z.
  74-  75| 4    A3   3   A3   0          | 5  24 27  46                   49.Z.
  76-  76| 4    D1   0                   | 5  46                          50.Z.
  77-  77| 5    C7   0                   | 6  45                          51.Z.
  78-  78| 6    C5   0                   | 7  44                          52.Z.
  79-  79| 7    C3   0                   | 8  43                          53.Z.
  80-  81| 90   C1   0                   | 9  42                          54.Z.
  81-  82| 92   B5   0                   | 11 40                          55.Z.
  82-  83| 93   B3   0                   | 12 39                          56.Z.
  83-  84| 95   A7   0                   | 14 37                          57.Z.
  85-  86| A0   A1   0                   | 17 34                          58.Z.
  86-  87| A7   3    0                   | 24 27                          59.Z.
         |                              |
---------|------------------------------|-------------------------------------
```

```
U003003T.SN                    20.JAN.1992  11:24              SEITE  19

---------|------------------|---------------------------------------------------
  WORTNR. |     INHALT      |                    BEDEUTUNG
---------|------------------|---------------------------------------------------
    1    |               0 | Saetze      Laenge des Buchstabens
    2    |              81 | Worte
---------|------------------|---------------------------------------------------
      NAMENSTEIL
      ----------
    3    |               3 | Laenge des Namensteils
    4    |             303 | Zeichennummer
    5    |               0 | Folgeteilnummer
---------|------------------|---------------------------------------------------
      SATZINFORMATION
      ---------------
    6    |              12 | Laenge der Satzinformation
    7    |               1 | Buchstabenart = Buchstabe
    8    |             156 | Anzahl der Uebergaenge
    9    |              50 | Dickte (T=L+W+R)
   10    |               5 | Vorbreite (L)
   11    |              43 | Breite (W)
   12    |               2 | Nachbreite (R)
   13    |               1 | X-Minimum
   14    |              43 | X-Maximum
   15    |               0 | Y-Minimum
   16    |              48 | Y-Maximum
   17    |               1 | Masseinheit ist 1 Pixel
---------|------------------|---------------------------------------------------
      ZEILENADRESSBUCH
      ----------------
   18    |               0 | Saetze
   19    |               2 | Worte    Kein Zeilenadressbuch in diesem Format
         |                 |
---------|------------------|---------------------------------------------------
      BILDINFORMATION
      ---------------
   20    |               0 | Saetze      Laenge der Daten
   21    |              62 | Worte
         |                 |
         |                 | Lauflaengen:
  22-  23| A3 93 0         | 20 31                               1.Z.
  23-  24| 97 A3 0         | 16 35                               2.Z.
  24-  25| 94 B1 0         | 13 38                               3.Z.
  25-  26| 92 B5 0         | 11 40                               4.Z.
  27-  28| 91 B7 0         | 10 41                               5.Z.
  28-  29| 7  C2 0         | 8 42                                6.Z.
  29-  30| 6  C4 0         | 7 43                                7.Z.
  30-  31| 5  C6 0         | 6 44                                8.Z.
  31-  32| 5  C7 0         | 6 45                                9.Z.
  32-  33| 4  D1 0         | 5 46                               10.Z.
  33-  35| 3  A0 94 96 0   | 4 20 32 46                         11.Z.
  35-  37| 3  94 A4 93 0   | 4 16 36 47                         12.Z.
  37-  39| 2  92 B2 90 0   | 3 13 39 47                         13.Z.
  39-  40| 2  91 B5 7  0   | 3 12 41 48                         14.Z.
  41-  42| 1  90 C0 6  0   | 2 10 42 48                         15.Z.
  42-  44| 1  7  C2 6  0   | 2 9 43 49                          16.Z.
  44-  45| 1  7  C3 5  0   | 2 9 44 49                          17.Z.
  45-  47| 1  6  C5 4  0   | 2 8 45 49                          18.Z.
  47-  48| 0  6  C6 4  0   | 1 7 45 49                          19.Z.
  48-  50| 0  6  C7 3  0   | 1 7 46 49                          20.Z.
---------|------------------|---------------------------------------------------
```

```
U003003T.SN                 20.JAN.1992  11:24             SEITE   20

---------|----------------------------|-------------------------------------------
WORTNR. |            INHALT           |                BEDEUTUNG
---------|----------------------------|-------------------------------------------
  50-  51| 0   5   D0  3   0           | 1  6  46  49                        21.Z.
  51-  53| 0   5   D0  4               | 1  6  46  50                        22.Z.
         | 1   0                       |     1 Wiederholungszeile
  53-  55| 0   5   D1  3               | 1  6  47  50                        24.Z.
         | 3   0                       |     3 Wiederholungszeilen
  55-  56| 0   5   D0  4   0           | 1  6  46  50                        28.Z.
  56-  58| 0   5   D0  3   0           | 1  6  46  49                        29.Z.
  58-  59| 1   4   D0  3               | 2  6  46  49                        30.Z.
         | 1   0                       |     1 Wiederholungszeile
  60-  61| 1   4   B6  2   7   4   0   | 2  6  36  38  45  49                32.Z.
  62-  63| 2   4   B3  7   4   4   0   | 3  7  34  41  45  49                33.Z.
  64-  66| 2   4   B2  91  2   4   0   | 3  7  33  42  44  48                34.Z.
  66-  67| 2   5   B1  97  0           | 3  8  33  48                        35.Z.
  68-  69| 3   4   B0  A0  0           | 4  8  32  48                        36.Z.
  69-  71| 4   4   A7  97  0           | 5  9  32  47                        37.Z.
  71-  73| 4   5   A6  97  0           | 5  10  32  47                       38.Z.
  73-  74| 5   4   A7  95  0           | 6  10  33  46                       39.Z.
  75-  76| 6   4   A6  94  0           | 7  11  33  45                       40.Z.
  76-  78| 7   4   A5  93  0           | 8  12  33  44                       41.Z.
  78-  80| 90  2   A7  91  0           | 9  11  34  43                       42.Z.
  80-  81| C3  5   0                   | 36  41                              43.Z.
         |                             |
---------|----------------------------|-------------------------------------------


                        GRAND TOTAL
                        -----------

                                        WORTE          KBYTES
                                        -----          ------
Laenge der Schrift:                     60090          120.180
Laenge des Schriftkopfes:               2215             4.430
Laenge aller Buchstabenkoepfe:          13528           27.056
Laenge der gesamten Bildinformation:    44347           88.694


        DIGITALISIERUNGEN                       ANZAHL
        -----------------                       ------
        Zeilen:                                 33795
        Summe aller Uebergaenge:                128955
        ---------------------------------------------
        Buchstaben:                             712
        Datensaetze (a 2048 Worte):             30
        ---------------------------------------------
        Raster:                                 100 X 100
        ---------------------------------------------
        Digitalisierungen/Zeile:                3.82
        Zeilen/Buchstabe:                       47
        Bildinformation/Buchstabe:              125 Bytes


-------------------------------------------------------------------------
```

Beschreibung des BI-Formates

1. Struktur einer BI-Schrift

Als Struktur einer BI-Schrift wird der im Anhang G beschriebene und im Anhang L erweiterte Aufbau herangezogen.

Bitmapformate sind für Screenfonts sehr brauchbar.

Wort	Bedeutung	Kommentar
	Erweiterte Satzinformation im Buchstabensatz	
N1+N2+15	Anzahl leerer Bytes aller Zeilen am Anfang	neue Information, speziell für BI- und GS-Format
N1+N2+16	Anzahl leerer Bytes aller Zeilen am Ende	
N1+N2+17	Anzahl nicht leerer Bytes in den Zeilen	
N1+N2+18	Anzahl leerer Zeilen am Anfang	
N1+N2+19	Anzahl leerer Zeilen am Ende	

2. Beschreibung des BI-Formates

Durch die Abtastkennung (Wortnummer I + 18 im Schriftkopf) wird festgelegt, in welcher Richtung eine Zeile fortschreitet und wo die folgenden Zeilen liegen.

Wie beim SC-Format liegt dem **Bitmap-Format** ein gerastertes Geviert zugrunde.

Mit dem Bit = 0 wird ein weißer und mit dem Bit = 1 ein schwarzer Bildpunkt beschrieben.

Je acht in einer Zeile aufeinanderfolgende Bits werden als ein Byte kodiert. Dabei werden als höherwertige Bits die in der

Zeile weiter »links« stehenden und als niederwertige Bits die in der Zeile weiter »rechts« stehenden Bildpunkte aufgefaßt. Die Begriffe links und rechts sind nur geometrisch richtig im Falle der Abtastkennungen 11 und 12, bei den Kennungen −11 und −12 ist es entsprechend umgekehrt. Links bedeutet bei den Kennungen 21 und 22 unten und rechts oben, bei den Kennungen −21 und −22 ist es entsprechend umgekehrt.

Aus Breite und Höhe der Druckzelle (Wortnummern I + 19 und I + 20 im Schriftkopf) ergeben sich die Länge der Zeilen in Bytes und die maximale Anzahl der Zeilen.

Die Anzahl der Bytes für eine Zeile ist für alle Zeilen eines Buchstabens konstant. Sind in allen Zeilen die ersten Bytes gleich 0, werden sie nicht als Byte kodiert, sondern die Anzahl wird in die erweiterte Satzinformation geschrieben, ebenso die Anzahl der letzten Bytes, die in allen Zeilen gleich 0 sind. Ferner steht in der erweiterten Satzinformation die für einen Buchstaben konstante Anzahl von Bytes, in denen die wirkliche Bildinformation in Form von schwarzen Bildpunkten enthalten ist. Die Gesamtzahl der Bytes einer Zeile wird dabei durch Aufrunden berechnet. Sollen zum Beispiel in einer Druckzelle 17 Bildpunkte eine Zeile bilden, ist die Gesamtzahl der Bytes 3. Allerdings sind davon nur die ersten 17 Bit relevant (siehe Skizze auf der nächsten Seite).

Ein Byte wird als eine Digitalisierung dargestellt.

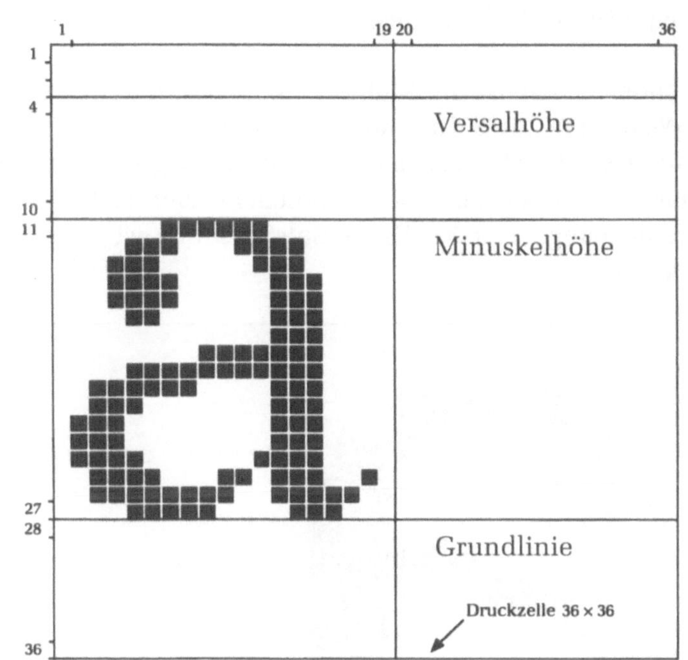

Beispiele für zusätzliche Satzinformation

Für Abtastkennung –21 ergibt sich:

Anzahl leerer Bytes am Anfang:	1
Anzahl leerer Bytes am Ende:	1
Anzahl nichtleerer Bytes:	3
Anzahl leerer Zeilen am Anfang:	1
Anzahl leerer Zeilen am Ende:	18

Für Abtastkennung 12 ergibt sich:

Anzahl leerer Bytes am Anfang:	0
Anzahl leerer Bytes am Ende:	2
Anzahl nichtleerer Bytes:	3
Anzahl leerer Zeilen am Anfang:	10
Anzahl leerer Zeilen am Ende:	9

Abb. 199
Parameter für
die Druckzelle

3. Beispiel eines BI-Formates

Wir bilden zunächst die Kleinbuchstaben a, b, c der Schrift
»URW-Antiqua 2015 (normal)« als Bitmap ab. Die Abtastkennung ist −21 (Matrixdrucker), die Rasterung 32 × 24 für das
Geviert. Die Druckzelle hat entsprechend eine Höhe von 24
und eine Länge von 32. Diese Entsprechung ist aber nicht
zwingend.

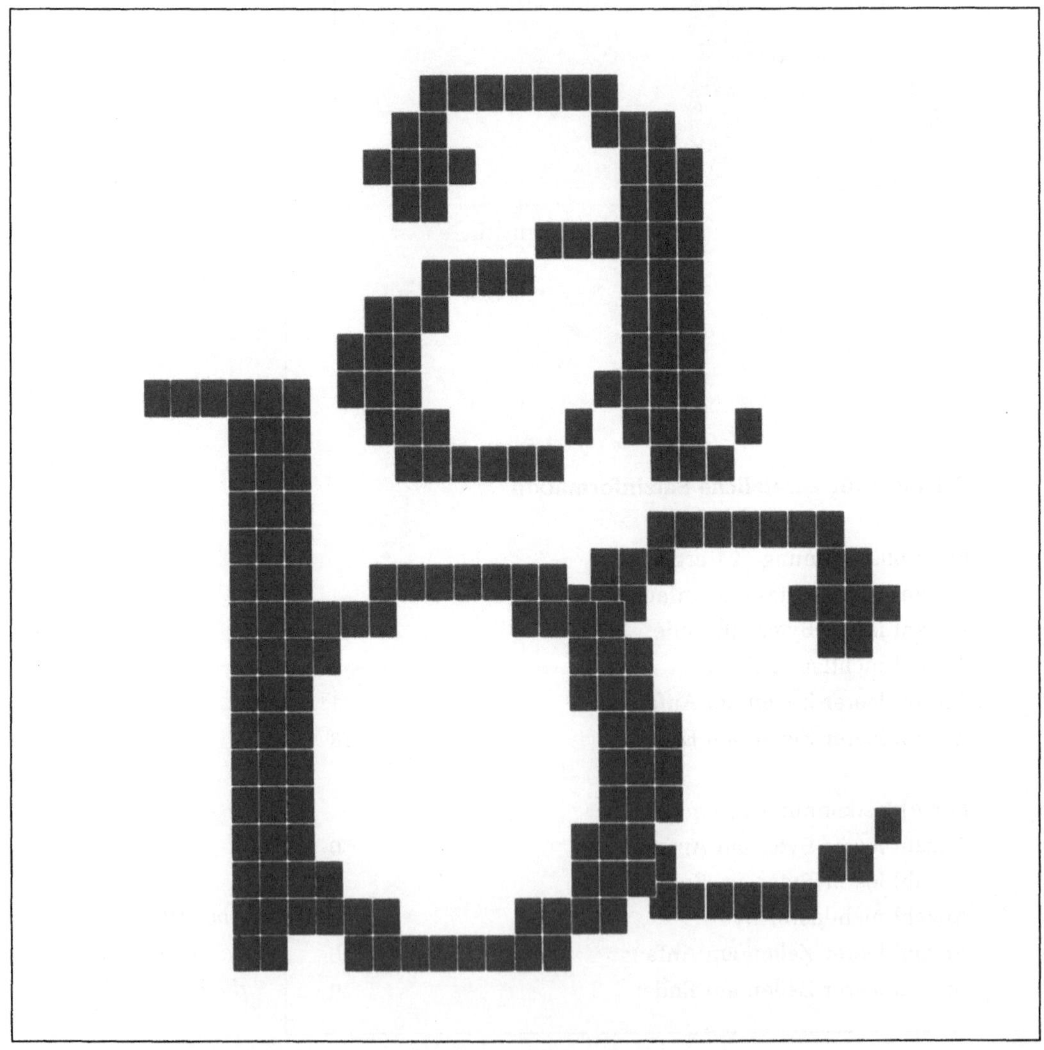

Abb. 200
Darstellung
des BI-Formates

```
   U003003T.BI                20.JAN.1992  16:05            SEITE    1

   ---------|-----------------|--------------------------------------------------
    WORTNR. |     INHALT      |                  BEDEUTUNG
   ---------|-----------------|--------------------------------------------------
       1    |           1366  | Schriftkopflaenge
   ---------|-----------------|--------------------------------------------------
          NAMENSTEIL
          ----------
       2    |             55  | Laenge des Namens
       3    |              0  | Nummer auf URW-Liste
     4 - 10 |  U003003T.BI    | Filename (ASCII)
            |                 |
    11 - 49 |URW Antiqua 2015 Regular               | Schriftname (ASCII)
            |                 |
            |                 |
      50    |             BI  | Datenformat (ASCII)
    51 - 53 |     20  1 1992  | Herstellungsdatum: 20.Jan.1992
    54 - 56 |     20  1 1992  | Letzte Aenderung:  20.Jan.1992
   ---------|-----------------|--------------------------------------------------
          SCHRIFTINFORMATION
          ------------------
      57    |             19  | Laenge der Schriftinformation
      58    |              1  | Kennzeichen fuer Schrift
      59    |            429  | Anzahl der Buchstaben
      60    |             16  | Versalhoehe (in Pixel)
      61    |             24  | Kegelhoehe (in Pixel)
      62    |             11  | Minuskelhoehe (in Pixel)
      63    |              5  | Abstand Grundlinie - Kegelunterkante (in Pixel)
      64    |             24  | Zeilenabstand fuer Satz (in Pixel)
      65    |              3  | Strichstaerke (in Pixel)
      66    |              0  | Kursivwinkel (in 1/10 Grad)
      67    |             12  | opt. Groessenbereich fuer Satz (in p)
      68    |           8462  | mittl. Buchstabenbreite (in 1/100mm)
      69    |           4688  | X-Ausdehnung eines Bildpunktes (in 1/1000mm)
      70    |           6250  | Y-Ausdehnung eines Bildpunktes (in 1/1000mm)
      71    |             32  | Geviertaufloesung in X-Richtung (in Pixel)
      72    |             24  | Geviertaufloesung in Y-Richtung (in Pixel)
      73    |             12  | Abtastkennung der Bilddaten
      74    |             32  | Breite der Druckzelle (in Pixel)
      75    |             24  | Hoehe der Druckzelle (in Pixel)
   ---------|-----------------|--------------------------------------------------
          HIERARCHIETEIL
          --------------
      76    |              1  | Kein Hierarchieteil in diesem Format
   ---------|-----------------|--------------------------------------------------
          BUCHSTABENADRESSBUCH
          --------------------
      77    |           1290  | Laenge des Buchstabenadressbuches
      78    |             11  | SCHRIFTLAENGE IN PHYS. SAETZEN
      79    |            370  | Letztes Wort des letzten Satzes
            |                 |
      80    |            101  | Nummer des  1.Buchstaben
      81    |              1  | Zeiger auf Satz, der Buchstabenanfang enthaelt
      82    |           1367  | Wortzeiger auf Buchstabenanfang
            |                 |
      83    |            102  | Nr. des 2.B.
      84    |              1  | Satzzeiger
      85    |           1417  | Wortzeiger
            |                 |
    86- 88| 103     1 1467  | Nr., Satzzeiger, Wortzeiger fuer     3.B.
   ---------|-----------------|--------------------------------------------------
```

```
U003003T.BI                    20.JAN.1992  16:05              SEITE   2

---------|-------------------|-------------------------------------------------
WORTNR.  |    INHALT         |                   BEDEUTUNG
---------|-------------------|-------------------------------------------------
   89-  91|   104    1 1519  | Nr., Satzzeiger, Wortzeiger fuer    4.B.
   92-  94|   105    1 1569  | Nr., Satzzeiger, Wortzeiger fuer    5.B.
   95-  97|   106    1 1619  | Nr., Satzzeiger, Wortzeiger fuer    6.B.
   98- 100|   107    1 1669  | Nr., Satzzeiger, Wortzeiger fuer    7.B.
  101- 103|   108    1 1721  | Nr., Satzzeiger, Wortzeiger fuer    8.B.
  104- 106|   109    1 1771  | Nr., Satzzeiger, Wortzeiger fuer    9.B.
  107- 109|   110    1 1813  | Nr., Satzzeiger, Wortzeiger fuer   10.B.
  110- 112|   111    1 1860  | Nr., Satzzeiger, Wortzeiger fuer   11.B.
  113- 115|   112    1 1910  | Nr., Satzzeiger, Wortzeiger fuer   12.B.
  116- 118|   113    1 1960  | Nr., Satzzeiger, Wortzeiger fuer   13.B.
  119- 121|   114    1 2018  | Nr., Satzzeiger, Wortzeiger fuer   14.B.
  122- 124|   115    2   20  | Nr., Satzzeiger, Wortzeiger fuer   15.B.
  125- 127|   116    2   72  | Nr., Satzzeiger, Wortzeiger fuer   16.B.
  128- 130|   117    2  122  | Nr., Satzzeiger, Wortzeiger fuer   17.B.
  131- 133|   118    2  192  | Nr., Satzzeiger, Wortzeiger fuer   18.B.
  134- 136|   119    2  242  | Nr., Satzzeiger, Wortzeiger fuer   19.B.
  137- 139|   120    2  285  | Nr., Satzzeiger, Wortzeiger fuer   20.B.
  140- 142|   121    2  335  | Nr., Satzzeiger, Wortzeiger fuer   21.B.



  404- 406|   285    4 1174  | Nr., Satzzeiger, Wortzeiger fuer  109.B.
  407- 409|   286    4 1233  | Nr., Satzzeiger, Wortzeiger fuer  110.B.
  410- 412|   287    4 1281  | Nr., Satzzeiger, Wortzeiger fuer  111.B.
  413- 415|   289    4 1340  | Nr., Satzzeiger, Wortzeiger fuer  112.B.
  416- 418|   290    4 1399  | Nr., Satzzeiger, Wortzeiger fuer  113.B.
  419- 421|   291    4 1455  | Nr., Satzzeiger, Wortzeiger fuer  114.B.
  422- 424|   292    4 1511  | Nr., Satzzeiger, Wortzeiger fuer  115.B.
  425- 427|   296    4 1567  | Nr., Satzzeiger, Wortzeiger fuer  116.B.
  428- 430|   297    4 1625  | Nr., Satzzeiger, Wortzeiger fuer  117.B.
  431- 433|   298    4 1681  | Nr., Satzzeiger, Wortzeiger fuer  118.B.
  434- 436|   301    4 1740  | Nr., Satzzeiger, Wortzeiger fuer  119.B.
  437- 439|   302    4 1777  | Nr., Satzzeiger, Wortzeiger fuer  120.B.
  440- 442|   303    4 1827  | Nr., Satzzeiger, Wortzeiger fuer  121.B.



 1322-1324|   681   10 1909  | Nr., Satzzeiger, Wortzeiger fuer  415.B.
 1325-1327|   682   10 1943  | Nr., Satzzeiger, Wortzeiger fuer  416.B.
 1328-1330|   683   10 1977  | Nr., Satzzeiger, Wortzeiger fuer  417.B.
 1331-1333|   684   10 2011  | Nr., Satzzeiger, Wortzeiger fuer  418.B.
 1334-1336|   685   10 2045  | Nr., Satzzeiger, Wortzeiger fuer  419.B.
 1337-1339|   686   11   31  | Nr., Satzzeiger, Wortzeiger fuer  420.B.
 1340-1342|   687   11   65  | Nr., Satzzeiger, Wortzeiger fuer  421.B.
 1343-1345|   688   11   99  | Nr., Satzzeiger, Wortzeiger fuer  422.B.
 1346-1348|   689   11  133  | Nr., Satzzeiger, Wortzeiger fuer  423.B.
 1349-1351|   690   11  167  | Nr., Satzzeiger, Wortzeiger fuer  424.B.
 1352-1354|   691   11  201  | Nr., Satzzeiger, Wortzeiger fuer  425.B.
 1355-1357|   692   11  235  | Nr., Satzzeiger, Wortzeiger fuer  426.B.
 1358-1360|   693   11  269  | Nr., Satzzeiger, Wortzeiger fuer  427.B.
 1361-1363|   694   11  303  | Nr., Satzzeiger, Wortzeiger fuer  428.B.
 1364-1366|   695   11  337  | Nr., Satzzeiger, Wortzeiger fuer  429.B.
---------|-------------------|-------------------------------------------------
```

```
U003003T.BI                    20.JAN.1992  16:05              SEITE   10

---------|------------------|-------------------------------------------------
WORTNR.  |     INHALT       |                     BEDEUTUNG
---------|------------------|-------------------------------------------------
   1     |                0 | Saetze      Laenge des Buchstabens
   2     |               37 | Worte
---------|------------------|-------------------------------------------------
         NAMENSTEIL
         ----------
   3     |                3 | Laenge des Namensteils
   4     |              301 | Zeichennummer
   5     |                0 | Folgeteilnummer
---------|------------------|-------------------------------------------------
         SATZINFORMATION
         ---------------
   6     |               17 | Laenge der Satzinformation
   7     |                1 | Buchstabenart = Buchstabe
   8     |               22 | Anzahl der Bytes
   9     |               16 | Dickte (T=L+W+R)
  10     |                0 | Vorbreite (L)
  11     |               15 | Breite (W)
  12     |                1 | Nachbreite (R)
  13     |                1 | X-Minimum
  14     |               15 | X-Maximum
  15     |                1 | Y-Minimum
  16     |               11 | Y-Maximum
  17     |                1 | Masseinheit ist 1 Pixel
  18     |                0 | Anzahl leerer Bytes aller Zeilen am Anfang
  19     |                2 | Anzahl leerer Bytes aller Zeilen am Ende
  20     |                2 | Anzahl nicht leerer Bytes in den Zeilen
  21     |                8 | Anzahl leerer Zeilen am Anfang
  22     |                5 | Anzahl leerer Zeilen am Ende
---------|------------------|-------------------------------------------------
         ZEILENADRESSBUCH
         ----------------
  23     |                0 | Saetze
  24     |                2 | Worte   Kein Zeilenadressbuch in diesem Format
         |                  |
---------|------------------|-------------------------------------------------
         BILDINFORMATION
         ---------------
  25     |                0 | Saetze      Laenge der Daten
  26     |               13 | Worte
         |                  |
---------|------------------|-------------------------------------------------
  27-  27| 1F C0            |0001111111000000
  28-  28| 30 70            |0011000001110000
  29-  29| 78 38            |0111100000111000
  30-  30| 30 38            |0011000000111000
  31-  31| 01 F8            |0000000111111000
  32-  32| 1E 08            |0001111000001000
  33-  33| 70 08            |0111000000001000
  34-  34| E0 08            |1110000000001000
  35-  35| E0 78            |1110000001111000
  36-  36| 70 BA            |0111000010111010
  37-  37| 3F 1C            |0011111100011100
---------|------------------|-------------------------------------------------
```

```
U003003T.BI                20.JAN.1992  16:05            SEITE  12

---------|-------------------|---------------------------------------------
WORTNR. |      INHALT        |                  BEDEUTUNG
---------|-------------------|---------------------------------------------
   1    |                 0  | Saetze      Laenge des Buchstabens
   2    |                50  | Worte
---------|-------------------|---------------------------------------------
        NAMENSTEIL
        ----------
   3    |                 3  | Laenge des Namensteils
   4    |               302  | Zeichennummer
   5    |                 0  | Folgeteilnummer
---------|-------------------|---------------------------------------------
        SATZINFORMATION
        ---------------
   6    |                17  | Laenge der Satzinformation
   7    |                 1  | Buchstabenart = Buchstabe
   8    |                48  | Anzahl der Bytes
   9    |                24  | Dickte  (T=L+W+R)
  10    |                 0  | Vorbreite (L)
  11    |                19  | Breite (W)
  12    |                 5  | Nachbreite (R)
  13    |                 1  | X-Minimum
  14    |                19  | X-Maximum
  15    |                 1  | Y-Minimum
  16    |                16  | Y-Maximum
  17    |                 1  | Masseinheit ist 1 Pixel
  18    |                 0  | Anzahl leerer Bytes aller Zeilen am Anfang
  19    |                 1  | Anzahl leerer Bytes aller Zeilen am Ende
  20    |                 3  | Anzahl nicht leerer Bytes in den Zeilen
  21    |                 3  | Anzahl leerer Zeilen am Anfang
  22    |                 5  | Anzahl leerer Zeilen am Ende
---------|-------------------|---------------------------------------------
        ZEILENADRESSBUCH
        ----------------
  23    |                 0  | Saetze
  24    |                 2  | Worte    Kein Zeilenadressbuch in diesem Format
        |                   |
---------|-------------------|---------------------------------------------
        BILDINFORMATION
        ---------------
  25    |                 0  | Saetze      Laenge der Daten
  26    |                26  | Worte
        |                   |
---------|-------------------|---------------------------------------------
  27-  28| FC 00 00          |111111000000000000000000
  28-  29| 1C 00 00          |000111000000000000000000
  30-  31| 1C 00 00          |000111000000000000000000
  31-  32| 1C 00 00          |000111000000000000000000
  33-  34| 1C 00 00          |000111000000000000000000
  34-  35| 1C FE 00          |000111001111111000000000
  36-  37| 1F 87 80          |000111111000011110000000
  37-  38| 1E 01 C0          |000111000000000111000000
  39-  40| 1C 01 C0          |000111000000000111000000
  40-  41| 1C 00 E0          |000111000000000011100000
  42-  43| 1C 00 E0          |000111000000000011100000
  43-  44| 1C 00 E0          |000111000000000011100000
  45-  46| 1C 01 C0          |000111000000000111000000
  46-  47| 1E 01 C0          |000111000000000111000000
  48-  49| 1F 87 80          |000111111000011110000000
  49-  50| 19 FE 00          |000110011111111000000000
```

```
U003003T.BI                20.JAN.1992  16:06            SEITE  14

---------|------------------|-------------------------------------------------
 WORTNR. |     INHALT       |                   BEDEUTUNG
---------|------------------|-------------------------------------------------
    1    |              0   | Saetze       Laenge des Buchstabens
    2    |             37   | Worte
---------|------------------|-------------------------------------------------
         NAMENSTEIL
         ----------
    3    |              3   | Laenge des Namensteils
    4    |            303   | Zeichennummer
    5    |              0   | Folgeteilnummer
---------|------------------|-------------------------------------------------
         SATZINFORMATION
         ---------------
    6    |             17   | Laenge der Satzinformation
    7    |              1   | Buchstabenart = Buchstabe
    8    |             22   | Anzahl der Bytes
    9    |             16   | Dickte (T=L+W+R)
   10    |              0   | Vorbreite (L)
   11    |             13   | Breite (W)
   12    |              3   | Nachbreite (R)
   13    |              1   | X-Minimum
   14    |             13   | X-Maximum
   15    |              1   | Y-Minimum
   16    |             11   | Y-Maximum
   17    |              1   | Masseinheit ist 1 Pixel
   18    |              0   | Anzahl leerer Bytes aller Zeilen am Anfang
   19    |              2   | Anzahl leerer Bytes aller Zeilen am Ende
   20    |              2   | Anzahl nicht leerer Bytes in den Zeilen
   21    |              8   | Anzahl leerer Zeilen am Anfang
   22    |              5   | Anzahl leerer Zeilen am Ende
---------|------------------|-------------------------------------------------
         ZEILENADRESSBUCH
         ----------------
   23    |              0   | Saetze
   24    |              2   | Worte   Kein Zeilenadressbuch in diesem Format
         |                  |
---------|------------------|-------------------------------------------------
         BILDINFORMATION
         ---------------
   25    |              0   | Saetze       Laenge der Daten
   26    |             13   | Worte
         |                  |
---------|------------------|-------------------------------------------------
```

```
U003003T.BI                 20.JAN.1992  16:06            SEITE  15

---------|--------------------|--------------------------------------------
WORTNR. |       INHALT        |                  BEDEUTUNG
---------|--------------------|--------------------------------------------
  27-  27|  0F E0             |0000111111100000
  28-  28|  38 30             |0011100000110000
  29-  29|  70 78             |0111000001111000
  30-  30|  E0 30             |1110000000110000
  31-  31|  E0 00             |1110000000000000
  32-  32|  E0 00             |1110000000000000
  33-  33|  E0 00             |1110000000000000
  34-  34|  E0 00             |1110000000000000
  35-  35|  70 08             |0111000000001000
  36-  36|  38 30             |0011100000110000
  37-  37|  0F C0             |0000111111000000
         |                    |
---------|--------------------|--------------------------------------------


                        GRAND TOTAL
                        -----------
                                         WORTE          KBYTES
                                         -----          ------
    Laenge der Schrift:                  20850          41.700
    Laenge des Schriftkopfes:             1366           2.732
    Laenge aller Buchstabenkoepfe:       10296          20.592
    Laenge der gesamten Bildinformation:  9188          18.376


        DIGITALISIERUNGEN                        ANZAHL
        -----------------                        ------
        Zeilen:                                    6681
        Summe aller Bytes:                        16537
        ----------------------------------------------
        Buchstaben:                                 429
        Datensaetze (a 2048 Worte):                  11
        ----------------------------------------------
        Raster:                                32 X  24
        ----------------------------------------------
        Digitalisierungen/Zeile:                   2.48
        Zeilen/Buchstabe:                            16
        Bildinformation/Buchstabe:                   43 Bytes


    --------------------------------------------------------------------
```

Beschreibung des GS-Formates

1. Struktur einer GS-Schrift

Als Struktur einer GS-Schrift wird der im Anhang G beschriebene und im Anhang L erweiterte Aufbau herangezogen. Wie beim BI-Format liegt beim **Grayscale-Format** eine erweiterte Satzinformation vor (Anhang Q). Im Kennzeichen für Schrift (Wortnummer 50) wird die Anzahl der Graustufen kodiert: G1 für 2 Bit, G2 für 3 Bit, G3 für 4 Bit, G4 für 8 Bit, usw.

Gedacht für zukünftige Farbbildschirme mit Graudarstellung des Textes

2. Beschreibung des GS-Formates

Das GS-Format beschreibt Bildpunkte, die nicht nur schwarz oder weiß sind, sondern auch Grautöne haben.

hexa-dezimaler 4-Bit-Wert	Schwarzanteil in %	Kommentar
0	0	weiß
1	7	.
2	16	hell
.	.	.
.	.	.
.	.	.
E	93	dunkel
F	100	schwarz

Bei einer 4-Bit-Kodierung sind bei linearer Zuordnung der Schwarzwerte folgende Grautöne darstellbar

Die vier Bit werden durch Halbbytes dargestellt und analog aufgeschrieben, wie es beim BI-Format gezeigt worden ist. Nur daß jetzt zwei Punkte ein Byte liefern, also bei gleicher Druckzelle fast die vierfache Datenmenge zu erwarten ist.

Ein Byte wird als Digitalisierung gezählt.

3. Beispiel eines GS-Formates

Wir bilden zunächst die Kleinbuchstaben a, b, c der Schrift
»URW-Antiqua 2015 (normal)« als Bytemaps einer 4-Bit-Kodie-
rung ab. Die Abtastkennung ist 12 (Fernsehen), die Rasterung
16 × 16 für das Geviert.

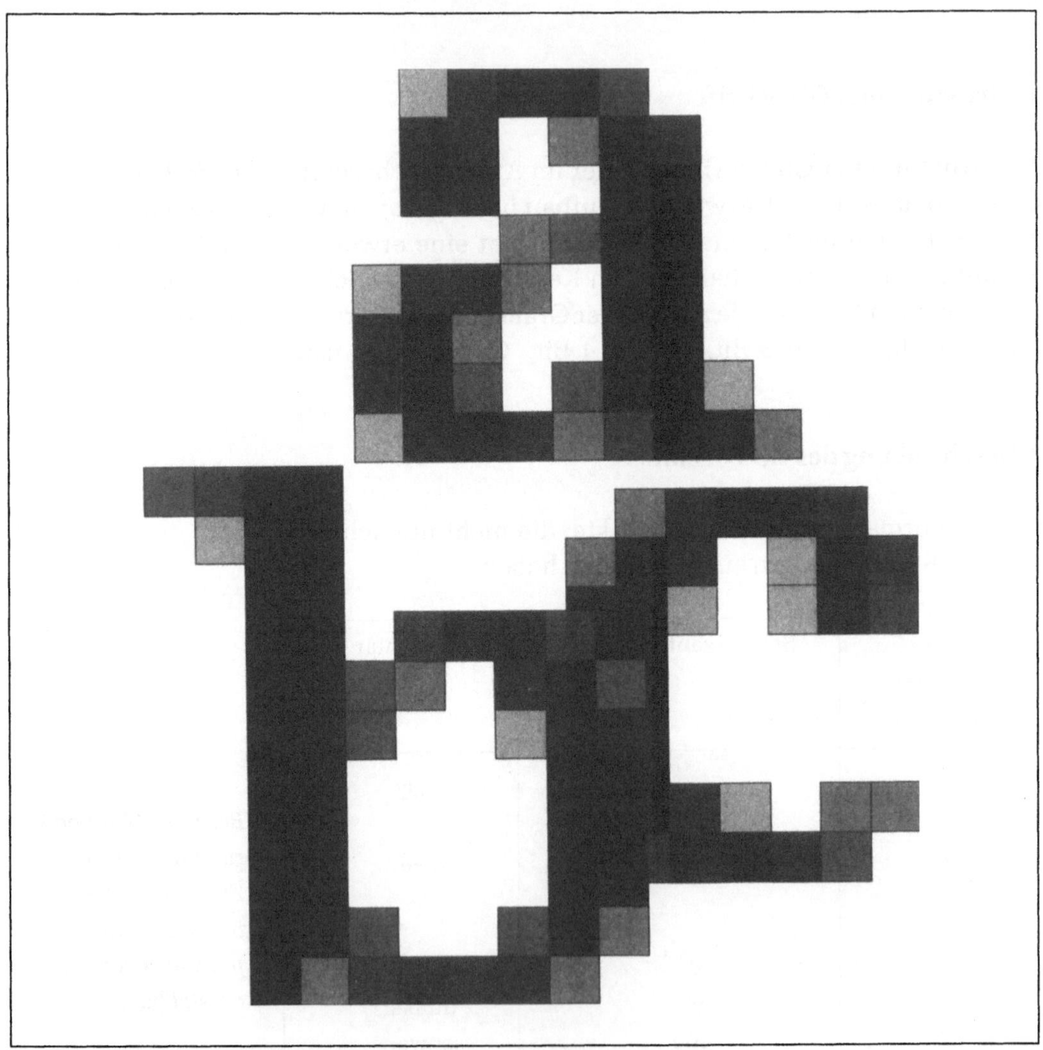

Abb. 201
Darstellung
des GS-Formates

```
U003003T.GS                    21.JAN.1992  14:18              SEITE   1

---------|-----------------|-----------------------------------------------------
 WORTNR. |      INHALT     |                    BEDEUTUNG
---------|-----------------|-----------------------------------------------------
    1    |           1654  | Schriftkopflaenge
---------|-----------------|-----------------------------------------------------
         NAMENSTEIL
         ----------
    2    |             55  | Laenge des Namens
    3    |              0  | Nummer auf URW-Liste
  4 - 10 |   U003003T.G3   | Filename (ASCII)
         |                 |
 11 - 49 |URW Antiqua 2015 Regular                | Schriftname (ASCII)
         |                 |
         |                 |
   50    |             G3  | Datenformat (ASCII)
 51 - 53 |     20  1 1992  | Herstellungsdatum: 20.Jan.1992
 54 - 56 |     20  1 1992  | Letzte Aenderung:  20.Jan.1992
---------|-----------------|-----------------------------------------------------
         SCHRIFTINFORMATION
         ------------------
   57    |             19  | Laenge der Schriftinformation
   58    |              1  | Kennzeichen fuer Schrift
   59    |            525  | Anzahl der Buchstaben
   60    |             29  | Versalhoehe (in Pixel)
   61    |              1  | Kegelhoehe (in Pixel)
   62    |            327  | Minuskelhoehe (in Pixel)
   63    |             29  | Abstand Grundlinie - Kegelunterkante (in Pixel)
   64    |              1  | Zeilenabstand fuer Satz (in Pixel)
   65    |            352  | Strichstaerke (in Pixel)
   66    |              0  | Kursivwinkel (in 1/10 Grad)
   67    |             12  | opt. Groessenbereich fuer Satz (in p)
   68    |           2116  | mittl. Buchstabenbreite (in 1/100mm)
   69    |           9376  | X-Ausdehnung eines Bildpunktes (in 1/1000mm)
   70    |           9376  | Y-Ausdehnung eines Bildpunktes (in 1/1000mm)
   71    |             16  | Geviertaufloesung in X-Richtung (in Pixel)
   72    |             16  | Geviertaufloesung in Y-Richtung (in Pixel)
   73    |             21  | Abtastkennung der Bilddaten
   74    |             16  | Breite der Druckzelle (in Pixel)
   75    |             16  | Hoehe der Druckzelle (in Pixel)
---------|-----------------|-----------------------------------------------------
         HIERARCHIETEIL
         --------------
   76    |              1  | Kein Hierarchieteil in diesm Format
---------|-----------------|-----------------------------------------------------
         BUCHSTABENADRESSBUCH
         --------------------
   77    |           1578  | Laenge des Buchstabenadressbuches
   78    |             14  | SCHRIFTLAENGE IN PHYS. SAETZEN
   79    |            539  | Letztes Wort des letzten Satzes
         |                 |
   80    |            101  | Nummer des ersten 1.Buchstaben
   81    |              1  | Zeiger auf Satz, der Buchstabenanfang enthaelt
   82    |           1655  | Wortzeiger auf Buchstabenanfang
         |                 |
   83    |            102  | Nr. des 2.B.
   84    |              1  | Satzzeiger
   85    |           1717  | Wortzeiger
         |                 |
 86- 88| 103     1 1773  | Nr., Satzzeiger, Wortzeiger fuer      3
---------|-----------------|-----------------------------------------------------
```

```
U003003T.GS                20-JAN-1992  17:23            SEITE    2

---------|------------------|------------------------------------------------
WORTNR.  |     INHALT       |                 BEDEUTUNG
---------|------------------|------------------------------------------------
  89-  91|    104    1 1832 | Nr., Satzzeiger, Wortzeiger fuer     4.B.
  92-  94|    105    1 1894 | Nr., Satzzeiger, Wortzeiger fuer     5.B.
  95-  97|    106    1 1950 | Nr., Satzzeiger, Wortzeiger fuer     6.B.
  98- 100|    107    1 2003 | Nr., Satzzeiger, Wortzeiger fuer     7.B.
 101- 103|    108    2   17 | Nr., Satzzeiger, Wortzeiger fuer     8.B.
 104- 106|    109    2   79 | Nr., Satzzeiger, Wortzeiger fuer     9.B.
 107- 109|    110    2  120 | Nr., Satzzeiger, Wortzeiger fuer    10.B.
 110- 112|    111    2  170 | Nr., Satzzeiger, Wortzeiger fuer    11.B.
 113- 115|    112    2  232 | Nr., Satzzeiger, Wortzeiger fuer    12.B.
 116- 118|    113    2  285 | Nr., Satzzeiger, Wortzeiger fuer    13.B.
 119- 121|    114    2  356 | Nr., Satzzeiger, Wortzeiger fuer    14.B.
 122- 124|    115    2  418 | Nr., Satzzeiger, Wortzeiger fuer    15.B.
 125- 127|    116    2  480 | Nr., Satzzeiger, Wortzeiger fuer    16.B.
 128- 130|    117    2  536 | Nr., Satzzeiger, Wortzeiger fuer    17.B.
 131- 133|    118    2  618 | Nr., Satzzeiger, Wortzeiger fuer    18.B.
 134- 136|    119    2  677 | Nr., Satzzeiger, Wortzeiger fuer    19.B.
 137- 139|    120    2  727 | Nr., Satzzeiger, Wortzeiger fuer    20.B.
 140- 142|    121    2  786 | Nr., Satzzeiger, Wortzeiger fuer    21.B.


 404- 406|    285    5  416 | Nr., Satzzeiger, Wortzeiger fuer   109.B.
 407- 409|    286    5  486 | Nr., Satzzeiger, Wortzeiger fuer   110.B.
 410- 412|    287    5  544 | Nr., Satzzeiger, Wortzeiger fuer   111.B.
 413- 415|    289    5  618 | Nr., Satzzeiger, Wortzeiger fuer   112.B.
 416- 418|    290    5  692 | Nr., Satzzeiger, Wortzeiger fuer   113.B.
 419- 421|    291    5  760 | Nr., Satzzeiger, Wortzeiger fuer   114.B.
 422- 424|    292    5  828 | Nr., Satzzeiger, Wortzeiger fuer   115.B.
 425- 427|    296    5  896 | Nr., Satzzeiger, Wortzeiger fuer   116.B.
 428- 430|    297    5  957 | Nr., Satzzeiger, Wortzeiger fuer   117.B.
 431- 433|    298    5 1015 | Nr., Satzzeiger, Wortzeiger fuer   118.B.
 434- 436|    301    5 1089 | Nr., Satzzeiger, Wortzeiger fuer   119.B.
 437- 439|    302    5 1131 | Nr., Satzzeiger, Wortzeiger fuer   120.B.
 440- 442|    303    5 1187 | Nr., Satzzeiger, Wortzeiger fuer   121.B.


1610-1612|    951   13 1989 | Nr., Satzzeiger, Wortzeiger fuer   511.B.
1613-1615|    956   13 2017 | Nr., Satzzeiger, Wortzeiger fuer   512.B.
1616-1618|    957   14    1 | Nr., Satzzeiger, Wortzeiger fuer   513.B.
1619-1621|    958   14   42 | Nr., Satzzeiger, Wortzeiger fuer   514.B.
1622-1624|    959   14   86 | Nr., Satzzeiger, Wortzeiger fuer   515.B.
1625-1627|    960   14  124 | Nr., Satzzeiger, Wortzeiger fuer   516.B.
1628-1630|    961   14  162 | Nr., Satzzeiger, Wortzeiger fuer   517.B.
1631-1633|    962   14  200 | Nr., Satzzeiger, Wortzeiger fuer   518.B.
1634-1636|    963   14  238 | Nr., Satzzeiger, Wortzeiger fuer   519.B.
1637-1639|    964   14  285 | Nr., Satzzeiger, Wortzeiger fuer   520.B.
1640-1642|    965   14  332 | Nr., Satzzeiger, Wortzeiger fuer   521.B.
1643-1645|    966   14  379 | Nr., Satzzeiger, Wortzeiger fuer   522.B.
1646-1648|    967   14  414 | Nr., Satzzeiger, Wortzeiger fuer   523.B.
1649-1651|    968   14  455 | Nr., Satzzeiger, Wortzeiger fuer   524.B.
1652-1654|    969   14  496 | Nr., Satzzeiger, Wortzeiger fuer   525.B.
---------|------------------|------------------------------------------------
```

```
U003003T.GS                21.JAN.1992  14:39              SEITE    12

---------|-------------------|--------------------------------------------------
 WORTNR. |      INHALT       |                    BEDEUTUNG
---------|-------------------|--------------------------------------------------
    1    |                0  | Saetze      Laenge des Buchstabens
    2    |               42  | Worte
---------|-------------------|--------------------------------------------------
         NAMENSTEIL
         ----------
    3    |                3  | Laenge des Namensteils
    4    |              301  | Zeichennummer
    5    |                0  | Folgeteilnummer
---------|-------------------|--------------------------------------------------
         SATZINFORMATION
         ---------------
    6    |               17  | Laenge der Satzinformation
    7    |                1  | Buchstabenart = Buchstabe
    8    |               32  | Anzahl der Digitalisierungen
    9    |                9  | Dickte  (T=L+W+R)
   10    |                1  | Vorbreite (L)
   11    |                8  | Breite (W)
   12    |                1  | Nachbreite (R)
   13    |                1  | X-Minimum
   14    |                8  | X-Maximum
   15    |                1  | Y-Minimum
   16    |                8  | Y-Maximum
   17    |                1  | Masseinheit ist 1 Pixel
---------|-------------------|--------------------------------------------------
         KONTURADRESSBUCH
         ----------------
   18    |                0  | Saetze      Laenge des Konturadressbuches
   19    |                2  | Worte
         |                   |
---------|-------------------|--------------------------------------------------
         BILDINFORMATION
         ---------------
   20    |                0  | Saetze      Laenge der Daten
   21    |               18  | Worte
         |                   |
  22-  23| 3EF90571          |        .X#+ :-.
  24-  25| DD8D3BF8          |        XX+X.*#+
  26-  27| E1028127          |        X.  .+..-
  28-  29| A1009007          |        *.   +  -
  30-  31| 1B44A46B          |        .*::*:-*
  32-  33| BFFFFFF5          |        *#####:
  34-  35| B5444410          |        *:::::.
  36-  37| 32000000          |        ..
         |                   |
---------|-------------------|--------------------------------------------------
```

```
U003003T.GS                21.JAN.1992  14:39              SEITE    13

---------|------------------|-------------------------------------------------
WORTNR.  |     INHALT       |                        BEDEUTUNG
---------|------------------|-------------------------------------------------
   1     |               0  | Saetze      Laenge des Buchstabens
   2     |              56  | Worte
---------|------------------|-------------------------------------------------
     NAMENSTEIL
     ----------
   3     |               3  | Laenge des Namensteils
   4     |             302  | Zeichennummer
   5     |               0  | Folgeteilnummer
---------|------------------|-------------------------------------------------
     SATZINFORMATION
     ---------------
   6     |              17  | Laenge der Satzinformation
   7     |               1  | Buchstabenart = Buchstabe
   8     |              60  | Anzahl der Digitalisierungen
   9     |              11  | Dickte (T=L+W+R)
  10     |               0  | Vorbreite (L)
  11     |              10  | Breite (W)
  12     |               1  | Nachbreite (R)
  13     |               1  | X-Minimum
  14     |              10  | X-Maximum
  15     |               1  | Y-Minimum
  16     |              12  | Y-Maximum
  17     |               1  | Masseinheit ist 1 Pixel
---------|------------------|-------------------------------------------------
     KONTURADRESSBUCH
     ----------------
  18     |               0  | Saetze      Laenge des Konturadressbuches
  19     |               2  | Worte
         |                  |
---------|------------------|-------------------------------------------------
     BILDINFORMATION
     ---------------
  20     |               0  | Saetze      Laenge der Daten
  21     |              32  | Worte
         |                  |
 22-  24 | 000000000090     |                       +
 25-  27 | 4444444447F1     |             ::::::::::-#.
 28-  30 | 6FFFFFFFFFF4      |             -##########:
 31-  33 | 882002A30000     |             ++.   .*.
 34-  36 | A00000090000     |             *        +
 37-  39 | C000000A0000     |             X        *
 40-  42 | C100001B0000     |             X.      .*
 43-  45 | 8E7447E80000     |             +X-::-X+
 46-  48 | 09FFFFA00000     |              +####*
 49-  51 | 002442000000     |               .::.
         |                  |
---------|------------------------------|-------------------------------------
```

```
U003003T.GS                 21.JAN.1992  14:39              SEITE    14

---------|-----------------|---------------------------------------------------
WORTNR.  |     INHALT      |                       BEDEUTUNG
---------|-----------------|---------------------------------------------------
   1     |              0  | Saetze      Laenge des Buchstabens
   2     |             40  | Worte
---------|-----------------|---------------------------------------------------
         NAMENSTEIL
         ----------
   3     |              3  | Laenge des Namensteils
   4     |            303  | Zeichennummer
   5     |              0  | Folgeteilnummer
---------|-----------------|---------------------------------------------------
         SATZINFORMATION
         ---------------
   6     |             17  | Laenge der Satzinformation
   7     |              1  | Buchstabenart = Buchstabe
   8     |             28  | Anzahl der Digitalisierungen
   9     |              8  | Dickte (T=L+W+R)
  10     |              1  | Vorbreite (L)
  11     |              7  | Breite (W)
  12     |              1  | Nachbreite (R)
  13     |              1  | X-Minimum
  14     |              7  | X-Maximum
  15     |              1  | Y-Minimum
  16     |              8  | Y-Maximum
  17     |              1  | Masseinheit ist 1 Pixel
---------|-----------------|---------------------------------------------------
         KONTURADRESSBUCH
         ----------------
  18     |              0  | Saetze      Laenge des Konturadressbuches
  19     |              2  | Worte
         |                 |
---------|-----------------|---------------------------------------------------
         BILDINFORMATION
         ---------------
  20     |              0  | Saetze      Laenge der Daten
  21     |             16  | Worte
         |                 |
  22-  23| 04DFFD40          |  :X##X:
  24-  25| 4FDAADF4          |  :#X**X#:
  26-  27| B700003A          | *-     .*
  28-  29| E0000008          | X       +
  30-  31| A0000007          | *       -
  32-  33| 82000CB9          | +.    X*+
  34-  35| 170008B1          | .-    +*.
         |                 |
---------|-----------------|---------------------------------------------------
```

```
U003003T.GS              20-JAN-1992  17:23            SEITE  15

-------------------------------------------------------------------------


                        GRAND TOTAL
                        -----------
                                           WORTE          KBYTES
                                           -----          ------
        Laenge der Schrift:                27163          54.326
        Laenge des Schriftkopfes:           1654           3.308
        Laenge aller Buchstabenkoepfe:     12600          25.200
        Laenge der gesamten Bildinformation: 12909        25.818


            DIGITALISIERUNGEN                    ANZAHL
            -----------------                    ------
            Zeilen:                                4080
            Summe aller Bytes:                    23666
            ------------------------------------------------
            Buchstaben:                             525
            Datensaetze (a 2048 Worte):              14
            ------------------------------------------------
            Raster:                             16 X  16
            ------------------------------------------------
            Digitalisierungen/Zeile:              5.80
            Zeilen/Buchstabe:                        8
            Bildinformation/Buchstabe:              49 bytes



    -------------------------------------------------------------------
```

Datenstruktur einer Zurichtung

1. Allgemeines:

Es gibt zur Zeit bei URW vier verschiedene Zurichtungsarten:

- traditionell (Dickten),
- unterschneidend,
- berührend und
- überdeckend.

Die traditionelle Zurichtung wird in Form von Dicktentabellen gespeichert. Für das Unterschneiden gibt es eine kurze und eine lange Speicherungsform. Die kurze entsteht dadurch, daß man die Vorder- und Rückansicht aller in Frage kommenden Zeichen einer Schrift klassifiziert. Wir verwenden dazu die Clustering-Methode, die sich ähnelnde Ansichten in einer Klasse unterbringt und höchstens 32 verschiedene Klassen von Rückansichten erzeugt. Ebenso wird mit den Vorderansichten verfahren. Dadurch sind in der kurzen Unterschneidungstabelle nur 32 × 32 Werte für die möglichen Kombinationen von Rück- und Vorderansichten zu speichern.

In der langen Unterschneidungstabelle stehen für alle Buchstabenpaare individuelle Korrekturwerte. Also enthält die lange Tabelle 100 × 100 Werte, wenn man es mit 100 verschiedenen Buchstaben zu tun hat, und 250 × 250 Werte, wenn eine Schrift 250 Buchstaben enthält.

Long Kerning Tabellen sind die Zukunft.

Für die Berührungs- und Überdeckungstabellen haben wir bisher nur die lange Speicherform erzeugt.

2. Zugriff

Den Zugriff auf die Zurichtung haben wir genauso wie bei einer Schrift organisiert. Wir nehmen daher die Datenstruktur einer Schrift (Anhang G) und passen die Inhalte auf den Zweck der Zurichtung an. Die Dickten werden als »Buchstabe

Nummer 1«, die kurze Tabelle für das Unterschneiden als »Buchstabe Nummer 2«, die lange Tabelle als »Nummer 3« und die Berührungs- und Überdeckungstabellen als »Nummer 4 und 5« aufgefaßt.

Für weitere Zurichtungsvarianten ist ab Nummer 6 noch viel Platz...

Ein Korrekturwert wird INTEGER $\times$ 2 (16 Bit) gespeichert und als *eine Digitalisierung* aufgefaßt.

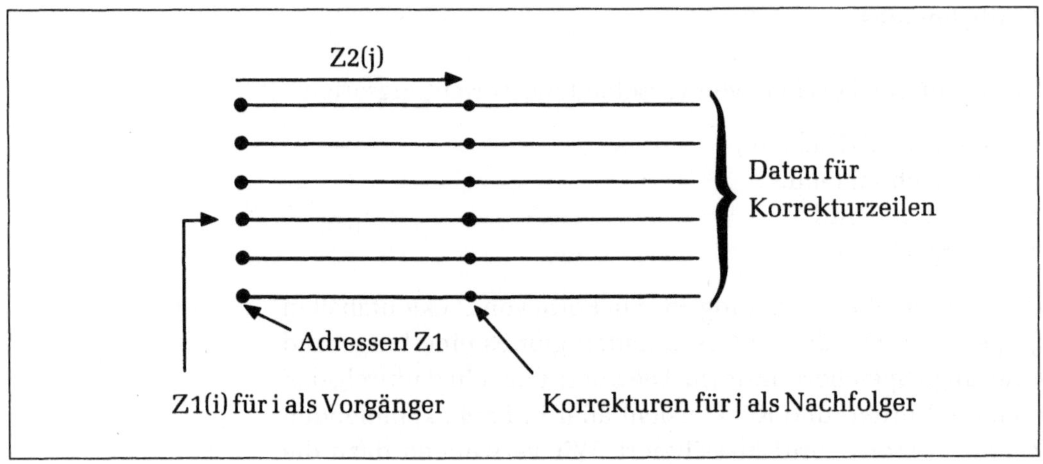

Abb. 202
Die Korrekturwerte bekommt man über ein geändertes Konturadreßbuch.

Es enthält für den Buchstaben Nummer i auf Platz i die Startadresse Z1(i) der Korrekturzeile (ehemalige Bildinformation) mit den Korrekturwerten für den Buchstaben Nummer i als Vorgänger. Dieser erste Teil des Adreßbuches hat die Länge 2 $\times$ N4 (in Worten). Ferner enthält das Zurichtungsadreßbuch für den Buchstaben Nummer j auf Platz 2 $\times$ N4 + j die Adresse Z2(j) in den Korrekturzeilen, wo die Korrekturwerte für den Buchtaben Nummer j als Nachfolger gespeichert sind. Dies ist der zweite Teil des Adreßbuches. Für das Buchstabenpaar (ij) findet man den Korrekturwert für ihren Paarabstand auf Platz Z1(i) + Z2(j) in der Bildinformation.

Die Länge dieser Adreßbücher richtet sich nach der größten Buchstabennummer der zugehörigen Schrift. Wir haben aktuell eine maximale Länge von 1000 Plätzen für jedes Adreßbuch vorgesehen. Allerdings ist die Länge eine variable Größe und könnte individuell angepaßt werden. Es gibt den Default-Korrekturwert = 0. Diese Korrektur hat keine Wirkung und wird allen Buchstabenpaaren gegeben, die nicht unterschneidend, berührend oder überdeckend gesetzt werden sollen.

3. Beschreibung des Zurichtungskopfes

In dem vorliegenden Anhang S wollen wir den für Zurichtungen geänderten Schriftkopf beschreiben. Die Datensätze für die Tabellen folgen in den Anhängen T, U und V.

Für Datenträger gilt das im Anhang G unter Punkt 1 Beschriebene.

Zurichtungskopf

Wort	Bedeutung	Kommentar
1	Länge des Zurichtungs- kopfes in Worten	$= 1 + I + J + L + M$
	Namensteil	
2	Länge des Namensteils	(I)
3	Nummer auf URW-Liste	
4 – 9	Filename	6 Worte
10 – 49	Schriftname in ASCII	40 Worte
50	Formatkennzeichnung für Daten	SP (spacing)
51 – 53	Herstellungsdatum	3 Worte
54 – 56	Datum der letzten Änderung	z.B. 16,1,92 für 16. Januar 1992 aktuell (1992 hat bei URW I den Wert 55.
	Zurichtungsinformation	
I+2	Länge der Zurichtungs- information in Worten	(J)
I+3	Kennzeichen f. Zurichtung	3
I+4	Anzahl der Tabellen	aktuell = 5
I+5	Versalhöhe	in kleinsten Ein- heiten; aktuell (1992) hat bei URW J den Wert 4.

Wort	Bedeutung	Kommentar
I+J+2	**Hierarchieteil** Länge des Hierarchieteils	(L) = 1 für Zurichtung
I+J+L+2	**Tabellenadreßbuch** Länge des Tabellen- adreßbuches	(M)
I+J+L+3	Zeiger auf letzten beschrie- benen physikalischen Satz (=Länge der Zurichtung in physikalischen Sätzen)	aktuelle Länge der Zurichtungsdaten
I+J+L+4	Zeiger auf das letzte beschriebene Wort des letzten Satzes	
I+J+L+5	Nummer der ersten Tabelle	Dickten
I+J+L+6	Zeiger auf den Satz in der Zurichtung, der den Anfang der ersten Tabelle enthält	
I+J+L+7	Zeiger auf das erste Wort der Tabelle in diesem Satz	
I+J+L+8	Nummer	kurze Unterschnei- dung (Clustering)
I+J+L+9	Satzzeiger	
I+J+L+10	Wortzeiger	
I+J+L+11	Nummer	lange Unter- schneidung
I+J+L+12	Satzzeiger	
I+J+L+13	Wortzeiger	
I+J+L+14	Nummer	Berührung
I+J+L+15	Satzzeiger	
I+J+L+16	Wortzeiger	
I+J+L+17	Nummer	Überdeckung
I+J+L+18	Satzzeiger	
I+J+L+19	Wortzeiger	

Eine Zurichtung mit allen Sätzen kann nur zusammen mit der
begleitenden Buchstabennummernliste (siehe Anhang B) auf
die zugehörige Schrift angewendet werden.

Die Dicktentabelle

Die Dicktentabellen könnten komprimiert werden, da man keinen Zugriff auf eine Matrix, sondern nur auf ein einfaches Feld braucht. Wir lassen aber diese Ausnahme nicht zu. Daher hat der Tabellensatz im Rahmen einer Zurichtung (siehe Anhang S) folgenden Aufbau:

Die traditionelle Zurichtung kennt nur Dickten.

Dicktensatz

Wort	Bedeutung	Kommentar
1	Länge des Dicktensatzes in Sätzen	$2 + N1 + N2 + N3 + M$
2	in Worten	
3	**Namensteil** Länge des Namensteils	$N1$ (aktuell=3)
4	Nummer	= 1 (Dickten)
5	Folgeteilnummer	= 0 (aktuell)
N1+3	**Satzinformation** Länge der Satzinformation	$N2$ (aktuell=3)
N1+4	Anzahl der Dickten	
N1+5	Maßeinheit	= 1 ≙ Einheit ist 1/100 mm
	Zurichtungsadreßbuch Länge des Zurichtungsadreßbuches	$N3 = 2 + N4 \times 3$
N1+N2+3	in Sätzen	
N1+N2+4	in Worten	
N1+N2+5	Satz-, Wortzeiger auf Dickte	Die Adressen
N1+N2+6	des Buchstabens Nr. 1	werden relativ zum Beginn der Zurichtungsinformation gezählt.

Wort	Bedeutung	Kommentar
N1+N2+7	Satz-, Wortzeiger auf Dickte	N4 Einträge für
N1+N2+8	des Buchstabens Nummer 2	Buchstaben
.	.	≙
.	.	Adressen Z1(i)
.	.	gemäß Anhang R
N1+N2+4	Wortzeiger auf Dickte der	
+N4×2	höchsten Buchstaben-	
	nummer der Schrift	
N1+N2+5	0	N4 Einträge
+N420	.	Buchstaben
.	.	≙
.	.	Adressen Z2(j)
		gemäß Anhang R,
.	0	alle N4-Einträge
		erhalten den Wert 0.
	Zurichtungsinformation	
N1+N2+N3	Länge der Tabelle	M
+3	in Sätzen	
+4	in Worten	
+5	»Dickte« für das Geviert	Defaultparameter
+6	Dickte des 1. Buchstabens,	
	der keine Defaultdickte hat	
+7	Dickte des 2. Buchstabens,	
	der keine Defaultdickte hat	
.	.	
.	.	
N1+N2	letzte Dickte	
+N3+M+2		

Also läßt sich die Dickte für den Buchstaben i bei einem Nachfolger j aus der Tabelle wie folgt auslesen:

$$\text{Adresse:} \quad = Z1(i) + Z2(j); \qquad \text{Dickte:} \quad = \text{Inhalt (Adresse).}$$

Die Angabe des Nachfolgers j ist hierbei irrelevant. Wir haben aber mit Absicht den Zugriff auf die Dickten dem Verfahren für die Korrekturwerte für Unterschneiden bis Überdecken angeglichen.

Unter-
schneidungstabelle

E s gibt kurze und lange Unterschneidungstabellen. Wie bereits erwähnt, entstehen die kurzen durch Klassifizierung von Rück- und Vorderansichten der Buchstaben und die langen durch Angabe der Unterschneidungskorrekturen für alle möglichen Buchstabenpaare einer Schrift. Die kurze Unterschneidungstabelle hat im Rahmen einer Zurichtung (Anhang S) folgenden Aufbau:

Es gibt
Short Kerning
und
Long Kerning.

1. Kurzer Unterschneidungssatz

Wort	Bedeutung	Kommentar
1 2	Länge des kurzen Unterschneidungssatzes in Sätzen in Worten	$2 + N1 + N2 + N3 + M$
3 4 5	**Namensteil** Länge des Namensteils Nummer Folgeteilnummer	N1 (aktuell = 3) = 2 (kurze Unterschneidung)
N1+3 N1+4 N1+5 N1+6	**Satzinformation** Länge der Satzinformation Anzahl der Korrekturwerte Maßeinheit Nummer der zugehörigen langen Unterschneidungs-tabelle	N2 (aktuell = 4) = 1 ≙ Einheit ist 1/100 mm

Wort	Bedeutung	Kommentar
	Zurichtungsadreßbuch	
	Länge des Zurichtungs-	$N3 = 2 + N4 \times 3$
	adreßbuches	
N1+N2+3	in Sätzen	
N1+N2+4	in Worten	
N1+N2+5	Satz-, Wortzeiger auf die	Die Adressen
N1+N2+6	Korrekturzeile für Buch-	werden relativ zum
	stabenpaare, bei denen	Beginn der Zurich-
	Buchstabe Nr. 1 vorn	tungsinformation
	steht	gezählt.
N1+N2+7	Satz-, Wortzeiger auf die	
N1+N2+8	Korrekturzeile des Buch-	
	stabenpaares, bei denen	N4 Einträge für
	Nummer 2 vorn steht	Buchstaben.
.	.	$\triangleq$
.	.	Adressen Z1 (i)
.	.	gemäß Anhang R
N1+N2+4	Wortzeiger auf Korrektur-	
+N4×2	zeile der Paare, bei denen	
	der letzte Buchstabe vorn	
	steht	
N1+N2+5	Wortzeiger auf den Platz	N4 Einträge für
+N4×2	in den Korrekturzeilen	Buchstaben
	für Paare, bei denen Buch-	$\triangleq$
	stabe Nr. 1 hinten steht	Adressen Z2(j)
.	.	gemäß Anhang R
.	.	
.	.	
N1+N2+2	letzter Platzzeiger für	
+N3	letzten Buchstaben als	
	Nachfolger	
	Zurichtungsinformation	
N1+N2+N3	Länge der Tabelle	M
+3	in Sätzen	

Wort	Bedeutung	Kommentar
+4	in Worten	
+5	Default-Korrekturwertzeile Paar (kein,kein)	alle = 0
+6	Paar (kein, 1. Rückklasse)	1. Korrekturzeile für »keinen« voranstehenden Buchstaben
+7	Paar (kein, 2. Rückklasse)	
. . .	. . .	
N1+N2+N3 +N5+5	Korrekturwert für das Paar 1. Vorderklasse, »kein« Buchstabe	= 0
+6	Korrekturwert für das Paar 1. Vorderklasse, 1. Rückklasse	2. Korrekturzeile
+7	Korrekturwert für das Paar 1. Vorderklasse, 2. Rückklasse	
. . .	. . .	
2+N1+N2 +N3+M	Korrekturwert für das Paar (N5,N5)	letzte Korrektur für letzte Vorderklasse mit letzter Rückklasse

Die Korrekturzeilen haben alle eine konstante Länge. Unter
den N4-Einträgen im Zurichtungsadreßbuch sind im allgemeinen auch leere Zeiger (Zeiger auf 1. Korrekturzeile oder die
ersten Plätze der Korrekturzeilen) für Buchstabennummern,
die in der betreffenden Schrift nicht vorkommen oder die keine Korrektur bewirken sollen, wenn sie Vorgänger oder Nachfolger sind. Außerdem ergeben sich durch die Klasseneintei-
lung Zeiger auf den gleichen Platz.

Also ist die Länge der Korrekturzeilen kürzer als N4. Es
gilt:

$M = 2 + N5 \times N5$, wobei $N5$ die Anzahl der unterschiedlichen Buchstabenklassen in einer Schrift ist.

Insbesondere ist $N5$ die Zeilenlänge und beträgt 32 (eine Defaultkorrektur und 31 Werte für die 31 verschiedenen Klassen) bei URW.

2. Langer Unterschneidungssatz

Wort	Bedeutung	Kommentar
1 2	Länge des langen Unterschneidungssatzes in Sätzen in Worten	$2 + N1 + N2 + N3 + M$
3 4 5	**Namensteil** Länge des Namensteils Nummer Folgeteilnummer	$N1$ (aktuell = 3) = 3 (langer Unter- schneidungssatz)
N1+3 N1+4 N1+5 N1+6 N1+7 N1+8 N1+9 N1+10 N1+11 N1+12 N1+13	**Satzinformation** Länge d. Satzinformation Zeilenzahl der Korrektur- matrix Spaltenzahl der Korrektur- matrix Maßeinheit 1. Zurichtungsbuchstabe 2. Zurichtungsbuchstabe Vorbreite Nachbreite Vorbreite Nachbreite 1. Mindestabstand	$N2$ (aktuell = 19) $N5$ (aktuell) $N5$ (aktuell) $= 1 \stackrel{\wedge}{=} 1/100\,\mathrm{mm}$ Großbuchstaben- basis Kleinbuchstaben- basis ⎫ des 1. ⎬ Zurichtungs- ⎭ buchstabens ⎫ des 2. ⎬ Zurichtungs- ⎭ buchstabens in Höhe der Grund- linien

Wort	Bedeutung	Kommentar
N1+14	2. Mindestabstand	zwischen den Grundlinien (bei Berührungstabellen = Mindestabstand für senkrechte Abstriche)
N1+15	Faktor	für Weißraumverkürzung
N1+16	Abstandsfunktion	= 0 gemäß geometrischem Mittel = 1 gemäß arithmetischem Mittel
N1+17	Kursivwinkel	in 1/10 Grad
N1+18	Serifenhöhe	in 1/100 mm
N1+19	Versalhöhe	(werden speziell
N1+20	Minuskelhöhe	für eine Unter-
N1+21	Unterlänge	schneidungsrechnung gegeben)
	Zurichtungsadreßbuch Länge des Zurichtungsadreßbuches	N3 = 1 + N4 × 3
N1+N2+3	in Sätzen	
N1+N2+4	in Worten	
N1+N2+5	Satz-, Wortzeiger auf die	Die Adressen
N1+N2+6	Korrekturzeile für Buchstabenpaare, bei denen Buchstabe Nummer 1 vorn steht	werden relativ zum Beginn der Zurichtungsinformation gezählt.
N1+N2+7	Satz-, Wortzeiger auf die	
N1+N2+8	Korrekturzeile für Paare, bei denen Buchstabe Nummer 2 vorn steht	N4-Einträge für Buchstaben ≙
.	.	Adressen Z1(i)
.	.	gemäß Anhang R
.	.	

405

Wort	Bedeutung	Kommentar
N1+N2+4 +N4	Wortzeiger auf Korrektur- zeile der Paare, bei denen der letzte Buchstabe vorn steht.	
N1+N2+5 +N4	Wortzeiger auf den Platz in den Korrekturzeilen für Paare, bei denen Buch- stabe Nr. 1 hinten steht.	N4-Einträge für Buchstaben ≙ Adressen Z2(j) gemäß Anhang R
. . .	. . .	
2+N1+N2 +N3	Letzter Platzzeiger für letzten Buchstaben als Nachfolger	
N1+N2+N3 +3	**Zurichtungsinformation** Länge der Tabelle in Sätzen	M
+4	in Worten	
+5	Default-Korrekturzeile, erster Eintrag für das Paar (kein,kein)	alle = 0 1. Korrekturzeile für »kein« Buch- staben, der vorn steht.
+6	Paar (kein, 1. Buchstabe)	
+7	Paar (kein, 2. Buchstabe)	
. . .	. . .	
N1+N2+N3 +N5+5	Default Korrekturwert	= 0 (1. Buchst., kein) 2. Korrekturzeile Enthält Korrektur- wert für Paar- bildung mit ersten Buchstaben als Nachfolger.
+6	2. Wort der Korrekturzeile für den ersten Buchstaben, der keine Defaultkorrektur hat, als Vorgänger	
+7	Erster mit zweitem Buch- staben	

Wort	Bedeutung	Kommentar
+8	Erster mit drittem Buch- staben	
.	.	
.	.	
.	.	
2+N1+N2	Letzter mit letztem Buch- staben	Letzte Korrekur- zeile

Der Korrekturwert für das Unterschneiden des Buchstabens i
mit seinem Nachfolger j läßt sich aus der Tabelle wie folgt auslesen.

$$\text{Adresse:} \quad = Z1(i) + Z2(j);$$
$$\text{Korrektur:} \quad = \text{Inhalt (Adresse)}.$$

unterschneiden kerning

Abb. 203
Beispiele von
Unterschneidungen

Berührungs- und Überdeckungstabelle

Berührungstabelle

Die Berührungstabellen unterscheiden sich in ihrer Struktur nicht von den Unterschneidungstabellen (siehe Anhang T).

Berührungstabellen haben für das Setzen eine zweifache Bedeutung. Einmal kann man die Korrekturwerte für die wirkliche Berührung erhalten, zum anderen mit ihrer Hilfe das Unterschneiden bei großen Versalhöhen - z.B. in der Außenbeschriftung - verändern.

Wir gehen davon aus, daß die Unterschneidungen recht gut wirken, so lange der Satz mit Versalhöhen bis zu 10 cm erfolgt. Man muß hinzufügen, daß solche Beschriftungen in der Regel aus etwa 5 m Entfernung betrachtet werden. Das entspricht dem Betrachten von 1 cm großen Buchstaben aus 50 cm Entfernung.

Bei größeren Buchstaben wünscht man sich jedoch manchmal eine engere Zusammenstellung. Es scheint, als würde der Betrachter großer Beschriftungen die Buchstaben bei einem proportional vergrößertem Abstand als vereinsamt empfinden.

Unser Zurichtungsansatz ist deshalb folgendermaßen aufgebaut: Der Anwender gibt beim Setzen durch einen Parameter an, wie weit er an die Berührungswerte herangehen möchte. Dabei bedeuten 0% nur Unterschneidung und 100% nur Berührung. Angaben dazwischen sorgen für eine entsprechende Interpolation der beiden Korrekturwerte.

Berührender Satz ist sehr geeignet für Logos.

berühren touching

*Abb. 204
Beispiele von
Berührungen*

Überdeckungstabelle

Die Überdeckungstabellen haben denselben Aufbau wie Unterschneidungstabellen. Sie enthalten allerdings derart große negative Korrekturwerte für die Paare, daß die beiden Buchstaben übereinander geraten. Dies kann man einerseits für die Überdeckung nutzen, wobei durch eine weiße Trennlinie gekennzeichnet wird, welcher Buchstabe vor welchem liegen soll. Andererseits kann man eine Verschmelzung der Buchstaben erreichen, wenn auf die Trennlinien verzichtet wird. Das Überdecken hat mit dem normalen Satz von Texten nichts zu tun, es findet Verwendung beim Entwurf von Logos und Signets oder zur Erzeugung besonderer Effekte.

*Überdeckungen
sind abhängig
vom Wort.*

überdecken overlapping
verschmelzen blending

*Abb. 205
Beispiele von
Überdeckungen und
Verschmelzungen*

410

Programme zur Wandlung IK → DI

W ir stellen in diesem vorliegenden Anhang die Unterprogramme zusammen, die das IKARUS-Format in das DISPLAY-Format wandeln.

Dazu wird die Function BuchM aufgerufen. Der Buchstabe muß vor dem Aufruf in eine Struktur KnotList geladen sein. Ferner muß die Anzahl der Digitalisierungen in der Variablen iktot stehen. Das Ergebnis der Rechnungen wird durch die Aufrufe von GeradeM und KreisM zur weiteren Bearbeitung zur Verfügung gestellt. Bei Geraden werden deren Endpunkte und bei Teilkreisen deren Endpunkte und Radien gespeichert.

Jeder kann die nachfolgend aufgeführten C-Listen abschreiben. Wir beanspruchen kein Copyright.

Die Aufrufhierarchie unterhalb ist wie folgt:

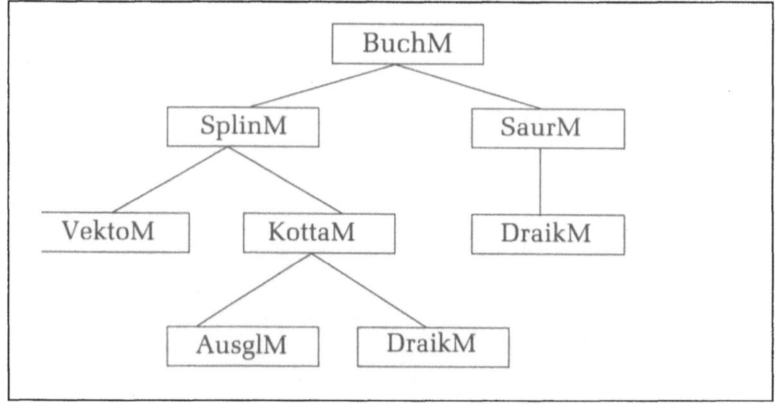

Die Functions wirken wie folgt zusammen: In BuchM werden die Geraden und die Kurvenzüge voneinander getrennt, und VektoM rechnet für alle IK-Punkte der Kurvenzüge die Abstände mit zugehörigen Einheitsvektoren aus. Die Ergebnisse werden in der KnotList in DS (Abstände), C0 (X-Komponenten) und S0 (Y-Komponenten der Einheitsvektoren) gespeichert. Danach wird die Spline-Interpolation gestartet (siehe Lit. Späth). Der Interpolation entnehmen wir die Tangenten

als Einheitsvektoren in der Form (cos,sin), die in der KnotList
in C (X-Komponenten) und S (Y-Komponenten) abgelegt werden, nachdem mit KottaM zu starke Asymmetrien korrigiert
werden.

Die Routine DraikM hat die Aufgabe, gemäß der Skizze
die cos und sin der Winkel α_1 und α_2 zu berechnen. Die Routine AusglM versucht eine Ausgleichsrechnung für Fälle, in
denen zwei Kreise mit sehr unterschiedlichen Radien anein-
ander anschließen.

*Abb. 206
Darstellung der
geometrischen
Parameter*

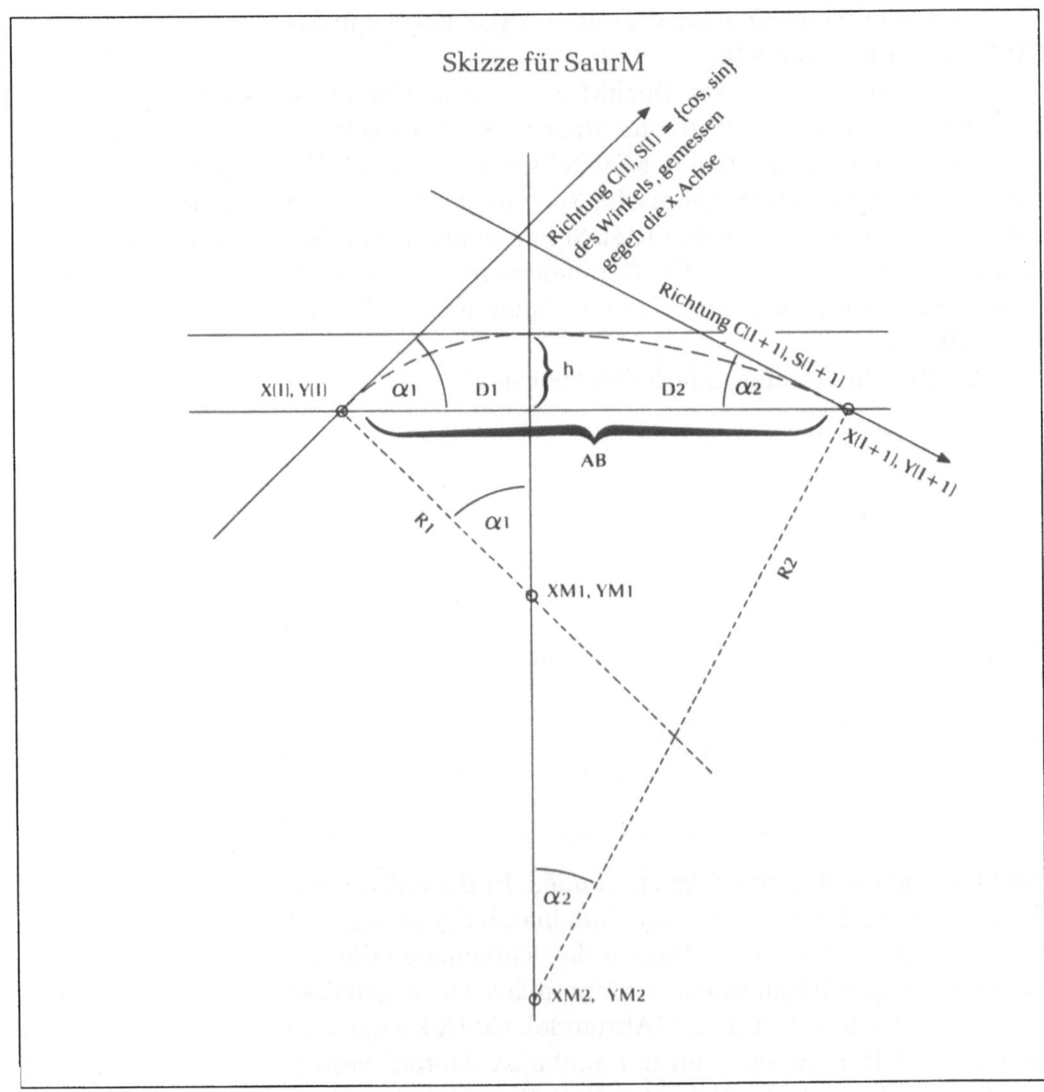

Rechenweg

Gesucht sind die beiden Kreise, die an den gegebenen digitalisierten
IKARUS-Punkten die vorgegebene Richtung haben und sich zwischen diesen Punkten mit der Richtung der Strecke beider Punkte
treffen. Man kann also aufschreiben:

① $AB = D1 + D2$

② $\sin\alpha_1 = \dfrac{D1}{R1}$

③ $\sin\alpha_2 = \dfrac{D2}{R2}$

④ $\cos\alpha_1 = \dfrac{R1-h}{R1}$

⑤ $\cos\alpha_2 = \dfrac{R2-h}{R2}$

Fünf Gleichungen für fünf Unbekannte:
D1, D2, R1, R2, h

⑥ → Löse: ①+②+③:
$$AB = R1 \cdot \sin\alpha_1 + R2 \cdot \sin\alpha_2$$

④+⑤: $h = R1\,(1-\cos\alpha_1) = R2\,(1-\cos\alpha_2)$

⑦

$$\frac{R1}{R2} = \boxed{DR = \left(\frac{1-\cos\alpha_2}{1-\cos\alpha_1}\right)}$$

⑧ forme 6 um : $AB = R2 \cdot \dfrac{R1}{R2}\sin\alpha_1 + R2 \cdot \sin\alpha_2$

$$= R2\,(DR \cdot \sin\alpha_1 + \sin\alpha_2)$$

$\Rightarrow \boxed{R2 = AB/(DR \cdot \sin\alpha_1 + \sin\alpha_2)} \Rightarrow \boxed{R1 = DR \cdot R2}$

Die Berechnung der Teilkreise in der Function SaurM beruht auf
einem bei der Firma ARISTO im Bereich CAD verwendeten
Verfahren. Die nachfolgende Skizze soll den Rechenweg verdeutlichen, mit dem man die beiden Radien R1 und R2 der Teilkreise
findet.

Im folgenden geben wir die C-Listen der Reihe nach wieder:

```
/*----------------------------------------------------------------------

        (C) Copyright 1987-92 by URW Unternehmensberatung, Tel.: (040) 606 05 - 0
                                 Harksheider Strasse 102, D-2000 Hamburg 65
        ________________________________________________________________


        Projekt:        IKARUS M

        Modul:          IKBasic.h

        ________________________________________________________________


        Description: BasisIncludeFile für die Routinen von IKARUS M

        ________________________________________________________________


        Author:         Date:           Changes:
        Rachow          27.02.1991
        Rachow          06.05.1991      new Knot struct with Float
----------------------------------------------------------------------*/

#define   penUp         0
#define   penDown       1

typedef struct                 /* diese Struktur beschreibt einen IK-Punkt, ein Feld */
{                              /* mit allen Punkten eines Buchstabens heißt KnotList */
    Float x;                    /* X-Koordinate */
    Float y;                    /* Y-Koordinate */
    Short knotType;            /* Kennung */
    Float c;                    /* Cosinus der Tangente */
    Float s;                    /* Sinus der Tangente */
    Float g;                    /* Hilfswert */
    Float c0;                   /* Cosinus der Sekante */
    Float s0;                   /* Sinus der Sekante */
    Float ds;                   /* Punktabstand */
    Boolean selected;          /* Hilfsgröße für Darstellung */
}
Knot, *KnotPtr, **KnotHandle;

enum
{
    pntStart = 12,             /* Kennung eines Startpunktes */
    pntAngle,                  /* Kennung eines Eckpunktes */
    pntCurve,                  /* Kennung eines Kurvenpunktes */
    pntTangt                   /* Kennung eines Tangentenpunktes */
};
```

```c
/*-----------------------------------------------------------------

    (C) Copyright 1987-92 by URW Unternehmensberatung, Tel.: (040) 606 05 - 0
                             Harksheider Strasse 102, D-2000 Hamburg 65


    Projekt:        IKARUS M

    Modul:          BuchM.c

    Functions:      BuchM()


    Beschreibung:   Steuerung der Berechnung von Geraden- und Kreisstücken zur
                    Verbindung der IK-Punkte eines Buchstabens. Es kann ein
                    Teilstück einer Kontur parametriert werden. Bei der Wandlung
                    kann ein Abbildungsmaßstab berücksichtigt werden.


    Author:         Date:           Changes:
    Rachow          22.07.1987
    Knoth           27.11.1987      test if error
    Rachow          28.02.1991      include IKBasic.h
    Rachow          07.05.1991      type Float, HelpKnots removed
    Rachow          22.01.1992      save c,s of knot n, if angle point
-----------------------------------------------------------------*/

#include <IKBasic.h>

/*-----------------------------------------------------------------*/

void BuchM (ianf,iend,istart,iktot,reduceFactor,pknot)

int             ianf;           /* Index des Anfangspunkts */
int             iend;           /* Index des Endpunkts */
int             istart;         /* Index des letzten Startpunktes */
int             iktot;          /* Gesamtanzahl Digitalisierungen - 1 */
Float           reduceFactor;   /* Darstellungsmaßstab */
KnotPtr         pknot;          /* Pointer auf die Liste der IK-Punkte */

/*-----------------------------------------------------------------*/
{
    KnotPtr     pi;
    int         i,m,n,pen;

/* Anfangspunkt setzen. Dieser wird wie der Endpunkt einer Geraden behandelt */

    pen = penUp;
    GeradeM ((pknot + ianf)->x,(pknot + ianf)->y,pen,reduceFactor);

    i = ianf + 1;
    pi = pknot + i;

    while ( i <= iend )                         /* Schleife über alle Punkte */
    {
        if ( pi->knotType != pntCurve )         /* Nicht-Kurvenpunkte werden */
        {                                       /* als Endpunkte von Geraden */
```

```
            if ( pi->knotType == pntStart )            /* behandelt, wobei Startpunkte */
            {                                           /* mit gehobenem Stift */
                pen = penUp;                            /* angefahren werden. */
                istart = i;
            }
            else
            {
                pen = penDown;
            }
            GeradeM (pi->x,pi->y,pen,reduceFactor);
        }
        else                                            /* Behandlung der Kurvenpunkte */
        {
            pen = penDown;
            m = i - 1;

            while ( i < iend )                          /* Kurvenzuglänge bestimmen */
            {
                i++;
                pi++;

                if ( pi->knotType != pntCurve )
                    break;
            }

            if ( pi->knotType < pntAngle     pi->knotType > pntTangt )
            {
                i--;
                pi--;
            }
            n = i;
            if ( n - m <= 1 )                           /* entartete Kurve als Gerade */
            {
                GeradeM (pi->x,pi->y,pen,reduceFactor);
            }
            else
            {
                SplinM (pknot,m,n,istart,iktot);   /* Tangenten in Kurven-Punkten */

                SaurM (m,n,reduceFactor,pknot);    /* Teilkreise berechnen */
            }
        }
        i++;
        pi++;
    }
}

/*-----------------------------------------------------------------------


(C) Copyright 1987-92 by URW Unternehmensberatung, Tel.: (040) 606 05 - 0
                         Harksheider Strasse 102, D-2000 Hamburg 65



Projekt:        IKARUS M
Modul:          SplinM.c
Functions:      SplinM()
```

```
Beschreibung:      Berechnung der Steigung der Tangenten in den Kurvenpunkten
                   einer IK-Kontur. Der Sinus und der Cosinus des Steigungs-
                   winkels werden in der Punktliste gespeichert. Die Berechnung
                   erfolgt nach einem im Buch von H. Späth beschriebenen Verfah-
                   ren mit Hilfe von kubischen Splines.

Author:            Date:              Changes:
Rachow             20.07.1987
Lau                01.09.88           direct reference of sqrt... replaced by math.h
Rachow             28.02.1991         include IKBasic.h
Rachow             07.05.1991         type Float, HelpKnots removed
                                                                                 */

#include <IKBasic.h>
#include <math.h>

/*                                                                               */
void SplinM (pknot,ianf,iend,istart,iktot)
KnotPtr       pknot;            /* Pointer auf die Liste der IK-Punkte */
int           ianf;            /* Index des Anfangspunkts */
int           iend;            /* Index des Endpunkts */
int           istart;          /* Index des letzten Startpunktes */
int           iktot;           /* Gesamtanzahl Digitalisierungen - 1 */
/*                                                                               */
{
   KnotPtr        panf,pend,pn1,pk,pk1;
   int         k,ka,n1;
   Float          ds,z,dxk,dyk,h1,c1,s1,h2,c2,s2;

   /* Für alle Punkte des Kurvenzuges Steigung und Abstand der Verbindung
      zum jeweils nächsten IK-Punkt berechnen und in der Punktliste ablegen */

   VektoM (pknot,ianf,iend,istart,iktot);

   n1 = iend - 1;
   pn1 = pknot + n1;

   panf = pknot + ianf;
   pend = pknot + iend;

   switch (panf->knotType)                     /* abhängig von der Kennung des */
   {                                           /* ersten Punktes die Randwerte */
      case pntTangt:                           /* setzen */

         ka = ianf + 1;
         panf->g = 0.0;
         panf->c = (panf - 1)->c0;
         panf->s = (panf - 1)->s0;

         break;

      case pntCurve:

         ka = ianf + 1;
         panf->g = 0.0;

         break;

      default:
```

```c
            ka = ianf;
        panf->g = 0.5;
        panf->c = 1.5 * panf->c0;                    /* Endkrümmung = 0 setzen */
        panf->s = 1.5 * panf->s0;

        break;
    }


    /* Lösen des linearen Gleichungssystems mittels Gauss-Elimination
    für Tridiagonalsysteme */

    for (k = ianf, pk = panf; k < iend; k++, pk++)
    {
        ds = pk->ds;

        if (ds > 0.1)
            h2 = 1.0 / ds;
        else
            h2 = 1.0;

        c2 = 3.0 * pk->c0 * h2;
        s2 = 3.0 * pk->s0 * h2;

        if (k != ianf)
        {
            z = 1.0 / ( 2.0 * (h1 + h2)  -  h1 * pk1->g );

            pk->g = z * h2;
            pk->c = z * (c1 + c2 - h1 * pk1->c);
            pk->s = z * (s1 + s2 - h1 * pk1->s);

            if (k == n1)
            {
                if (pend->knotType == pntTangt)
                {
                    pend->c = pend->c0;
                    pend->s = pend->s0;

                    pk->c  -=  pk->g * pend->c;
                    pk->s  -=  pk->g * pend->s;

                    break;
                }
                else
                {
                    if (pend->knotType == pntCurve  &&  iend != iktot  &&
                                (pend + 1) -> knotType >= pntAngle)
                    {
                        pk->c  -=  pk->g * pend->c;
                        pk->s  -=  pk->g * pend->s;

                        break;
                    }
                }
                z = 1.0 / ( 2.0 - pn1->g );

                pend->c = z * ( 3.0 * pn1->c0  -  pn1->c );
                pend->s = z * ( 3.0 * pn1->s0  -  pn1->s );
            }
```

```c
      }
      c1 = c2;
      s1 = s2;
      h1 = h2;
      pk1 = pk;
   }

   while (1)
   {
      c1 = pk->c;
      s1 = pk->s;

      h2 = sqrt (c1*c1 + s1*s1);

      if (h2 != 0.0)
         h2 = 1.0 / h2;
      else
         h2 = 1.0;

      pk->c = c1 * h2;
      pk->s = s1 * h2;

      k--;
      pk--;

      if (k < ka)
         break;

      pk->c  -=  pk->g * c1;
      pk->s  -=  pk->g * s1;
   }

   switch (pend->knotType)                          /* Sonderbehandlung Endpunkt */
   {
      case pntCurve:

         if ( pend->x != panf->x      pend->y != panf->y )
            break;

         dxk = panf->c + pend->c;
         dyk = panf->s + pend->s;

         h2 = sqrt (dxk*dxk + dyk*dyk);

         if (h2 == 0.0)
            break;

         h2 = 1.0 / h2;

         panf->c = dxk * h2;
         panf->s = dyk * h2;

         pend->c = panf->c;
         pend->s = panf->s;

         break;

      case pntAngle:

         (pend - 2)->g = pend->c;
```

```
            pn1->g = pend->s;

        if ( iend != iktot  &&  (pend + 1)->knotType >= pntAngle )
           break;

        if ( pend->x != panf->x      pend->y != panf->y )
           break;

        pend->c = (pknot + istart)->c;
        pend->s = (pknot + istart)->s;
   }
   KottaM (pknot,ianf,iend);                      /* evtl. Tangenten korrigieren */
}


/*-------------------------------------------------------------------------------

   (C) Copyright 1987-92 by URW Unternehmensberatung, Tel.: (040) 606 05 - 0
                             Harksheider Strasse 102, D-2000 Hamburg 65
   -----------------------------------------------------------------------------
   Projekt:        IKARUS M
   Modul:          VektoM.c

   Functions:   1) VektoMCalc()
                2) VektoM()
   -----------------------------------------------------------------------------
   Beschreibung:   Berechnung von der Steigung der Sekanten und des Abstandes zum
                   jeweils nächsten IK-Punkt fuer einen Linienzug und Speicherung
                   in der Punktliste
   -----------------------------------------------------------------------------
   Author:         Date:             Changes:
   Rachow          17.07.1987
   Lau             01.09.1988        direct reference of sqrt..replaced by math.h
   H.Schwarz       04.01.1990        static Vekto4Calc()
   Rachow          28.02.1991        include IKBasic.h
   Rachow          07.05.1991        type Float, HelpKnots removed
   ----------------------------------------------------------------------------*/

#include <IKBasic.h>
#include <math.h>

static void VektoMCalc (pknot, x, y)

KnotPtr         pknot;         /* Pointer auf die Liste der IK-Punkte */
Float           x,y;           /* Koordinaten des naechsten Punktes */

/*--------------------------------------------------------------------------*/

{
   Float dx,dy,ds;

   dx = x - pknot->x;
   dy = y - pknot->y;

   ds = sqrt (dx*dx + dy*dy);

   pknot->ds = ds;

   if (ds == 0.0)
   {
      pknot->c0 = 1.0;
      pknot->s0 = 0.0;
```

```c
   }
   else
   {
      pknot->c0 = dx/ds;
      pknot->s0 = dy/ds;
   }
}

/*———————————————————————————————*/

void VektoM (pknot,ianf,iend,istart,iktot)

KnotPtr       pknot;             /* Pointer auf die Liste der IK-Punkte */
int           ianf;             /* Index des Anfangspunkts */
int           iend;             /* Index des Endpunkts */
int           istart;           /* Index des letzten Startpunktes */
int           iktot;            /* Gesamtanzahl Digitalisierungen - 1 */
/*———————————————————————————————*/
{
   KnotPtr       pend,pi,pi1;

   pend = pknot + iend;

   if ((pknot+ianf)->knotType == pntTangt ) /* Anfang tangential */
      ianf—;

   for (pi = pknot+ianf; pi < pend; pi++)
   {
      pi1 = pi + 1;
      VektoMCalc (pi,pi1->x,pi1->y);
   }

   if ( pend->knotType == pntTangt )                /* Ende tangential */
   {
      if ( iend == iktot    (pend+1)->knotType < pntAngle )
         pi1 = pknot + istart + 1;
      else
         pi1 = pend + 1;

      VektoMCalc (pend,pi1->x,pi1->y);
   }
}


/*———————————————————————————————


   (C) Copyright 1987-92 by URW Unternehmensberatung, Tel.: (040) 606 05 - 0
                           Harksheider Strasse 102, D-2000 Hamburg 65



   Projekt:        IKARUS M

   Modul:          KottaM.c

   Functions:      KottaM()
```

```c
     Beschreibung:    Korrektur der Tangenten


     Author:          Date:            Changes:
     Rachow           21.07.1987
     Rachow           28.02.1991       include IKBasic.h
     Rachow           08.05.1991       type Float, HelpKnots removed
                                                                        */

#include <IKBasic.h>

/*                                                                      */

void KottaM (pknot,m,n)

KnotPtr        pknot;              /* Pointer auf die Liste der IK-Punkte*/
int            m;                  /* Index des Anfangspunkts */
int            n;                  /* Index des Endpunkts */

/*                                                                      */
{
   KnotPtr        pm,pm1,pn,pi;
   int            in,im;
   Float          c1,s1,c2,s2,c3,s3,cs,ss,css,sss,sa1,sa2,sa11,sa22,ca1,ca2,ca11,
                  ca22;


   pm  = pknot + m;
   pm1 = pm + 1;
   pn  = pknot + n;

   c1 = pm->c;
   s1 = pm->s;

   c2 = pm1->c;
   s2 = pm1->s;

   cs = pm->c0;
   ss = pm->s0;

   in = DraikM (cs, ss, c1, s1, c2, s2, &sa1, &sa2, &ca1, &ca2);

   for (pi = pm1; pi < pn; pi++)
   {
      if ( (pi + 1)->knotType  != pntAngle )
      {
         c3 = (pi + 1)->c;
         s3 = (pi + 1)->s;
      }
      else
      {
         c3 = (pi - 1)->g;
         s3 = pi->g;
      }

      css = pi->c0;
      sss = pi->s0;
```

```c
    im = DraikM (css, sss, c2, s2, c3, s3, &sa11, &sa22, &ca11, &ca22);

   if (in != 0)
   {
      if (im != 0)
      {
         if (in * im >= 0)
         {
            if (AusglM (in, sa1, sa2, sa11, sa22, &c2, &s2)   !=   0)
            {
               im = DraikM (css, sss, c2, s2, c3, s3, &sa11, &sa22,
                                            &ca11, &ca22);

               pi->c = c2;
               pi->s = s2;
            }
         }
      }
      else
      {
         c2 = css;
         s2 = sss;

         c3 = css;
         s3 = sss;

         pi->c = c2;
         pi->s = s2;

         (pi + 1)->c = c3;
         (pi + 1)->s = s3;
      }
   }

   in = im;

   sa1 = sa11;
   sa2 = sa22;

   ca1 = ca11;
   ca2 = ca22;

   cs = css;
   ss = sss;

   c1 = c2;
   s1 = s2;

   c2 = c3;
   s2 = s3;
}

pi->c = c2;
pi->s = s2;
if (pi->knotType   !=   pntCurve)
{
   (pi - 2)->g = c2;
   (pi - 1)->g = s2;
}
}
```

```c
/*----------------------------------------------------------------------

      (C) Copyright 1987-92 by URW Unternehmensberatung, Tel.: (040) 606 05 - 0
                              Harksheider Strasse 102, D-2000 Hamburg 65
      ----------------------------------------------------------------------

      Projekt:        IKARUS M

      Modul:          DraikM.c

      Functions:      DraikM()

      ----------------------------------------------------------------------

      Beschreibung:   Berechnet die Winkel in dem rechtwinkligen Dreieck, das von
                      Sehne zwischen zwei IK-Punkten und den Tangenten in den beiden
                      Punkten aufgespannt wird.

      ----------------------------------------------------------------------

      Author:         Date:           Changes:
      Rachow          21.07.1987
      Rachow          27.02.1991      include IKBasic.h
      Rachow          08.05.1991      type Float, HelpKnots removed
      ----------------------------------------------------------------------*/

#include <IKBasic.h>

/*----------------------------------------------------------------------*/

int DraikM (cs, ss, ci1, si1, ci, si, psa1, psa2, pca1, pca2)

Float           cs,ss;          /* sin/cos der Steigung der Sehne */
Float           ci1,si1;        /* sin/cos der Tangentensteigung 1. IK-Pkt. */
Float           ci,si;          /* sin/cos der Tangentensteigung 2. IK-Pkt. */
Float           *psa1,*pca1;    /* Pointer auf sin/cos des 1. Winkels */
Float           *psa2,*pca2;    /* Pointer auf sin/cos des 2. Winkels */
/*----------------------------------------------*/
{
   Float        sa1,sa2;
   int          in;

   sa1 = cs * si1 - ci1 * ss;
   sa2 = cs * si  - ci  * ss;

   *psa1 = sa1;
   *psa2 = sa2;

   if (sa1 > 0)
   {
      if (sa2 > 0)
         return 0;

      sa2 = - sa2;
      *psa2 = sa2;

      in = -1;
   }
   else
   {
```

```c
        if (sa2 < 0)
            return 0;

        sa1 = - sa1;
        *psa1 = sa1;

        in = 1;
    }

    if (sa1 < 0.0015      sa2 < 0.0015)
        return 0;

    *pca1 = cs * ci1 + ss * si1;
    *pca2 = cs * ci  + ss * si;

    if (*pca1 < 0.1      *pca2 < 0.1)
        return 0;

    return in;
}

/*-------------------------------------------------------------------

    (C) Copyright 1987-92 by URW Unternehmensberatung, Tel.: (040) 606 05 - 0
                            Harksheider Strasse 102, D-2000 Hamburg 65
    -----------------------------------------------------------------

    Projekt:        IKARUS M
    Modul:          AusglM.c
    Functions:      AusglM()
    -----------------------------------------------------------------

    Beschreibung:   Ausgleich von zu schiefen Dreiecken. Je eine Kathete der
                    beiden Dreiecke liegt auf einer Linie. Diese gemeinsame
                    Richtung (ci,si) wird korrigiert, damit die beiden Dreiecke
                    symmetrischer werden.
    -----------------------------------------------------------------

    Author:         Date:           Changes:
    Rachow          21.07.1987
    Lau             01.09.88        direct referencing of sqrt replaced by math.h
    Schwarz         23.02.89        if(cdels<0.99999) auskommentiert
    Rachow          27.02.1991      include IKBasic.h
    Rachow          07.05.1991      type Float, HelpKnots removed
    -----------------------------------------------------------------*/

#include <IKBasic.h>
#include <math.h>

/*-------------------------------------------------------------------*/

int AusglM (idreh, sa1, sa2, sa11, sa22, pci, psi)

int       idreh;                    /* Drehsinn der beiden Dreiecke */
Float     sa1,sa2;                  /* sin der Winkel des ersten Dreiecks */
Float     sa11,sa22;               /* sin der Winkel des zweiten Dreiecks */
Float     *pci,*psi;               /* Eingabe: gemeinsame Richtung zweier Katheten */
                                    /* Ausgabe: neue gemeinsame Richtung */

                                    /* Rückgabewert: */
                                    /* =0: keine Korrektur erfolgt */
                                    /* =1: Korrektur durchgeführt */
/*-------------------------------------------------------------------*/
{
```

```c
    Float dr,del,del1,del2,deldr,c,cdel,cdels;

    dr = idreh * 0.7;

    del1 = (sa1  - sa2 ) * dr;
    del2 = (sa11 - sa22) * dr;


    del = (del1 + del2) * 0.7;
    deldr = del * dr;

    if (deldr >= 0)                         /* del positiv: drehe rechts */
    {                                       /* del negativ: drehe links */
       if (deldr < 0.01)
          return 0;

       if (deldr > del2 * dr)
          del = del2;                       /* sa11 wird kleiner */
    }
    else
    {
       if (deldr > -0.01)
          return 0;

       if (deldr < del1 * dr)
          del = del1;                       /* sa2 wird kleiner */
    }

    cdels = 1.0 -  del * del;

    cdel = sqrt (cdels);                    /* drehe (ci,si) */

    c = (*pci) * cdel - (*psi) * del;

    *psi = (*pci) * del + (*psi) * cdel;
    *pci = c;

    return 1;
}
```

```c
/*----------------------------------------------------------------------

     (C) Copyright 1987-92 by URW Unternehmensberatung, Tel.: (040) 606 05 - 0
                             Harksheider Strasse 102, D-2000 Hamburg 65
    ------------------------------------------------------------------

     Projekt:          IKARUS M
     Modul:            SaurM.c

     Functions:        SaurM()
    ------------------------------------------------------------------

     Beschreibung:     Berechnet gemäß dem Saur-Verfahren zwei Teilkreise zwischen je
                       zwei IK-Kurvenpunkten. In den IK-Punkten erhalten die Kreise
                       die mit SplinM berechneten Tangenten, im Treffpunkt zwischen
                       den IK-Punkten haben sie die Steigung der Verbindung der zwei
                       IK-Punkte.
    ------------------------------------------------------------------

     Author:           Date:             Changes:
     Knoth             20.08.1987        where it all began
     Knoth             29.10.87          dividing the struct Knot
     Rachow            28.02.1991        parameter change
     Rachow            07.05.1991        type Float, HelpKnots removed
    -----------------------------------------------------------------*/

#include <IKBasic.h>

/*-----------------------------------------------------------------*/
void SaurM(m,n,reduceFactor,knotList)

int             m;                  /* Index des Anfangspunktes */
int             n;                  /* Index des Endpunktes */
Float           reduceFactor;       /* Darstellungsmaßstab */
KnotPtr         knotList;           /* Pointer auf die Liste der IK-Punkte */

/*-----------------------------------------------------------------*/
{
    int    nn1, i, j, in;

    Float  dr, ca, ce, r1, r2, sh, xm1, ym1,
           xm2, ym2, xh1, yh1, xa, ya,sa,se;

    Boolean   kurve;

    nn1 = penDown;                                      /* Belegung für Zeichenroutine
*/


    /*----------------Schleife über alle Ik-Punkte------------------*/

    for (i=m+1;  i<= n;i++)
       {
       kurve = true;
       j = i - 1;   /* voriger Punkt*/

       /* bestimme Winkelgrössen */

       in = Draik4((knotList+j)->c0, (knotList+j)->s0, (knotList+j)->c,
               (knotList+j)->s, (knotList+i)->c, (knotList+i)->s,&sa,&se,&ca,&ce);

       if (in==0)   kurve = false;                      /* Winkel klein, dann Gerade*/
          else
          {
```

```c
    /* Berechne sonst Teilkreise */

        dr = (1.-ce)/(1.-ca);
        r2 = (knotList+j)->ds/(dr*sa+se);       /* Radius 2. Kreis*/
        sh = r2*(1.-ce);                        /* Sehnenhöhe     */

        if (sh < reduceFactor)
           kurve = false;                       /* Sehnenhöhe klein, dann Gerade*/
        else
           {
           r1 = dr*r2;

           if ( (r1 < 1e-5) && (r1 > -1e-5))
              kurve = false;                    /* dann auch Gerade*/
           else
              {
              if (in<0)                         /* nur positive Radien*/
                 {
                 r1 = -r1;
                 r2 = -r2;
                 }

    /* Mittelpunkte und Hilfspunkte bestimmen */

              xm1 = (knotList+j)->x - (r1 * (knotList+j)->s);
              ym1 = (knotList+j)->y + (r1 * (knotList+j)->c);

              xm2 = (knotList+i)->x - (r2 * (knotList+i)->s);
              ym2 = (knotList+i)->y + (r2 * (knotList+i)->c);

              xh1 = xm1 + (r1 * (knotList+j)->s0);
              yh1 = ym1 - (r1 * (knotList+j)->c0);

              xa = (knotList+j)->x;
              ya = (knotList+j)->y;

    /* ersten Teilkreis umwandeln */

              KreisM (xa,ya,xh1,yh1,xm1,ym1,r1,sh,reduceFactor);


              xa =  xh1;
              ya =  yh1;

    /* zweiten Teilkreis umwandeln */

              KreisM (xa,ya, (knotList+i)->x, (knotList+i)->y,xm2,ym2,r2,sh,
                                             reduceFactor);
              }
           }
        }
    if (kurve==false)
       GeradeM ((knotList+i)->x,(knotList+i)->y,nn1,reduceFactor);
    }
}
```

Regeln für Markieren und Digitalisieren

Markieren

Erst markieren, dann digitalisieren! Nie beides gleichzeitig ausführen!

Vor dem eigentlichen Digitalisiervorgang muß die Vorlage aufbereitet werden. Dazu gehören das Markieren der Digitalisierungspunkte, das Justieren mit Grundlinie, Vor- und Nachbreite und die Behandlung von Sonderfällen wie die Datenaufnahme mehrfarbiger Signets.

Das Ergebnis des Digitalisierens hängt entscheidend von der Anzahl und der Lage der Digitalisierungspunkte ab. Es kommt darauf an, mit der geringsten Anzahl von Punkten eine exakte Wiedergabe der Vorlage zu erreichen. Zu diesem Zweck empfiehlt es sich, die zu digitalisierenden Punkte vorher auf der Vorlage einzuzeichnen (markieren), und zwar:

Anfangspunkte	⌐↓	Der Pfeil zeigt die Digitalisierrichtung an.
Eckpunkte	( )	Werden nicht markiert, da offensichtlich.
Kurvenpunkte	(–)	Extrempunkte, zwei oder drei Punkte innerhalb von neunzig Grad, Wende- und Stützpunkte.
Tangentenpunkte	(<)	Tangentenpunkte können nie allein vorkommen. Es gibt entweder einen zweiten Tangenten- oder einen benachbarten Eckpunkt, der die Gerade definiert.

Es werden zunächst alle notwendigen Punkte (z.B. Kurvenextrem- und Stützpunkte) markiert, dann werden möglichst gleichmäßig die notwendigen Zwischenpunkte eingezeichnet.

1) Einzeichnen Startpunkte

2) Einzeichnen Kurvenextrempunkte

3) Einzeichnen Tangentenpunkte

4) Einzeichnen Stützpunkte

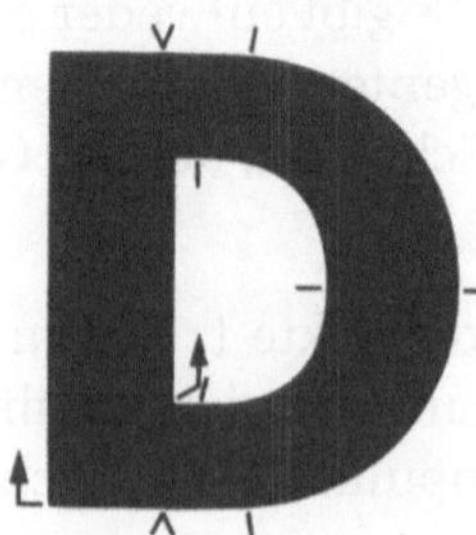

*Abb. 208
Digitalisierungs-
regeln für
Anfang, Ecke
und Tangente*

Abb. 209
Regeln für
Kurvenpunkte

Im folgenden werden anhand von Beispielen die Markierungsregeln erläutert.

Ein Kreis wird durch seine Extrempunkte markiert. Dieses sind die jeweils maximalen bzw. minimalen Ausdehnungen eines Kurvenzuges. Beim Vollkreis reichen diese vier Kurvenpunkte zur Darstellung aus. Bei Abweichungen von dem Kreisideal sind zusätzliche Kurvenpunkte zu setzen, pro neunzig Grad Drehung zwei bis drei zusätzliche Kurvenpunkte.

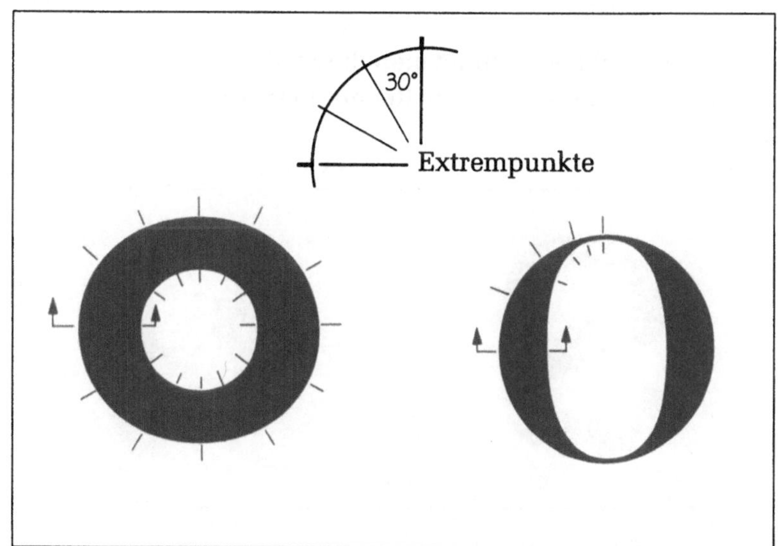

Abb. 210
Alle 30 Grad
ein Kurvenpunkt

Der Einlauf einer Kurve in eine Ecke bedarf doch besonderer Beachtung. Da nur Kurvenpunkte eine kurvige Linie erzeugen, kann der Einlauf bei einem weiter entfernt plazierten Kurvenpunkt zu flach werden.

Deshalb muß der letzte Kurvenpunkt etwa drei bis fünf Millimeter vor dem Eckpunkt markiert werden.

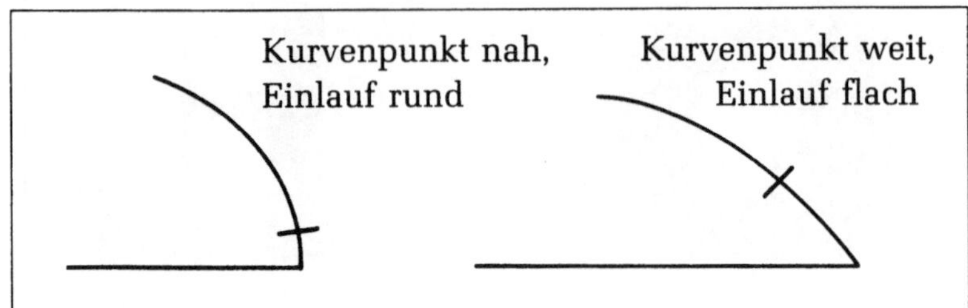

Abb. 211
Kurvenpunkte sind teils rund, teils eckig.

Wendepunkte müssen auf jeden Fall durch einen Kurven–punkt markiert werden.

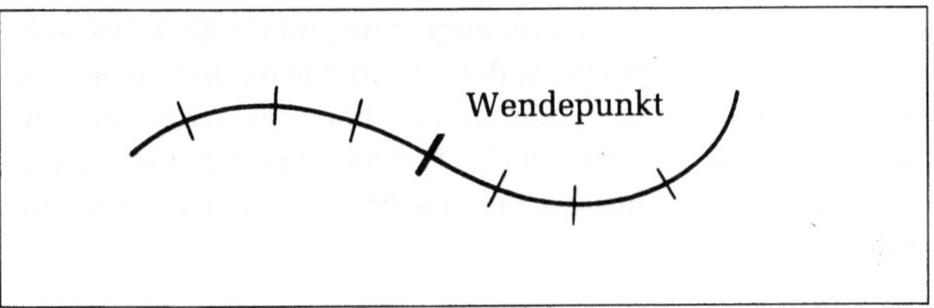

Abb. 212
Markierung eines Wendepunktes

Als Wendepunkt bezeichnet man die Stelle, an der eine Links- in eine Rechtskurve bzw. eine Rechts- in eine Linkskurve übergeht.

Abb. 213
Lage von Wendepunkten

Es gibt hingegen graphische Beispiele, in denen diese Wende nicht unmittelbar erfolgt, sondern bei denen zwischen beiden Kurventeilen eine Gerade liegt. Dann liegt kein Wendepunkt vor, sondern an den Übergängen von der Kurve in die Gerade und von der Gerade in die Kurve liegen Tangentenpunkte.

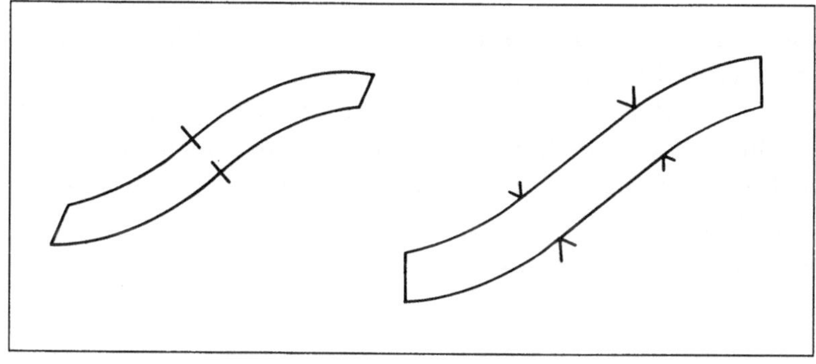

Abb. 214
Wendepunkt mit
»gerader« Wende

Markierungsbeispiele

Die Vorlage hat nur geradlinige Konturen. Entsprechend sind
ein Start- und zwölf Eckpunkte zu digitalisieren. Am Startpunkt ist durch einen Pfeil die Digitalisierrichtung anzugeben.
Die Eckpunkte brauchen nicht markiert zu werden.

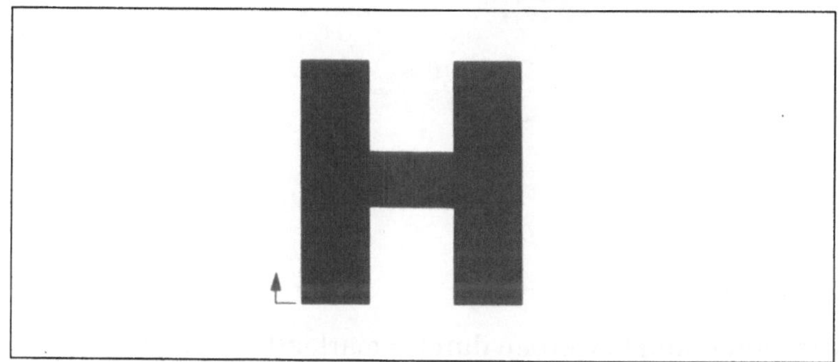

Abb. 215
Pro Kontur
ein Anfangspunkt

Die Vorlage hat nur Tangenten- und Kurvenpunkte. Dann
wird als Anfangspunkt einer der Tangentenpunkte so gewählt,
daß als zweiter Punkt ein weiterer Tangentenpunkt folgt.

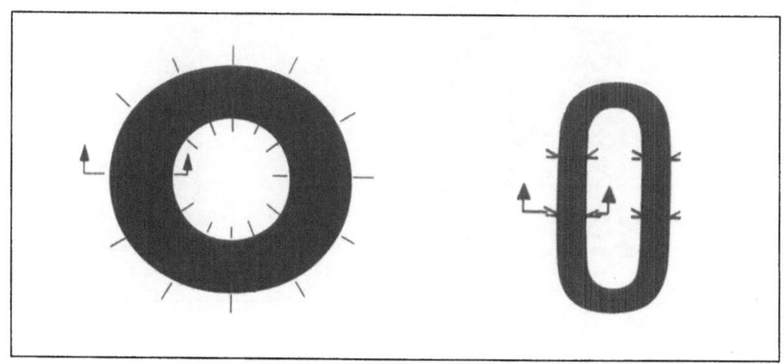

Abb. 216
Wenn keine Ecken
vorhanden sind,
dann entweder
Anfang extrem oder
auf Beginn einer
Geraden legen.

Die Vorlage hat nur Kurvenpunkte. Ungefähr alle dreißig Grad wird ein Punkt markiert.

Die Vorlage besteht aus Eck- und Kurvenpunkten. Zu beachten ist, daß die Extremwerte in den Kurven zu markieren sind und daß beim Einlauf aus einer Ecke in die Kurve etwa drei bis fünf Millimeter von der Ecke entfernt ein Kurvenpunkt gesetzt werden muß.

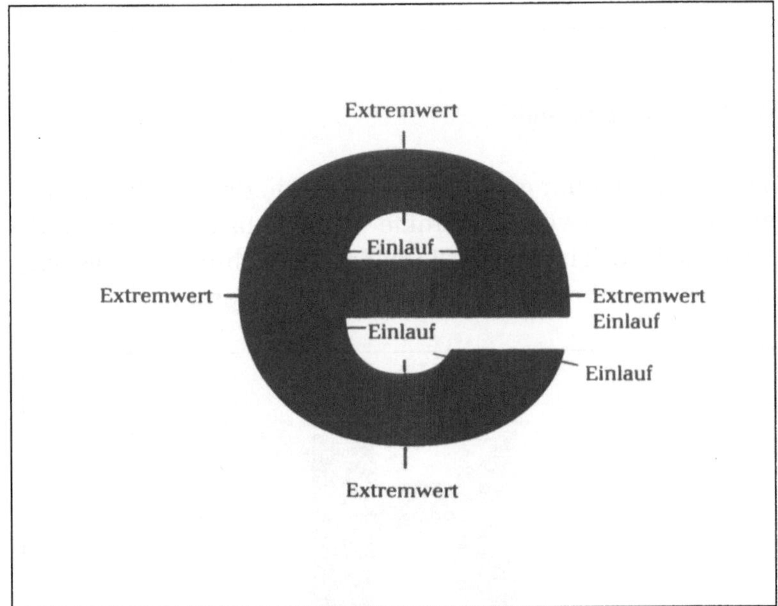

Abb. 217

Plazierung von

Kurvenpunkten

an Ecken

Tangentenpunkte werden durch > markiert. Es ist z.B. bei den symmetrischen Teilen der Vorlage darauf zu achten, daß korrespondierende Tangentenpunkte auf gleicher Höhe oder Breite liegen.

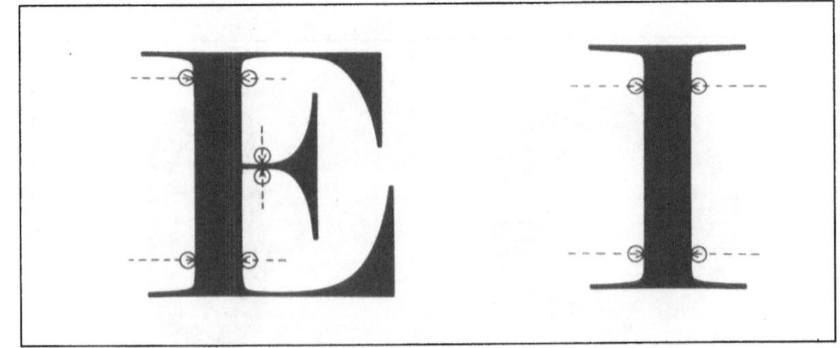

Abb. 218

Plazierung von

Tangentenpunkten

Regeln für das Digitalisieren

1. Sensorbedienung

Der Sensor des Digitizers besitzt ein Fadenkreuz - unter einer Lupe angebracht - und fünf Sensortasten.

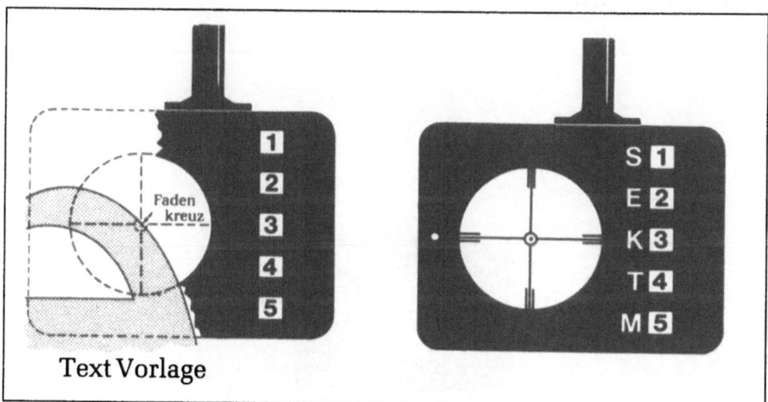

Fadenkreuz und Sensortasten

Der Schnittpunkt des Fadenkreuzes wird beim Digitalisieren am Schwarzweiß-Übergang der Buchstabenkontur auf die Markierung gelegt, zur Übernahme des Punktes in den Rechner wird eine Taste entsprechend der markierten Punktart gedrückt.
Die oberen vier Sensortasten sind den einzelnen Punktarten des IKARUS-Formates zugeordnet:

s	1	Startpunkt,
e	2	Eckpunkt,
k	3	Kurvenpunkt,
t	4	Tangentenpunkt.

Die letzte Sensortaste,

m	5	Menübefehl,

leitet den Menübefehl ein.

Man kann alle zwei Sekunden einen Punkt digitalisieren. Wenn er falsch sitzt, dauert seine interaktive Korrektur mehr als 20 Sekunden.
Also: **1. Ruhe + 2. Konzentration = Geschwindigkeit am Ende**

Abb. 219
Die vier Punktarten kann man sich mit »Sekt« merken.

Um ein Menüfeld anzuwählen, wird das Fadenkreuz in das
1 cm × 1 cm große Menüfeld gestellt (die Feldmitte braucht
dabei nicht genau getroffen zu werden) und danach die Sensortaste **m 5** gedrückt.

Durch die Menübefehle lassen sich 32 unterschiedliche
Programmfunktionen zur Neuaufnahme und zum Korrigieren
der Zeichen anwählen.

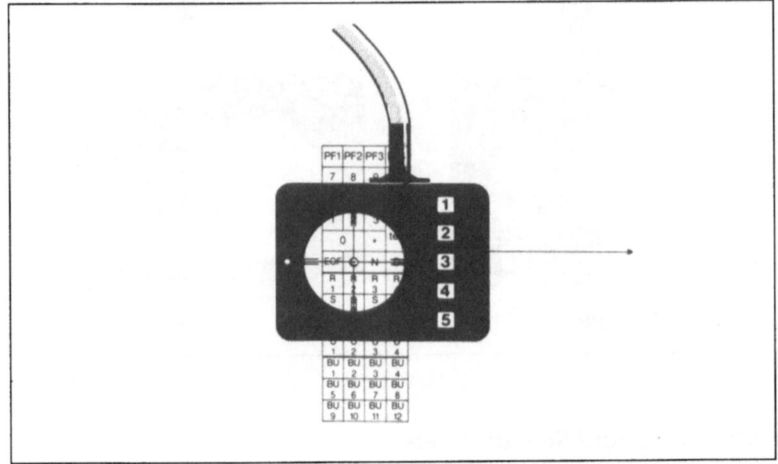

Abb.220
Menü und
Fünf-Tasten-Sensor

Der Sensor wird so gehalten:

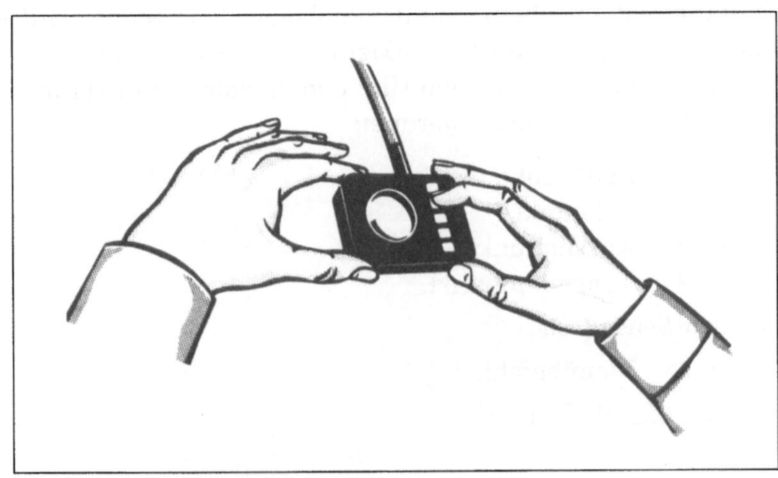

Abb. 221
Mit zwei Händen
angefaßt, bewegt
sich der Sensor
ruhiger.

2. Aufbau des Digitizermenüs für IKARUS

Das Achsenkreuz mit Menüfeld befindet sich auf einer Klarsicht-Schablone, die auf dem Digitizerbrett befestigt wird.

Quadrant

Dieses Menüfeld kann alternativ zur Tastatur benutzt werden, um Buchstabennummern einzugeben.

Die weiteren Felder außer den Ziffernfeldern dienen dem Graphikprogramm IKARUS, das hier nicht weiter erläutert werden kann.

Abb. 222
Typisches
Menüfeld auf dem
Digitizertablett

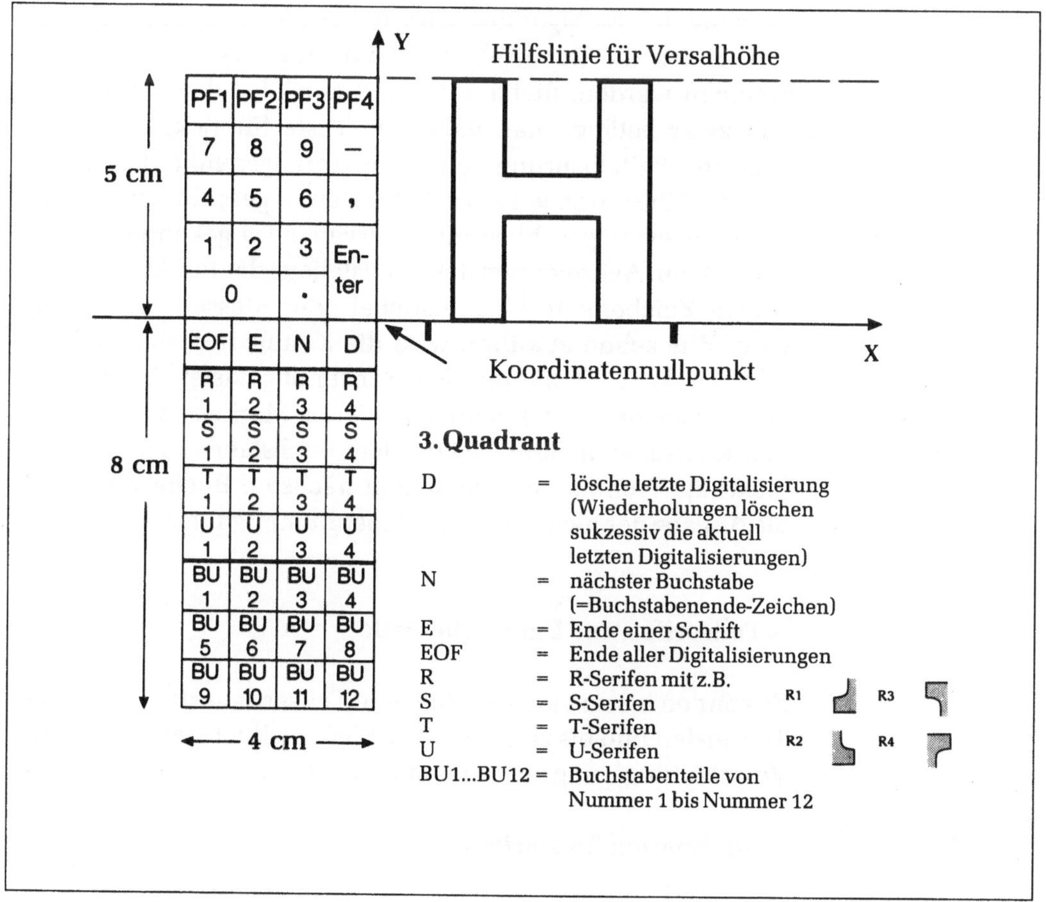

3. Das Digitalisieren

Der erste Buchstabe wird unter der Schablone mit Klebestreifen oder auf der Registerleiste derart befestigt, daß seine Schriftgrundlinie mit der X-Achse identisch ist und die Vorbreite des Buchstabens über 1 cm rechts von der Y-Achse zu liegen kommt. Das Zeichen darf die Y-Achse nicht schneiden, alle X-Werte einschließlich Vorbreite müssen positiv sein. Im Gegensatz zum Markieren muß die Digitalisierung jedes Zeichens immer in fester Reihenfolge vorgenommen werden.

Zu Beginn des Digitalisiervorgangs wird einmal der Koordinatennullpunkt für die jeweilige Schrift festgelegt und somit auch gleichzeitig die Lage des IKARUS-Menüfeldes. Über die Tastatur des Sichtgerätes wird die Arbeitsnummer eingegeben. Sollen die Buchstaben mit Vor- und Nachbreite aufgenommen werden, digitalisiert man zunächst diese Angaben, und zwar betätigt man dabei die Taste für Eckpunkte. Als nächste Digitalisierung folgt der Anfangspunkt des Buchstabens. Hierdurch wird der Anfang eines geschlossenen Randes oder eines geschlossenen Kurvenzuges gekennzeichnet, so daß beim Auszeichnen des Buchstabens der Punkt mit gehobenem Zeichenstift, Gravierstichel oder Messer angefahren wird. Wie schon erwähnt, wird die Kontur in fester Reihenfolge Punkt für Punkt mit dem Sensor abgetastet. Auf Knopfdruck speichert der Rechner bei jeder Markierung Punktart und Koordinatenwerte. Nach jedem Buchstaben muß ein »N« (next) als Trennkennzeichen zum nächsten Buchstaben und die Angabe der nächsten Buchstabennummer folgen.

4. Teilserifen und Buchstabenteile

Es können bis zu vier verschiedene Teilserifensätze mit je vier Teilserifen und bis zu zwölf verschiedene Buchstabenteile pro Verarbeitungsgang aufgenommen werden.

Aufnahme der Teilserifen

Man braucht nur die R1- bzw. die S1-, T1- oder U1-Serife zu digitalisieren, und zwar immer »von der Serife zur Geraden«, denn das Programm nimmt an, daß alle Serifenteile so digitalisiert werden, als säßen sie an senkrecht stehenden Balken. Vor

der Aufnahme der Teilserife muß der entsprechende Menübefehl erfolgen. Per Programm werden die Teilserifen 2, 3 und
4 durch Spiegelung an der Y-Achse, an der X-Achse bzw.
durch Drehung um 180° automatisch errechnet und über die
anderen Menüfelder abrufbar gespeichert.

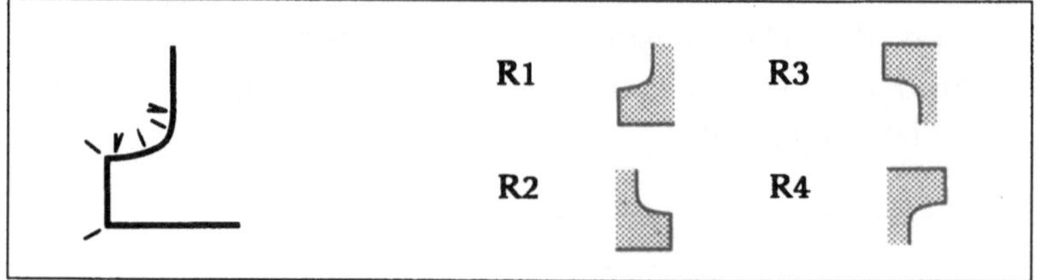

Abb. 223
Teil-Serifen werden
automatisch
gespiegelt.

Aufnahme und Einbau von Buchstabenteilen

Unter Buchstabenteilen versteht man serifenähnliche Gebil-
de, die auf den Menüfeldern für Serifen erwartet werden. Sie
unterscheiden sich von den Serifen dadurch, daß sie nach
dem Menübefehl bei Aufnahme des Buchstabenteils mit dem
Startpunkt beginnen und daß sie »von der Geraden zur Serife«
digitalisiert werden.

Im Gegensatz zu den Serifen müssen Buchstabenteile
auch in der richtigen Y-Höhe digitalisiert werden. Es muß darauf geachtet werden, daß der letzte Punkt (hier ein Eckpunkt)
in X-Richtung die Einbaurichtung erkennen läßt. Diese gibt es
»nach rechts und links«, in die die Buchstabenteile eingebaut
werden sollen! Die Verschiebung beim automatischen Einbau
erfolgt nur in der X-Richtung. Vor Digitalisierung des Buchstabenteils muß der entsprechende Menübefehl (BU1 bis
BU12) gegeben werden.

Abb. 224
Buchstabenteile
sind automatisch
abrufbar.

Digitalisieren von Teilserifen

Die Buchstaben werden wie dieses Beispiel behandelt. Die
Digitalisierungs-Reihenfolge ist: Startpunkt, Tangentenpunkt,

Menüfeld R2, Eckpunkt, Eckpunkt, Menüfeld R1, Tangentenpunkt, Tangentenpunkt, Menüfeld R3, Eckpunkt, Eckpunkt, Menüfeld R4, Tangentenpunkt. Zu beachten ist, daß die Digitalisierung eines Buchstabens nicht mit einem Menübefehl beginnen oder enden darf. Bei der weiteren Verarbeitung (Kanalautomatik) werden die beiden waagerechten Geraden des »I« (Beispiel) auf die Grundlinie bzw. die Versalhöhe gelegt. Erst dann werden die Serifen vom Programm DV eingebaut.

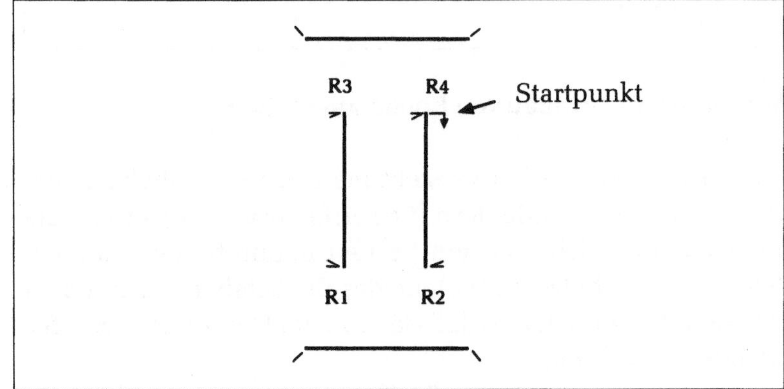

Abb. 225
Die Buchstaben
werden ohne
Teil-Serifen
digitalisiert.

Serifenanbau an geraden Balken

Teilserife a soll an Buchstabe b angebaut werden. Die Punkte 5 und 6 sind maßgebend für die Länge der Serifen, die Punkte 3 und 4 sind nicht maßgebend bezüglich ihrer Y-Lage, die nämlich von a übernommen wird (die Serifenhöhe wird durch Punkt 2 definiert). Das Kurvenstück der Serife bleibt erhalten, die Dehnung erfolgt zwischen Eck- und Tangentenpunkt. Das Resultat ist Buchstabenteil c.

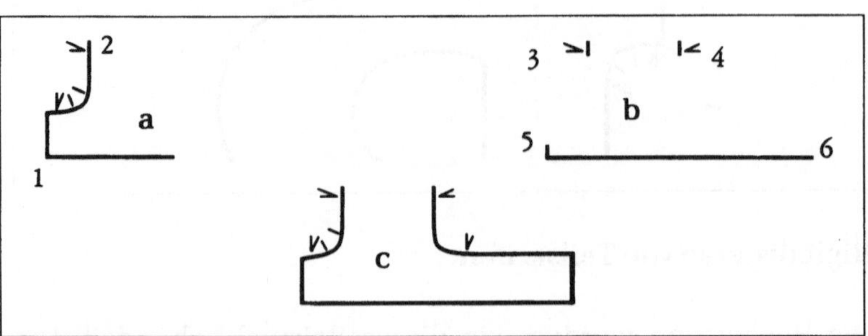

Abb. 226
Einbau von
halben und ganzen
Serifen

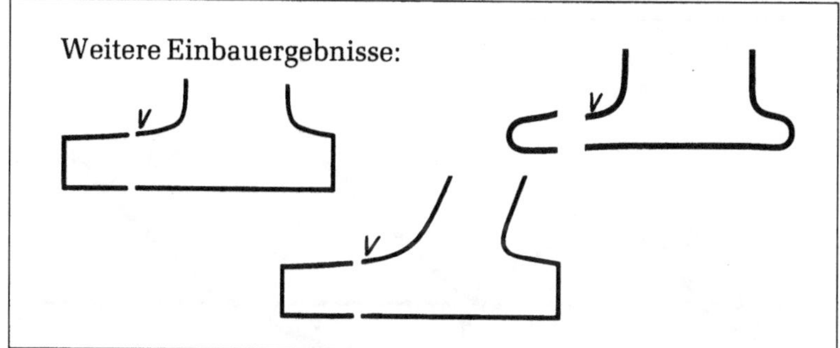

Abb. 227
Anbau von
Serifenspitzen

Wie aus den Beispielen deutlich ersichtlich ist, müssen an der einzubauenden Serife unbedingt Tangentenpunkte markiert werden.

Serifenanbau an schrägen Balken

Serifen können nicht nur an senkrechten, sondern auch an schrägen Balken angebaut werden. Hierbei wird die Kurve der Serife passend zur Diagonalen verformt. Benötigt werden sogenannte »Fluchtpunkte«, die die Dicke und Richtung der schrägen Balken angeben.

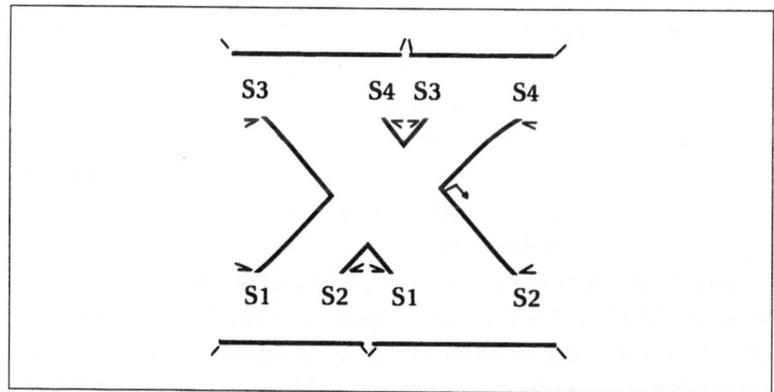

Abb. 228
Serifenanbau von
Diagonalen

Alle Punkte in diesem Beispiel sind gleichzeitig Fluchtpunkte. Im Falle vom Anbau an gerade schräge Balken kommt das Programm mit zwei Fluchtpunkten aus. Wenn die Fluchtpunkte Kurvenpunkte sind, wird runder Anbau gewünscht.

Es werden drei Fluchtpunkte erwartet, durch die ein Kreis bestimmt wird. Der letzte Punkt des Serifenteils wird in seiner richtigen Y-Höhe auf den »Kreis« gelegt. Anschließend wird der Fluchtpunkt gelöscht, der der Serife am nächsten liegt.

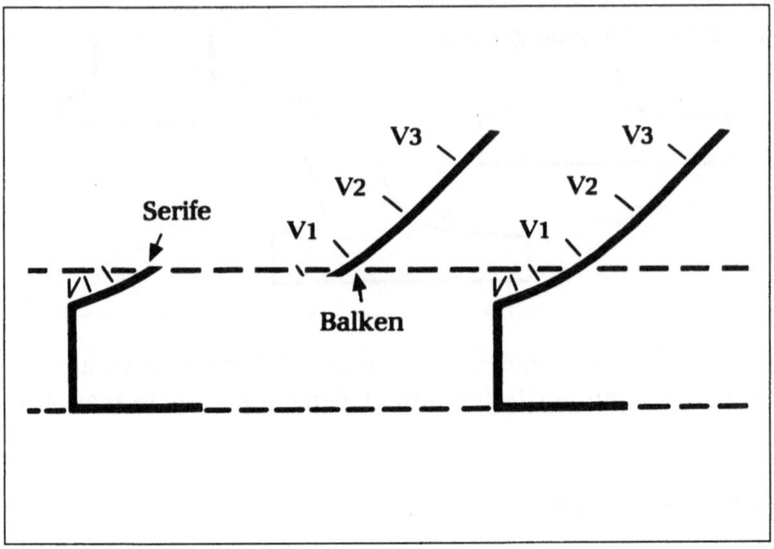

Abb. 229
Beim Serifenanbau
erfolgt automatische
Kurvenanpassung.

5. Nachdigitalisierungen

Wenn man nur kleinere Korrekturen am Buchstaben auszuführen hat, kann man anstelle der Neuaufnahme dieses Zeichens nur einen gewissen Teil nachdigitalisieren. Um die entsprechende Digitalisierung in den alten Buchstaben einpassen zu können, werden die Buchstabennummern angegeben und als Justierpunkte die Vor- und Nachbreiten mitdigitalisiert. Der erste und der letzte Punkt des neu aufgenommenen Teils werden an den Buchstaben angebaut. Mit einem Toleranzkreis um Anfangs- und Endpunkt der Nachdigitalisierung werden automatisch die betreffenden Punkte der zu korrigierenden Digitalisierung eingefangen.

Erste und letzte Punkte der Nachdigitalisierung werden gelöscht. Ähnlich können auch geschlossene Linienzüge eingebaut werden. Mit einem Einfangkreis um die Anfangspunkte werden die entsprechenden geschlossenen Linienzüge gefunden.

Die Anzahl und Punktart der Digitalisierungen vom alten und
neuen Teil brauchen nicht übereinstimmen. Die Punktnum-
mern werden neu berechnet.

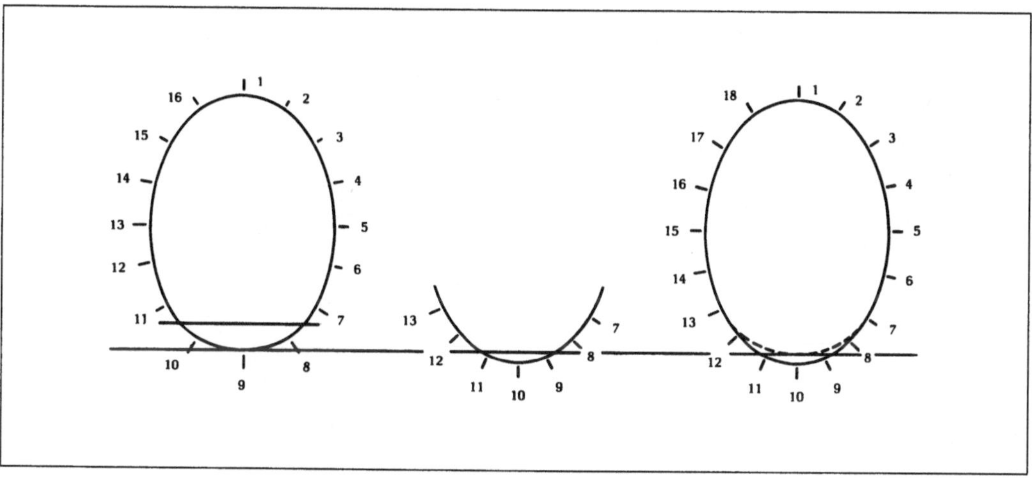

Abb. 230
Punktverschiebung
mit automatischer
Kurvenanpassung

6. Erfahrung

Man kann die Digitalisierungsregeln in etwa 15 min jedem
neuen Mitarbeiter erklären. Trotzdem dauert es etwa 3 Mona-
te Einarbeitungsphase, bis seine Arbeiten einigermaßen glatt
durch die Qualitätssicherung gehen. Nach etwa drei Jahren ist
jeder Mitarbeiter dreimal schneller als nach der Einarbeitung.

Man kann dies sehr gut vergleichen mit dem Maurer-
handwerk. Auch dort kann der Geselle dem Lehrling in 15 min
erklären, wie man die Kelle hält, den Mörtel mischt, ihn auf die
Kelle nimmt, auf die Steine streicht und den nächsten Stein
auf den Mörtel setzt. Trotzdem kriegt der Lehrling auch nach
drei Monaten noch keine gerade und standhafte Wand gezogen, wohl aber nach drei Jahren.

Literatur

1. Schriften

Bosshard, H. R., »Technische Grundlagen zur Satzherstellung«, Band 1, Verlag des Bildungsverbandes Schweizerischer Typografen Bst, Bern, 1980.

Fiebig, D., »Tabellensatz. Programmierte Anleitung für das richtige Setzen von Reihensatz, Formularsatz, Werk-, Akzidenz- und Schreibtabellen«, Heft F 11 Fachtechnische Schriftenreihe, Industriegewerkschaft Druck und Papier, Stuttgart, 1971.

Frutiger, A., »Schrift - Ecriture - Lettering. Die Entwicklung der europäischen Schriften, in Holz geschnitten«, Verlag des Bildungsverbandes Schweizerischer Buchdrucker, Zürich, 1951.

Goudy, F. W., »The Alphabet and Elements of Lettering«, University of California Press, Berkeley/Los Angeles, 1942.

Johnston, E., »Schreibschrift, Zierschrift und angewandte Schrift«, Leipzig, 1910, und »Writing and illuminating and lettering«, London, 1906.

Kapr, A., »Schriftkunst«, VEB Verlag der Kunst, Dresden, 1971.

Kindersley, D., »Optical letter spacing«, in The Penrose Annual, The International review of the graphic arts, Vol. 62, blz. 167-176, Lund Humphries Publishers Ltd., London, 1969.

Morison, S., »First principles of typography«, Cambridge, 1936. »Letter forms, typographic and scriptorial«, London, 1968. »On Script Types«, The Fleuron 4, London, 1925.

Ovink, G. W., »Legibility, atmosphere-value and forms of printing types«, A. W. Sijthoff's Uitgeversmaatschappij n.v., Leiden, 1938.

Renner, P., »Die Kunst der Typographie«, Bern, 1939.

Tracy, W., »Letters of Credit«, a view of type design, London, 1986

Treebus, K. F., »Het zetten van vreemde talen. Tips voor het juiste gebruik van accenten, hoofdletters, leestekens e.d. in het Deens, Duits, Engels, Esperanto, Fins, Frans, Fries, Hongaars, Iers, Indonesisch, Italiaans, Latijn, Noors, Pools, Portugees, Roemeens, Servo-Kroatisch, Slowaaks, Sloweens, Spaans, Tsjechisch, Turks, IJslands, Zuidafrikaans en Zweeds, alsmede beknopte regels voor het afbreken van woorden«, Staatsuitgeverij, 's-Gravenhage, 1971.

Tschichold, J., »Die neue Typographie«, Berlin, 1928. »Geschichte der Schrift in Bildern«, Basel, 1946, und »Meisterbuch der Schrift«, Ravensburg, 1952.

Zapf, H., »About alphabets. Some marginal notes on type design«, New York, 1960. Deutsche Ausgabe: »über Alphabete«, Frankfurt am Main, 1960. »Manuale typographicum I-II«, Frankfurt am Main, 1954/1958, und »Typographische Variationen«, Frankfurt am Main, 1963.

2. Digitale Schriften

AD 90 Adobe type1 font format / Adobe Systems Inc., ISBN 0-201-57044-0 / Addison-Wesley, Reading, 1991

AD 91 PostScript language reference manual / Adobe Systems Inc. - 2nd edition, ISBN 0-201-18127-4 / Addison-Wesley, Reading, 1991

AFII (Association for Font Information Interchange), »Registry Font Showings«, Fine Typography Latin, Los Alamitos, USA, 1991

AP 91 Apple Computer, The TrueType Book, Addison-Wesley, Reading, 1991, und Microsoft Corp., TrueType Font Files Specification, Draft Release Version 1.00, Redmond, 1990

Bigelow, C. and Day, D., »Digital Typography«, Scientific American, Vol. 249, Number 2, August 1983, pp. 106-119.

Bigelow, C., »Font Design for Personal Workstations«, BYTE magazine, January 1985, pp. 255-270.

CG 91 Intellifont Scalable Typeface Format, Agfa-Compugraphic Division

Coueignoux, P., »Generation of Roman Printed Fonts«, Ph. D. Thesis, Massachusetts Institute of Technology, Cambridge, Massachusetts, June 1975.

IG, URW, IG-Format, Interne Dokumentation, Hamburg, 1991

ISO/TC97/SC18/WG8, »Information - Font and Character information Interchange«; ANSI American National Standards Institute, 1430 Broadway, New York, NY 10018 c/o Bernadette St. John, Secretariat of ISO/TC97/SC18.

Knudson, D. R., »Digital Encoding of Newspaper Graphics«, Massachusetts Institute of Technology, Cambridge, Report ESL-R-616, August 1975.

Knuth, D. E., »Metafont: A System for Alphabet Design«, STAN-CS-79-762, Department of Computer Science, Stanford University, Stanford, California, September 1979. »TEX and Metafont«, American Mathematical Society and Digital Press, Bedford, Massachusetts, 1979.

Naiman, A., »High-Quality Text for Raster Displays«, Department of Computer Science, University of Toronto, January 1985.

Plass, P. and Stone, M., »Curve-Fitting with Piecewise Parametric Cubics«, Imaging Sciences Laboratory, Xerox Palo Alto Research Centers, March 1983 (unpublished).

Ruggles, L., »Letterform Design Systems«, STAN-CS-83-971, Department of Computer Science, Stanford University, Stanford, California, April 1983.

Späth, H., »Spline-Algorithmen zur Konstruktion glatter Kurven und Flächen«, Oldenbourg Verlag München Wien, 1973.

SU 91 F3 Font Format Spezification / Sun Microsystems, Inc.

Warnock, J. E., »The Display of Characters Using Gray Level Sample Arrays«, Computer Graphics, Volume 14, Number 3, July 1980, pp. 302-307. Siggraph 1980 Proceedings.

3. Zeitschriften

»Deutscher Drucker«, Unabhängiges Fachmagazin für die Druckindustrie, Verlagsgesellschaft mbH & Co. KG, Stuttgart.

»Der Druckspiegel«, Fachzeitschrift für deutsche und internationale Drucktechnik, Druckspiegel Verlagsgesellschaft mbH & Co., Heusenstamm.

»The Seybold Report on Publishing Systems«, Seybold Publications Inc., Media (Pa).

»U&lc«, Upper and lower case, The International Journal of Typographics, International Typeface Corp., New York.

»Visible Language«, The Journal for Research on the Visual Media of Language Expression, Visible Language, Cleveland (Ohio).

Stichwortverzeichnis

Zur Herstellung

Graphik für Umschlag:	Jovica Veljović
Korrekturen:	Gerhard Rubow
Gestaltung:	Gerd Kretzschmar
Satz:	URW, Hamburg

Schrift

Name:	Latino Regular
	Latino Bold
	Latino Regular Italic
Entwerfer:	Hermann Zapf
Setzmaschine:	Linotronic 300, Agfa 9400